廖奔文存 ③

戏剧理论卷

廖奔 著

中原出版传媒集团
中原传媒股份公司
大象出版社
·郑州·

图书在版编目(CIP)数据

廖奔文存.3,戏剧理论卷/廖奔著.—郑州：大象出版社，2019.2
ISBN 978-7-5347-9248-9

Ⅰ.①廖… Ⅱ.①廖… Ⅲ.①戏剧理论—中国—文集 Ⅳ.①J-53

中国版本图书馆 CIP 数据核字(2017)第 118510 号

廖奔文存3　戏剧理论卷
LIAOBEN WENCUN 3　XIJU LILUN JUAN

廖　奔　著

出 版 人	王刘纯
责任编辑	管　昕
责任校对	毛　路　霍红琴　安德华
装帧设计	付锬锬

出版发行	大象出版社(郑州市郑东新区祥盛街 27 号　邮政编码 450016)
	发行科　0371-63863551　总编室　0371-65597936
网　　址	www.daxiang.cn
印　　刷	北京汇林印务有限公司
经　　销	各地新华书店经销
开　　本	787mm×1092mm　1/16
印　　张	31.25
字　　数	463 千字
版　　次	2019 年 2 月第 1 版　2019 年 2 月第 1 次印刷
定　　价	598.00 元(全四卷)

若发现印、装质量问题，影响阅读，请与承印厂联系调换。
印厂地址　北京市大兴区黄村镇南六环磁各庄立交桥南 200 米(中轴路东侧)
邮政编码　102600　　电话　010-61264834

目　录

戏剧观潮 /001

蝉蜕的艰难
　　——20世纪中国戏曲蜕变历程的宏观描述　/003
正视现实与开阔视野
　　——关于戏曲理论现状与发展的思考　/011
当代戏剧舞台形式变化的内在基因　/015
戏剧怎么了
　　——关于戏剧现状、本质与生命力的思考　/030
20世纪90年代以来戏剧发展的动力与问题
　　——本体论而非社会视角　/038
21世纪中国戏剧展望　/052
21世纪戏剧畅想　/056
21世纪艺术生存空间　/058

戏剧史迹 /061

百年戏剧,舞台大转型　/063
百年裂变中的戏剧　/066

中国话剧百年足迹 /070

中国话剧：历史的必然选择 /082

话剧：全球化过程中的艺术传播与转型 /087

新文化人士与话剧 /092

在中国话剧的历史背影中
　　——南开演剧100周年祭 /096

新中国戏剧60年征程 /105

20世纪中国戏剧学的建构
　　——在1999年6月北京文艺学研讨会上的即兴发言 /110

戏剧魅力 /115

具有独特魅力的艺术样式——话剧 /117

戏曲的文化意蕴 /126

中国小剧场戏剧的创造性 /128

戏剧的未来曙光
　　——2004年大学生戏剧节寄语 /130

昆曲的品格 /132

戏曲现代戏的本质 /137

儿童剧：本体的回归 /139

纵观当代军旅戏剧 /143

戏剧文化 /151

全球化、流行文化与戏剧生存环境 /153

文化与戏剧——50年的选择 /162

我们所面对的戏剧 /172

戏剧创作三论 /178

当下戏剧舞台生态 /185

戏剧创作谈
　　——当代文化背景下的创作实践 /200
"世界三大戏剧体系"说的误区 /223
关于戏剧体系问题 /232
关于名著改编的话语 /235
戏曲：传统与当代艺术的聚焦
　　——意义、现状与方法论 /245
戏剧：中国—上海—世界 /254
昆曲复生的文化意义 /262
为京剧继承创新营造更好的生态环境 /266
京剧作为人类非物质文化遗产 /269
戏曲生态八论 /272
莫言获"诺奖"与当代传媒文化创新 /287

戏剧观念 /309

用独特的方式切近生活
　　——谈地方剧种的地域文化特性 /311
道德·历史·审美
　　——评价历史剧作的三重视角 /314
关于历史剧的价值观 /320
舞台导演：革命、颠覆与媚俗 /322
戏剧的意义
　　——关于当下戏剧人文精神缺失的思考 /327
现代艺术与时尚
　　——从青春版昆曲《牡丹亭》说起 /332
为地方戏说几句话
　　——兼评余秋雨先生"文化淘汰论" /342

曹禺的苦闷
　　——曹禺百年文化反思 /348
说北京人艺的风格
　　——北京人艺60年志庆 /377

艺术观念 /393

戏剧批评：失语、痼疾与主体人格 /395
"行为艺术"话语 /404
面对正义、良知和历史的烛照 /408
解构意识形态话语与人性开掘
　　——影响当前和今后创作的两种文艺思潮 /409
名著的厄运时代 /411
要尊重观众的审美情感积淀 /412
文艺批评的标准与准则 /413
真善美当立,恶之花当败
　　——全球化语境与文艺创作心态调整 /432
文艺人的精神担载 /437
多元图景中的文艺批评 /440
完成好时代要求的审美转换 /443
在体现历史本质中实现艺术个性 /445
文艺的变与不变 /448
文艺评论的"战国时代" /450
时代正呼唤史诗 /477
繁荣发展新疆文艺　确保西域文化主权 /479

戏剧观潮

蝉蜕的艰难

——20世纪中国戏曲蜕变历程的宏观描述

一、20世纪中国戏曲蜕变与走向世界的轨迹

古老凝重的中国戏曲,当它踽踽步入20世纪之时,已在一个相对封闭的自循环系统中历经了700余年。在这一段悠长的历史时期中,尤其是在后200年内,得益于中华广阔地域上由众多河流山脉错综交织、分割切刈而成的各种相对独立的地理、生态环境,繁衍出五花八门、形态各异的地方特色剧种,它们自由竞争,四处衍流,自生自灭,生生不息,平静而自信地迈入新的世纪。

如果说,自1840年鸦片战争拉开中国近代史的序幕之后,输入的西方军事技术、政治经济思想及文学艺术未能影响到京剧在当时的京都与宫廷中的成熟进程,那么以戊戌变法、辛亥革命和五四运动为转换标志,中国政治由资产阶级改良运动到资产阶级民主革命,再到新民主主义革命的短暂而急骤的变化,在中国古老意识形态和文化思想领域里所掀起的轩然大波,却不可避免地波及传统的戏曲。西方文化的大量输入,小说革命和诗歌革命,冲垮了国人文化心理的自足与平衡,对传统文化的批判意识剧烈膨胀,戏曲也从封闭的土壤中裸露出来。与话剧输入同时而来的新剧观,激烈地争夺着高层次知识结构的观众,同时,一种对传统戏曲封建劣根性的认识左右着部分知识分子,挑起了围绕中国戏曲生存价值问题的一场论争。评判这场论争的是非与意义不是本文写作的目的,这里只想指出:一阵风波过后,不了了之,一些人的目光转向了别处,另一些对戏剧更有兴趣的人则倒

向话剧的探索，一度嘈杂的中国戏曲剧坛又恢复了相对平静。如果我们同意下述说法："五四"前后，中国文学出现了一个极宽极深的"断裂"（其实质是文学观念的变更、文学形式的变革，后者主要体现在由文言诗文向白话诗歌、小说的过渡），那么这种断裂在中国戏曲中则自始至终都未曾真正出现。传统戏曲深深地扎根于山乡贫瘠荒凉的文化土壤上，更加紧密地与亿万底层民众的文化思想融为一体，那在上层文化建构中刮过的飓风，吹倒了山丘，拔掉了大树，却不能扫平离离原上草。认识到中国封建社会意识的强大与旧国民性的迟滞与顽固，就不难理解这样一种社会艺术现象了。中国封建社会所孕育形成的古典戏曲形式美韵登峰造极，不是在它发展的社会鼎盛时期——中国封建社会内部到来的，而是在中国封建文化受到西方文化的强力冲击之后，在政治黑暗、局势动荡的半殖民地半封建畸形社会出现的。中国古典戏曲由中国封建社会所赋予它的超稳态结构特性保持了强大的惯性，将它特有的传统特质甩到了远离纯粹封建社会的时代，并且开出了一朵艳丽的奇葩——梅兰芳，这是值得我们深思的。

当中国社会步入社会主义历程，在精神上必须与封建文化进行彻底决裂时，有着深厚传统的古老戏曲被证明除非站在现代的立足点上加以重构，否则不但不能适应与表现新的生活，而且会成为旧文化形态的最后一处蛰伏区域，一个历史如此悠久的文化传统面临着最艰难的蜕旧变新。"三并举"作为一种既不割断历史的联系又要强调面向新生活创新的方针被提了出来，然而同时，它就把自己置于三个强大对手的对面。传统戏由于与封建意识、伦理、道德的血肉联系，要将它"五四"以来未受到根本触动的胶滞凝重的内容团块分解开来，从中直接选取时代所适宜表现的内容，几乎是不可能的。新编历史剧为联系历史与现实设置了一个环扣，时代却缺少缔结这个环扣的成功实践者。现代戏则面临艺术形式框架的限制：它必须在旧形式的躯壳内，抽去封建内容的肌血，注入新生活的实体，以保存一种在长期的审美积淀过程中成熟起来的艺术形式和适应由之培养起来的观众审美心理定式。进步是艰难而缓慢的，实践表明，持续了30年的中国戏曲的蝉蜕并未完成。

然而，步入20世纪后的中国戏曲，逐渐变得不那么自信了。西方话剧的撞入,引起了戏曲的改良、时装戏的上演等一系列骚动,戏曲已不再是封闭环境中自生自灭的自足体了。梅兰芳的毅然西征,导致了被誉为世界三大戏剧体系之一的中国戏曲在国际舞台上第一次与西方戏剧的大撞击、大交流,中国戏曲走向世界,一方面在世界戏剧的大系统中,由其他戏剧体系的参照力获得了自身的系统特质,另一方面,其本身延续了若干世纪几乎没有什么变化的传统特质受到了新力的触动。中国戏曲汇入世界戏剧的整体格局,投入世界戏剧互相制约、互相影响的张力场,其所造成的结果是双向的:西方话剧从中国戏曲的特定表演形式中唤起了他们久已遗忘了的回忆,找到了传统底蕴;中国戏曲从西方戏剧看到了表现现代生活的某种舞台行为趋势。现代科学技术与西方戏剧观的影响,使我们从目前舞台上的戏曲演出形式已很难窥见其旧有面貌,它的渐变过程使人们在不知不觉中已改变了对戏曲固有形态的认识,当代的西方戏剧和中国戏曲舞台因素中,有许多已很难分清到底属于哪一种民族审美心理的结晶体,它导致一些狭隘民族文化论者喋喋不休的争论。

强大戏曲传统的惰性、戏曲蝉蜕的突破艰难性与世界戏剧对中国戏曲的熔铸性,三者的合力,决定了20世纪以来中国戏曲的进程趋向。

二、20世纪80年代中国文化当代意识的强化与戏曲的彷徨

20世纪80年代中国的社会生活,从政治经济、道德伦理、精神心理等各个角度、各个层面所发生的全面历史裂变,对中国文化中继续沿着封建主义轨道做惯性运动的民族劣根性是一次强力阻遏。因循守旧式的社会生活特征被剧烈的时代变革所代替,人们文化观念中解放与禁锢、改革与保守、进步与落后的矛盾整归于文明与愚昧的冲突,上升为支配时代心理的清晰的当代意识。由这种强烈的当代意识所驱动的对民族文化的深刻思索,经历了如下范畴序列:对桎梏时代前进的封建蒙昧主义进行社会政治的批判→反思这种陈旧社会意识赖以长期存在的内在社会机制和文化、心理原因→重新审度传统民族文化中思想的、哲学的、心理的积淀,用时代的眼光加以剖别剔抉,进行自我更新。中国80年代文学艺术流向的总趋势,始终遵循

着这种时代意识前进的轨迹运行。文学艺术思考历史与现实的生活面日趋丰富和多元化,其探寻社会和人生的整体视角也日益向更深层次发展。而戏曲,由于其背负的沉重包袱,只能若即若离地跟随在时代之后。

时代所要求于文学艺术的,是思维方法的更新、理论模式的突破、审美观念的升华,一切陈陈相因、循规蹈矩、故步自封,都将为时代所冷落。传统戏曲所面对的,即是这种尴尬局面。不容置否,当一个开拓进取的时代逐渐由激荡走向了稳步发展,当社会的文化渴求心理在连续的汲取中达到了相对饱和,那时将实现对有着深厚审美积淀的传统文化的回归。然而,目前更需要的却是创新!

当代意识所呼唤于文学艺术的,是对人生、社会和历史的进深层次的直接哲理思考,所有平庸、浅薄、鼠目寸光,都将为人们所鄙弃。而戏曲对时代的折射角度过大,因而意象显得浮光掠影,未能毫发毕现地直接深刻洞析生活的真谛。

每一个时代常常以其强力的烛照来筛选和择定它所需要的审美方式与艺术的样式,而"只有能够满足时代的迫切要求的文学倾向,才能得到灿烂的发展"(车尔尼雪夫斯基语)。戏曲正是由于它同时代迫切要求的距离感和隔膜感,被迫收小观众圈而缩向一隅。这种退缩引起戏曲对于自身命运发展的警惕和对于自身内在底蕴的反思,反思无定向的外化即当代戏曲的彷徨。

戏曲彷徨的"心理"基因主要由来自三个方向的矛盾机制构成,这三种矛盾机制是 20 世纪以来左右中国戏曲进程趋向的三种力量交互运动的结果。

第一,传统戏曲所含括社会意识的陈旧感与当代观众社会观念的极度不和谐。那种旧式道德的典范、人伦关系的楷模、人的行为趋势的标准,20世纪 80 年代比以往任何时候都更加遭到时代潮流的唾弃,这种刻薄的历史反嘲在 50 年代还没有这样明显和自觉。新时期给中国社会所带来的是又一次更深刻的文化启蒙,它承继了五四新文化运动以来文明向愚昧冲击的排浪。困难的是,愚昧与几千年的文化传统紧密纠缠交织为一团,冲击不得不带有鲜明的反传统色彩,因而往往引起一般传统肯定论者斜向的有力反击,部分抵消了冲击的力量。传统戏曲在这双力碰撞所激起的旋涡中无所适从。

第二,现代内容急于寻找完美舞台形式的时代焦灼。当传统内容连同其舞台存在方式——古典程式从剧场退出之后,中国传统戏曲数百年汇聚起来的艺术形式美的光点亦随之消失。现代内容要点燃这达到极高审美境界的美学之光,所面临的是不可逾越的时代障碍。以京昆纯熟程式的审美标准作为印象中根深蒂固的参照系统的一代观众,对现代戏曲舞台形式的塑造有着挑剔苛刻的标尺。然而,中国戏曲如果不甘于撤离当代剧坛退守传统文化博物馆,它就必须迅速找到在戏曲舞台上沟通现代内容与观众审美需求的形式渠道。

第三,民族化与时代感之间界限的模糊不清。中国戏曲表演美学体系的独立性使它得以辉耀于世界剧坛,然而这种独立更多地是由时代生活的差异赋形于表演体系形成独特舞台风格所致。随着20世纪80年代人类生活日渐进入世界的总体格局,封闭王国的宫门次第打开,现代意识出现一体化趋势。在文化形态范畴,"民族的即是世界的"这一名言对于民族个性的强调,恰是基于对文化混同趋势的担忧。世界范围内戏剧观念的动荡、对于舞台假定性的再认识、话剧融会诸种舞台语言的探索,都在某种程度上减弱了戏曲的个性光彩。戏曲自身从古典到现代的内容跨越以及对当代舞台科技成果的利用,尤为模糊了民族化界限的边缘。

中国戏曲进入20世纪80年代以后已经落入这样一种境遇:面对时代与生活潮流的奔涌,它产生隔岸的迷茫;面对人们文学艺术审美主视角的转移,它产生失落感;当它试探着迈动步伐时,又遇到戏曲理论界思想的混乱和世界性戏剧观念动荡的旋涡,无所适从。

三、蜕变趋势

中国戏曲心理彷徨的加剧是中国重新面向世界后造成社会文化观念变动的结果,因而中国戏曲前进的步伐由中国的现代化步伐和中国文化向世界继续开放的趋势所决定。在改革和开放的潮头保持恒向运动的情况下,中国戏曲的进程呈现出结束蜕变的趋势。

（一）戏曲文化观念"断裂"的趋于完成

新时期以来，中国闭锁式的呈内向性自循环发展的文化观念在突出禁区接触大量世界文化新质后得到迅速更新，这种更新由对世界文化的重新思考和对传统文化的历史反思两种方向的变化组成，与新的社会发展相适应的新的社会文化观念，必然要扬弃大量与社会前进不能同频甚至反频的旧观念。继五四新文化运动、社会主义文化运动之后，新时期的扬弃又一次也是更有力的一次向传统戏曲中旧的文化观念做出彻底否定的挑战，它的力量集中体现在青年一代已经远离传统，失去了以往那种"千丝万缕的联系"，因而这种扬弃将最终实现。一代人对传统戏曲的隔膜感和冷遇绝非是年龄在起作用，其根本原因还是文化观念的大相径庭。随着现代化步伐所带来的中国文化观念的进步，促使中国戏曲文化观念"断裂"已经拉开了"裂距"，时间将证明，这一场早已为历史所提出而又迁延至今的文化观念的变革将最终完成。

（二）传统戏曲作为"有意味的形式"进入历史文化积淀层

中国戏曲文化"断裂"的实现将给传统戏曲的命运带来巨大影响，它将宣判：中国传统戏曲已经属于历史了，它已经是历史的文化形态而非当代文化形态，它划归于中国有着深厚审美积淀的优秀文化传统的范畴，成为社会主义新文化的来源和借鉴，而不属于社会主义文化的本体。中国传统戏曲在20世纪上半叶的最后发展，已达到了一种高度形式美的境界，成为闪烁着璀璨光芒的"有意味的形式"，随着这种形式所赖以形成的特定社会历史内容的逝去，它也成为人类艺术史上又一个"不可企及"的典范，成为当代人回望中已经远去的永远无法重新涉足的艺术高峰，它将与历史上曾经高度繁荣的各类文学艺术现象一样，进入永久的人类艺术殿堂，实现其艺术生命的永恒。当历史拉开了距离，人们已经习惯于用历史哲学和艺术哲学的眼光来审度传统戏曲的审美价值，而不是用现实的直接功利观来要求它的社会职能的时候，传统戏曲在当代人眼中已经黯淡下去了的光彩将会重新焕发出来。

由于中国戏曲舞台艺术延续性的性质,观念的"断裂"会造成传统戏曲从舞台上"死亡"的危险,这一危险从中华人民共和国成立以来随着时间的延长而增长,由新文化观念的冲击而加剧。大批有独特艺术表演成就而内容含有浓厚封建意识的剧目已与一代艺人共逝,用未来的眼光看,这些剧目全部都是了解封建社会文化思想和艺术造诣的人类文化财富。因而,面对中国戏曲观念"断裂"的必然实现,传统戏曲的前景分成两种图像。一是长期的舞台间隔造成其灭绝(或仅剩少数改造过了的剧目),二是在保存其舞台活力的情况下度过蛰伏期。清醒地认识到这一点能够修正我们目前对待传统戏的许多不适当做法。

(三)当代戏曲逐渐结束长时期的迷蒙状态

中国戏曲文化观念的"断裂"使当代戏曲与古典戏曲拉开距离,当代戏曲将对古典戏曲实现从内容到形式的再造,完成其烈火中的"涅槃"。再造事实上是一个已经持续30余年的过程,理论的不明确性使这个过程充满迷蒙。历史向古老的中国戏曲提出了现代化的任务,人为的理解却把这一使命的内涵变成要求处于各个不同发展阶段姿态各异的诸多剧种一概表现现代生活内容,它必然导致一些已具备完整结构形态的剧种失去其原来的功能,进而失去其作为多种审美选择之一种的独特艺术个性。现代戏对于古典程式实现了扬弃,却连同古典戏曲的内在审美特性一同抛掉,将未经戏曲化提炼的生活原质搬上舞台很自然地使现代戏的舞台行为方式倒向写实戏剧的范畴,从而使戏曲已经减弱了的个性光彩进一步丧失,并将统属于同一综合艺术体的其他元素从和谐交融中排挤出去成为外在赘疣。为了追踪时代审美主潮,当代戏曲要逐渐将一些新出现而受到普遍欢迎的艺术媒介纳入自己的本体,实行汇聚当代艺术和科技精英的新的综合,又出现各类剧种不顾艺术特质的差异、不顾本身系统结构的可容性,一窝蜂地去试图重演戏曲历史初级阶段的综合过程。然而,历史将逐渐使人们明白,当代戏曲的再造是一定前提下戏曲内在规律所支配的行动,它将遵循着自己的轨道前进,人为引起轨道的偏离只能导致失误和教训。

四、一些崭新的戏曲形态将在发展中形成

时代对于艺术的筛选是严格的,在不久的将来,中国戏曲众多的剧种会在时代面前逐步确定自己的位置和层次:或者完全归结于古典的传统,或者虽跨至当代,然而其基本方向仍在于用接近古典的舞台程式来重新思考历史,或者在自己的发展历程中逐步形成表现现代生活的独特舞台艺术形式,成为崭新的戏曲形态。新产生的戏曲形态,是中国戏曲文化"断裂"后的又一代戏曲,它在内在美学特质上是对于传统戏曲的继承和发展,而在舞台形式上则可以与传统戏曲判若两人,它是现代舞台经过新的戏曲化综合后的产物,其中不排除西方舞台的艺术成分。从理论上讲,代表了中国戏曲发展方向的崭新戏曲形态,最有可能在一些产生于近代和现代的年幼剧种中形成,与生活行为较为接近的舞台表演方式和相对自由的音乐体制,为这种发展提供了便利。然而,历史不排除特例。

20世纪中国戏曲的蜕变经历了一个漫长的历程,它充分显现了中国戏曲走向现代的艰难,宏观地描述出:这个蜕变的运动轨迹,是一次具有理论和实践双重意义的尝试。或许过于幼稚,或许过于大胆,或许有着严重的失误,然而,终开其端。

中国戏曲发展的实践,将检验本文的描述。

(原载《戏剧艺术》1996年第2期)

正视现实与开阔视野
——关于戏曲理论现状与发展的思考

戏曲创作在彷徨。这种彷徨持续的时间太久了，它的起始可以自新民主主义革命转为社会主义革命的社会交替时计算，甚至可以一直上溯到19世纪末20世纪初的社会改良与新文化运动，但它清晰认识到自身状态并产生自觉意识还是在新时期。

随着开放政策所带来的西方文化的强力冲击，中国文化汇入世界文化潮流中所遇到的大合并、大撞击，引起了中国观众戏剧观念、审美意识、欣赏习惯、心理定式等一系列的急剧变动，特别是当代文化意识的觉醒所导致的对于传统文化进而对于传统戏曲中所浸透的陈旧封建道德、社会伦理观念的彻底摒弃，使20世纪以来一直未能跟上时代步伐的戏曲陷入了更为难堪的境地。戏曲在争取当代观众问题上面临着两个方面的困难：一方面，戏曲的传统内容已使当代观众对之产生了心理阻隔，而已达到极高审美境界、具有完整形式感的传统戏曲程式在审美主视角已发生偏离的时代心理面前亦感到无能为力；另一方面，戏曲迄今未找到一个在舞台上表现现代生活的完美和谐的形式，这使它左顾右盼，局促不前，而限于戏曲反映生活的手段在材质、形式体制及其他内在结构上的特殊困难，当现代戏忽视对审美愉悦效果的追求而一味充当思想传播器时，它未能成为洞穿深邃人生哲理、迅速传递当代思想信息的有效渠道，因而遭到时代的冷落。

如果立足于当代戏曲发展的需求来审视，戏曲理论研究的范畴至少应该涵盖三个时空领域：第一，探寻以往戏曲发展与创作的内部规律；第二，宏观地把握与指导当前的戏曲实践；第三，预测并随机控制戏曲发展的未来趋势。如果就戏曲理论的职能而言，它应该具有鲜明的实践性和针对性，能够及时反馈现实创作中的新信息。然而,目前戏曲理论研究所承载的重量与时代要求它应该达到的负荷量差距太大了。从研究范畴来说,当前戏曲理论还只在第一个领域里打圈圈,基本上局限于基础理论的研究,而这种研究也满足于对以往理论模式的补充修订、详加绎释等,很难在理论框架上有所突破和创新。这种研究未能解除当代戏曲的匿惑,与戏曲创作的发展趋势存在着相当的距离,而针对戏曲现状的研究,也很少介入活生生的艺术生活,只把大部分精力消耗在名实之争上。每一种创新的尝试,每一次戏剧观念的突破,都会招致一场集中在"要"与"不要"焦点上的争论。理论未能指明现实的必然趋势,反而在实践本身试探着向前迈步时,站在背后大惊小怪。它不能告诉实践:你应该怎样,而只是在事后说:你不该这样。

戏曲理论研究如何才能追上飞速发展的实践的需要,与开放的时代保持同步呢?我以为,至少有四个问题应当在这里提出来。其一,应该移动以往那种固定的审视世界的观察点,从习惯性的狭小思维模式里跳出来,宏观地把握当代戏曲发展的运动轨迹,取得一个完整的动态的认识。这里提出一个视角问题。不知什么原因,对于中国戏曲史和对于戏曲发展现状的研究逐渐划分为界限分明、互相独立、互不干扰的两大部类,而清末至中华人民共和国成立则是这两大部类的断裂带与分水岭,这种浅近的理论视角必然割断了今天戏曲发展现状的历史渊源,而当代戏曲所遇到的困境至少从20世纪初始即已经初露端倪了。如果我们愿意将视野稍稍向历史纵深处扩大一点,就会很清晰地看到,戏曲创作中现代社会生活内容与传统的固定程式无法统一于完整形式躯壳里的矛盾至今仍然存在!20世纪中国戏曲保持了蜕变的趋势,它一方面依靠中国封建社会超稳态结构的强大惯性和亿万底层民众的支持,使自己能够继续沿着传统的轨道一直运行到距离封建社会十分久远的时代,另一方面又在遭受世界戏剧的撞击中缓慢地微弱地改变着自己的固有舞台形态,但这种改变未能大到足以干扰戏曲传统程式的程度。今天舞台上戏曲彷徨的加剧,是戏曲蜕变到达极点时所产生的心理焦灼感的外露。视角的移动,常常使理论出乎意料地轻易看到问题的症结点,这就使我们在面对戏曲的困境时,不至于对其由来茫无所知。

其二,戏曲理论应该从于实践无补的名实之争中解放出来,打破理论与实践的隔离层,将力量用在对现象的研究和理论升华上,戏曲改革的实践提出了戏曲化与现代化、纵向继承与横向借鉴的关系问题,它所要求于理论的,是对于驾驭这些关系的分寸感做出有科学根据的回答。如果我们将理论眼光的落点落在这实在的层次上,就会去探讨解决问题的途径和方法。比如可以引进一般系统论的概念,考察戏曲作为综合艺术系统的系统质——它的自身规定性是什么,非中心部分的子系统多大程度上的改变可以不伤及系统质即不影响系统整体的保持存活,也就是探讨原有戏曲形态在形式改革方面的允许度等,这样理论就向实践靠近了一步。

其三,戏曲理论应该有未来学的眼光。对戏曲未来的预测,是一项十分复杂的工程,比如要考虑到社会的制约、外来文化因素和国内当代文化潮流变化的影响、观众文化心理和审美趣味的转移等,各种因素所结成的合力,以及戏曲内在机制的可改变性与适应力等。预测戏曲发展的未来趋势,可以帮助作家认清主要潮流,减少创作追求中的盲目性,而更重要的是克服当前戏曲发展中的迷惘。当然,任何对未来的预测都是一种假说,假说在实践中都有被确认或否定两种前景,但科学的假说往往能够指出倾向和趋势,并引起实践的兴趣,实验性的作品将由此产生。理论与实践就在这相互的确认或否定中前进。

其四,戏曲批评应当唤醒自己的当代意识。这是一个以近年的小说、诗歌、电影、美术、舞蹈、话剧批评为参照系所提出来的问题。我们的文艺批评在近年的发展,已从过去创作的尾巴向具备自身独立的审美价值迈进,其眼光已超越一般的创作论,不再局限于彼此游离的文艺现象,而是站在理论和艺术哲学的制高点上,对整个文艺现象以及产生这种现象的背景和历史的、心理的因素作俯瞰式的研究。唯独戏曲批评,仍保持了那种传统式孤立封闭的批评方式,常常停留在复述故事和歌颂演员交叉进行的阶段,这种缺乏思想闪光和独特审美见解的批评,在迅速提高而变得尖刻和挑剔的社会审美力面前,再也不能引起人们阅读的兴趣。而这种浅薄的批评与戏曲创作中的平庸低劣共同构成一个自循环系统,形成一股对时代审美倾向的离心力,也造成与当代文艺欣赏水平的巨大逆差,它只能导致戏曲更加退化。当然,批评的方法常常是受制于文艺发展现状的,但批评却不能以落后的文艺现象作为减弱自身当代意识的理由。在要求戏曲跟上时代的步伐时,我们首先应要求戏曲批评改变自己的基点。

总之,随着时代的变革和社会观念的更新,戏曲实践也在不断地摸索前进,戏曲理论碰到了更加错综交织、复杂多变的现象和局面。旧有的理论模式已不足以解决实践所提出来的大量问题,必须在理论框架和探求方法上有所突破,而正视现实与开阔视野,应当是戏曲理论发展的立足点。

(原载《戏剧报》1986年第2期)

当代戏剧舞台形式变化的内在基因[①]

近年中国的戏剧舞台形式变更得十分频繁而迅速,人们已经做出了种种尝试,有些取得了成功并产生了较大的影响度,有些则给人不伦不类的拼凑感。面对这种情形,剧作家有时不免产生疑惑:我应该根据一种舞台形式来确立自己的写作基点,但我怎么把握形式变化的趋势呢?

今天的报告解释有关戏剧舞台形式的问题,试图用较为宏大的文化和历史背景作为参照系,来和大家讨论一下戏剧舞台形式之所以确立的理论前提,希望通过分析与归纳,使大家对戏剧舞台形式的渊源脉络、来龙去脉有所了解,对之产生一定的理性自觉,或者有助于帮助大家进入创作时驾驭形式的自由心境。

一、戏剧舞台形式问题概说

先提出一个问题:戏剧编剧在写作之前如何确定他所要选择的舞台形式?这里的形式不指戏剧样式,例如话剧、戏曲、电视剧,或者京剧、粤剧、黄梅戏,而是指舞台风格,即写实、写意、传统手法、现代象征、因循守旧、别出心裁等。为什么提这个问题呢?因为当代戏剧创作中,戏剧的舞台形式是使一部剧作在舞台上立起来的极其重要的因素,剧作者不得不事先考虑到它的存在。

在中国,过去这个问题并不突出。古人写作杂剧、传奇、皮黄戏的时候,

[①] 本文系根据作者在中国艺术研究院'96编剧讲习班的演讲稿整理。

都是直接套用现成的戏剧样式规格,舞台形式也是被固定了的,他们用不着去考虑自己的剧本搬上舞台以后是什么样子,他们的创作当然也会带有每个人的个性风格,但那是在创作中自然而然流露的,与舞台形式的关系不大。中华人民共和国成立以后的话剧创作大体遵循写实一路;戏曲创作采取的传统戏、新编历史剧、现代戏的创作模式,是根据内容对戏剧样式进行的划分,而在舞台形式上则各有较为固定的路数。剧作者只要把剧本写好,舞台就会用大体相同的方式来把它展示出来。

但是,近十几年来的情况不同了,戏剧的舞台形式变动频繁,手法众多,时见新招。这其中,许多现代舞台科技手段被日渐大胆而巧妙地运用,一些新颖的构思得到了现代观众的认可甚至欢呼,其结果是增强了戏剧舞台的现代感,而舞台形式也在这种经验积淀中逐渐发生倾斜。在这种情况下,一部戏剧创作的成功被理解为:不仅剧本是独到的,其舞台形式也必须是独到的,只有两者的完美结合,才能带来剧作真正的荣誉。

转折点是新时期的开始。我们只要稍微回顾一下当时的情形就会看到,最初的戏剧创作,其立意还在于单纯的政治内容上的拨乱反正,于是出现了宗福先的《于无声处》《血,总是热的》等剧作的轰动,但这种情形迅即被扭转了,话剧舞台很快进入它的形式变革期。这里不得不提到高行健。这位受到法国现代派戏剧启迪的作家,用他的三部曲《绝对信号》《车站》《野人》,呼唤出中国戏剧舞台形式变革的大潮。于是,舞台上一个探索的时代到来了。这里提到的一些剧目名字大概可以引起大家对于话剧舞台形式变化轨迹的追忆:《魔方》《一个死者对生者的访问》《W.M.,我们》《街上流行红裙子》《十五桩离婚案的调查剖析》《红房间、白房间、黑房间》《挂在墙上的老B》《山祭》《桑树坪纪事》《中国梦》……舞台形式变得不再是那么统一、一致,而是异态纷呈、五花八门、扑朔迷离、光怪诡谲了。仔细分析其中的风格、流派成分,似乎大都染有某种西方现代派戏剧的色彩,但又绝不雷同,并且显得支离破碎、片段残缺。但是,它们大多获得了很大的反响。如果对造成其影响力的因素进行切割,我们不会不同意把很大部分归功于其舞台形式的创新。相对于话剧来说,戏曲的舞台变迁(非指传统戏的演出)慢了一个节拍,一直给人以脱离时代之感,但随即也就开始了较为谨慎的试探,一些有影响的导演的剧目很快引起人们的注目,例如戏曲导演余笑予、导话剧也导戏的胡伟民,都在努力打破戏曲舞台的旧有平衡支点。无论人们对之评价如何,下列一批剧目的舞台形式都曾引起人们的极大兴趣:《潘金莲》《泥马泪》《四川好人》《山鬼》《田姐与庄周》《洪荒大裂变》。初时的戏曲舞台形式改变还比较"隔",给人的艺术感觉总与"拼凑"相连,但经过一个时段的过渡以后,成功的作品就被大气地推出了,例如上海京剧院的《曹操与杨修》、北京京剧院的《甲申祭》,都给人以比较完美的舞台形式感。

中国戏剧的舞台形式问题在当代被推到一个显著的位置,首先是由时代审美心理的趋向丰富性、多彩性、敏感性、深层性所决定的。造成这种时代风气的原因,很大程度上与世界文化交流融会的趋势有关。以电视为主的现代传媒把世界缩小并拉到了人们的面前,由此而将以往分散在各个不同时间和空间呈现的多品种、多流派、多风格的舞台艺术,集中展现在人们的面前,使人们可以对之进行主动选择与比较——人们可以用电视频道转换的手段轻而易举地实现兴趣选择。中国近年审美心理发生迅速变迁的原因还在于文化开放,目不暇接的世界艺术伴随其五花八门的形式一同涌入,引起人们审美兴奋的激荡与随即疲软,它使人们欣赏舞台艺术时对于形式的挑剔变得苛刻与趋时。可以说,形式感是现代社会审美心理的聚焦点,当代艺术里,无论是绘画、雕塑、舞蹈、电影、戏剧等,都逃脱不了它的制约。

戏剧的舞台形式问题必须正视,现代剧作家每个人都必须面对。当然,讲形式,并不是说形式第一,内容与形式的最恰当构成自然是剧作不可变更的前提。只是,这里我们反过来提出问题:内容与形式是事物呈现本身状态的两极,缺一不可,二者兼具才能形成立体坐标。一个现代剧作家在创作的时候,不仅要想到内容,而且要想到如何表现内容,想到它的舞台面貌以及会给人们带来什么样的直观印象,否则就有可能陷入被动。举一个例子:前几年福建戏曲作家群的创作十分活跃,他们在剧作中追求对于历史文化和人性深层蕴涵的揭示,成绩令人瞩目。但是,其舞台成就并不能与剧本所达到的高度相比。郑怀兴的《新亭泪》极有历史的厚重感,舞台呈现方式却十分粗劣,二者构成鲜明的撕裂角。莆仙戏《秋风辞》设置的冲突精彩至极,手法上却偏重于写实,失去了戏曲舞台的灵动与传神。

或许有人会讲，我只写传统样式的本子，不管形式。可以。但是我要问：什么是传统样式？传统样式以什么为标准？是20世纪的？是古代的？是中华人民共和国成立后的？是中华人民共和国成立前的？所谓传统样式是一个内涵与外延都模糊不清的概念，它并不是一个实体性的存在。这种情况是由戏剧舞台延续过程中的流动性和变异性所决定的，舞台是随时发生变化的，哪怕只是随风转影如物随形式的，它也永远不是从前的样子。特别是20世纪以来，戏剧舞台上发生的改造与变异是极其巨大的，其中有社会生活改变的制约因素，也有舞台技术革命的原因。仅以后者为例，现代舞台灯光设备的不断革新，幕布与景片的形式与材质不断变化，舞台机械的运用，尤其是舞台结构形式本身的变革，早已把传统形式挤压得多重变形了。

也有人说，舞台形式是导演的事，我只写我的本子，不去考虑。可以。但我说这是一种低层次的追求。姑且不论你总要遵循某种特定的形式来运作剧本，即使你不考虑形式，形式也会来考虑你。如果完全把自己的作品交给导演来进行二度创作，导演或许不得不大幅面地进行删减，这样作者就失去了自主性与个性，失去了风格，一个有追求的作者面对这种自我丧失恐怕不会无动于衷吧？

那么，戏剧的舞台形式到底是怎么回事儿呢？它为什么是这样而非那样？是什么因素决定了当前戏剧形式的发展趋势？一定的形式与成功是什么关系？下面我试图从形式变迁的历史追溯中归纳原因。

二、决定今天戏剧舞台形式的历史前提

今天存在的或存在过的诸多戏剧舞台形式，其由来都需追溯到19世纪末20世纪初东、西两大戏剧体系激烈冲突的刺激。这里引出一个概念——东、西两大戏剧体系。那么，它们是怎样形成的？其实质是什么呢？弄清楚了这两个问题，有助于对20世纪以来戏剧形式发生多种变异的原因的理解。

西方戏剧体系，指的是在基督教文化圈域里形成的戏剧样式，它与欧洲工业革命以来所建立起来的近现代工业文明相对应，奠基于古希腊、罗马戏

剧和中世纪宗教戏剧,逐步走向现代话剧、歌剧、舞剧三种形态的分流,而以话剧为基本舞台样式。东方戏剧体系,指的是在佛教文化圈域里形成的戏剧样式,它对应于传统文明,奠基于印度梵剧、中国戏曲和日本能乐,具有诗、歌、舞融为一体的舞台艺术特征以及诸多相通的美学风范。通常,由于对其他东方戏剧样式的了解不够,我们运用中、西戏剧体系的概念比较多,这也是可行的方法。中、西戏剧原则与精神都有着显著的不同,1918年张厚载先生曾经简明扼要地用"写意"与"写实"两个概念来归纳它们①,尽管这里还应该有一个历史语境的限制,但却具有鲜明性。因为在一定的历史时段里,中、西戏剧的明显区分,确实集中体现在是否公开承认戏剧的假定性、抽象还是模仿生活、美化还是还原生活真实等方面。

　　东、西两大戏剧体系的强烈性格反差,是一定历史时段内的产物。东方戏剧的历程基本保持恒定性,其原则精神从一开始建立后就基本没有发生变化。西方戏剧则时而发生性格上的剧烈改变,其历史大体可以归入三个明显的发展阶段:一是从古希腊经过中世纪一直到伊丽莎白时代的莎士比亚阶段,这是西方戏剧的承认假定性阶段;二是从16世纪新古典主义"三一律"戏剧原则的建立到19世纪中后期的自然主义戏剧极点,这是西方戏剧的追求绝对写实阶段;三是从19世纪后期开始一直持续至今的现代派戏剧探索时期,这是西方戏剧对19世纪以前三四百年传统的反叛阶段。东、西两大戏剧体系的接触,是在19世纪后期发生的,正当西方戏剧走到了绝对写实主义的顶点时期,因此二者之间的界限极其鲜明,它使东、西两大戏剧体系的概念得以确立。这里分别讲述一下前两个发展阶段的情况,第三个也是最重要的阶段,我们放到下面专门来讲。

　　东、西方戏剧在它们的童年和青年期的差别不是太显著,分别体现了人类自然思维阶段的特征。依据自19世纪末到时下一直占统治地位的人类学理论,人类戏剧的最初发轫始自原始宗教意识,意即在交感巫术意识支配下的人类的模拟行为,这在东方和西方各个文明里都曾经近似地发生。随后,人类戏剧经历了从宗教仪式向纯粹审美经验的转化,古希腊戏剧由酒神

---

① 张厚载:《新文化及中国旧戏》,《新青年》第5卷第4期,1918年10月。

祭转化而来，印度梵剧由黑天祭转化而来，中国戏曲同样经历了这样一个过程，只是由于中国古代的泛神信仰以及戏曲体制的特殊性而使这个过程拖得很长且不甚明显。日本能乐与中国戏曲有相似点。正是由于其发生的近似性，人类各个文明里的戏剧在最初的时候彼此形态是接近的，具备许多共同拥有的表现手段，例如公开承认假定性，充分倚重诗、歌、舞，强调节奏，在舞台上随意制造时空转换，利用面具等，其舞台形式也基本呈现出由随意空间到伸出式三面观看格局的转化轨迹。

　　东、西方戏剧开始走向明确分野，源于文艺复兴以后欧洲兴起的理性主义思潮的影响，当然，理性主义的基因早在古希腊文明里已经孕育，它奠定了后来西方文明的特色。古希腊的民主理性、科学主义，罗马的法治意识和成文法形式，甚至包括中世纪宗教黑暗隧道中一直在延伸的科学实证主义（正是这种科学实证精神导致了现代科学的诞生和宗教神学的崩溃，最突出的例子就是哥白尼的"日心说"对于宗教控制的内部突破），都导向于欧洲的文艺复兴和科学主义时代的到来。从此，欧洲彻底脱离了原始蒙昧而进入理性自觉，科学精神的膨胀改变了时代，改变了文学艺术，也改变了戏剧。

　　理性主义对于欧洲戏剧的影响深刻体现在两个方面：一是分析原则导致戏剧类型区分的出现和彼此日渐分离，于是形成了话剧、歌剧、舞剧三大样式的明确分野。二是戏剧舞台求真观的出现及其原则的建立。后者的演进有着这样一个历史过程：首先是绘画中透视学原理的发现，使画家通过光线的明暗对比、赋予不同的物体以一定的比例关系等手法，可以实现对事物的逼真摹写。这种手法被运用到舞台绘景上，就出现了有景深的背景画面，它被用于在舞台上制造立体空间的幻觉。我们从十六七世纪遗留下来的戏剧布景图案中经常可以见到的画面是：一条街道从远方伸展过来，两旁排满了房屋店铺，到达演员所在的舞台台面时，街道恰好变成了十字路口，于是戏剧的场景就被设置在人来人往的大道通衢上，便于角色的自由来去和上下场。背景构图与场景的一致，势必要求舞台表演上的相应变化。例如在过去的无布景或写意布景舞台上，演员可以随意通过台词和表演来引渡舞台时空的改变，不会受到具体场景的限制，但在上述街道背景前，演员就不能随心处理了，他说的话、做的事都必须与生活中这个十字路口所可能发生的情形相符。写实布景的产生,又对舞台样式提出了要求,以前那种三面伸出的舞台样式无法设置写实布景,于是台口就内缩进去,舞台变成了镜框。在这个过程中,戏剧表演中的假定性被一步一步地摘除,许多程式化的表演被视为原始、幼稚的成分而被淘汰,其最终结果就是16世纪"三一律"戏剧原则的产生:一场戏中时间、地点和戏剧行动的一致。被新古典主义奉为金科玉律的"三一律",对古希腊戏剧精神是一种阉割,然而当时的理论家们却声称这是从亚里士多德戏剧宝典中引发出来的原则。例如亚氏《诗学》中提到希腊悲剧的演出时间以太阳运行一周为限,意即一场悲剧的演出时间不要超过24小时。到了16世纪的意大利学者钦提奥等人那里,就被歪曲成剧中的故事所延续时间不能超过24小时[1],而这条原则成为"三一律"中的时间一致律。

欧洲戏剧所出现的上述变化,使东、西方戏剧舞台之间产生了极大的差异,此时两大戏剧体系正式形成。欧洲戏剧舞台所发生的这一变化不仅使之与东方划清了界限,而且与其所继承的戏剧传统也划清了界限,于是我们就不难理解为什么连欧洲近代戏剧的巨匠莎士比亚的作品也遭到了新古典主义者的强烈抨击,认为它们没有遵守戏剧的基本规则。同时我们也就理解了为什么到了400年之后的20世纪初叶,当西方戏剧舞台希图从古希腊和莎士比亚戏剧传统中寻找其本源精神时,会对东方和中国戏剧感到如此亲切!

当古典主义戏剧原则泛起之后,西方舞台对于东方的戏剧形式自然是嗤之以鼻。历史恰好留下了一个例证。1698年,法国耶稣会传教士普雷马雷(J.Premare)把中国的元杂剧剧本《赵氏孤儿》翻译成法文,介绍到欧洲。普雷马雷了解欧洲当时奉行的戏剧原则,为了向教皇和欧洲民众说明中国是一片适宜于上帝眷顾的国土,那里的臣民有着足以理解基督教教义的理性基础,他在选择一个"典型的"中国剧本进行翻译时是作了慎重比较和挑选的,他必须选择接近欧洲观念的剧本。他特意选择了具有时空相对集中的四折结构的元杂剧,而不是时空流动和随意性更大、动辄几十出的明传奇

---

[1] [英]阿·尼柯尔著、徐士瑚译:《西欧戏剧理论》,北京:中国戏剧出版社,1985年,第42页。

剧本。然而,这个剧本的形式仍然遭到猛烈的抨击。指责集中在其历史事件的时间跨度上:赵氏孤儿从婴儿到长大复仇需经历近20年时间。因此一些欧洲人的改编本只好对之进行腰斩:不是把长大以后的复仇去掉,就是把婴儿时期的结仇去掉。

写实主义戏剧的极端发展,导致了19世纪70年代自然主义舞台阶段的到来。此时"第四堵墙"的理论统治了舞台,演员不是在舞台上表演,而是在一面玻璃墙里面"生活",他们洗脚、吃饭、喝酒,舞台上的肉铺里用铁钩挂着大条鲜牛肉,山间流淌着清澈的泉水。写实主义思潮在表演领域里集大成的成果,体现为19世纪末俄国戏剧表演大师斯坦尼斯拉夫斯基的"直接体验"理论——要求演员在表演时彻底代入角色,直接变成剧中人本身,而不再是演员自己。斯氏演剧体系虽然因其表演经验上的巨大成就而对于人类戏剧做出了卓越贡献,但也导致了戏剧走向非假定性极端。在这种畸形发展下,东、西方戏剧舞台形式的距离越来越远,其间形成一道难以跨越的鸿沟。

三、19世纪末以来东、西方戏剧舞台形式的双向逆动

19世纪后半期以后,西方文化开始随着其经济和军事力量的膨胀而东侵,在这一过程中,东、西方文化发生了剧烈的冲撞、混杂和交融。它对于戏剧舞台所带来的深刻影响,就是引发了各自背离传统而朝向对方舞台原则靠拢的趋势,东、西方的两种趋势形成双向逆动的局面。

西方戏剧的反叛传统首先是其社会思潮发展使然,而这种逆动又恰好受到科学技术发展的及时而有力的支持。19世纪末期以后,西方的社会危机与人的心理危机充分显现出来,挖掘人的精神分裂与异化根源成为时髦的哲学命题,这股思潮体现在戏剧舞台上就是要求对人的意志、直觉、本能、下意识的体现,目的是呼唤手段改革。而当时的西方戏剧在复制自然的写实路子上走到了极端,人们对于舞台与生活的混同开始产生强烈的厌恶,因为剧场里已经不能提供审美愉悦。于是,与现代派思潮相呼应,戏剧舞台上的异端驱动露出端倪。1879年电灯发明之后,迅即向人们提出了更新舞台

面貌的要求；灯光可以改换背景、遮掩或突出环境、切割场景和舞台空间、渲染气氛、调节情绪、增强舞台的形式感与象征意义。于是现代舞台灯光之父阿庇亚（Adolph Appia，1862—1928）出现，他对于舞台灯光的理论与应用，改变了一个时代。随后，在戈登·克雷（Gordon Craig，1872—1966）、莱因哈特（Reinhardt Max，1873—1943）等先行者的倡导之下，戏剧舞台及其表现方法的改革成为时尚。20世纪西方戏剧舞台上各种现代派实验迭出纷呈，诸如象征主义、超写实主义、表现主义、结构主义、存在主义、达达派、荒诞戏剧、残酷戏剧、叙事剧等。其舞台形式的变革从两个方面展现出来：一是在舞台的内部形式上即舞台手段、处理方法上标新立异，一反写实主义的遵从生活原型规律而做出各种变形：美化或丑化、割裂或反接、夸张或扭曲、抽象或提纯生活。二是在舞台的外部形式上即舞台的建筑样式、格局上追求美学新意，从各类伸出式舞台、圆形舞台、平台和阶梯组成多层台面，到各种类型的小剧场的种种尝试、种种实验，都把戏剧舞台导向一个多样化的时期。在西方舞台的变革中，理论界一个很重要的思路就是回复到戏剧的原初假定性，由此他们深入探讨古希腊与莎士比亚戏剧的形式和原则，希图从中寻找到戏剧的本源意义，从而焕发其活力。当他们接触到东方戏剧样式以后，忽然发现它与欧洲戏剧的本源形态是接近与相通的，不禁欢欣鼓舞，于是对之倾注了日益浓厚的注意。梅兰芳1930年和1935年的访美和访苏演出之轰动西方剧坛的效果，就是在这个意义层面上形成的，日本能乐在西方舞台上的风靡，也是出于同样的社会原因；相同的心理需求还导致近年中国更为原始的泛戏剧样式或民俗宗教混杂的戏剧样式——傩戏的西方出访成功。西方现代派戏剧家和戏剧流派中，许多都从东方戏剧里受到启发，形成诸多尝试、风格、流派和理论，导致现代西方舞台的异彩纷呈面貌。

　　东方戏剧的近代历程恰好相反，它在承受西方文化强力冲击的过程中，逐渐向西方的写实舞台倾斜。通常东方国家的戏剧发展都经历了下述几个步骤：引入西方的戏剧样式，传统的古典戏剧发生蜕变，一些新的舞台混合体生成。三个步骤相辅相成：古典戏剧的蜕变是受到西方戏剧样式的影响而发生的，新的舞台混合体是东、西方戏剧的混血儿。这里，西方的戏剧样式，指的是现代派变革之前的西方写实戏剧，因为写实戏剧仍然是西方舞台长期的支配样式,它代表了西方戏剧成分中的稳定特质。同时,由于西方现代派戏剧的发展与东方对西方戏剧的吸引呈并行的历时态存在,因而它对东方戏剧产生的影响是十分微弱的,我们在下面还要提到这一点。

中国戏剧的近代演变同样经过了上述几个步骤,它的变化呈现出如下轨迹:先是引进西方戏剧样式,这个过程开始于西方戏剧随欧洲人东来:1867年旅沪的英国人建立了一个西式的兰心戏院,演出欧洲戏剧。一些中国人在这里,或在游历欧美时开始接触西方戏剧,同时以西方戏剧与中国戏曲相比较。由于中国时值清末丧权辱国时期,就有理论家认为西方写实戏剧对于激励民族意识与人民勇悍精神作用重大,而中国写意戏曲只能使人沉湎于醉生梦死。[①] 同时,戊戌之血也使各政治阶层意识到鼓动民众的意义,需要借助写实戏剧。于是,穿时装、演事实的改良戏曲产生。随后,旅日戏剧家们从日本引入新派剧——近代日本产生的西方戏剧变种。再后来,旅欧美戏剧家把西方戏剧直接搬上舞台。随同这个过程发生的是旧式戏园的改造——把伸出式舞台变为镜框式舞台,其起始为1909年潘月樵等人在上海创建的新舞台,随后风靡全国。新式舞台由于采用镜框式台口,运用现代灯光设备和幕布,设置写实布景与机械传动装置(例如转台),迫使传统戏曲的表演发生一系列的相应改变,一些与旧式舞台共存的表演技巧逐渐失传。我们今天所见到的传统戏的演出,早已不是它延续了数百年的那种模样。更重要的是,社会的舆论导向,由于新文化派的推波助澜,一致倾向于舞台的写实,例如新文化派的代表人物胡适强调说:传统戏曲处于戏剧的原始阶段,是旧时代的戏剧,现代的戏剧样式就应该是西方的写实戏剧[②]。再后来,由于苏联革命的政治影响,斯氏演剧体系被长期奉为法本,再加上对"现实主义原则"的绝对崇高化理解,中国戏剧就彻底走上了写实之路。

这就有意思了:西方戏剧近代以来频频瞩目于东方舞台,东方戏剧则相反,彻底倒向西方舞台,两者画出清晰的逆动轨迹。中国在学习西方写实戏剧,西方却在反叛写实戏剧!因而,当程砚秋1932年访欧归来后,就说出这

[①] 例如佚名:《观戏记》,阿英:《晚清文学丛钞·小说戏曲研究卷》,北京:中华书局,1960年。
[②] 胡适:《文学进化观念与戏剧改良》,《新青年》第5卷第4期,1918年10月。

样一番话:"中国戏剧有许多固有的优点,欧洲人尚且要学习我们的……中国人自己有些不满意于中国剧,就把中国剧看得没有一丝半毫的好处,以为非把西方戏剧搬来代替不可;假如知道西方戏剧家正在研究和采用中国戏剧中的许多东西的话,也该明白了。中国戏剧是不用写实的布景的。欧洲那壮丽和伟大的写实布景,终于在科学的考验之下发现了无可弥缝的缺陷,于是历来未用过写实布景的中国剧便为欧洲人所惊奇了。兑勒先生很诚恳地对我说:欧洲戏剧和中国戏剧的自身都各有缺点,都需要改良。中国如果采用欧洲的布景以改良戏剧,无异于饮毒酒自杀,因为布景正是欧洲的缺点。来因赫特先生也对我说过:如果可能的话,最好是不用布景,只要有灯光的威力就行。否则,要用布景,也只可用中立性的。"[1]程砚秋的话尽管在当时的社会思潮中仅仅犹如一声蛙鸣没入洪流,引不起丝毫的注意,当历史走过60年后的今天读来却是发人深省的。60年的历史进程中,中国戏剧界虽然不是没有独立的思考者,毕竟太少而且被视为异端,他们的呼喊也遭到与程砚秋同样的命运。

其实,在20世纪二三十年代,西方戏剧的现代派思潮也同样波及中国,只是它是作为"西方戏剧"整体的组成部分而进入中国舞台的,中国戏剧界虽然对之有介绍、有模仿(明显的如洪深《赵阎王》、曹禺《原野》对于美国现代戏剧大师奥尼尔象征主义剧作《琼斯皇》的模仿),但由于西方现代派思潮与中国思想与文化环境的脱离,中国观众缺乏对之读解的门径。再后来,现代派受到形而上的政治宣判,于是就在中国舞台上长期偃旗息鼓了。这里绝无视现代派戏剧高于传统写实戏剧的企图,作为模仿艺术的戏剧其本质具有写实的基因,并且在长期的历史繁衍中积累起丰富的舞台经验,但现代主义在纠正19世纪以前的舞台躯壳化上提供了许多新鲜的视角,有助于激活戏剧的舞台生命力,其作用却是不能忽视的。

四、中国戏剧舞台形式的现状与趋势

现在回到文章开头时的话题:中国当代戏剧的舞台形式,就由历史造成

---

[1] 程砚秋:《赴欧考察戏曲音乐报告书》,《程砚秋文集》,北京:中国戏剧出版社,1959年。

的东、西两大戏剧体系及其在20世纪的瓦解、彼此靠拢的趋势所支配。中国剧坛近年的一切舞台形式变革，都不能脱离这一趋势的制约。

如果用这一理论来解释新时期以来的话剧探索，其思路就十分明晰：因为20世纪以来写实主义一统中国剧坛，特别由于"文化大革命"的隔断，中国引入的西方戏剧样式——话剧，其形式发展脱离了母胎，未能与世界潮流保持同步。它需要迅速补上这一课以缩短与本体的距离。于是，就出现了前述短短几年间，西方戏剧舞台上几十年中所发生的、历时态的变化，在一个短暂的时段里一下子都涌出的现象，似乎西方所有的手法和流派，都要在中国舞台上尝试一遍。当然，这种尝试仅仅是浮光掠影、只字片语，而且鱼龙混杂、掺熟夹生，更何谈形成思潮、建立流派！类似的现象在20世纪二三十年代曾经发生过一次，那一次几乎为历史所忽略，这次由于社会内部与外部条件的变化，当然比那一次作用大，成气候，影响也深远，例如现在的戏剧舞台模式较10年以前已经是极大改变过了的，人们对于现代灯光、装饰景片、舞台调度手段运用的技巧和熟练程度都绝非昔日可比，灯光的强弱、角度、色彩、变换方式，景片的讲求质地、视感、色温、内在意蕴，舞台的平面切割与立体扩充种种，都令人耳目一新。然而，当所有的西方现代戏剧手段都被试验过，经验都被运用过以后，需要确定我们自己的戏剧主流时，人们不免又进入另一个层次的茫然。因为戏剧毕竟是模仿艺术，模仿艺术总要某种程度地切合于对象，因而其舞台行动规范永远有一个总的制掣力在起作用，它是不变的。承认假定性之后的戏剧，仍然要遵循其基本舞台规律，形式可以万变但都离不了其宗。形式又是与一定的内容相联系的，荒诞派戏剧的舞台形式表现的是西方某种特定的社会情绪，如果社会不存在容纳这种情绪的土壤，其舞台形式就没有丝毫意义。因而，当浮躁的声嚣渐息之后，需要的是一个沉稳的分辨、融化与推进的时期。

中国传统戏曲的问题较为复杂。它所持有的基本表现手法是在伸出式舞台上、在油灯或灯笼照明条件下所形成的规范，而我们现在所面对的却又不完全是它的原始质，它在一个世纪中已经发生了极大的性格变异。一方面，它在镜框式舞台的框范下已经生存繁衍了将近100年，其体态已经变形，甚至视现存为传统。另一方面，它受到当代舞台形式迅速变革的磁场吸引,引入对自身的外力切割。这其中有利用进步科技手段的因素,例如对于现代舞台灯光的更为广泛运用,这些是它需要吸收到自己的表现本体中来的;也有突破写实手法的舞台技巧因素,例如与科技手段相连接的现代舞台调度手段。后者中,有些来自西方现代舞台的经验,但这些经验很可能又是西方舞台对于东方传统的反馈物,也就是说,其原始经验仍然来自东方。于是,我们已经很难区分得清楚,在当代戏曲舞台上,哪些是纯粹的传统,哪些是外来物,哪些又是传统经过外部过滤后的回归。然而也正因为此,戏曲又获得了以不变应万变的主动态势,这使它在度过了一个极度尴尬期之后,逐渐开始在已经恢复的自信基础上,重新抬起头来瞻望未来。

这里还要添一段并非题外的话:新时期以来的戏剧形式探索,尽管在表现手法上层见迭出,但都限于舞台内部形式的花样翻新,舞台的外部形式却仍然是单一的,即仍然囿于镜框式舞台的基本构造。对于舞台与剧场建筑形制的改造牵涉到更大的社会力量,因而尽管近年在西潮影响下戏剧舞台形式变革之风盛行一时,西方一个世纪的剧场建筑实验却几乎没有在中国引起反响。到目前为止,限于经济力量,没有什么团体可以按照自己的美学意愿来对通行全国的大量镜框式舞台进行改造。近年小剧场实验层出不穷,一来是由于西方类似运动的影响,二来也是因为小剧场是目前我们唯一可以进行的改变舞台外部形式的尝试实践。当然,偶尔也会碰到建筑剧场的机会。北京近来恢复的清代乾隆年间会馆戏园——正乙祠,就采取了完全的清代样式:伸出式舞台台口、环绕的双层看楼,但这只是从文物恢复的角度所做的工作,完全没有打破当前单一舞台建筑形式的自觉。建立新剧场的机会也时有出现,例如北京近年新建了中国剧院、保利大厦剧院等,虽然在设计上尽量考虑了各种现代造型和设施因素,但都没有跳出或企图跳出镜框式舞台的思维框架!这是戏剧观念的滞后性在建筑学思想方面的投影。我这里想呼吁中国当代的剧场设计者们,当你有条件设计一个新式剧场的时候,能做出一个突破模式的举动。它谈不上"惊人",但一定是"独特"的。中国当代戏剧需要多种建筑风格与形式的剧场和舞台,让延续80多年的单一镜框式舞台的时代,终止于20世纪吧!

以上我们已经在20世纪东、西方戏剧双向逆动的世界坐标图式上,为中国近年的戏剧舞台运动进行了定位,于是,其轨迹的继续延伸,也可以在此图式上看出可能的趋势。其一,双向的世界戏剧舞台潮流在澎湃了一个世纪以后,已经渐归平缓,那种绝对的纯粹的以某种形式为单一法本的舞台格局早已不复存在,人类戏剧的全部经验积累和创新尝试都为舞台所认可、所接纳,构成当代戏剧舞台的异态纷呈。其二,东、西方两大戏剧体系的边缘早已变得模糊不清,两个交叉圆的覆盖面积已经占据很大的比例,西方戏剧的写意化与东方戏剧的写实化不仅使二者彼此靠拢,更值得注意的是东方一个世纪以来在西方影响下产生的舞台混合体,又受到这种逆动潮流的二度支配,例如东方话剧的民族化运动就是一个突出的例子。其三,复古与创新思潮的结合,审美多样化时代心理的产生,人类全部历时态文化与共时态文化在当代具备相等价值的观念的奠定,都在要求着当代戏剧舞台的容括性、含复性、兼收并蓄性原则的确立。其四,还要注意到当代传媒手段对于戏剧形式的引渡:电影电视的强力已经冲击出戏剧的裂变,多媒体电脑的普及定会带来一个全新的艺术时代,也会造就一个全新的戏剧时代。最后,未来的戏剧时代是世界戏剧的时代,它的内涵既是东方戏剧又是西方戏剧,既是外来戏剧又是民族戏剧,既是古代戏剧又是未来戏剧,它的概念就是全部的人类戏剧集合体。从上述归纳中,我们至少已经可以对中国戏剧舞台的走向做出如下判定:任何一种历史上(无论遥远的还是临近的)存在过的戏剧形式,都可以继续在舞台上延伸并保持其价值,任何一种思潮影响下的戏剧舞台变异,都可以成为当代舞台的经验积累而进入其文化沉积层,中国戏剧舞台的真正多样化时期已经到来。这里,传统的与先锋派的并存,中国的与西方的共荣,纯粹老式的与彻底革新的同在,每种形式都有它自己的观众群而不能独占鳌头,一个剧目的成功不取决于其所采取的舞台样式与风格,而取决于其自身舞台艺术性的独立与完整。这提醒我们,当代戏剧创作所能够运用的舞台形式已经十分丰富,那种单一样式与格调的时代已经过去,剧作家们应该根据其创作意向,去选择最适合自己舞台表现的立体形式,争取到驾驭形式的自由。

五、简短小结

　　历史造成东、西方两大戏剧体系的建立,殖民主义化引起两大体系的冲撞、混杂与融合。近年中国戏剧舞台的现状受到这种趋势的支配,发生了剧烈的形式动荡。剧作家对之应该有清醒的理性认识,避免在创作中盲目追赶时尚潮流,要主动建立起自觉的舞台形式意识,以便能够很快地选择到最适合自己的表现形式,从而获取一个独到的成功。

　　　　　　　　　　　　　　　　（原载《戏剧》1996 年第 4 期）

戏剧怎么了[①]

——关于戏剧现状、本质与生命力的思考

戏剧怎么了？当我这样发问时，包含两个内涵：一是边缘化造成戏剧的心理彷徨；二是生存环境变化引起戏剧对自身本质、生命力的叩问。这两者的合力，制约了戏剧的当代发展轨迹。20世纪80年代以来中国戏剧的舞台变革，再向历史纵深延伸，20世纪100年来东、西方戏剧的舞台变革，都突现出我这一发问的背景。下面从几个方面来展开我的阐释。

一、戏剧怎么了

通常圈外人和年轻人会对这一发问的基点产生怀疑。戏剧不怎么呀！戏剧不是挺正常吗？每年都能听到全国各地许多关于戏剧节、戏剧会演和调演、戏剧评奖之类的消息，各个城市里也经常看得到各类戏剧上演的广告和评介信息，电视台还有专门的戏剧栏目甚至频道，戏剧作为现代娱乐文化的一项重要内容，正在并一直在发挥着其审美功能、陶神怡性功能、愉悦功能、宣传功能。

然而，戏剧确实是有点怎么了。因为，如果稍微对中国近20年来的戏剧状况投之以关注，就会看到戏剧丧失自信心的大量表征。从社会学的角度看，大家经常听到的都是戏剧不景气的说法，最低潮时期的20世纪80年代末，中国戏曲甚至被理解为"夕阳艺术"，话剧也好不到哪儿去。现在几乎所有的剧场都在为上座率苦恼。如果搞一个调查文化娱乐爱好的民意测

[①] 本文系根据作者2001年11月20日在北京大学艺术系的演讲稿整理。

验,估计不会有多少人在"喜欢戏剧"栏下画钩,如果提问的方式是"你喜不喜欢戏剧",可能会有更多的人回答"不喜欢",这与20多年前截然不同,再往前就更不用说了。从事戏剧行业的人,长期被一种"废弃"情绪笼罩,许多国有剧团都在勉力支撑,开不出全额工资,许多业内人士认为干戏剧这一行是投错了胎。从艺术学的角度看,戏剧舞台上一直在发生着形式变革,不断出现类似于物理化合与聚合的变化,戏剧因素里越来越多地冒出了新的成分,这种变革的隐隐雷声持续至今也没有停歇。更重要的是,戏剧常态已经不呈现为以往那种形式固定化的状况,反而以变化作为常态。这里的意思是说,戏剧成为一种需要不断变革的艺术样式,它的生命力就维系在它的变革过程当中。当然,我们也可以把戏剧的这种变革追求理解为戏剧正在进行征服时代观众的卓绝努力。

那么,戏剧为何会丧失自信心?为何会引起心理躁动?

二、戏剧因边缘化引起的心理彷徨

20世纪是戏剧从中心向边缘旁落的世纪。回顾一下此前的历史,戏剧曾经堂而皇之地占据着娱乐中心的位置,这一点东西方皆同。西方贵族剧院和平民商业演出场所曾经是都市娱乐的最主要阵地。中国宋元明清时期的城乡娱乐都被戏曲遍布拥塞着。可以说,20世纪之前戏剧作为民众目光聚焦点的优裕心态从来没有被扰乱过。然而,20世纪以来,尤其是20世纪后半部分,戏剧逐渐从聚光灯下走向了灯火阑珊处,越来越感受到被时代冷落的心理忧伤。在这个世纪中,中国戏剧的整体发展趋势是衰退的,并且在接近世纪末的时候达到了最低点。当然也不单单戏剧是这样,例如书面文学也有着相近的心理轨迹。

但从意识形态的角度看,20世纪里戏剧在中国还是出现过两次辉煌的。一次是五四新文化运动时期,一次是"文化大革命"时期,戏剧被用作了号角。五四新文化运动时期戏剧起到了启发民智、推动文化变革的作用。历来在启蒙时代,社会都需要文学的号角,世界上有着许多的例子。例如法国大革命中产生了雨果,俄国革命里出现了高尔基和他的《海燕》,中国革命则有鲁迅的《呐喊》、郭沫若的《凤凰涅槃》、田间和艾青的战地诗歌。但中国大革命碰到的又有封建经济崩溃、民众文化素质极度低下的特殊环境。以文学启蒙，影响毕竟只在知识圈，芸芸百姓不识字，无以奏效。但中国民众却有着浓厚的看戏传统。于是，戏剧就受到启蒙思潮的格外重视，当然，主要是从西方引入的话剧，传统戏曲虽也有动作，但由于样式受到古典美学原则的制约，效果不理想。至于"文化大革命"利用戏剧则是一个悖论，一方面寥寥可数的几部样板戏被奉作了"圣经"，享有至高无上的地位，另一方面大量剧目却不能上演。在这两次戏剧高潮之外的其他时间里，戏剧就走入低谷了。特别是20世纪80年代以后，由于社会注意力的转移，戏剧越加感受到边缘处境的况味。与它历史上曾经有过的辉煌相比，戏剧陷入了因对往昔回忆而造成的心理低迷之中。如果我们注意一下时代关注点的变迁，可以画出一条戏剧日渐走向边缘的清晰轨迹，这就是社会关注点从对文学戏剧的狂热，转为对哲学历史的反思，再转为对经济发展的思考，以及对体制创新的思考。

上述主要是中国戏剧在20世纪里的意识形态边缘化过程，对西方戏剧不适用，但西方戏剧也由于社会思潮的变迁，同样在20世纪里形成心理彷徨，后面再展开这个话题。

如果从社会传播的角度看，我们探查到另外一种戏剧边缘化的过程。时代的进展造成传播形式的不断递嬗，书面文字时代的传播载体主要是文学加舞台，到了电子技术时代转换成电影和电视，进入网络时代又加入了全球卫星通信和因特网。现代传播的主渠道可以用一个通用词来概括：传媒。传媒时代的人不入剧场。坐在家里看电视，一是方便，二是便宜。两个词都有一个"便"字。出去买票看戏则又不方便又贵。传媒时代通俗娱乐充斥社会市场，好莱坞大片冲击着中国和世界电影，电视又覆盖着电影的基地，而日益增多的社会娱乐项目争夺着戏剧的传统市场份额：摇滚、通俗歌曲、体育比赛等。戏剧被时代排挤得日益失去自我。

三、戏剧因生存环境变迁引起对自身本质与生命力的叩问

正是上述心理彷徨，引起戏剧叩问自身本质与生命力的冲动。戏剧难

道不能吸引观众了吗？戏剧究竟靠什么吸引观众？戏剧的魅力在哪里？戏剧有不同于任何其他艺术媒介的独特魅力吗？叩问不仅仅是理论上的，而更直接地体现在戏剧实践中，这就是中国20世纪80年代以来、世界100年来的戏剧探索大潮的涌起。

中国20世纪80年代以来的戏剧革新运动大家都很熟悉，最初出现的一批作品人们称之为"探索戏剧"，主要是在叙事方法上、话语结构上、时空形式上、风格样态上，进行种种突破常规的尝试。尝试首先从政治观念的角度切入，为摆脱"文化大革命""三突出"模式，戏剧强调了写实主义。然而很快这种意识形态话语的反叛就被艺术观念的变革所取代，舞台形式革新日益成为人们注目的焦点。这种探索之潮由于20世纪80年代后期舞台技术提升因素的加入、小剧场戏剧运动的呼应以及"先锋戏剧"的兴起，而越加显得汹涌澎湃，一直持续至今。

这场戏剧运动的导源很大程度上来自西方舞台，来自国门洞开之后与西方舞台对接时的惊讶发现——原来西方戏剧早已改变了我们所熟知的模样，这种改变甚至开始于19世纪末，由象征主义、表现主义戏剧率其先，存在主义戏剧、荒诞戏剧、间离戏剧、残酷戏剧、质朴戏剧等众多流派续其后，舞台上的喧闹声持续了100年，实验戏剧的热潮至今没有宣告完结的迹象。戏剧在这100年中，已经充分探讨了自己的众多舞台可能性。

纵观世界和中国戏剧舞台上的全部探索与创新，其总的目标都是破除20世纪前形成的舞台写实幻觉、恢复舞台的假定性、探讨戏剧表现的更大空间、为戏剧魅力的张扬寻求更多渠道。这是变化了的环境所引发的戏剧的内在律动，是戏剧自我意识与生存意识交互作用所带来的艺术变异，实际上是一场全球范围的戏剧革命运动。

四、戏剧艺术的特殊魅力

事实上，戏剧有着为社会所不可或缺的独特艺术魅力。如果我们真正找准了戏剧的时代定位，并且从业者也有淡泊之心，不争意识形态老大，承认媒介优先，不去无望地希冀恢复戏剧以往曾经有过的辉煌，我们就可以谈论这个话题了。

戏剧是人的自然本性的产物，它之所以从人类文明开始的时候就进入历史，就是因为人类有着自我发现、自我体认和自我愉悦的需求，戏剧的功能满足了人类的这种需求。戏剧是人类通过艺术手段最直接表现自身喜怒哀乐以及宣泄这些情感的渠道，它因而伴随着人类走过了昨天和今天。虽然今天的时代娱乐方式挤占了戏剧的许多功能孔道，但利用介质的媒体如电影电视等无法实现剧场里角色与观众的直接交流，而有着同样现场刺激力的表演如歌唱、舞蹈、球赛、拳击等无法实现情节对人的吸引力。因而戏剧是无法被取代的。

从从业者的体会中，我们或许能够找到有参考价值的答案。在影视界，演艺者普遍承认戏剧是有价值的表演艺术，因为蒙太奇是导演和剪辑师摆弄演员，舞台上才是演员摆弄自己。镜头前的表演与面对观众表演有着很大差距，后者有着不可重复的一次性，有着与观众感应的直接沟通和交流，它是对演员演技的真正挑战。好莱坞导演可以从大街上的人群里眨眼包装出一个电影明星，但戏剧演员却无法同样炮制。因而我们知道，历史上许多好莱坞的成名演员都盼望着舞台成功，希望能够在舞台上实现自身价值。最近喜剧演员陈佩斯主演的话剧《托儿》颇得好评，我注意到，陈佩斯在回答记者关于银屏和舞台对比的提问时说，舞台演出有着与观众的直接交流，这对喜剧演员的临场感应太重要了。剧作家也有类似感受。大庆剧作家杨利民（代表作话剧《地质师》）说："写舞台剧太难了，我写一部二三十集的电视连续剧也就几个星期时间，写一部戏要两年！"但也正因此，他二三十年耽溺于舞台剧的创作，无悔无怨。

我们通常认为影视剧烈冲击了戏剧，但却不能够辩证地认识到影视本身也是戏剧的一种延伸、是戏剧借助现代技术媒介而实现的一种自身延长。如果能这样看问题，戏剧就可以把影视剧所获得的全部社会关注都打到自己的账上来，而不是仅仅盯住剧场。如此看来，戏剧正是红火热闹时！即使是从我国的现实娱乐需求来观察，影视也极需要戏剧的帮助。当前大量的影视编剧、导演、演员人才来自戏剧，通常这类人才都是双栖或者三栖的。我们通常戏称的"戏剧界养人、影视界用人"现象，虽然反映的是体制方面的问题,却也恰好可以用在这里作为一个绝好的说明。北京人民艺术剧院的话剧演员濮存昕与徐帆,由于在影视界的名声大震而促成了舞台演出的热潮,影视与戏剧于是出现了双赢现象,更表明影视剧之间密不可分的姻亲连带关系。

五、戏剧的困惑

当然,目前我国戏剧面临的不仅仅是被时代旁落和现代媒介排挤的问题,在它自身发展中也存在着许多悖论,时而引发观众的非议和理论界的争论。这里略举一隅:

(一)关于继承与变革的关系问题

传统要不要一成不变地继承下来?这里主要针对中国的传统戏而言。中国戏曲300个剧种保有5000个剧目,这是一笔极其丰富的文化遗产。然而由于几十年来,特别是"文化大革命"时期的隔断,这笔遗产已经于无形中消亡殆尽,传统剧目多半不能上演了,一些剧种也寿终正寝。2001年联合国教科文组织把中国昆曲和日本能乐一起列入了"世界口头与非物质遗产代表作",作为人类的精神财富而强调保存。然而平心而论,昆曲无法像能乐那样经常性地演出传统保留剧目,艺员世袭制和现代社会清醒的保存意识使能乐能够原封不动地沿袭下来,昆曲却只能徒然面对以往众多的传统剧目而望洋兴叹,这些剧目大多已经失去了舞台承传,人们不再会演出。京剧等其他剧种的情形类似。中国戏曲高度的技艺性以及传统的口传身授的传承方法,要求其承袭过程的不可中断,一旦中断,这笔遗产就会失去而无法挽回。然而,我们多年来奉行的是改造传统剧目的政策,而改造过程又十分缓慢,致使多数剧目长期停滞于记忆中,这是十分危险的。10年前,我已经意识到这种危险性的严重,曾经呼吁在戏曲发展战略中应体现先继承后改造的方针,以抢救为主,先把传统剧目保存下来,然而未能引起重视。

(二)关于对西方舞台的模仿和借鉴

20世纪80年代以后,中国戏剧将目光投向西方,引动了舞台变革的浪潮。然而在模仿和借鉴西方戏剧的过程中,存在着大量的误读、错位、橘过江则为枳的现象。例如中国舞台上搬演西方荒诞派戏剧时,徒能模仿其形式,却无法复原其社会思潮的产生土壤,因而观众缺乏解读其内蕴的思考门径,看后多半感觉莫名其妙。形式变革如果与哲学支撑脱节,所引起的只能是错愕。当然,误读也同样发生在西方:当1998年美国导演塞勒斯把昆曲《牡丹亭》搬上西方舞台时,也明显存在着理解的错位。对于人类文化进程来说,交流中的误读或许能够产生奇妙的变异结果,这种结果也会推动文化的发展。一个有说服力的例子是中国的小剧场戏剧。当小剧场运动在西方兴起时,是作为一种反叛主流话语、以舞台形式探索为宗旨的艺术派别出现的。然而中国的小剧场戏剧却多半保有传统的演出方式,形式创新只是很局部的,它与大剧场戏剧的不同仅仅停留在剧场之小这一点上。中国小剧场戏剧的吸引力来自缩小了的剧场空间。大剧场戏剧尽管有着直接交流的好处,能够构成影视艺术所不具备的特殊魅力,但平心而论,这个范围是有限制的,十几排以后的座位,交流就比较吃力了,那还不如坐在电视机前看特写镜头真切。小剧场恰好弥补了大剧场的这个缺陷,加之形式处理上比较容易灵活多变,因此为人们所注重。但这已经不是小剧场戏剧在西方的社会形象了。

(三)关于戏剧的中心元素

20世纪80年代以后的舞台探索,带来的一个理论盲点是:究竟谁是戏剧艺术的中心元素?是编剧、导演还是演员?由于当时一些导演在推动舞台变革的主体意识支配下,过强地在舞台上体现自己的艺术思考,使演员成为剧中体现导演意念的象征性符号,引起了一些批评家的不满。一种声音是,中国戏曲是以演员为中心的,导演要把自己"化"在演员身上才是好导演。当时戏剧理论界还专门举办过"谁为戏剧中心"的论辩会。90年代又出现了导演与编剧共兼一身的舞台剧,越来越多地获得舞台成功,导致专职编剧的心理失落。照理说,"谁是戏剧的中心元素"是一个伪命题,戏剧缺了编剧、导演和演员任何一环都不行,但在实践中却经常出现偏移。偏移是外部情况发生变化的结果,并不能冲击戏剧作为整体艺术的本质。例如中国和西方戏剧的早期都注重编剧,那是因为剧本是"一剧之本",这是一个基本概念。有了剧本,就需要有好演员把它表现出来,演员的地位显得重要,角儿制就形成。那时不是不需要导演,而是导演还没有独立出来,其功能是由老艺人、师傅和作为成熟艺人的"角儿"承担的。然而19世纪末西方戏剧逐渐过渡到了导演制,那是因为人们对戏剧作为整体艺术的要求日益提高,更是由于西方戏剧开始进入破除幻觉的舞台转折期,需要有导演来把握艺术风格的整体性。20世纪80年代中国戏剧探索大潮中导演的独领风骚,更是适应了当时舞台变革的需要应运而生。随着现代舞台技术的日益丰富和复杂化,作为戏剧整体中枢指挥的导演地位就日益重要,但这并不等于说他可以取代编剧和演员。将导演和编剧兼于一身,只是个别人的独特才能显现。至于某一部戏中,究竟是导演凸显还是演员占尽风光,应该取决于这部戏的内在风格需要,不能强求一律。

六、简短的结语

无论外部环境如何变化,戏剧作为人类一种与生俱来的艺术本能,都会在社会当中发挥作用。无论遇到什么样的困境,戏剧都会经过自身的奋斗,寻找到一条超越的路。无论时代风潮青睐于哪种艺术门类,戏剧的独特艺术魅力都不会消失和被取代,它会一如既往地坚守自己的基地。

当我们不再把戏剧只作为意识形态的传播工具,同时也作为人类审美与愉悦的载体,运用它来陶冶性情、增加心理体验时,我们会发现,戏剧对于我们是可亲、可爱、可近的。它会像以往一直在发生的那样,忠实地伴随着人类,走到明天。

(原载《戏剧春秋》2002年第1、2合期)

20世纪90年代以来戏剧发展的动力与问题[①]
——本体论而非社会视角

一、20世纪90年代以来戏剧发展的动力

中国戏剧在以往的时代是一花独秀,20世纪80年代尤其末期以后走上困境,90年代又有了新的发展,受到西方戏剧很大影响,同时又有自己的轨道。这个发展轨迹,它的内在动力、支持力,主要来自哪个方面?80年代的舞台面貌与现在对照,今非昔比,不可同日而语,远远不在一个层次上。舞台发生这么大的改观,原因为何?我归纳为三个方面。

(一) 戏剧观念的解放

我们做任何事情都会受到观念的支配。戏剧受到观念支配很大,尤其是20世纪80年代。那时长期受到僵化封闭思想的限制,受到极左思潮影响,逐渐在五六十年代形成一种文艺观念:革命的现实主义加革命的浪漫主义。具体到戏剧,就认准四个字:现实主义。西方人称写实主义。写实主义支配中国戏剧半个世纪。这之前中国不是这样,传统戏曲有800年历史,不以写实为美学准则,是写意艺术。20世纪初引进西方话剧,以写实主义为美学原则。但20世纪初西方话剧正在发生变化,正在走出写实主义框架,产生一系列新的现代戏剧流派,各种主义纷纭,如象征主义、表现主义、超现实主义、荒诞派、先锋戏剧等。我们引进的却是变化前的易卜生、契诃夫式

[①] 本文系根据作者2004年7月31日在江苏省文艺工作者读书班的演讲整理。

写实戏剧,比较遵守戏剧古典规则"三一律",在舞台上模仿现实生活的表现。中华人民共和国成立时学习苏联,又引入斯坦尼斯拉夫斯基戏剧理论体系,以忠实于生活的表现为核心,由于当时的社会环境,我们十分推崇苏联老大哥,斯氏理论被奉为圭臬。因此五六十年代戏剧基本以西方写实主义美学原则来控制舞台。

当然,中国许多艺术家有自己的看法,如著名导演黄佐临先生。他在20世纪30年代留学英国,随萧伯纳学习戏剧,对西方戏剧变革很熟悉。他了解到20世纪西方戏剧的变化,现代派戏剧风起云涌,写实戏剧虽然作为主流戏剧在当时还很有统治力量,一直到今天,是很重要的流派,但西方戏剧已经发生很大变化。写实戏剧绝非唯一的戏剧美学原则。但在那个环境里他不能讲,讲了也没人听。他仍然从一个角度喊出了自己的声音。在1961年广州戏剧工作会议上,他提出斯坦尼斯拉夫斯基(西方写实戏剧)、布莱希特(现代写意戏剧)、梅兰芳(东方传神戏剧)三种戏剧体系的比较。经过比较,他喊出要创造中国写意戏剧的口号。在当时的环境里,尤其写实戏剧被加了政治标签时,他喊出了艺术家的声音。当时是非主流的,但引起很大反响,不仅在戏剧界,美术等领域也一样。因为20世纪西方艺术引进以后,写实与写意之争此起彼伏,时明时暗,有时高压下变成潜流,但一直没有终止。归根结底是我们民族的审美原则还有没有价值,是否引进西方的就一定要取代中国传统的。

现在看得很清楚,西方艺术实际上是一个动态的东西,是不断变化和超越自己的东西,永远没有停止在一个点、一个层面上的美学原则。而我们往往是拿来西方一个历时态的东西,某一个历史时期的东西,就想让它支配我们永远。这就是曾经有一个历史阶段,我们的观念十分形而上学的恶果。人很难跳出自己的思维模式。

对比西方来说,我感觉中国人超越既定观念的力量要弱,因为我们是一个比较逆来顺受、忍辱负重的民族。但人不能跳出观念的限制,就会很容易穿新鞋走老路,受惯性思维支配。我举一个例子。我去买晚上上航1706航班8点20分北京到南京的飞机票,售票人说没有,只有8点35分的。他没听见"晚上"两个字,也不管"上航1706",只听见了8点20分,于是建议我买8点35分那一班。我则从"晚上"出发,心想晚上 8 点 35 分只比 8 点 20 分晚 15 分钟,没有关系,于是说行。谁知登机那天早上才发现,买的竟然是早上 8 点 35 分的票!我们都沿着自己想象的既定渠道往前走。观念对社会的限制随处发生,戏剧尤其如此。所以 20 世纪 80 年代初,我们看到伤痕戏、反思戏很多,反对"高大全"、"三突出"、概念化的戏《救救他》《丹心谱》等,但那些戏今天看还是"三突出"色彩浓厚的。那时观念受写实主义支配,也受到政治观念支配很深。80 年代国门打开,才发现世界早已改变了模样。

80 年代后期实验大潮兴起,实现了观念突破。90 年代看到的就是十分多样化的戏剧观念了。各种各样的实验,想在一夜之间把世界戏剧一个世纪的尝试全部做完,也分不清其戏剧流派产生时的社会的、哲学的、文化的需求,统统拿来在锅里炒。取得的一个大的进步,是没有人从固定观念来要求戏剧了。80 年代常常听到对探索戏剧的批评声音,90 年代很少听到了。90 年代大家对于戏剧从观念上不讲什么要求了,我不管你是什么流派,我只看你本身的艺术价值如何,本身的完整性如何,是否可以满足观众的审美需求。80 年代经常看到变革与保守的两军交战,有时弄得年轻学者很尴尬。我老师张庚、郭汉城等当时被视作保守派,我则被视作变革派,于是有人指责我与老师唱反调。现在我们学会了容忍和包容,脑子里对于戏剧的要求不是一个模式了。世界变化太快太大,社会时尚的趣味追求新奇,我们不愿意老看老路子的舞台了,一有新奇的,马上就会有人效仿。主要是话剧,戏曲当然还有一批老戏迷,是传统的保守的力量,时而指责舞台的改革,为戏曲本质元素的流失忧心忡忡。其存在也是很好的力量,时刻召唤改革者清醒,不要离戏曲传统太远,要移步不换形地改革。保持这种批评声音,对于走得远的创造者,能起到针砭作用。

戏剧观念的解放,远远改变了我们以往对于话剧的理解。20 世纪 20 年代翻译从西方引进的这种舞台形式时,把它定位于说话的戏剧,所以翻译成"话剧",与"舞剧""歌剧"对应。但现代话剧的内涵已经远远不能用"说话"来涵盖了。常看到一个新词叫作"肢体戏剧",它的舞台语言是肢体语言,有时甚至不用口头语言,有些先锋导演还尝试摒弃语言,这就是当代话剧的发展。前年在中日韩三国戏剧节上讨论东方戏剧,韩国人提出以后不要话剧,只要戏剧,包括肢体语言、音乐、舞台音响、多媒体等综合的舞台艺术。中国人讲,我们传统戏曲从来如此。但韩国学者概念里又不是传统的表演样式,而是要在西方话剧基础上调动综合手段创造新的戏剧。因此,现在人们对于话剧的理解已经和从前大不同了。

中国戏曲当然不是这么回事,历来重视表演。这几年有几部戏大家评价很好,都是很重舞台形体语言的,如川剧《金子》、京剧《骆驼祥子》。戏曲当然以唱功为主,尤其京戏,老茶园里观众桌子是竖着摆的,观众不看戏台,表演可有可无。大青衣是抱着肚子唱,人们则是"听戏"。地方戏则比较重视身体语言。在现代戏创新里,能继承传统戏曲里的形体语言,在现实内容中得到发挥,是需要胆量的,也需要认真的舞台设计,因为它没有程式。上述戏的设计就是好的。祥子拉车的动作大家都很赞赏,拉的是黄包车,现代交通工具,传统程式里找不到。传统抬轿子动作很活,但黄包车怎么拉?所以传统戏曲对于舞台形体语言是很重视的。但话剧要模仿生活,坚持现实主义原则,生活里不能动辄起舞吧?当然现在年轻人终日载歌载舞,又不一样了。

20世纪90年代以来中国戏剧的发展,首先是突破既定观念的结果,是与世界交流的结果。

(二)舞台技术的进步

传统戏曲一桌二椅,中华人民共和国成立后添置二道幕,净化舞台,但一直解决不了一个问题:戏曲的上下场,自由时空的流动,要用幕布来换景,常常拉一下幕把桌椅搬下去,老是拉来拉去。初衷是净化舞台,却造成舞台很不干净。最终解决靠的什么?靠的是灯光。现在戏剧舞台时空转变,大部分是用灯光解决。暗转,一束追光,一个聚焦,时空就变了。灯光再亮,舞台场景都变了。所以20世纪80年代以来舞台技术的第一个变化就是灯光。灯光的变化又和科技发展联系着,现代灯具的发展变化越来越大。80年代前都是大白光,然后经常见到频闪灯,那时好像离了频闪灯就没有创新似的,形成了新的模式。灯光对于戏剧舞台革新起了巨大的作用,而这个作用在19世纪末还仅仅是设想。那时瑞士伟大的灯光设计师阿庇亚预言说,灯光将改变整个戏剧世界。以后确实如此，20世纪戏剧的任何改革都离不开灯光的支持。西方现代派戏剧利用灯光，以后又利用多媒体来切割舞台，发挥了很大作用。现在我们所看到的戏剧舞台，当然首先是都市戏剧舞台，灯光发挥的作用越来越大，已经把侧幕取消了。相当数量的戏是没有幕的，靠的就是灯光。

在戏剧史上，尤其在写实戏剧统治时，常看到舞台布景对于表演有所限制。中华人民共和国成立后写实统治舞台，甚至延伸到戏曲舞台，戏曲表演也开始制造实景，固定的景片就与流动时空的戏曲表演构成矛盾。突出的例子是革命样板戏《智取威虎山》里的杨子荣打虎上山，他在森林布景前用马鞭打马，劈叉大跳，固定的景片和他流动的表演就构成美学冲突。20世纪80年代舞美争论常常围绕布景和表演的矛盾展开。90年代以后用灯光彻底解决了这个问题，景片则越来越写意化、抽象化，尽量模糊它对固定时空的暗示。当然也有非常具象的设计，那是由于剧目的特殊需要。如果剧目要求固定时空，当然可以用实景，一定时候还能发挥很大作用。90年代对于剧目的评价都是具体的，是否符合完整性要求。如果剧目要求写意场景，舞台上出现的就应该是写意的背景。剧目要求写实空间，布景也应是写实的。我们只就这部戏的风格是否整一、布景与剧目需要是否吻合来做出评判。这就比较实事求是了。

舞台装置也随着舞台技术革命而获得飞跃发展。西方剧场一些舞台装置已经很让人吃惊。我1998年在美国看实验戏剧《牡丹亭》，美国当红导演彼得·塞勒斯处理舞台，用了许多电视屏幕，演员用摄像头从下方对准自己的面部摄像，投影于屏幕上，很丑陋。又在舞台正中放置一个大玻璃水箱，让扮演杜丽娘的演员走进去躺在水里20分钟，等待柳梦梅来救她。这还只是小的设计，还有用升降机、改变舞台结构，甚至把舞台推出来拉回去等。这些都和科技进步连在一起，和多功能舞台条件连在一起。

首先是戏剧观念的解放，其次是舞台技术的进步和舞台面貌的改观，推动了戏剧的变革。

（三）文艺思潮的变更

文艺思潮是一种内在的、艺术观念的支配力。我把20世纪80年代以来支配文艺和戏剧发展的思潮，提炼出两种：一是人性开掘，二是解构主义。它们一直影响着文艺创作。80年代鼓吹这两种思潮的声音很强，90年代以后比较回归传统，比较强调主流意识，批判、抨击这两种思潮的声音又很强。我这里打算客观分析一下这两种思潮。

20世纪80年代时整个文艺界受到既定观念影响还很厉害，那时是什么思潮来击退这种束缚？就是人性开掘的思潮。那时高扬人道主义旗帜，提倡描写人性的丰富性、多样化，把以往扁平的人物形象变成立体的有血有肉的形象，推动了文艺创造。那时走得比较远，一直到刘再复的性格组合论。但是它确实提高了文艺作品的功能，把文艺还原到它应该的位置，文学就是人学嘛。但是在具体运用过程中，尤其戏剧，又往往被掣肘。80年代以来的新作品逐渐开始表现全面的人，多方面地展露性格，正面人物有先进理念，也有人性弱点，这才造成完整的血肉丰满的人。当时很多好作品都是朝着这个方向大大向前推进的。现在已经司空见惯了，看到一个扁平形象大家马上就会抨击。

再一个是解构主义。解构主义思潮从西方引进后，对中国文艺的影响也很大。在西方要用它来打破一切社会统治的东西，消解权威，消解崇高，消解一切神圣价值。它体现的是社会的民主化、平民化、民本化的趋势。它被借用来打破"左"的束缚。解构主义一个常用手段是反讽和调侃，以之破除装腔作势的无上价值。把你从圣坛上拉下来和我平起平坐，咱们都是老百姓，然后再来谈人物形象的塑造，谁也不是神，舞台上不能塑造不食人间烟火的人物，而必须是我们老百姓身边的人物。它助长了人性开掘的力量。它打倒了神，还原了人。什么是人？人就有人性，就有自己的多面性。所以我们就要塑造有多种表现的人。

人性开掘、解构主义这两种思潮，从20世纪80年代到现在，一直在汹涌澎湃，一直在发挥作用。它又受到另外一种社会思潮的介入，即在消费主义支配下形成的波普艺术。波普艺术与现代消费社会的嫁接，造成神坛的倒塌。波普艺术的常见表现是把生活弄成碎片。打一个比方，它是把一张画撕碎，然后又随便拼接、组装在一起，弄成像万花筒里看到的景象。这几年的行为艺术，包括美展，经常利用波普手法。其中一些反传统意念，引起主流意识的不满和恐慌,例如把马克思、毛泽东的头像与乱七八糟的商品、广告等东西组装在一起。波普艺术加重了解构风潮的力量。它和现代消费主义组合,又产生艳俗风。以往艺术是讳言俗的,一碰到民间艺术,一句话:俗。年画颜色鲜艳,造型质朴,以往视之为俗。现在一些艺术家却专门追求艳俗,用大红大绿的色彩。艳俗也是解构的,解构传统美学观。

以上种种加在一起,加浓了人性化开掘、解构主义风潮。它推动了中国文艺的大的进步,推动了对人刻画的深入。现在的舞台人物想象就非常多元了,非常丰富了。当然,它们有很大的负面影响,主流意识形态有时会发出强劲批评。比如描写人,有时会泯灭正义和非正义的界限,泯灭正面人物和反面人物的界限。一些影视作品里反面人物血肉丰满,不像过去一出来就歪鼻子斜眼,恶好像是天生的,他生出来就是为了做坏事的。现在我们给他很多理由。走得没边了,观众就更多同情反面人物,反面人物很有看头,而正面人物反而没有光彩,干巴巴的。这就带来作品倾向性的倾斜。文艺作品要有正面的引导作用,对观众要有提升。中国自古以来文以载道,文艺一定要传达一种理念、一种道,对人要有提升。我有时候琢磨文艺作品的这种潜移默化的作用,很奇妙。比如,好人看作品时,会有正面的道德感,对弱者同情,对正义、道德持支持态度,对正面人物都是支持的,对反面人物都是抨击的。可是监狱里的犯人也常常如此,也同样站在正面人物一边,尽管在社会上可能他扮演了反面角色。这就是文艺作品的神奇性。按照常理,大部分人当然是正面的向上的道德观、情操占支配力量,它使你在欣赏文艺作品时形成正面的导向力。而社会渣滓、道德和操守比较低下的人,他们的立场和观点应该不一样。但是,大部分人却持相同视角来判断事物。这个例子说明文艺作品是有倾向性的。当然,恩格斯说文艺作品的倾向性越隐蔽越好,因为它影响人是通过潜移默化的手段,而不是耳提面命。你的倾向性越隐蔽,越不被人察觉,人们只是跟着故事走,跟着你的创造走,自然就跟着作品的倾向性走了,这种作品是最成功的。过去我们所犯的错误就是倾向性太暴露,总想耳提面命,总怕观众看不懂,总要代替人物喊出作者要说的声音。这时候观众就不是在欣赏作品,而是在上政治课,当然就会产生逆反心理。现在我们的文艺作品已经非常注意倾向性的隐蔽,有时隐蔽得过了头,让人摸不着倾向性。甚至有些作品,让人只看到反面人物做的一切都有理,为他开脱了一切社会罪责,给他提供了一切理由让他这样做。这时文艺作品就走向反面。所以人性开掘、解构主义的负面是很大的。

戏剧观念的解放、舞台技术的进步、文艺思潮的变更,支撑着戏剧舞台的进步,使之从20世纪80年代走到了今天。

二、20世纪90年代以来戏剧发展中的问题

刚才讲的是20世纪90年代戏剧发展的推动力,戏剧已经大变革了。但是也存在不少问题,这里列举几个。

(一)实验戏剧的盲目倾向

80年代以来,实验戏剧风起云涌,一直到现在,各种探索都在进行。但是,又往往是很盲目的。盲目在哪里？西方一个世纪都在进行戏剧探索和变革,但有一点,他们的变革都有社会理念支配,有社会思潮、哲学思潮、艺术思潮的支配,每种戏剧流派的兴起都与特定的社会需求相连接。当然,从大的方面讲,可以说西方20世纪所有的戏剧思潮,整体上都和西方工业与后工业社会人对于自我的失落,人对自我价值重新发现的需求有关,是当时人们所呼唤、所要求的。也是由于两次世界大战让人们认识到工业社会的荒诞,认识到人类社会现代发展的荒诞,认识到科学发展的荒诞,所以人要重新追问人的发展目的究竟是什么,回到了哲学命题:人从哪里来,要到哪里去,我们人类究竟要向哪个方向走,难道工业的发展、科学的发展,最后就是制造杀人武器、制造世界大战、瓜分地球？两次世界大战之后,人类又遇到能源危机、环境危机、人口危机等,发现臭氧层空洞,能源不够用,过去很乐观地以为可以利用太阳能、海底资源,无穷无尽,现在知道也不是无限的。过去人以为可以解决一切危机,现在连人口自身压力都解决不了。西方人日益感到这些危机,危机越解决越大。文学艺术家要面对这些问题,希望作品能够回答这些问题,荒诞派的、存在主义的戏剧都和人在世界上的荒诞感相呼应。荒诞派戏剧产生了,人们看不懂,但很快就形成风潮。《等待戈多》

最初演出时只有两个观众，因为它没法看，但却成为经典，形成流派，引发潮流，许多观众拥到剧场里去看。这是社会思潮决定的。同样，后来的各种先锋戏剧都有自己的社会、哲学、心理、文学艺术的内在诉求要求它进行舞台的探索。

我们也在加速工业化步伐，也在面对很多发展中的问题和荒诞，要在20年面对西方200年的问题，自然遇到西方各个不同历史时期遇到的社会诉求，我们要把西方一个世纪的舞台流派全部拿过来，在我们的舞台上实验，搞成大杂烩。这种状况可能导致我们的导演、舞台工作者辨不清方向，于是就变成了玩形式。这就是我们实验戏剧的玩戏剧倾向。我们的一些导演，不是出于一种社会理念、哲学思潮、心理需求等社会诉求的要求用戏剧来回答，而变成了在舞台上玩花活，谁玩得鲜，谁就引领时代风潮。很多玩的人自己都不知道在玩什么，于是带来许多戏剧人的困惑。当然他也会自我解脱。一些人问："导演，这部戏表现的是什么，我看不懂。"导演说你看不懂就再看，回去想，甚至说看不懂就是我这个戏的特点。

这也带来一些不理解的戏剧人的困惑。例如编剧过士行，20世纪90年代初的系列戏剧都很好，如《鸟人》《鱼人》《棋人》《坏话一条街》。他原来是《北京晚报》记者，跑文艺口，80年代末戏剧不景气了，他却投入戏剧，进入北京人艺。他的作品引起很大反响，尤其在日本。但是这之后，先锋戏剧开始玩花活，使他困惑了好多年，很苦恼。他跟我讲："我现在对戏剧越来越不理解了，究竟什么算好戏？我不知道该写什么样的戏。"我说："现在是鱼龙混杂、泥沙俱下、大浪淘沙的时候。我们需要这个阶段，因为我们封闭了50年，这个阶段世界上发生了很多事情，我们要补课，要把世界上发生过的东西都拿过来，然后再细细辨别。在这个过程中，许多人都在做各种探索。但落实到每一个人时，你只能完成你的历史使命。你擅长什么、熟悉什么、会什么，你就做什么。当然不是抱残守缺，不是故步自封，要打开眼界，打开观念，吸收这些新东西，但不要为之困惑。你有你的思路和长处，过去你的路子走得是很扎实的，继续走。"最近他拿出了《厕所》，和原来的风格不同了。

实验戏剧探索确实取得很大成绩，使得我们的当代舞台丰富多彩，使得我们能够与世界保持接轨,和世界舞台保持同步。我们的实验作品也能够到世界上去参加种种实验戏剧节并且获奖,如空政话剧团《霸王别姬》2002年在埃及国际实验戏剧节拿了金奖。所以我们的探索取得了很大的成绩。但在这个过程中,也有艺术家陷进去,迷失了方向,只知道为形式而形式,只知道尽量出新,却迷失了中心,即我这部剧作需要什么东西,它的立意是什么,它可以创造出什么样的意境,它需要什么样的形式来和它相配。一些艺术家往往不够清醒。所以作品往往使人看不懂,可是又错误地认为看不懂就是先锋的,一些年轻观众跟在后面为之喝彩,导致方向不明的探索左冲右突。当然要辩证地看,冲突的结果,可能会增加舞台语言,以后为舞台正面吸收,但其过程也会制造很多垃圾、莫名其妙的东西、碎片的拼接。这是一种盲目的倾向。

(二)舞台大制作的利弊

戏剧要为广大观众服务,不能说在都市上演和大制作就是不可取的。许多人抨击大制作我是赞成的。但我认为也要看到,大制作是世界趋势,是时代趋势。生活在变化,经济在腾飞,社会发展日新月异,新的都市观众口味越来越高,在有能力的时候,我们必须在舞台制作上下功夫,否则会脱离观众。我们的民族艺术怎么和世界艺术相抗衡?我坐在电视前面就可以看到世界各地的各种艺术,通过光盘、VCD就可以看到世界上最先进的演出。西方的音乐剧,大家都熟悉了,许多人到美国百老汇去看,坐在《西贡小姐》的剧场里,看着美国兵逃跑的场面,一部直升机从天而降,然后装了人又轰轰地飞走,我们很多观众都能感到这种大制作的赫赫声势。反过来,回来看的还是一桌二椅,我们民族艺术的竞争力怎么能够加强!所以,舞台制作是随时代发展、随经济能力的提高而提高的。我们也要有大都市的高质量制作艺术,它不可能是普及的,但却是引领时代风潮的,有了条件以后必然会出现。当然大制作不能下乡。如果只是为了评奖,得了奖以后连城市都演不成,何谈面对更多的观众,这当然是不行的。所以舞台制作要一分为二地看。

我这里要讲的是,有条件制作的时候,要尊重戏剧的本体规律。有一年上海越剧《红楼梦》进京，制作很大，后台纵深全部打开，亭台楼阁、湖泊、花树、雨丝风片，非常美。但带来实景和写意化表演的矛盾。越剧《红楼梦》五六十年代就很流行，剧本写得很好。这次演出的表演继承传统方式，但景是新的。舞台前有几棵开满花的树，不断有花瓣往下掉，十分逼真。林黛玉唱葬花，意境很美。但接下来麻烦了，她把花扫到了一起，然后怎么处理？舞台上怎么埋呀？最后只好拿锄头在上面墩了两下就算了。还有焚稿一场，诗稿往炉子里一扔，烟雾就起来了，做得很逼真，但炉子却拉了根电线。中间紫鹃还要把炉子挪个地方，于是就像抱起一个大电器。所以越剧《红楼梦》的大制作对表演没有帮助，当然美观上有推进，但留下了败笔。

　　大制作是时代的趋势，北京、上海等都市这些年制作了一些很有特色的剧目，例如上海的京剧《贞观盛世》、北京的京剧《宰相刘罗锅》都属于制作比较考究的。当然，大家对《贞观盛世》还是有微词，就是当你制作越大的时候，大家对于剧作意义的要求就越高。你要是舞台很简单，大家反而不太提要求了。你浓妆艳抹地登场，大家就希望展示出真正的魅力，对意义的要求就会高。说实话，大家看戏，深层是要追求意义的，不是满足了耳目之娱，高兴了一通，回去就完事了。每一个人深层都在追求意义。如果回去，给你留下了一点沉甸甸的东西，留下了一点值得回味的东西、留下了一点值得反思的东西，你就会觉得它内在的蕴含很深。现在人的审美品位都很高了。《贞观盛世》看时很高兴，回过头来回味，觉得意义比较缺失，或至少是分量不够。比如那么大的场面，渲染大唐盛世的气度，表现李世民一代英主的胸怀、纳谏、从谏如流、知错必改。可是戏里要他改的是什么错呢？太小。就两件事，一个是释放前朝宫女。前朝宫女又老又丑，不放出去还要花钱养。不光李世民，许多朝代的皇帝都做过这种事。也用不着魏徵去费劲进谏，李世民自己处理起来都是小事一桩。再一件事，西域进贡了一个绝色美女，这对帝王来说也不算什么大事，魏徵非要去管人家的个人私事。魏徵在历史上是铮铮铁骨的人物，有许多政绩事实，他进谏的都是有关国计民生的大事。如果戏里写的也都是大事，魏徵敢于顶撞帝王，敢于撄皇帝的逆鳞，李世民还勇于纳谏，那么这才体现了大国皇帝的泱泱大度。现在这么点儿小事，不足以承载这部剧作。

再举两部电影的例子。张艺谋的《英雄》和《十面埋伏》。说实话,社会上对之抨击非常厉害。我还是比较喜欢《英雄》的,无论如何,在场景上,在声光效果上,中国人能拿出这种片子,投资无法与西方大片相比肩,但效果却完全可以与之抗衡,我是很佩服的。张艺谋所擅长的音响处理,水滴声、箭镞飞翔的声音、射中目标的声音,效果撼人。《英雄》里的理念,对于中国传统文化的感悟与理解,挖到了一种神韵,挖到了值得回味的东西。抨击者说它故事编得也不圆,违背历史唯物主义,等等。我还是比较接受它的。它讲述的"天下"理念,还是有意味的。而且它毕竟是故事,毕竟是商业大片。你怎么不去追究好莱坞大片呢!现在占据我们市场的有几部是确实好的?《指环王2》《黑客帝国2》都是漏洞百出,从故事结构上根本谈不上完整,无法和《英雄》的完整性相比。而且《英雄》有一种内在的诉求,它在试图探讨中华民族的传统神韵。比如书道与剑气的关系,张艺谋竟然能够用形象让你感受到一种内在感觉,它是用理论讲不清楚的,看了电影后却能让你意会到一些东西。有言外之意、韵外之味,那是很难得的,是中国传统审美的更高境界。

《十面埋伏》无法和《英雄》比。张艺谋导武侠剧很不成熟。这两部电影的制作都很大,而《英雄》的制作里负载了内在的东西,承载了内在的立意,所以它的大制作我就认可。《十面埋伏》就太简单了,故事都没编圆。所以媒体娱记们臭它臭得也有道理,但也没他们说得那么臭。他们说看电影时每当看到剧中人物哭时,观众就一定会笑。我看时没有这种感觉:臭得太过分了。我看后,发现这部作品编得不圆的地方,报纸上那么多攻击的文章没有一篇说得准。其实故事根本就不能成立,却没有一个人来批评它。张艺谋可能缺乏结构推理片的经验,其作品不如西方一些侦破片、推理片,如《福尔摩斯》《尼罗河惨案》等。它先诱导你向一个错误的方向走,得出一个错误的结论,最后再给你正确答案。你恍然大悟后,反过来重新推理,想一想我为什么会被误导,才发现被设了套,而这个套是合情合理的,那你就会很服气。美国电影悬念大师希区柯克就非常会设置这种悬念,你回味时,情节没有一处能找出漏洞。张艺谋在这方面似乎才能不够,他的才能体现在其他方面,音响上、画面上、韵味上,他的才能是无与伦比的。《十面埋伏》的画面很绝美，人物在打斗，后面的青山绿水，一眨眼之间变成满山的红枫，一场大雪又变成白茫茫一片。张艺谋这种处理手段是非常高的。

但是《十面埋伏》的故事引导你走向结论后，你走出剧场，回味我为什么会被误导时，却发现前面没有一个地方是对的，完全是违背常理的。刘捕头让金捕头私下救出小妹，然后跟她去探知飞刀门的头领在哪里，以便一网打尽。可是刘捕头原本即是飞刀门派往官府的卧底，他的行动目的究竟是什么呢？难道只是为了把金捕头骗到飞刀门？可是到了地方之后，飞刀门头领却命令小妹杀死金捕头，那么这一行动仅仅是为了杀死一个官府鹰犬？要那样的话，刘捕头很容易就能够做到。行动的根基根本没有建立。看的时候没有觉出来，看完之后才反推出来。所以说，悬念剧要经得起反推。

（三）意念至上、主题先行

20世纪80年代这种情况很多，90年代以后早已解决，这两年又死灰复燃。近年评奖机制带来一些负面引导。人们以为似乎只有这样才能评奖。为参加评奖来找选题，先找到有意义的选题，然后还没有设计出一个好的故事，即没有完成立意到故事的转化，就匆匆忙忙上阵，这种作品一定给人意念至上的感觉。这里举一个例子。浙江越剧《藏》要表现天一阁的藏书精神，表现传统文化的承传精神，想写出范氏一家为了保存天一阁的藏书、延续藏书楼所做的事。剧本想表现天一阁的藏书精神，立意是好的，但已经先入为主地定了主题，然后才去找故事，犯了创作忌。结构故事时找到其中一个人物范钧，为了故事容易在舞台上表现，又只写了一个几天内发生的事件，这就遇到一个很大的难题：天一阁精神是要通过200年的延续来展现的，现在只用几天内的事很难展现。设计的故事又恰恰与维护藏书背道而驰。因为维护藏书楼需要一定的经济基础，平时要保养维护，重点在保存现有书籍，因而需要韬光养晦，集中注意力，尽力避免不必要的灾祸。可是故事却让范钧非要去买一部李贽的《焚书》，甚至不惜为之倾家荡产！倾家荡产地去买一部自己没有的书，把房屋田产全部卖掉，那还怎么维护藏书楼？特别是当时清兵已经逼近扬州，明王朝马上垮台，天下即将大乱，天一阁摇摇欲坠。在这种情况下，主人首先考虑的应该是如何把旧有的这一楼书藏好,而不是去再买新书。戏里又提供了一个特殊的背景,说是明王朝有规定,凡藏有李贽著作的要被抄家。那么,范钧冒着危险来买李贽的书,更是和维护藏书楼的目的相违背,更加增添了危险性。朝廷如果抄了他的家,还谈何藏书楼的延续?

这个例子说明,作家如果不是从故事的感人角度入手,去发现题材,发现人物,从中升华出主题,而是相反,先想到要表现一个什么主题,然后再来结构故事,设置人物,作品成功的难度就加大,容易写成意念戏。以往我们经常强调要深入生活,就是要从生活中发现题材发现故事,而不是用头脑去臆想一个题材,再来编故事。这样的作品,主题才能有机隐藏在故事里面,而不是外加的。现在为了评奖去寻找主题,为了主题去设计故事,大多不成功。因为故事很难设置得能够准确提炼出需要的主题,那么主题就成了外加的。经常看到的是故事升华不到所需要的主题高度,于是作者就自己出来说话。主题一定要是从故事里自然升华出来的,而不是相反。近年创作中主题先行、意念戏的露头,不是健康的趋势。

前天我看了总政话剧团的《黄土谣》,这部戏做得就很好。它是一部主旋律戏剧,但作者并非是为了做主旋律戏而做。两年前,作者听到一个报道:一个农村老人带领大家贷款致富赔了本,他一家人苦干十几年还债,儿子残废了,孙子死了,最后还清了债务。他受到感动,决心写一部戏。这就是我说的,作者先要被一个故事所感动,然后再来提升它的主题,不要反过来。他提炼故事时,改动很大,根据戏剧表达的需要,写出来已经不是这个故事了。他写的是,一个老支书临终久久不能咽气,对赶回来的儿子说,自己带领大家集资办厂赔了,希望儿子们能帮他还上这笔债。于是在儿子间就发生了许许多多的矛盾、犹疑、争论,最后儿子们下决心应承了还债,父亲于是咽了气。弘扬承担精神、社会诚信,绝对是主旋律。但他结构的是戏,是好看的戏。而近年一些错误的做法,引起主题先行戏的回潮,则是应该避免的。

(原载《戏剧文学》2004年第11期)

21 世纪中国戏剧展望

20 世纪是中国戏剧舞台大转型的世纪。在这 100 年里,传统而古老的中国戏曲,由于受到社会求变革的新思潮冲击,以及西方戏剧的影响,发生了深刻的裂变,其舞台展现方式已经从循规蹈矩的一桌二椅式,变为对于装备有高科技声光设备的现代剧场的完全依赖,90 年代新创作的剧目,其时空处理方式、内在节奏、舞台面貌都已与传统截然不同。20 世纪初传入中国的西方话剧在这 100 年中,在现实化和民族化的道路上进行了长期的形式和内容探索,同时也接收了西方现代主义戏剧思潮的各种信息,形成自己的特点。戏曲与话剧在并行发展过程中的互为促动,则常常成为彼此蜕变的刺激力量。从西方引进的歌剧、芭蕾等舞台样式保持着其古典的美丽,由此催发的民间新歌剧在世纪中叶一度盛行后停歇,90 年代后西方音乐剧吹来一阵阵躁动的风,引起种种尚未成功但连绵不绝的舞台实验。21 世纪的中国戏剧趋势,就从这里起步。

其一,21 世纪中国戏剧将实现舞台繁荣的回归。中国古老的舞台演出传统,在 20 世纪末的社会转型时期受到了猛烈冲击,社会观念与审美心理的急剧转变,经济利欲与物质世界的诱惑,风气的趋时与心态的浮躁,几乎摧毁了古典艺术的根基,使舞台戏剧备受冷落。80 年代兴起、90 年代加剧的电视文化快餐,更对舞台戏剧的生存环境造成严重的冲击和破坏。然而,社会躁动的异样喧嚣,更多产生的是泡沫文化,它徒有体积,缺乏滋味。当转型期结束,社会进入良性正常运行轨道之后,喧嚣停止,泡沫消失,这时舞台艺术便开始回归。人类对于直接面对的表演有着天然的兴趣,舞台戏剧就是这种需求心理的产物,中国观众更有着千年观看舞台戏剧的传统习惯,这种需求心理和传统习惯不因为社会转型而减弱,不因为银幕与荧屏的替代而满足,它只会一时被冲淡。当人们的经济生活实现小康之后,就会追求文化生活的质量与品位,那时舞台文化消费将重新成为社会的热点。现代城市交通设施的完善将鼓励人们在闲余时间离开电视,走出家庭,走向剧场。而目前已经现出苗头的现代化大剧场的成批建设,则为这种回归提供了设备前提。当然,这里所说的舞台繁荣的回归,并不意味着舞台演出将回复到19世纪以前的醒目位置,多样化的世界已经提供了更多的文化娱乐方式,剧场唯一的选择已经成为历史,但这并不妨碍舞台再次出现繁荣。

其二,中国传统的戏曲舞台将出现新的分化。舞台艺术的回归趋势将导致中国的传统舞台样式——戏曲的复兴,20世纪末期用于戏曲的语言"夕阳艺术"将被人们淡忘。保存下来的古典戏曲剧目及其舞台呈现方式会成为"国宝"而受到保护,类似于日本能乐和歌舞伎现在的情形将在中国重现。不同于能乐和歌舞伎的是,中国戏曲的舞台方式从来没有走向凝固,它永远都是在不断发展和变化着的,从南戏、杂剧到昆曲到梆子到皮黄到各种地方戏,它的舞台随时都在发生移步换形,不断吸收时代的因素而改变自己的表现形式。因此,中国戏曲既是古典的,又是现代的,它的舞台既保存了古典美,又与现代生活息息相关,它呈现的既有古典主义的温情,同时也有现代感。自然,中国戏曲的众多地方剧种,会因为传统积累、舞台风格和历史际遇的不同,发生不同情形的分化,一部分更加靠向传统,另一部分则越加走向现代。中国戏曲还会受到东西方其他戏剧样式以及舞台技术不断更新的影响,陆续发生舞台变异——20世纪这种变异的幅度已经相当大,从而形成新的舞台风貌。

其三,积累起近百年历史经验的话剧舞台将进入一个真正多样化的时期。话剧凭借西潮东渐之势和它易于表现现代生活的舞台手段而走进中国,在大革命中发挥了号角的作用,然而由于某些社会原因,它日益走向写实主义艺术的固定模式,而与20世纪的世界戏剧现代派趋势相脱节。80年代以后中国话剧舞台形成强烈的突破意识,引起舞台手段和表现方式的急剧变革,一时之间形成光怪陆离与支离破碎的影像,继而是90年代沉稳的分辨、判断、修补与整合。于是21世纪的中国话剧舞台趋势现出眉目:单一的舞台模式将不复存在,容括性、含复性、兼收并蓄性成为统一的戏剧原则,积累起丰富经验的写实性话剧虽然仍会成为主导,但各种风格流派的舞台实验将构成多彩的风景线。中国话剧的发展开始与世界同步,世界戏剧的各种舞台波动将同时触及中国舞台;反之,由于靠近传统信息源,中国话剧更易于从传统戏曲取得灵感与潜移默化的影响,它可能成为世界戏剧形式探索的一个前驱阵地。在卸去了沉重的外在使命以后,话剧重新恢复起它的娱乐和游戏功能,将引起全民的模仿兴趣,从而奠定其民众根基。小剧场戏剧更成为一种普遍流行的娱乐形式,吸引众多的年轻人投入尝试。

其四,西方流行的音乐剧形式将在中国打开舞台市场。中国是一个适合歌舞剧衍生的国度,民众有着先天的舞乐文化基础和审美心理倾向,综合性的舞台艺术形式永远是中国人青睐的对象。遍布各地城乡的地方戏曲剧种即是这种文化心理的产物,但是,由于其走向传统程式性的倾向,它与现代流行音乐和舞蹈形成隔膜,而后者永远是时代的幸运儿。音乐剧以现代都市的流行音乐和舞蹈为基本语言,同时以戏剧情节来统领一切舞台成分,易于将现代观众引进剧场并保持长时间的注意力。目前音乐剧在中国遭受挫折的原因是尚未找到合适的民族形式,一旦其音乐和舞蹈语言实现了民族化,音乐剧亦将成为中国舞台上的骄子。由于音乐剧具备强大的精神裹挟力,它将以与小剧场话剧相反的大剧场制作为基点,在现代化的大都市里一展风姿。

其五,中国戏曲将进一步成为世界性舞台艺术。从19世纪开始的粤剧、潮剧向华语世界各个地区传播,从20世纪开始的京剧和昆曲向西方世界传播,早已引起世界的关注并成为西方戏剧舞台的革新动力——它的舞台本原性、假定性、虚拟性原则成为诱发西方现代派戏剧诞生的部分契机。在20世纪里,由于某些原因,中国戏曲不如日本能乐、歌舞伎那样更加为西方人所熟知,然而它的丰富性与包容性却大大超过后者,它所含括的东方文化信息可以说是无限的。中国戏曲向西方世界传播节奏较缓的情形,随着20世纪末期中国强劲的改革开放,已经发生极大改变,它正在以飞快的速度向世界各地渗透:对外演出日益频繁,在中国学习戏曲艺术的外国留学生数量大幅度增加,世界各地也纷纷开始了排演中国戏曲的尝试——或是在自己的戏剧样式里吸纳中国戏曲的某些成分。可以预见的是,中国戏曲将与日本能乐、歌舞伎一样进入世界古典艺术的展厅,在越来越多的世界性大都会中成为舞台保留精品,供世界公民作为培植艺术修养的必修课。

总而言之,21世纪将是中国戏剧真正汇入世界戏剧之流的世纪。伴随着全球文化的一体化进程,一个世界文化融合的时期即将到来,戏剧在其中将扮演一个显耀的角色,中国戏剧则成为其中的重要部分。就国内舞台来说,中国戏剧结束了其自在的发展阶段,进入与世界同步的进化时期;就世界舞台来说,中国戏剧将真正成为全球性艺术,而以东方舞台典型的姿态为世人所瞩目。

(原载1999年9月7日《人民日报》)

21 世纪戏剧畅想

戏剧是人类性情的天籁，是人类形象的影子，它与人类文明一同诞生，伴随着人类走过了昨天、今天，并且必将走向明天。

21 世纪的人类，将进入一个最为奇幻的时代。人类文明由工业化阶段进入信息化阶段，而人，真正从被机器奴役的状态中解放出来，成为物质世界的主人。与之同时，艺术也就从少数人的专利转为全体人类的共同日常活动。在这新的社会条件下，戏剧将获得奇特的发展。

就舞台样式来说，21 世纪的戏剧在可能性方面有着多种多样的呈现。戏剧舞台和剧场的空间造型会发生意想不到的变化，舞台与观众席的分隔被日益打破，多边形和多层次的表演区与观众席纵横交错，表演可能就在观众中间进行。戏剧越来越模糊了演戏与看戏的边缘，以往那种台上演戏、台下观看的剧场形式被多种多样的观演关系所替代，看戏的行动本身也许就是参与了演戏，例如会有观众走动并参与的"行为戏剧"出现。灯光、布景、音响与转台装置全部进入电脑程控，并且由仅仅对舞台聚焦转向包笼整个观众席，观众于是成为舞台效果的一部分，例如某一部分观众席会突然被特殊的灯光布景所装饰，甚至被转动到剧场的另外一个部位或空间。戏剧样式进一步分化与重组，在我们所熟悉的舞台样式、话剧、歌剧、舞剧、音乐剧、戏曲、木偶剧的基础上，又出现各种新的分化、组合与变异形态，会有新的复合型戏剧出现。英语和汉语则将成为全球使用最多的戏剧语言。

就传播渠道来说，21 世纪的戏剧已经不再局囿于剧场演出，尽管那时的剧场会在都市与乡村间星罗棋布。戏剧会找到舞台以及电影、电视之外的新的载体。电影、电视是利用技术手段使戏剧进入特殊空间形式的传媒体，它们的便捷实用适应了工业化时代的紧张生活节奏，因而在20世纪风靡。可以看得到的是，21世纪在互联网间遨游的网上戏剧会兴盛起来，它的存在与信息时代人们自由支配时间的生存方式相吻合。人们可以通过网络来参与设计戏剧的情节、人物和结局，甚至还可以把自己加入进去，这使网上戏剧获得新鲜的魅力。戏剧对于社会的参与方式也走向多样化，虽然频繁的剧场演出仍然占据主导位置，电视频道每天把全球各种精彩演出送到千家万户，网上戏剧吸引着众多爱好者的兴趣，校园戏剧成为学生们的必修课，各种游艺场所甚至政治、商业、外交场所的意义表达也都随时添加进戏剧的因素。即便如此，舞台戏剧还是观众最为青睐的对象，人们可以随意选择飞机、高速列车或轮船到全球任何一个地方去观看独特的舞台戏剧演出。

　　就观众的参与程度来说，21世纪的戏剧成为人们所熟悉、所爱好、所不可或缺的行动艺术种类，人们每天与它的接触和行为胶合率极大地增加。人们把走进剧场视为培养和显示文化修养的标志，虽然坐在家里可以通过电视和网络来参与戏剧，人们还是要每周数次地去直接感知剧场，密集的剧场分布和便利的现代化交通条件为人们实现这一企望提供了前提。观众已经习惯于到剧场去充任既是观众又是演员的角色，能够熟练而颇富技巧地临机配合剧情发展的需要而投入表演，并从中收获更富激情的愉悦。

　　总之，21世纪的戏剧伴随着后工业化物质世界的发展，获得了新的更为适宜的生存空间和条件。戏剧的原始魅力——展示人生的方式、意义、价值，为人提供同情、怜悯、愤怒、恐怖、激动、兴奋、滑稽、崇高等种种情感刺激，使人从中获取心理快感——在新的时代更加为人类所需要、所渴求，这是它得以获取各种发展可能性的前提。

（原载1999年12月31日《中国艺术报》）

21世纪艺术生存空间

与19世纪前宁静和谐的古典艺术、20世纪喧嚣躁动的现代艺术相比较,21世纪的艺术将呈现出沉稳混融的风貌。

就世界范围来说,19世纪以前的古典艺术基本上是自在发展的,虽然丝绸之路、亚历山大东征、基督教、佛教、伊斯兰教文化圈的渗透,也都扰动过这种自然秩序。20世纪的现代艺术明显呈现出由西向东的强势流动倾向,东方艺术被判归往日传统,西方艺术被视作现代法本。然而,两次世界大战的历史悖逆使西方人自省到其自身的文化危机:现代工业文明驱赶人类社会走向文化荒谬,它使人类越来越多地脱离了自然状态,在技术的驾驭下走向反人类的危险端点。在企图跳出思维惯势和命运轮回的努力中,西方倒向对东方哲学和谐精神及东方艺术原始混沌性的重新认识。随着东方以稳重而快速的上升态势有力扭转了世界格局,世界文化和艺术将有希望重新进入平等对话与彼此静心倾听的心境。

21世纪艺术的命运取决于世界文化的这种精神趋势。在一个日渐走向一体化的世界里,东西方艺术都已经不可能继续在自为的范围里进行自我选择和设计了,它只能沿着世界文化的轨道运行。人类已经成为一个共同体,无法继续认真区分彼此,共同为地球的生存环境及其危机所制约。为了人类的整体进步,世界的趋势应是在共同现实面前人类精神不断靠拢。东西宇宙观的合流是人类历史发展的必然结果,无论东方还是西方的思维感性与理性原则,都将在新的世纪里为世界所认同与扬弃,新的思维基点将建立在对人类文明的整体总结之上。于是,21世纪的艺术将从这里开辟出新的航道。

21世纪人类的主要任务是提高生活质量、控制人口增长、修补臭氧层、寻找新的生存空间(宇宙空间、海底空间、地下空间)。人类的精神发展目标则是探求生命的本质、寻找生存的意义、充实存在的内涵。在这两者之间,艺术将担负起引导人类超越时代焦灼与忧患感,实现精神释放与净化的重任。为完成这一任务,艺术既要借助于西方科学思维,又要吸收东方整体混融的宇宙观,构筑起包罗万象的大厦。这种趋势眼下已经露出了端倪,东西方艺术的交向汇流在这世纪之交显得汹涌澎湃。人们无法再像往日那样在任何情况下都能够明确区分出某种艺术是东方的还是西方的,在现代艺术中坚持血统的纯正性就会为人们所唾弃。当信息时代最终覆盖了工业化时代,媒介高速公路上的载体之流会强力冲淡建立在地缘背景上的艺术个性,勾连起全球艺术的环状结构。由此,一个泛全球化的艺术时代即将到来。

(原载2000年1月6日《文艺报》)

戏剧史迹

百年戏剧,舞台大转型

在中国戏剧发展的历史长河中,进入20世纪以来的百年,处于一个大的转型期。来自三个方面的力量:意识形态的革命、西方戏剧的引进、电影和电视的诞生,刺激、影响和推动着这一转型的实现。

19世纪末喷迸的戊戌烈士之血,激励了初生的新纪元,舍生求义、追求光明成为世纪之途。激切寻求变革的人们痛斥传统舞台在古典和风中的柔靡沉醉,希望把它变为新思想的传播源,于是身体力行地掀起旧剧改革,一时间穿西装、扯四门、搬讲演、唱皮黄、演时事、套程式的改良戏曲蜂拥舞台。形态的剧烈变异使得戏曲失去了传统的美,又不能真正改换为现实特质,很快便使人产生厌倦,人们于是把目光投向了西方戏剧。这是一种十分接近生活形态的舞台样式,它能直接揭示现实人生悲剧与社会矛盾,又不需长期的特殊技巧训练,正是便利的匕首与投枪!人们顺手抄过,以之冲锋陷阵,并名之为话剧。随同这个过程发生的,是旧式戏园的改造——传统的伸出式舞台逐渐改为清一色的西方镜框式台口。其起始为1909年潘月樵等人在上海创建的新舞台,随后风靡全国。新式舞台一改传统的一桌二椅面貌,运用现代灯光设备和幕布,设置写实布景与机械传动装置(例如转台),迫使传统戏曲的表演也随之发生相应改变,一些与旧式舞台共存的表演技巧逐渐失传。这时崛起的戏曲代表人物,例如京剧的梅兰芳等四大名旦,开始倡导在保留传统美基础上的表演形式革新,争取到了众多观众。但当时社会重点注目于新文化的建设,文学青年们一致倾心写实性的话剧舞台,投身其中者众,成就也众。留学归国的洪深、田汉等人的创作成果,成为中国现代话剧的奠基,并最终呼唤出戏剧大师曹禺。舞台话剧在20世纪30年代和

40年代争取民主、自由和幸福的斗争中，成为鼓舞人们意志的鼙鼓与号角，它刺激了反抗，激励了革命，鼓舞了整整一代人。

共和国大厦在古老国土上的挺立，为20世纪下半叶拉开了崭新的序幕，舞台上一派莺歌燕舞、春光旖旎。一批有成就的戏剧家如老舍、郭沫若等此时处于话剧创作旺盛期，戏曲舞台则在传统戏、新编历史剧和现代戏"三并举"方针指引下，呈现出前所未有的繁荣。然而，由于苏联革命的政治影响，奠基于写实主义表演方法的斯坦尼斯拉夫斯基演剧体系，成了中国舞台形而上的法本，再加上对"现实主义原则"的绝对化和崇高化理解，中国戏剧在单纯写实之路上逐渐走远，甚至再也容不得其他声音的出现。一些有独立思考的戏剧家如黄佐临等人，希望从事拓宽舞台空间的有意义的实践，但没有遇到适宜的气候。60年代到70年代强烈的政治喧嚣，完全阻断了这种可能性。

历史的车轮无情碾碎残冬。国门开启，吾民忽然觉察到，世界戏剧已经改换了模样。戏剧观念早已变更，舞台格局也面目全非。追溯其起始，原来早在20世纪初，与我们引进西方写实话剧同时，西方舞台已经开始涌动现代主义的思潮。在约四分之三个世纪中，西方遍尝了各种戏剧流派，从象征主义到表现主义，从荒诞派到后现代派。难道我们对世界戏剧的这一走向竟然一直失察？事实并非如此。早在20世纪二三十年代，西方现代派戏剧思潮已经波及中国，并且明显体现在先驱们的作品中，如洪深的《赵阎王》、曹禺的《原野》都透示出象征主义的痕迹。但是，由于西方现代派思潮与中国当时的具体思想和文化环境脱节，中国缺乏对之解读的门径。我们的舞台戏剧还面临着更为焦灼的境况：80年代电视迅速进入每一个家庭，使得剧场变得门可罗雀。这又是一个出乎意料的状况。西方现代戏剧持续了几十年的舞台和剧场形式的变革，其重要推动力是电影和电视从20世纪初开始形成的威胁！

我们的戏剧需要重新定位，它必须找回其鲜活的本原性、诱人的假定性和富于感染力的剧场性，它必须开拓自己的表现空间，增强对当代人类精神的剖析力、介入力和裹挟力。于是，从80年代初开始，中国戏剧遭遇了无休止的扰攘，由高行健三部曲《绝对信号》《车站》《野人》激起的舞台变革大潮,涌动了连天的波涛。力在突破成规的探索逐渐成为舞台定式,手法创新与形式探求变得重要和引人注目。各类手段都被运用,所有方法都被尝试,似乎在西方戏剧舞台上几十年中所发生过的变化、所形成的各种思潮和流派,在中国舞台上一下子全部涌出。当然,对西方戏剧手法的吸纳仅仅是片言只语、掺熟夹生式的,这些手法在中国缺乏相应的生态环境,它们只是被国人用自己的理解和想象去联结、补缀和充填。然而,这场曾经遭到顽固抵制的戏剧变革,10年之后成绩显著。舞台模式已经极大改变,戏剧家们思维方式、舞台时空观念的灵活,以及对于现代灯光、装饰景片、舞台空间处理手段运用的熟练都已经今非昔比。其结果是增强了戏剧舞台的现代感和形式感。不但话剧的面貌焕然一新,戏曲的传统形式也被挤压得多重变形。当然,在所有可以想到的现代戏剧手段都被试验过、经验都被运用过以后,需要确认我们的戏剧主流时,人们又进入另一个层次的迷茫。浮躁的声嚣渐息之后,需要的是一个沉稳的分辨、融化与推进的时期。在这种情况下,一部戏剧创作的成功被理解为:不仅剧本是独到的,其舞台形式也必须是独到的,只有两者的完美结合,才能带来剧作真正的荣誉——这就是90年代末期的戏剧思考。

世纪之钟又将敲响。百年转型的戏剧过渡期或许即将结束,但中国戏剧抑或人类戏剧的新纪元仍然面貌未彰,它的舞台将向何处倾斜?有一点可以看清楚:21世纪将是一个东西方文化进一步实现融合的世纪,戏剧的肌体里也将融入越加庞杂的人类文化基因,其结果是形成一个东方戏剧和西方戏剧共舞于世的舞台大天地。

(原载1999年4月16日《中国文化报》)

百年裂变中的戏剧

戏剧是什么？理论家们越来越说不清了。自古以来，有人类就有戏剧，戏剧是人类作为高级智力生物的一种自我艺术复制，伴随着人类的模仿和游戏天性显现出来。但是世界百年来，中国特别自新时期以来，戏剧舞台上发生和正在发生的变化，使戏剧变得越来越让人难以定义了。

戏剧的本质原本是很单纯的，那就是人类行为的自我模仿。人类对于这种模仿有着天生的观赏兴趣。元代曲论家胡祗遹说，元杂剧能让一个演员装扮整个社会，上自帝王将相、嫔妃公卿，下至士农工商、贩夫走卒，三教九流，五花八门，无一不肖，无一不曲尽其情（《朱氏诗卷序》）。印度梵剧理论大师婆罗多说，观赏戏剧可以使遭受痛苦的人、心灵忧伤的人得到安宁（《舞论》第一章）。古希腊哲人亚里士多德说，人对于模仿的作品总是产生快感（《诗学》第四章）。说的就是这种情形。

人类自我模仿的方式，在它的初始阶段都是相同的，或者至少是相近的，我们从世界各地都能看到模仿狩猎或祭祀行为的原始舞蹈岩画。但是，随着人们的宇宙观、历史观和艺术观的逐步形成，为这些观念所支配而产生的模仿，出现了不同的面貌。在世界范围内，至少可以看到四种不同古老戏剧样式的并存，即古希腊和罗马戏剧、印度梵剧、中国戏曲和日本能乐。这些戏剧样式在后来的延伸，大致又可以划分成两个范畴，即东方戏剧和西方戏剧。

东方戏剧比较恒定，它一直是一种写意性的戏剧，即它是对生活的模仿，但又不是对生活的翻版，其模仿行为的实现须经过艺术美化的中介。也就是说，它在模仿生活的同时也美化了生活，这种美化形成固定的形式规范。东方戏剧的美学原则一经确立,基本没有发生大的变化,只有补充与完善。西方戏剧则不断地发生观念变化,从而,其舞台面貌也一直在发生转型。突出的征象是,16世纪文艺复兴的浪潮,改变了西方艺术世界,也改变了戏剧。西方戏剧从此由古希腊和罗马戏剧的诗、歌、舞综合样态走向分离,变为话剧、歌剧、舞剧(drama,opera,dance theater)的单一形态。由此,它和东方戏剧的分歧日渐加剧,而作为西方戏剧主体的话剧日益走向生活的写实化。这种趋势发展到19世纪末,达到登峰造极的地步,最终进入"第四堵墙"学说的控制领地。

以上所说,就是20世纪这100年戏剧发生舞台大转型的前提和准备,或者说背景和基础。

事实上,西方从19世纪末期,已经开始了其舞台转型。写实戏剧在走向登峰造极的同时,也暴露了它的弱点。由于必须像生活中所发生的那样去行动,写实戏剧只能展示人的外表,难以进入人的精神领域。而伴随大工业社会而来的物质对于人的压榨,将人的内心迷惘、失望、痛苦情绪挤压到无以复加。哲学、心理学、精神分析学的成就深入发掘了这一纵深领域,在其中发现了一个类似于自然宇宙的具有无限空间的内宇宙。戏剧能否进入这一宇宙?戏剧必须进入这一宇宙。为了这一目的,戏剧必须重新审视与发掘自身的机能,来开拓更大的可能性。于是,西方戏剧出现了对写实主义的剧烈反叛。一系列反叛运动的连缀,成为西方戏剧百年历史的突出景观,从象征主义戏剧到表现主义戏剧,从存在主义戏剧到荒诞派戏剧,从间离戏剧到质朴戏剧……它们作为现代派和后现代派哲学思潮的折光,将西方戏剧舞台映射得光怪陆离。

中国戏剧的舞台转型采取了完全不同的另外一条道路。最初是伴随着对形式至上的传统戏曲的政治否定,而引进西方的写实戏剧样式。对写实戏剧接受的内在推动力是:它逼近生活的舞台风貌,能够比较贴近地反映大革命的实践。于是,话剧作为号角与战鼓,在中国现代史的演进中发挥了远远超过艺术本身能量的作用。人们对之刮目相看。这种西来的舞台样式,在知识层中轻而易举地取代了传统戏曲的地位,成为剧坛盟主。它的强大裹挟力,致使城市戏台一夜之间一律从伸出式改换成镜框式,致使沿袭了

800年不变的传统戏曲也开始朝向写实性靠拢。随着苏联影响力的膨胀，斯坦尼斯拉夫斯基表演学派占据了统治地位，其理论被误读为绝对写实主义，而这一原则在中华人民共和国成立后的30年时间里几乎不容质疑。

然而，新时期国门的打开，使我们认识到一种误解，一种以为戏剧世界里只有一种观念、一种表现方法、一种呈现方式的误解。我们看到了20世纪以来西方舞台的激烈反叛与革新，这种变革极大地扩展了戏剧的表现空间。我们甚至惊讶地知悉，这种反叛与革新竟然从被唾弃的中国戏曲传统手法里获得灵感。中国剧坛开始躁动。一时间，探索戏剧风起云涌，戏剧变得越来越"不像"戏了，变成了与习惯性理解完全不同的模样。同时，关于戏剧观的争论也愈演愈烈。

这里还必须注入技术的因素。舞台技术特别是灯光技术在20世纪80年代末的长足发展，导致了戏剧舞台风貌的巨大改观。19世纪末，当电灯初次用于舞台时，舞台灯光之祖瑞士人阿庇亚曾经预言：灯光将改变整个戏剧世界。这个预言早已在西方、现在又在中国实现了。光线、色彩与音乐的结合，其表意性是强烈的，又是极其美妙的，它是走在现代戏剧T型台上的时装模特，时代风貌与美的气息扑面而来。戏剧对灯光的依赖性越来越强，而灯光则使戏剧在一夜之间告别了过去，跨入新的纪元。

经过激烈的震荡之后，中国戏剧在20世纪90年代开始了新的舞台整合与复归。戏剧观念多元化的图景实现了，没有哪种舞台样式或风格被继续定于一尊，人们不会由于对某种戏剧变形感到惊讶、反感和厌恶，而遏止它的存在。出于欣赏习惯、艺术观念、审美趣味的差异，你完全可以随意选择自己的观赏对象。而对象的丰富性、多样性、差异性，将戏剧分割为多重空间，这里，传统的、先锋的、叙事的、指意的、常态的、变形的，应有尽有，多样并存。评判标准同样存在差异，对于一部戏剧的接受与认可，一部分人或许强调它的完整性与统一性，另一部分人则仅仅注目于其形式上的变异和出新。由此，戏剧观赏出现多种层次，当多数人仍然坐在剧院里为剧中人物命运而动情的时候，少数人在小剧场里专门欣赏戏剧的可能性，而偶然的街头相遇还让你邂逅一次行为戏剧。戏剧的外延被尽量地扩展了，而且还可以无限地扩展下去。

这里回到本文开头的命题：现实戏剧给理论带来了难题。当然，舞台戏剧还有它自身的难题，它必须面对新的生活形态及其节奏，必须正视自己日益窘迫的生存环境，必须在影视文化的巨大磁场之外找到足够的自我空间。因此，我们也可以理解为，它在强力挣扎。但同样也可以把电影和电视理解为戏剧的延伸，或者换个说法，戏剧借助于现代传媒将自己的生命载体从舞台过渡到荧屏。我们也知道，一切传媒都不能穷尽舞台戏剧，因为它们无法实现剧场之中演员与观众直接交流所产生的巨大亲和力和传导力。因此可以预言，和人类与生俱来的戏剧，也将与人类永远同在。

（原载 2000 年 12 月 20 日《人民政协报》）

中国话剧百年足迹

一、因社会变革应运而生

中国话剧首先是因了社会变革的需求应运而生的。

清末以来,一浪高过一浪的改良图存呼声撼动着积贫积弱的中国社会根基。以戊戌变法为标记,催化民智的需求呼唤着社会价值与人生观念的变革,导致了传统戏曲的改良和"新剧"的创建。1907年春柳社和春阳社在东京和上海先后上演的《黑奴吁天录》,成为中国带有改良痕迹的"新剧"的先驱和模本。春阳社继而编演了《爱国血》《革命家庭》《社会阶级》《秋瑾》《徐锡麟》等许多带有鼓动性的时事新戏,受到广泛欢迎。在其影响下,一时"新剧"运动蓬勃兴起,众多的戏剧团体如进化团、新剧同志会、上海戏剧联合会、醒世新剧团等开始在上海、北京、天津、南京、武汉、长沙、开封、广州、香港等地频繁演出,许多中小城市也纷纷组建剧团来响应,新剧如新星爆发一般,瞬间耀亮了黑暗中国的天空。

辛亥革命的失败,引发了人们对于传统文化更深入的思考,从而导致了新文化运动。这场高扬起民主与科学旗帜,以新道德新文化反对旧道德旧文化的斗争,实质上是一批吸收了西方进步思想观念的文化先行者,利用引进的外来文化的精华作武器,而对传统文化的糟粕开刀。在戏剧领域,激进的新文化派则提倡用真正的西方话剧而不是改良新剧取代中国戏曲。中国戏曲的写意性和表现性使之不能在舞台上毫发毕现地反映人生和社会,它必须同现实保持艺术距离,加上传统戏曲里原本充满了封建伦理观念,当时又已经发展到用封建迷信、色情淫盗来招揽看客,而改良新剧也由于受到都市商业资本的腐蚀,迅速堕落为与传统戏曲不相上下的糜烂色情之物,因而一并遭到新文化派的唾弃。

为了贯彻自己的理论主张,新文化的先锋们一方面大力鼓吹并推动对西方戏剧的翻译工作——据统计全国在短短20年间就译介了欧美剧本约180种;另一方面也身体力行地模仿西方剧本样式进行创作,例如胡适就模仿易卜生《玩偶之家》写了《终身大事》,陈绵创作了《人力车夫》,而一批话剧运动的中坚人物,像郭沫若、田汉、洪深、欧阳予倩、丁西林、陈大悲、汪优游、李健吾、成仿吾等人,都先后开始了他们的话剧创作。他们的作品被全国的剧社四处上演,影响力迅速扩大。先是众多的欧美戏剧上演,继而是中国人自己创作的话剧在舞台上演,后又有北大教授宋春舫等人从理论上对西方话剧不遗余力地推介,这些极大地推动了话剧的传播。

二、从舶来品到本土艺术

以1920年上海新舞台上演萧伯纳名剧《华伦夫人之职业》和民众戏剧社的成立为标记,话剧正式走上了中国舞台。20世纪20年代初期北京、上海学生"爱美戏剧"(非职业戏剧)和中期北京"国剧运动"的兴起,即是为了对抗商业演剧而发扬真正的戏剧艺术精神。一些赴欧美和日本的留学生回国,开始在中国舞台上推行真正的欧美戏剧样式和演出方法,并开展和实施学院式话剧教育。田汉、洪深、余上沅、赵太侔、熊佛西、张彭春等人,都为中国早期话剧舞台艺术的奠定做出了贡献。1924年,洪深为上海戏剧协社执导《少奶奶的扇子》演出成功,标志着中国话剧舞台艺术走向成熟,中国也由此确立了话剧的专职导演和正规排演制度。

当时正在欧美盛行的现代派戏剧,虽然曾在中国舞台上有过反映,但由于大革命鼓动人民精神的时代主题,中国戏剧界主要还是选择了西方直面人生、揭露和批判社会问题的写实主义戏剧,而易卜生则成为一面旗帜。1918年《新青年》杂志4卷6期推出了"易卜生专号",新文化运动的旗手胡适专门在上面撰文《易卜生主义》,鼓吹和推崇易卜生的精神,在文学青年中引起很大反响。许多中国戏剧家都受到易卜生的影响。1922年洪深留美回国,在轮船上有人问他:你是要做一个红戏子呢,还是要做莎士比亚?他回答说:"我要做易卜生。"无独有偶,同年田汉留日回国时,也说了类似的话,他说:"我要做中国未来的易卜生。"由此可见,易卜生式写实戏剧对于中国话剧产生了重大的影响。

话剧原本是西方舶来品,英文名为drama,最初中文的翻译名字不固定,曾用过新剧、文明戏、爱美剧等名称。1928年,洪深提议将其定名为话剧,以与西方歌剧(opera)、舞剧(dance theater)相区别。由于话剧的汉语名称鲜明表现了这一戏剧样式的特征,因此得到公认,从此沿用下来。

三、新文化前驱者的号角

话剧正式形成后,立即为中国社会各个阶层所接受。众多的艺术家和青年爱好者投身到话剧的表演和舞台设计中去,众多的学者热衷于翻译和评介国外的话剧名著,众多的文学家在话剧这块新的文学园地进行了卓有成效的创作探索,众多的实践者则将话剧艺术推广到更广泛的民众群里去。于是我们看到,一些在社会上产生重大影响的话剧名作涌现出来,田汉的《获虎之夜》《名优之死》,洪深的《赵阎王》《五奎桥》,郭沫若的《王昭君》《卓文君》《聂嫈》,丁西林的《一只马蜂》《压迫》,曹禺的《雷雨》《日出》等,成为中国话剧的奠基之作。诸多著名的话剧社团,例如有欧阳予倩、汪优游、徐半梅参加的上海戏剧协社,田汉领导的南国社,由进步学生组成的南开新剧团,夏衍等领导的上海艺术剧社等,和全国各地的众多话剧社团一道,坚持长年的广泛的舞台演出。经过前驱们的共同努力,话剧很快在中国成为相当普及的艺术,成为与传统戏曲共生共存的舞台艺术种类,拥有了它的相对观众群,培养了一代创作者、从业者和爱好者。

在整个大革命时期,中国的话剧运动一直在此起彼伏、蓬蓬勃勃地发展。一方面,新文化人创作的话剧引起越来越大的社会影响,把话剧艺术的生长推进到一个根深叶茂的阶段。另一方面,话剧演出逐步由大都市舞台深入民间、农村,加入大革命和抗战的舆论洪流中去,发挥了战斗号角的作用。话剧人组织了众多的演剧队,把话剧这种较为直接便利的文艺样式用作宣传舆论武器,用以唤醒国民的斗争意识和反抗意识,起到了很好的作用。

"解放区的天是明朗的天。"在中国共产党领导的工农红军建立的革命根据地里,红色戏剧开展得如火如荼,八一剧团、工农剧社、战士剧社、战地服务团、火线剧社、战斗剧社、抗敌剧社、先锋剧团、东江剧团、铁流剧团以及数千个村办剧团,活跃于部队与民众之中。一批投身于革命熔炉的知识分子如沙可夫、李伯钊等,配合革命形势,不断组织创作出鼓舞斗志的话剧作品。相当多的政治军事领袖人物,如何长工、彭湃、方志敏、瞿秋白、邓发、聂荣臻、罗荣桓、罗瑞卿、邓小平、伍修权、黄火青、刘伯坚、黄镇、肖华、梁必业等,都从事过话剧编创与演出,推动了话剧在革命队伍中的发展。

四、郭沫若充满激情的历史剧

郭沫若是中国现代文学史、话剧史上的一朵奇葩。他既是充满激情的浪漫诗人和剧作家,也是卓有成就的政治家和史学家。他的经历和特点使其剧作个性鲜明,大多是诗剧和历史剧,充满了喷发式的浪漫激情。

郭沫若的戏剧创作呈现出明显的节律性和时段性,有三个互不连贯的喷发期。第一期是俄国十月革命到中国五四运动时期,那时的郭沫若充满了创作的青春激情,在《凤凰涅槃》等一批著名新诗之后,他又快速创作了10余部诗剧,以"三个叛逆的女性"为代表(即《卓文君》《王昭君》《聂嫈》三剧),表达了他反抗封建礼教、追求自由和爱情、关注妇女解放的精神倾向。这批剧作以其豪迈、热情和理想主义气质,鼓舞了追求新生活的"五四"青年投身于社会变革。之后几乎20年未写剧本,到抗日战争中期的1942年前后,郭沫若又在一年多的时间里连写了6部剧作,成为其创作生涯的第二期。其标志性作品为《屈原》,热情讴歌了中国历史上伟大爱国诗人屈原忧国忧民、光明磊落、不畏强暴、大义凛然的崇高品质,尤其是屈原在暴风雨中悲愤呼喊的长篇台词"雷电颂",表现出强烈的爱国激情和不屈不挠的斗争精神,大气磅礴、震撼人心,在抗战大后方重庆的观众心中产生强烈共鸣,产生了鼓舞抗战的巨大影响,《屈原》的思想性、艺术性都达到了郭沫若剧作的顶峰。在其带动下,大后方舞台形成历史剧创作的高潮。第三期为中华人民共和国成立后的五六十年代之交,时已六七十岁的郭沫若又提笔写下了《蔡文姬》和《武则天》两剧,仍然像以往那样以历史女性人物为对象,而更多地融入作者对人生和历史的理解,印证了他"失事求似"的史剧观。

郭沫若的史剧创作都是他政治和革命情感迸发的产物,体现了他诗人、史学家和政治家三位一体的风格,浪漫主义地处理人物形象和构设矛盾冲突,强调古为今用,主题明确,倾向鲜明,这些使他成为自成一家的历史剧作家。

五、曹禺的杰出贡献

曹禺是中国第一个成熟的话剧作家,他的处女作《雷雨》是中国话剧史上第一部现实主义经典作品,成为中国话剧成熟的标志,他的一系列杰出剧作如《日出》《原野》《北京人》等,都在中国话剧史上留下不可磨灭的光辉。曹禺是为中国话剧而生的,他也因此成为中国话剧之父。

《雷雨》通过巧妙而天衣无缝的结构组合,勾画出一个资产阶级家庭里面错综复杂的人物关系,暴露出其内在的阴暗与丑恶,揭示出这个阶级的必然灭亡,而用始终郁积的一场雷雨来象征这一切行将崩溃。这是第一部用中国风格讲中国故事的成熟话剧作品。在它之前,由胡适《终身大事》白话戏剧开始,众多的新文艺工作者写出了许多尝试性的话剧作品。但客观地说,那些作品在艺术的完整性和成熟度上,在内容、语言与形式的民族化上,都还存在这样或那样的问题。因而当时的剧坛,除了大量翻译和改编的外国戏剧,就是那些形式简单、内容贫乏的创作作品。《雷雨》的出现,无疑在当时阴霾重重的中国戏剧上空划过一道刺目闪电。

《雷雨》体现出古希腊命运悲剧和易卜生的深刻影响。它严格遵守"三一律",故事发生的时间在24小时之内,地点三幕在鲁公馆客厅,一幕在四凤房间里。它像易卜生戏剧一样带有客厅佳构剧的痕迹,戏剧结构以及各种人物关系、矛盾冲突甚至细节都组织得完美无缺,但过于精致也给人带来脱离生活原态的雕琢感。曹禺自己并不满意《雷雨》"太像戏"的缺憾,他希望能够超越,希望写出像契诃夫那样自然的戏,这种愿望体现在他1936年发表的作品《日出》里。

《日出》描写大都会资产阶级腐朽的阴暗生活:堕落的交际花梁白露依赖银行家的钱袋,终日在纸醉金迷中打发时光,认为她前男友方达生希望拯救她的想法既可笑又不现实。但是,她出于尚未泯灭的怜悯心想从黑社会手里搭救少女小东西,才发现自己根本没有任何力量。黑社会头子金八甚至通过操纵股票市场,套垮了她依靠的银行家,逼得她最终服安眠药自杀。

在这部作品里,曹禺用"片段的方法"来截取社会生活横断面,用堆沙成山的方法来表现生活细节与整体的关系,尽可能减少故事起伏与剧本起承转合的连缀技巧,写出自己心目中的社会真实。用他的话说,就是用"色点点成光彩明亮的后期印象派图画"。《日出》的戏剧进程自然、真切,具生活化,具有纪实性特点,显现出成熟、从容、平实的风格,但其中又不乏象征意义。日出之前,梁白露唱出这样的歌:"太阳升起来了,黑暗留在后面。但是太阳不是我们的,我们要睡了。"一个腐朽的社会连同它身上的寄生虫就要被彻底埋葬了,而结束时工人唱的《打夯歌》则象征了新的生命力:"日出东来,满天的大红!要得吃饭,可得做工。"

曹禺也受到当时西方盛行的象征主义、表现主义戏剧的影响,从中寻找自己创作的突破口。他于1937年发表的《原野》一剧,就是这样一部风格独特的实验作品。《原野》通过对原始蒙昧的血亲复仇观念的描写,展现了中国底层农民对于黑暗压迫的反抗,表现了仇虎对金子的炽烈爱情和对焦家的刻骨仇恨,然而这种爱和恨也最终导致他的覆灭。剧本调动各种手段充分展现了人物的内在情绪,创造出一种心理外化的舞台意境。

1941年,曹禺又完成了另外一部更加自然化的杰作《北京人》。这部通过描写封建没落家庭的生活冲突来预示其崩溃命运的剧作,采取了更为接近契诃夫的手法,不露痕迹的结构、生活化的语言、活生生的人物、随处充溢的哀伤情绪、平淡隽永的风格,使得它染有浓郁的哲理性情怀,寓意深刻,成为一首旧生活的哀歌。

曹禺的创作把中国话剧艺术提升到了一个新的高度,整体推动了舞台导演、表演和舞美设计综合水平的提高，培养了一代话剧观众，也使职业剧团有了保留剧目而得以生存。曹禺使中国话剧从创始和实验阶段走了出来，真正成为一门成熟的舞台艺术样式，从此走上了康庄大道。

六、抗日战争的生力军

在中国人民艰苦卓绝的抗日救亡斗争中，成熟起来的话剧利用其短平快的艺术特点，在动员民众、鼓动抗战、振奋人心、鼓舞士气方面发挥了极大的作用，话剧成为不可或缺的斗争武器。抗战前期救亡戏剧普遍兴起，全国各个城镇到处都有救亡演剧队在活动，各种形式灵活的独幕剧、活报剧、快板剧、街头剧都被用来表现现实的抗战内容。一部最具鼓动力的独幕剧是《放下你的鞭子》：父女二人从日寇占领的东北沦陷区逃亡到关内，流落街头卖唱。女儿不愿唱，父亲举鞭欲打，观众中一位青年高喊："放下你的鞭子！"父女二人向观众泣诉亡国奴的悲惨命运，引起大家的感慨。青年于是号召大家奋起抗日救国，剧情在群情高昂的"打倒日本帝国主义"高呼声中结束。这类剧目的演出总能取得荡人血气、激励群情的效果。

1937年由阳翰笙、洪深、田汉等在武汉发起成立了中华全国戏剧界抗敌协会，号召全国戏剧人为抗战而奋斗。在沦陷了的上海，在重庆、桂林等抗战斗争的大后方，话剧演出都蓬勃开展。著名的中华剧艺社、上海剧艺社、中国艺术剧社和众多的话剧社团，演出了夏衍的《上海屋檐下》《法西斯细菌》，阳翰笙的《塞上风云》《天国春秋》，郭沫若的《屈原》《虎符》，于伶的《夜上海》，宋之的的《雾重庆》，吴祖光的《风雪夜归人》，陈白尘的《升官图》，阿英的《李闯王》，田汉的《丽人行》，曹禺的《北京人》等众多优秀作品，成为抗战强有力的精神支撑。在这些剧作的舞台演出中，涌现了金山、赵丹、白杨、舒绣文、石挥、兰马、刘露、孙浩然等众多知名话剧表演和舞台艺术家。

1935年10月，红一方面军在胜利完成二万五千里长征之后到达延安，这里从此成为红色戏剧的故乡。列宁剧社、工农剧社、抗大文工团等众多剧团，创作和上演了大量剧目，并深入农村、奔赴前线进行演出。话剧深入人民群众的生活,每有演出,观众一定是人山人海。各抗日根据地的话剧活动同样活跃,例如晋察冀根据地拥有抗敌剧社、战斗剧社、冲锋剧社、七月剧社等20多个专业剧团,以后扩展为晋冀鲁豫根据地,部队和农村剧团有200多个。1942年毛泽东发表《在延安文艺座谈会上的讲话》,号召文艺要为工农兵服务、面向大众,一场群众性戏剧运动从此展开。当时冀中冀西农村剧团已达3200多个,群众演剧活动如火如荼,话剧则是演出的主要形式之一。解放战争时期,众多进步的话剧社团又奔赴各个战场,鼓舞革命取得最后胜利。虽说条件因陋就简,但话剧活跃在救亡的艰难岁月里和烽火连天的战场上,对中国人民的革命斗争做出了不可磨灭的历史贡献。

七、在中华人民共和国茁壮成长

1949年中华人民共和国成立。一个独立、自主的主权国家诞生,为戏剧艺术获得大发展提供了极好的条件。于是我们看到,从20世纪50年代开始,戏剧迈入了新的焕发期。

中国话剧艺术也迎来了它的茁长期,文艺工作者发挥了极大的热情,通过话剧舞台来鼓舞人民投身于建设。这其中有老剧作家的新作,如郭沫若的《蔡文姬》《武则天》,田汉的《关汉卿》《文成公主》,曹禺的《胆剑篇》《王昭君》,尤其是"人民艺术家"老舍在中华人民共和国成立后话剧创造力发挥到极点,他的《茶馆》《龙须沟》等作品,成为中国当代话剧史上的经典之作。创作剧目中有两类成绩十分突出,一是表现刚刚过去的那场艰苦卓绝的革命战争的作品,如《战斗里成长》《万水千山》《红色风暴》《八一风暴》《红旗谱》等;二是表现新生活的作品,如《丰收之后》《青松岭》《枯木逢春》《布谷鸟又叫了》《年青的一代》《霓虹灯下的哨兵》等,受到新时代观众的广泛欢迎。

北京人民艺术剧院、中央实验话剧院、中国青年艺术剧院、中国儿童艺术剧院以及各地众多的话剧院团在国家的扶持下建立起来,开始了战争年代没有条件实现的正规舞台艺术探索。它们各自在成长过程中培育了独特的演出风格与舞台品格,积累了自己的保留剧目,其中一些成为具有代表性的国家剧院。北京人民艺术剧院的艺术成就引人注目,成熟导演焦菊隐与优秀演员于是之等人的最佳人才组合,以及与著名剧作家老舍、郭沫若、曹禺等人的适时合作,使得它在舞台上连创辉煌。

由于与苏联的密切政治关系,斯坦尼斯拉夫斯基戏剧表演体系被大力引荐到中国,成为指导中国戏剧院校教学和戏剧院团演出的系统方法。由此,中国话剧人才受到了国际一流水准的训练,舞台实践水平得到迅速提高,一批成功的导演和演员涌现出来,他们的体会融入优秀剧目的演出中。然而,教条主义的生吞活剥,把"第四堵墙"绝对化,也带来话剧舞台上的形式主义。

建设初期的群情鼎沸掩盖了一些社会负面现象。将话剧舞台简单地等同于宣传阵地的习惯性思维,导致众多英模事迹话剧、政策图解话剧的出笼,粗糙的非艺术化的作品充斥舞台,倒了观众的胃口,影响了话剧艺术的声誉。创作观念长期囿于写实主义一端的单一和贫乏,表现手段的概念化和模式化,导致话剧表现力和舞台生命力的严重萎缩。这种"左"的创作思潮的影响,在"文化大革命"期间达到了最高峰。

八、老舍《茶馆》的独特地位

老舍的戏剧视野宽广,对于欧美现代戏剧有着充分的接触,并受到叙事剧的深刻影响。他认为戏剧创作不必一味学易卜生,而要"独出心裁、别开生面"地创新,潜意识里他不想重复曹禺,他试图从结构出发进行自己独特的戏剧创作探索。老舍是从小说进入戏剧的,他深知自己的长处在于抓取典型的人物行为来折射社会面貌,因而他试图创造一种"世相戏剧",以不同时期的底层芸芸众生相来展现社会的整体变迁。他的这种追求体现在一系列剧作里,如《残雾》《面子问题》《归去来兮》《龙须沟》《方珍珠》《全家福》等,而以《茶馆》最为成功。

《茶馆》有着奇特的结构。它从一个小小茶馆的角度来看社会,把50年的中国史横向切出三块薄片,放在舞台的凸镜下透视。登台的三代、70多个人物,构成社会的芸芸众生相,构成世态风俗图卷,整体大跨度地辐射出时代变迁的轮廓。剧作虽然以茶馆主人王利发为贯穿人物,但他并没有多少故事,只是作为历史见证人而存在,用眼睛看那"乱纷纷你方唱罢我登台"的世相。每一幕都由一些互相平行、互不关联的人物和他们的行为组成,这些共同勾画出一个时代的特色。

《茶馆》没有贯穿事件、贯穿情节,全剧缺乏悬念、激烈的冲突、微妙的情境,全靠独特的典型化人物及其生动个性来抓取观众注意力。每提到《茶馆》,我们脑海中浮现的不是它的故事——故事平淡无奇,而是那一连串栩栩如生的人物形象。它不符合戏剧常规,它过于"自然化"了。所以当老舍创作出这个剧本时,因为超出了当时人们对于话剧的通常理解,曾经遭到激烈的批评,例如说这部戏的结构松散(李健吾)、说老舍不懂得戏剧规律和技巧(周培源)等。在当时僵化的戏剧观念统治下,老舍受到这样的批评是可以理解的。

老舍是幸运的。当他给话剧出了难题时,他碰到了焦菊隐、碰到了于是之、碰到了北京人艺。经过一代艺术家的艰辛舞台创造,老舍的天才灿烂地展现在了舞台上。《茶馆》不仅没有夭折,而且成为中华人民共和国舞台上的一部艺术精品,征服和拥有了几代观众。《茶馆》曾到德国、法国、瑞士、日本、加拿大演出,美国纽约泛亚剧团也曾用英语演出,到处反响强烈。《茶馆》散点透视的奇特结构,成为中国话剧史上成功的范例而进入教科书,直至20世纪90年代的话剧舞台上,仍然反复见到切片结构行之有效的舞台实践。

九、新时期的报春鸟

1978年之后,中国当代史进入一个新的耀目时期。新时期的文艺舞台是以话剧惊春的。在历史转折的重大关头,一批及时反映时代潮汛的作品诞生,在人民群众中产生了巨大反响,《于无声处》《丹心谱》《报春花》《血,总是热的》《枫叶红了的时候》《灰色王国的黎明》,先后引起轰动,酝酿了时代的反思。与之同时,表现老一辈无产阶级革命家历史功勋的剧作,如《陈毅市长》《西安事变》《彭大将军》等,也都掀动了民众的正义情感。话剧创作在它复苏的时候,像它最初出现于中国舞台上时一样,发挥了重要的舆论作用。其立意主要在于政治内容上的拨乱反正,抨击刚刚逝去的高压政治统治,呼唤人性的苏醒。尽管它不可避免地带有前一个时期的残余色彩,直接"为政治服务"的痕迹仍然明显,毕竟一个新的开端已经到来。

然而,很快人们便不再满足于话剧舞台的政治化,深化了的时代审美需求呼唤着话剧的本体发展和舞台多样化。改革开放后,西方戏剧广泛的实验之风刮入中国剧坛,惹动理论界一场关于戏剧观念的大讨论,容纳多样戏剧观的强烈呼声冲击着长期定于写实一尊的舞台模式。

戏剧实验的先行者应该提到高行健,这位受到法国现代派戏剧启迪的作家,用他的小剧场戏剧三部曲《绝对信号》《车站》《野人》,与其他并肩战斗的许多先行者一道,呼唤中国话剧舞台形式的变革。一时之间新颖作品琳琅满目,《对十五桩离婚案的剖析》《一个死者对生者的访问》《屋外有热流》《街上流行红裙子》《挂在墙上的老B》《红房间、黑房间、白房间》《魔方》《山祭》《W.M.,我们》等,让人应接不暇,其中出现了刘锦云《狗儿爷涅槃》这样穿透历史时空和人的精神层面的力作。著名导演黄佐临倡导的"写意戏剧"露出端倪,其最佳体现一是他本人导演的《中国梦》,二是徐晓钟导演的《桑树坪纪事》。

一个探索的时代到来了,话剧开始用新颖的时空切割方法、换场的灵动形式、象征性的表现手法等舞台手段,打破旧有的范式,引来20世纪80年代后期舞台变革的大潮。话剧的舞台形式变得不再是那么统一、一致,而是异态纷呈、五花八门、扑朔迷离、光怪诡谲。仔细分析其中的风格、流派成分,似乎大都染有某种西方现代派戏剧的色彩,但又绝不雷同,并且显得支离破碎、片段残缺。但是,它们大多获得了很大的反响,激起了时代的回声。同时,曹禺、老舍式的传统写实话剧仍然延续着强劲的舞台生命,例如《天下第一楼》《黑色的石头》等剧都是运用传统手法取得成功的实例。

十、在与时代的结合中走过百年

20世纪90年代以后,在注重于剧场性的同时,话剧舞台一边继续延伸探索的趋势，一边开始向写实手法回归。人们已经习惯于话剧舞台的风格多样化，不再进行有关舞台形式优劣的争论，而将每一部剧作和它的舞台呈现方式做统一考虑，凡是能够最恰当表现内容的形式，就是最好的形式。这其中，现代舞台科技手段被日渐大胆而巧妙地运用，一些新颖的构思得到现代观众的认可甚至欢呼，其结果是增强了话剧舞台的现代感，舞台形式也在经验积累中逐渐发生变化。在这种情况下，一部戏剧创作的成功被理解为：不仅剧本是独到的，其舞台形式也必须是独到的，只有两者完美结合，才能带来剧作真正的荣誉。

引起注目的作品有《天边有一簇圣火》《同船过渡》《商鞅》《地质师》《虎踞钟山》《沧海争流》《生死场》《"厄尔尼诺"报告》《我在天堂等你》《爱尔纳·突击》《兰州人家》《父亲》《立秋》等，它们对于人生的理解、人性的剖析、人情的状摹都达到了相当的深度。过士行的《鸟人》《鱼人》《棋人》三部曲和《坏话一条街》则以其独特个性受到关注。人们在探索新的话剧方向，即使是北京人艺这样有着既定传统的剧院，在保留原有风格的基础上也在谨慎地进行新的尝试。小剧场实验的规模和幅度虽然与发达国家尚有距离，但也日益蓬勃发展。独立制作人的活跃，在戏剧制作和运转体制方面正探讨一种新的可能性。可以看到，风格多样化的舞台面貌，将定型为当代话剧的时代特色。

话剧在中国舞台上走过了100年的历程，这100年的步履虽时有蹒跚但充满坚定，留下了众多先驱和实践者的脚印。话剧在大革命中发挥了其他艺术形式所不能替代的重要作用，鼓舞中国人民前仆后继地为祖国和民族的光明而战；在与广大民众欣赏口味结合的过程中逐步成为受观众欢迎的独特民族艺术形式；在与传统戏曲取长补短、互相借鉴、彼此促发的过程中锻铸起自身的审美品格。今天，话剧早已成为中华民族艺术大家庭中有机的一员，以它独特的审美形式感染着众多的爱好者和观众。

话剧艺术常青。

（原载2007年3月30日《光明日报》）

中国话剧：历史的必然选择

一、戏剧从封建时代"小道末技"的地位一举成为引领时代风气之先的艺术种类——这是第一个历史选择

话剧诞生的背景是 19 世纪末 20 世纪初的文化西潮东渐,直接诱发原因则是晚清启蒙主义和五四新文化运动为救亡图存而改造中国激励民志的主观需求。清末改良派鼓吹民主、谋求变法时已经十分关注戏剧,戊戌变法失败的惨痛使之认识到启发民智的重要性与急迫性,其间一些人特别注意到了戏剧的强大宣传教化功能,例如说戏剧"其感人也易,而其入人也必深"①。梁启超甚至认为法国大革命是由于伏尔泰那些作家"做了许多戏本,竟把一国的人,从睡梦中唤了起来"②。

当时的一般社会认识是:西方戏剧演出能够"激发国民爱国之精神",甚至说其效果"胜于千万演说台多矣！胜于千万报章多矣！"③1905 年陈独秀因此以"三爱"为笔名发表《论戏曲》一文,宣称"戏园者,实普天下之大学堂也。优伶者,实普天下人之大教师也"④。孙中山也在 1912 年为职业新剧团——进化团题词曰:"是亦学校也。"除了对戏剧社会功能的重视,新文化派也因注意到西方重视戏剧文学的情形转而推重之。例如新文化旗手陈独

---

① 蠡勺居士:《昕夕闲谈·小叙》,1872 年。
② 梁启超:《劫灰梦》,《新民丛报》1902 年 2 月 8 日。
③ 无涯生:《观戏记》,《清议报汇编》卷 25 附录《群报撷华》,1903 年。
④ 三爱:《论戏曲》,《党史资料丛刊》1980 年第 4 期收录。

秀即指出:"现代欧洲文坛第一推重者,厥唯剧本。诗与小说退居第二流。"①戏剧因而从封建时代"小道末技"的地位一举成为引领时代风气之先的艺术种类——这构成我们所说的第一个历史选择。

二、话剧正式走上中国舞台——这是第二个历史选择

上述历史需求与时代诱因,促发了中国的传统戏曲改良,进而成为从西方引进话剧的直接动力。

戏曲改良应鼓吹社会变革的历史使命而起,许多进步士人通过写戏曲剧本来参与时政,创作了成批表现当代内容的戏,例如《维新梦》《黄帝魂》《安乐窝》《开国奇冤》等。艺人们也开始在舞台上实行改革,为了表现当代内容,把一些非程式化的生活动作搬上舞台,进行了诸多尝试,例如身着时装或西装上场,念白取消古典韵律而代之以较为通俗易懂的京白和苏白等,舞台上还出现以时事演讲为主的言论小生和言论老生角色。然而传统戏曲的程式化手法毕竟与现实生活保持距离,强行改造的结果是形成一些不伦不类的舞台变种,于是新文艺人士逐渐倒向了西方话剧。

当时人们对于西方话剧用写实方法状摹人生的功能赞誉有加,认为借之可以警醒国民,而戏曲的写意手段是落伍的。如1904年健鹤在《改良戏剧之计划》里说:"演剧必如何而始有价值乎?则描摹旧世界之种种腐败、般般丑恶,而破坏之;撮印新世界之重重华严、色色文明,而鼓吹之是也。"其目的是以"痛论时局,警醒国民",以"唤起民族主义之暗潮"。而要实现这一目标,就一定要取话剧而摒戏曲,所谓"演剧之大同,在不用歌曲而专用科白",戏剧"自今以往,必也一一写真,一一纪实"②。更有人说:"戏剧演事实,以肖真为尚。而旧剧乃张口成韵,非七字一句,即十字一句,又佐以丝弦锣鼓,讵古人之音语必如是耶?此理之必不可通者也!"③这在当时成为新文化人的共识。

---

① 陈独秀:《现代欧洲文艺史谭》,《青年杂志》1915年11月第1卷第3号。
② 健鹤:《改良戏剧之计划》,《警钟日报》1904年5月31日、6月1日。
③ 转引自冯叔鸾:《论戏答客难》,《鞠部丛刊·剧学论坛》,上海交通图书馆,1918年,第69、70页。

中国舞台引进西方话剧从认识到实践都有一个逐步清晰和明确的过程。1907年中国留日学生组织的春柳社和上海通鉴学校组织的春阳社先后上演《黑奴吁天录》，标志着中国的改良新剧——文明新戏的出现。新剧运动在一两年内就遍及全国，文明新戏一时成为中国剧坛上的璀璨新星。然而当时的所谓"新剧"与西方的话剧样式尚有相当的距离，例如它缺乏剧本而采取幕表制、多为即兴表演、角色采取分派制、生活化与程式化表演夹杂等，加之受商业化影响逐渐堕落为市井恶俗之物，很快为时代所唾弃。代之而起的是一批有志者严肃认真的话剧探索——以1920年上海新舞台上演萧伯纳名剧《华伦夫人之职业》和民众戏剧社的成立为标记，话剧从此正式走上了中国舞台——这构成我们所说的第二个历史选择。

三、中国话剧受到易卜生式写实戏剧的重大影响——这是第三个历史选择

中国话剧取法于西方，而20世纪初的西方舞台上盛行着写实主义表演和众多流派的风格探索，诸如象征主义、表现主义、未来主义，种种。出于解决人生与社会问题的需求，中国舞台从一开始即择定了把直面人生、揭露和批判社会问题的写实主义作为话剧的主导型风格。

傅斯年曾在《戏剧改良各面观》里说："我希望将来的戏剧，是批评社会的戏剧，不是专形容社会的戏剧，是主观为意思、客观为文笔的戏剧，不是纯粹客观的戏剧。"①欧阳予倩在《予之戏剧改良观》里说：戏剧"必能代表一种社会，或发挥一种理想，以解决人生之难问题，转移误谬之思潮"②。这成为新文化人士投身话剧运动的主要动力和目的，因此1921年汪优游、沈雁冰、郑振铎、欧阳予倩等人发起成立民众戏剧社时发布宣言说："当看戏是消闲的时代现在是已经过去了，戏院在现代社会中确是占着重要的地位，是推动社会使前进的一个轮子，又是搜寻社会病根的X光镜。"③

---

① 傅斯年：《戏剧改良各面观》，《新青年》1918年10月第5卷第4期。
② 欧阳予倩：《予之戏剧改良观》，《新青年》1918年10月第5卷第4期。
③ 《民众戏剧社成立宣言》。

既然话剧要承担起医治社会的任务,在这方面有着突出影响的挪威现实主义戏剧大师易卜生就成为一面旗帜。1918年《新青年》杂志4卷6期因而推出了"易卜生专号",新文化派的旗手胡适特意在上面撰文《易卜生主义》,鼓吹和推崇易卜生的社会批判精神,在文学青年中引起很大反响。许多中国的话剧先驱都受到易卜生的深刻影响。1922年洪深留美回国,在轮船上有人问他:"你是要做一个红戏子呢,还是要做莎士比亚?"他回答说:"我要做易卜生。"无独有偶,同年田汉留日回国时,也说了类似的话,他说:"我要做中国未来的易卜生。"鲁迅先生1928年曾在《奔流》编校后记里分析这一时代倾向说:"何以大家偏要选出 Ibsen 来呢?……因为要建设西洋式的新剧,要高扬戏剧到真的文学底地位,要以白话来兴散文剧。还有,因为事已亟矣,便只好以实例来刺戟天下读书人的直感:这自然都确当的。但我想,也还因为 Ibsen 敢于攻击社会,敢于独战多数,那时的绍介者,恐怕是颇有以孤军而被包围于旧垒中之感的罢……"由此可见,易卜生式的写实戏剧直接影响了中国话剧的奠基甚至它以后的全部轨迹——这构成我们所说的第三个历史选择。

四、历史选择的启示

话剧果然不负众望,从它登上中国舞台之后,即开始了为社会、为民生鼓与呼的历程,在整个中国现代史的各个历史关头表现出色,充分发挥了其艺术感染力和思想影响力。由历史的选择看,中国话剧从诞生到成长一直是关注社会、关怀人生的艺术,它的身躯也从来是深入民众之中的,而未曾局限于小众的象牙之塔。纵观各个历史时期的话剧代表作,表达民意、宣泄民情、哀民生之多艰、引领时代思潮的作品历来成为排头兵。

历史上改良新剧、文明新戏的起落和最终为话剧所取代,以及话剧内容和形式的为时代选择与取舍,都说明戏剧与社会内容的紧密联系是其生命力所在。虽然审美是艺术的第一功能,过于强调话剧的社会功能可能会导致"左"倾的错误——在这一点上曾经的历史错误和教训值得我们深刻反思,但话剧在本质上是用以揭示人生真谛的,它的艺术品质因而与思考和意义紧密相连，这决定了话剧是严肃认真的事业，而不仅仅体现为票房价值。扩而大之，世界话剧史上发生的每一次风格与形式变革，都是在更换叙事手段以使自身更加适应时代的精神需求，例如象征主义之于一战，荒诞主义之于二战——在荒诞的形式表象下掩盖着严肃的社会内容。20世纪全球范围所进行的话剧探索，是对于话剧本质的穷究与进一步逼近，它更加深入地揭示人生意义与状态的目的是清晰的。如果仅仅把玩弄形式理解为先锋，而脱离了意义的追寻，话剧探索就流于皮相。如果再进而以为舞台上的物质堆积能够取代戏剧性而形成观众瞩目的焦点，则是犯了以椟代珠的错误。

话剧走上中国舞台，逐渐成为民众的民生的艺术，是历史选择的结果——这就是话剧百年给我们的启示。

（原载2007年4月5日《人民日报》）

话剧：全球化过程中的艺术传播与转型

话剧原为西方舞台样式，近代以来乘全球化浪潮传播，逐渐在世界各地落户。话剧着陆中国后，由于文化基因与环境差异，发生了不断的变异与转型，最终成为深入民众的中国本土样式，葆有常青的艺术生命力。

话剧是在西方宇宙观、艺术观、价值观影响下的舞台长期孕育发展的艺术结晶。在古希腊、罗马戏剧传统和莎士比亚戏剧传统的基础上，西方舞台由于受到解析性思维方式的支配，逐渐将戏剧中的对话、歌唱、舞蹈因素分离，从而形成话剧、歌剧、舞剧三足鼎立格局，话剧成为西方独立的占主导地位的舞台样式。而众多的东方戏剧样式，长期保持了诗、歌、舞同台的综合舞台艺术面貌，中国戏曲、日本能乐和歌舞伎、印度库里亚特姆、孟加拉贾达拉、柬埔寨巴萨剧和依该剧、泰国德南万戏、缅甸阿迎剧、越南从剧皆如此。东西方戏剧因而形成两种不同的文化品性。

一、传播

19世纪中叶以前，东西方文化保持着彼此间相对独立的格局，那时的东西方戏剧界限也壁垒分明，基本上可以划为两种具有不同审美指向的艺术样式。19世纪中叶以后，工业革命引起西方的全球扩张，强劲地把世界纳入全球化的轨道。西方文化也随着经济力量西潮东渐，日益深入地影响东方人的日常生活，话剧在这种背景下开始了在东方的传播。

其传播有两种途径，一种是自然渐进式地浸润，另一种则是东方的主动寻求。前者是在西方殖民文化的直接作用下，东方的被迫承受，例如印度和东南亚许多国家的情况都是如此。后者则是东方国家为了寻求自身文化的振兴之路，主动向西方寻找真理，从而自动引入西方戏剧，例如日本。

在中国，这两种传播相继发生。先是西方人在中国设立的天主教教会于上海、北京、广州、天津等大城市兴办学校，让学生用外文排演《圣经》剧本。进而1866年英国侨民在上海建立了兰心剧院，直接上演西方话剧。一些中国人在兰心剧院观看了话剧演出，感触良多，例如中国话剧的先驱人物徐半梅就曾撰文描述，他最初对话剧的形式内容以及观看方式都产生强烈的新奇感。以后学生演剧扩而大之，走出教堂，走向公众，就把话剧样式带到了中国社会。这种渐进式浸润引发了中国人对与戏曲舞台不同的话剧样式的兴趣。但是，话剧在中国舞台上立足，最终成为与传统戏曲并驾齐驱的舞台样式，还得归结于中国文化志士们为警醒民众、激发民智而对话剧的主动迎接。

时值清朝政权处于政治经济全面崩溃的边缘，西方列强对中国版图和市场虎视眈眈，通过种种手段迫使清廷签订诸多不平等条约。中国的有识之士奋起救亡图存，调动了包括戏剧在内的一切宣传手段来进行民众启蒙。在这种局势下，先是传统戏曲的改良被时代推上历史舞台，继而人们不满足于戏曲形式的脱离现实生活，开始模仿西方话剧进行文明新戏的探索。1907年，一批留日的中国学生组成春柳社在东京演出法国小仲马的名著《茶花女》、美国斯托夫人的名著《汤姆叔叔的小屋》（改编名《黑奴吁天录》）等，引起轰动，成为中国文明新戏的先声。1907年，王钟声也在上海组建春阳社，编演了《爱国血》《革命家庭》《社会阶级》《秋瑾》《徐锡麟》等许多带有鼓动性的时事新戏，受到广泛欢迎。众多的戏剧团体如进化团、新剧同志会、上海戏剧联合会、醒世新剧团等开始在上海、北京、天津、南京、武汉、长沙、开封、广州、香港等地频繁演出，许多中小城市也纷纷组建剧团来响应，中国的文明新戏运动蓬蓬勃勃地展开了。

二、转型

一代又一代的实践者在话剧的民族化与本土化方面倾注了心血。以曹禺、老舍为代表的众多本土话剧作家和他们的成功作品的涌现，成为中国话剧独立于世界话剧之林的标志。黄佐临曾经鲜明提出"写意性"话剧的命题，他要求话剧的发展要符合民族审美心理需求，要对传统戏曲的写意性手段有所借鉴，这成为中国话剧人的共识。

然而，模仿往往不能成真，在中国舞台上孕育的文明新戏和真正的西方话剧还有着相当距离，例如它缺乏剧本而采取幕表制、多为即兴式表演、角色采取分派制、生活化与程式化表演夹杂等，加之文明新戏受到资本腐蚀，很快堕落成了商业附庸。于是，众多的有识之士开始认真探索话剧艺术的真谛。1921年由沈雁冰、陈大悲、徐半梅、熊佛西、欧阳予倩、郑振铎等人在上海发起成立的民众戏剧社，以建立新的演剧观念、表演技术、导演制度为标榜。1922年陈大悲撰写的《爱美的戏剧》一书倡导以艺术为本的非职业戏剧，呼应并推助了当时全国热火朝天的"爱美戏剧运动"。随着一批接受了正规西方戏剧教育的留学生回国，在中国舞台上推行真正的话剧演出方法，同时开展和实施学院式话剧教育，话剧艺术逐渐在中国舞台上显露真容。1924年，曾在哈佛大学著名的戏剧"47工作室"学习过的洪深，为上海戏剧协社执导了根据英国唯美主义剧作家王尔德的作品《温德米尔夫人的扇子》改编的《少奶奶的扇子》一剧，严格按照正规的话剧舞台方法处理导演、表演、布景、道具、化装，产生轰动，对当时的话剧界产生重大影响，标志着中国话剧舞台艺术走向成熟。

然而从西方舶来的话剧艺术，从一开始就与中国民众的欣赏习惯产生了隔阂。横在演出与观众之间的，不仅是话剧艺术形式与中国传统舞台的距离，更主要的还是大众同其内容的文化隔膜。因而新文化的先锋们最初是大力鼓吹并推动对外国剧本的翻译工作，但很快就发现，应该自己创作符合中国社会现实的剧本，也就是用"中国材料写出中国戏来"。傅斯年在《戏剧改良各面观》里说："西洋剧本是用西洋社会做材料。中国社会却和西洋社会隔膜得紧。在中国剧台上排演直译的西洋戏剧，看的人不知所云，岂不糟了。这样说来，还要自己编制，但不妨用西洋剧本做材料，采取他的精神,弄来和中国人情合拍了,就可应用了。"①先行者开始身体力行地模仿西方剧本样式进行创作,胡适的《终身大事》成为开篇之作,以后郭沫若、田汉、洪深、欧阳予倩、丁西林、陈大悲、汪优游、李健吾、成仿吾等人,先后创作了众多的本土话剧作品。这些作品很快就被全国的剧社四处上演,影响力迅速扩大。中国人自己创作的话剧在舞台上演,极大地推动了话剧在中国的传播,而话剧的审美趣味、表演习惯也势必靠向中国化。

一代又一代的实践者在话剧的民族化与本土化方面倾注了心血。先驱们一次又一次地把认识转化为实践,从陈大悲等人倡导的"爱美戏剧运动"开始,1926年余上沅、赵太侔、闻一多、徐志摩等人发起国剧运动,20世纪30年代左翼戏剧家发起戏剧大众化运动、熊佛西等人从事河北定县农民剧实验,40年代戏剧理论界推动对话剧"民族形式"的论争,50年代文化界关于话剧要有鲜明的民族风格的认识和实践,都为话剧扎根中国舞台和融入本土观众添加了转化剂。中国话剧从戏曲中汲取了为民众喜好的浓郁人情味和写意风格,是话剧工作者在民族化、大众化目标导引下获取的成绩。以曹禺、老舍为代表的众多本土话剧作家和他们的成功作品的涌现,成为中国话剧独立于世界话剧之林的标志。中华人民共和国成立后北京人民艺术剧院尤其注重对话剧京化特色的培育和发扬,形成自己的鲜明舞台风格,其引人注目的艺术成就的取得,是与导演焦菊隐、演员于是之等人对话剧本土化的明确追求分不开的,而京味剧作家老舍的作品《茶馆》《龙须沟》,成为北京人艺在舞台上连创辉煌的基础。

导演黄佐临曾经总结中国话剧的发展实际,鲜明提出"写意性"话剧的命题,以之作为"创造民族的演剧体系"的理论基础。② 他要求话剧的发展要符合民族审美心理需求,要对传统戏曲的写意性手法有所借鉴,这成为中国话剧人的共识。80年代以后,中国话剧舞台摆脱单一写实手段的努力被越来越多地付诸实践,以黄佐临导演的《中国梦》和徐晓钟导演的《桑树坪纪事》为代表的一批写意话剧的产生,充分体现出话剧正在形成鲜明的中国

---

① 傅斯年:《戏剧改良各面观》,《新青年》1918年10月第5卷第4期。
② 黄佐临:《漫谈"戏剧观"》,《人民日报》1962年4月26日。

风格。我们从《生死场》等作品里看到，中国话剧写意化的探索正在取得日益丰厚的成绩。

（原载 2007 年 3 月 27 日《文艺报》）

新文化人士与话剧

中国话剧的诞生与辛亥革命前后中国反复涌现的新的文化思潮、尤其是五四新文化运动关系密切,以救亡图存、反帝反封建为宗旨和目的的文化思潮,呼唤着富于宣传鼓动性的话剧出场,话剧则在这种大背景下应运而生。话剧走上中国舞台,实在是时之所需、势之所趋,所谓时势造物也。

晚清启蒙主义和五四新文化运动的志士们在改造中国激励民志的实践中发现,西方话剧对于启发民智、宣传真理具有极其有利的条件,可以通过舞台发生潜移默化的感染力和广泛深入的影响力,实现文化启蒙的目的。例如梁启超就说:法国大革命是由于伏尔泰那些作家"做了许多戏本,竟把一国的人,从睡梦中唤了起来"[①]。还有人说,话剧能够"激发国民爱国之精神",其效果"胜于千万演说台多矣!胜于千万报章多矣!"[②]基于这种认识,晚清以后特别是五四新文化运动以后,中国有众多宣扬新文化精神的先驱人士投入话剧创建中来,许多在中国现代文化史上赫赫有名的人物都从事过话剧创作和演出活动,他们的共同奋斗使话剧最终成为中华民族本土的舞台样式。

第一个值得提出的重要人物是李叔同。这位在中国现代史上曾以美术、音乐天才引起关注而最终成为佛学大师(号弘一法师)的人物,最早却以演出西方话剧出名。1906年到日本东京美术学校留学的李叔同,先是组织起一个"沪学会新剧部",自己创作了《文野婚姻》一剧交由新剧部演出,后

[①] 梁启超:《劫灰梦》,《新民丛报》1902年2月8日。
[②] 无涯生:《观戏记》,《清议报汇编》卷25附录《群报撷华》,1903年。

又发起成立了中国话剧史上著名的春柳社,后来的戏剧大师欧阳予倩就是在春柳社开始戏剧生涯的。次年,该社上演法国小仲马的名剧《茶花女》,李叔同扮演妓女玛格丽特。演出成功后,他又参加排演根据美国斯托夫人的名著《汤姆叔叔的小屋》改编而成的《黑奴吁天录》一剧,扮演其中的爱米柳夫人。《黑奴吁天录》的演出轰动了东京,春柳社的这次演出也成为中国话剧史上的著名事件。李叔同组织的中国留日学生演剧,为话剧实践积累了经验、准备了人才,他们中一些人回国后成为话剧运动的中坚,例如欧阳予倩、陆镜若、吴我尊、马绛士等,都为话剧创建和成熟做出了不朽贡献。因而,中国话剧史上最早的一页,是与李叔同连在一起的。

五四新文化运动兴起后,众多的新文化人士开始关注话剧。以时代论坛姿态而叱咤风云的《新青年》杂志于1917年曾专门组织讨论戏剧问题,一批新文化的中坚人物投入了讨论,陈独秀、胡适、周作人、钱玄同、刘半农、傅斯年等人都积极撰写文章。而当时思想界的旗手之一胡适曾在《新青年》杂志上专门撰写了《易卜生主义》的专论来推介西方话剧,又创作出第一个话剧剧本《终身大事》。其他一些新文化的重要人物也关注和论述过戏剧问题,如鲁迅、王统照等。一批积极从事话剧实践的人士,助长了新文化运动的声势,如欧阳予倩、洪深、田汉、宋春舫、熊佛西、余上沅、赵太侔、张彭春、陈大悲等。他们大多是留学回国人员,直接接触了西方话剧,立志投身这一事业。在这种时代风潮影响下,众多的新文化人士开始大量翻译外国话剧剧本。为人所知的戏剧人士不提,单说界外名人染指话剧翻译的就有沈雁冰、曹靖华、赵元任、周作人、张道藩、罗念生、向培良、梁实秋、戴望舒、王实味、吴稚晖、刘半农、王力、陆侃如、郭绍虞、张闻天、巴金、柔石、鲁迅、刘大杰、郑振铎……念着这一长串沉甸甸的名字,我们不难感受到话剧时代到来的浓郁气息吧。一些人从文学创作转向了话剧创作,例如创造社的郭沫若、郁达夫、成仿吾,文学研究会的王统照、叶绍钧(叶圣陶)。许多人的话剧创作,如郭沫若、丁西林、李健吾、成仿吾、夏衍、曹禺、于伶、宋之的、吴祖光、陈白尘、老舍等,在中国话剧史上产生了重要影响。

除承担开化民心、启发民智的宏大使命外,新文化人士投入戏剧也基于这样一种认识:"现代欧洲文坛第一推重者,厥唯剧本。诗与小说退居第二流。"①新文化运动以西方文化和文艺准则为依据,而西方文豪许多都是戏剧家和剧作者,例如当时称为"世界三大文豪"的托尔斯泰、左拉、易卜生和称为"近代四大代表作家"的易卜生、屠格涅夫、王尔德、梅特林克。这在当时是一种时代风潮,历来遭受鄙视的传统戏曲从而受到鼓舞,由此王国维才写出了《宋元戏曲考》,吴梅也才专门从事昆曲格律研究。

许多新文化人士还从案头探讨深入话剧活动实践。例如1921年成立的上海民众戏剧社是"五四"时期第一个新戏剧团体,由沈雁冰等人发起,郑振铎、欧阳予倩、熊佛西等为社员。1922年冬北京人艺戏剧专门学校成立,校董有鲁迅、周作人、梁启超、孙伏园、徐半梅等。1924年纽约留美学生会受华商资助演剧,闻一多和余上沅、赵太侔等人一起排演洪深的《牛郎织女》获得成功,谢冰心也和闻一多、熊佛西一起改编演出了《琵琶记》。他们又发起成立中华戏剧改进社,成员有林徽因、梁思成、梁实秋、熊佛西等,成立的宗旨是准备回国后办剧院、戏剧学校、戏剧图书馆、戏剧博物馆等,因碰上了1925年的"五卅惨案"未能实现。1925年国立北平艺术专门学校恢复并增添戏剧系,由林风眠任校长,闻一多任教务长,赵太侔任戏剧系主任(后换为熊佛西)。1926年发起成立的中国戏剧社,宋春舫、徐志摩、梁实秋、梁思成、顾颉刚、丁西林、熊佛西、张彭春、欧阳予倩、洪深、吴梅、田汉等人为社员。上述众多名字里,许多不是专门的话剧人士,但在现代文化史上都赫赫有名。所以我们说话剧诞生和成长与新文化人士息息相关,绝非空论。

特别值得在此提及的是,一些新文化或受新文化影响的人物进入革命队伍,在那里散播话剧的种子——其中不乏后来的著名政治军事人物。1914年到1917年在南开中学上学的周恩来,积极参加校园演剧的表演、布景、报道工作,还于1916年发表了《吾校新剧观》一文,表达了对话剧的理论认识,他在后来的革命生涯中始终关注和支持话剧艺术。在革命和抗日根据地里,红色话剧开展得如火如荼,众多革命领袖人物,配合革命形势,或不断创作出鼓舞斗志的话剧作品,或组织和直接参加话剧演出,如何长工、彭

---

① 陈独秀:《现代欧洲文艺史谭》,《青年杂志》1915年11月第1卷第3号。

湃、方志敏、瞿秋白、邓发、徐特立、何叔衡、蔡畅、李克农、聂荣臻、罗荣桓、罗瑞卿、邓小平、伍修权、黄火青、刘伯坚、黄镇、肖华、梁必业等。1928年红军纵队政委何长工创作了《二七惨案》，同年赣东北革命根据地领导人方志敏组织创作并亲自演出了《年关斗争》，1930年红四军政委罗荣桓主持编演了十几个剧本，1931年中共闽粤赣边区特委书记邓发登台主演了《骑兵歌》，1933年红一军团政治保卫局局长罗瑞卿导演了《庐山之雪》《八一南昌起义》《杀上庐山》等剧。在《庐山之雪》一剧中，罗瑞卿亲自出演蒋介石，而由红一军团政委聂荣臻扮演红军政委，军团政治部主任罗荣桓扮演红军政治部主任。话剧成为中国革命的鼓动物，这是新文化运动的副产品，或从某种意义上说可能更是直接产品。

中国话剧是新文化的产物，新文化人士为话剧诞生做出了重大贡献。

（原载2007年5月10日《中国文化报》）

在中国话剧的历史背影中

——南开演剧100周年祭

"蓦然回首,那人却在,灯火阑珊处。"

或许是体例和视角的缘故,南开演剧成为一般中国话剧史著作草草掠过的角落,然而我们在中国早期话剧舞台的光影疃疃之中,却总见得到它颇为伸展的背影和侧影。或许,南开演剧由于是校园师生业余为之而非职业和专业戏剧活动,因而被人们有意无意地轻视和忽视了,然而我们仅需注意到这样一组事实,南开演剧便当令人刮目相看:它是在中国都市的正规学堂而非教会学堂里正式组织话剧演出的拓荒者,其首场演出仅晚于春柳社在日本公演《黑奴吁天录》(1907)两年,而它的动力并非转道日本影响而是直接出自欧美舞台,它长期保持了对话剧作为舞台艺术的纯粹性追求,并且它一直坚持了40年,演出中外著名剧目和自创剧目246个,它的最大功效是培育出了曹禺这样的戏剧巨人——我们由此便可大体确立南开演剧在中国话剧史上举足轻重的位置了。

以往读话剧史,有两件事往往引起我的兴趣和疑惑:何以18岁的周恩来能够在上南开中学时即写出《吾校新剧观》这样有相当理论视野和专业深度的戏剧论文?何以23岁的曹禺能够在上清华大学时即写出《雷雨》这样的话剧经典传世之作?《雷雨》作为中国话剧成熟标志的价值不需要再进行论说了,这里我们再回看一下少年周恩来在《吾校新剧观》一文中的理论锋芒:"今日之中国,欲收语言文字统一普及之效,是非藉通俗教育为之先不为功。而通俗教育最要之主旨,又在舍极高之理论,施以有效之实事。若是者,其惟新剧乎!"①"吾校新剧,于种类上已占其悲剧感动剧位置,于潮流中已占有写实剧中之写实主义……"②哪里看得出是出自18岁少年之手?如果说把握时代风云是周恩来政治上的天才显露,那么没有深入的了解和理解如何能够对戏剧说出如此深刻的理论见解?要想得到答案,我们不得不去推究其酝酿和生成,而这样一来,南开演剧的历史背景和时代氛围就一下提到了前台。

南开演剧的创始者为该校创办者、教育家张伯苓,1909年,他在学校亲自编导和组织师生演出了新剧《用非所学》,这也是当时中国北方最早的话剧活动。他开时代风气之先,竟然还和学生一起登台演戏,竟然还在天津的文昌宫里演——文昌者,文曲星也,主宰功名之神也——举动如此惊世骇俗,舆论因而一时哗然!其时文明新戏刚刚在上海拉开序幕,而全国的校园演剧尚处于一片暗夜之中,张伯苓为何能够独立翘楚?即因他从自己的切身经历中认识到,要想救国图存,首要办好教育,从而启发民智、开启未来,"以教育之力量,使我中国现代化"③。他考察日美,了解到戏剧的启蒙作用,于是把演剧当作改造社会的门径,用他的说法就是"练习演说,改良社会"④。张伯苓改造社会的另一壮举是大力推动体育以健身强国,他因而成为中国的奥运先驱、点燃了中国人的奥运梦想。这些归结为一条:他抓住了现代教育的精髓,以培养和塑造新时代所需要的新型人才为根本。一位高瞻远瞩且以民族前途为己任的崇高教育家形象在我们心中树立起来。

南开演剧的光大者则为张伯苓之弟张彭春。提到张彭春的名字,治戏剧史者无不知之,大约总会在早期的戏剧史料里见到他活跃的身影,通常知道他是南开演剧的积极倡导者和践行者,也对梅兰芳的欧美之行给予过鼎力相助,然而问其所以然,多半又说不出个子丑寅卯来。我便是其中的一个。但经过专门查阅史料以后,不免大吃一惊:张彭春竟然有着如此丰厚的戏剧积累、实践、造诣和贡献!置诸我们今天所知的早期话剧前驱之中,他

---

① 周恩来:《吾校新剧观》,《校风》1916年9月第38期。
② 周恩来:《吾校新剧观》,《校风》1916年9月第39期。
③ 参见马平:《话剧史为什么不能"重南轻北"》(稿本)。
④ 张伯苓:《四十年南开学校之回顾》,《校庆特刊·南开四十周年纪念》,1944年10月。

竟然毫不逊色,甚至时有过之!请看他内容丰富的简历:1910年以第10名的成绩考取清华第二届"庚款"留学生赴美,同榜录取的还有后来名耀近代中国历史的胡适、竺可桢、赵元任等71人。在克拉克大学攻读教育学和哲学期间对戏剧产生极大兴趣,最喜欢和崇拜的剧作家是易卜生,对当时西方享有盛名的导演莱因哈特和戈登·克雷的舞台艺术也给以充分关注。1913年入哥伦比亚大学研究院深造,于1915年日本向北京政府提出旨在灭亡中国的"二十一条"时创作英语剧本《外侮》,胡适曾在日记中评论其作曰:"结构甚精,而用心亦可取,不可谓非佳作。"①次年获教育学与文学硕士学位后回天津协助兄长发展南开教育,被推选为南开新剧团副团长,带来的第一件礼物就是导演他在美国创作的写实独幕剧《醒》,深受学生欢迎,演出第二天周恩来就在《校风》杂志上发表文章称赞该剧是"佳音佳景,两极妙矣"②。《醒》的诞生比被称为第一部话剧作品的胡适《终身大事》(1919)早3年,胡适曾对之感叹:"吾读剧甚多,而未尝敢自为之,遂令仲述(张彭春字)先我为之。"③引入欧美话剧演出体制,建立正规编导制度,又陆续导排了自创剧本《一念差》《新村正》等,后者在京、津引起知识界的强烈反响,被誉之为"纯粹新剧"。同时改编和演出了多部世界名剧,如《巡按》(果戈理)、《娜拉》(易卜生)、《国民公敌》(易卜生)、《争强》(高尔斯华绥)、《财狂》(莫里哀)等,许多都是在国内首演,其排练及舞台方法,对中国话剧的正规化和艺术化产生了重要推动作用。其导演工作比被话剧史家称为"中国最早的导演"的洪深(1922年回国)要早6年。张彭春把南开新剧引领上了一条光明璀璨的大路,他自己则成为南开新剧的核心人物,在他的周围成长起周恩来、曹禺等一批有为青年,使南开新剧更加遐迩闻名。

  周恩来如果不是走上政治道路,他的戏剧造诣绝非寻常。我们只看他对南开演剧的参与热情与深度即可见一斑。1914年11月17日南开学校成

---

① 转引自黄殿祺:《话剧在北方奠基人之一——张彭春》,北京:中国戏剧出版社,1995年,第343页。
② 《校风》特别增刊,1917年1月。
③ 转引自黄殿祺:《话剧在北方奠基人之一——张彭春》,北京:中国戏剧出版社,1995年,第343页。

立新剧团,周恩来任布景部副部长。1915年周恩来参加演出新剧《一元钱》,饰演女主角孙慧娟获得成功;1916年演出《华娥传》,饰演女主角华娥以假乱真。直到1917年毕业,周恩来都是新剧团的中坚分子,经常与伉乃如在戏里配演夫妇,演过的重要女角还有《仇大娘》中的蕙娘、《千金全德》中的高桂英、《醒》中的冯君之妹等。抗日战争时期,周恩来在重庆见到老校长张伯苓,开玩笑地说:"我对南开有意见……为什么总让我演女的。"①至于前面提到他在《吾校新剧观》一文中显露的戏剧理论功底,出自一个中学生之手,则令人惊诧。周恩来一生重视和热爱文化工作,中华人民共和国成立后担任总理,虽日理万机亦不忘关心舞台艺术,他在1962年2月17日对即将赴广州参加全国话剧、歌剧、儿童剧创作座谈会的作家讲话,鞭辟入里、内在当行,成为一个时期党的文艺方针的正确指针,他还于1964年创造了用时仅仅4个月即指导创作成功大型舞蹈史诗《东方红》的文艺奇迹。

曹禺更是在张彭春的直接指引下走上戏剧创作之路,成为中国当代首屈一指的戏剧家。曹禺1922年至1929年(12岁到20岁)在南开中学和大学读书期间,张彭春曾先后在南开中学、大学任教,曹禺1925年加入南开新剧团,1928年担任《南开双周》的戏剧编辑,张彭春则于1926年春由清华回到南开,重新整顿南开新剧团,使南开新剧活动出现第二个高峰,由此曹禺与张彭春结下了难舍的戏剧情缘。在张彭春的指导下,曹禺参加演出了许多剧目。如1927年在丁西林的《压迫》一剧里扮演女房客初露才华,使张彭春对他喜爱有加、格外精心培养。接着张彭春执导易卜生《国民公敌》,由曹禺扮演女主角裴特拉,这是曹禺第一次在大型剧目中扮演主角,演出获得成功。1928年张彭春排演易卜生《玩偶之家》,让曹禺演一号主角娜拉,演出获得观众好评,电影导演鲁韧(吴博)后来回忆说:"我总觉得曹禺的天才首先在于他是个演员,其次才是剧作家。"②后来黄宗江进入南开中学和新剧团,扮演《国民公敌》里的女主角司铎克夫人,有学生评论家王松声在校刊上写文章说他是"万家宝(曹禺)后南开最佳女演员"③,可见曹禺当年的舞台

---

① 黄宗江:《南开话剧拾遗》,《天津文史资料选辑》1982年2月第19辑。
② 见田本相:《曹禺传》第七章"绽露表演才华",北京:北京十月文艺出版社,1988年。
③ 黄宗江:《南开话剧拾遗》,《天津文史资料选辑》1982年2月第19辑。

名声。1929年张彭春选择了英国高尔斯华绥的三幕剧《斗争》(Strife),要曹禺改译成适合中国观众欣赏习惯的演出本,张彭春为之定名为《争强》,自己执导,由曹禺扮演董事长安敦一,演出时观众爆满。紧接着张彭春赴美,离津前将一部《易卜生全集》赠给曹禺,对他寄予殷切期望,曹禺后来几乎通读了全书,受到极大影响。经过《争强》的改译,曹禺有了结构大型社会问题剧的成功体验,转年又改译了《冬夜》和《太太》两部家庭问题剧,这些都为创作《雷雨》做了铺垫。1934年秋南开学校30周年校庆,又适值南开瑞廷礼堂落成,张彭春把自己创作的《新村正》交给曹禺改编,由五幕改为三幕,人物减少,语言更为洗练,故事更加曲折,梁思成、林徽因特意为之设计出构思精巧的写实布景,演出由曹禺饰吴仲寅一角,观众反应异常热烈。张彭春又与曹禺商定改译法国莫里哀喜剧《悭吝人》,五幕压缩为三幕,剧名改为《财狂》,不但结构更加紧凑,还增加了讽刺中国金融市场的情节,演出轰动了华北,《大公报》《益世报》都用整版篇幅报道,萧乾、李健吾等人连续发文议论了近半个月。正是这些艺术实践,使曹禺的戏剧经验日益成熟,他因而得以在1936年写出处女作《雷雨》,一鸣惊人。而他在为《雷雨》所写的"序"中说:"我将这本戏献给我的导师张彭春先生,他是第一个启发我接近戏剧的人。"确实,曹禺之所以能够成为中国现代戏剧大师,写出成熟的中国话剧作品的代表作,与他在南开学校受到正规的西式戏剧教育、得到张彭春的指导是分不开的,他的营养源既直接来自西方剧本,又直接来自戏剧舞台实践,更直接来自张彭春的西式导演艺术。

张彭春不仅直接投入建设中国话剧艺术的舞台实践,他在早期戏剧理论建设方面的眼光和悟性也极有价值,我们看他归纳中国话剧崛起的历史原因:"新的经历要求戏剧要有新的内容和新的生活哲学。旧的戏剧是传统道德观念和传统价值观念的载体,而这些正经历着不可避免的改革。新的白话剧反映现实复杂的社会生活,例如有些反映新的工业无产者的情况,有些反映青年们反抗家庭和社会的限制,对于浪漫爱情的狂喜和失意,还有些反映对于入侵者的义愤和不畏强暴的勇气。新的生活经验要求新的表达方式。"①朴素唯物论指导下的历史与艺术思考之光在闪烁！张彭春受到的直接戏剧教育是美式的，但他却很注意观察苏俄戏剧并从中汲取营养，他在1935年陪同梅兰芳赴苏联演出回国后，写了一篇《苏俄戏剧的趋势》的论文，指出苏俄戏剧的发展速度、政府支持力度、观众的热烈程度和舞台技术的进步都是举世瞩目的，其前途不可限量，显现了他对其所持的欢呼和拥抱态度。张彭春在文章里还特意谈到了他对于苏联当时提倡的社会主义写实戏剧的理解，十分难能可贵："从现代实际生活里写出现代人生活的情绪，以及向前的趋势的意念来的，才是真正的写实主义的笔法。换言之，社会主义的写实主义就是倡导新社会的建设的趋势，表现生活努力的志念的。"②

张彭春自己是专门从事话剧实践的，但他却不排斥并且珍视中国传统的戏曲艺术，这在当时赶追西方时尚的时代风气下是难得的。他之所以能够如此，在于他有着自己独立的理论思考和艺术见解。他说："在新文学运动的最初阶段，做出下列断言并非个别现象：传统戏剧不包含具有永恒价值的东西并注定在进化过程中消亡。然而，近来人们已将注意力集中于研究这古老的艺术，看看这日臻完美的表演技巧中是否可能有些值得分析和重新评价的东西。虽然旧戏中可能有些观念不再适应时代要求了，但是在舞台上，在精彩演出中，仍可发现有益和具启发性的因素，这些因素不仅对中国的新剧有好处，而且对世界其他地区的现代戏剧也有好处。"③考虑到这是发表于1933年的见解，我们不得不佩服他走在了时代的前列！正由于他有这种正确认识，所以张彭春还在中国现代戏剧史上策划成功了另外一件大事：于1930年和1935年两次作为导演或艺术指导随梅兰芳剧团访美和访苏，既促成了以梅兰芳为代表征象的中国京剧和中国戏曲融入西方戏剧文化，又取得了中国当代戏剧发展路径的外在参照系。我以往对他如何能

---

① 张彭春：《中国的新剧和旧戏》，《南大半月刊》1933年7月第3、4期合刊。原文为英文，崔红译，马振铃校。
② 张彭春：《苏俄戏剧的趋势》，《人生与文学》1935年6月第1卷第3期。
③ 张彭春：《中国的新剧和旧戏》，《南大半月刊》1933年7月第3、4期合刊。原文为英文，崔红译，马振铃校。

够热衷并驾驭此事并不太了解,弄清楚了背景之后,才明白他在当时中国和世界戏剧界的真正地位和影响力。

张彭春对于中国传统戏曲的见解也是鲜明而准确的,例如他观察到中国戏曲演员表演的"和谐和优美"是强化训练的结果,"就是在这种对身体的灵活性的重视中,我们发现了传统戏剧的一种辉煌成就"①。他还专门撰写了一篇专题论文《中国舞台艺术纵横谈》来论说此事,指出"中国舞台艺术并不以对现实的细致逼真的模仿而见长……在中国舞台上,艺术与真实之间的分歧,在各种不同的表演艺术手段中,其程度或倾向大致相同。构成模式的原则与过程贯穿于肌肉动作、口头说唱、音乐伴奏、服装、化装等各方面"②。而一个卓越演员要取得社会的公认,主要依靠三个方面:第一,"他不是机械地表演,他能很好地使他的肌肉和头脑协调起来,而且他注意把有意义的细节表现得淋漓尽致"。第二,"在各种程式的连续表演中,散发出一种我们可以称之为统一、和谐的气氛。他让你发现不了一种表演程式在哪里结束,而另一种表演程式在哪里开始"。第三,他"在传统的表演中取得突出成就以后就获得了创造新程式的权利,并且他可以将自己的成就贡献给舞台艺术宝库,以流传于后世"③。这些精辟的见解,都无形地融入了中国戏曲理论的宝库,积淀为我们今天的财富。

南开学校于1914年11月17日成立新剧团,1934年建起有双层看台共1700个座位的瑞廷大礼堂,被当时的《益世报》称为"中国第一话剧舞台"④。南迁重庆后,南开中学组成怒潮剧社,重庆第一届中国戏剧节一共有25支演出队参加,南开中学就有3支队伍。抗战胜利复校天津后,南开中学组织了南开戏剧研究社,南开大学组织了虹光剧艺社。南开演剧对于中国早期话剧的推动作用,仅从张彭春1933年所描述的事实即可看出。他

---

① 张彭春:《中国的新剧和旧戏》,《南大半月刊》1933年7月第3、4期合刊。原文为英文,崔红译,马振铃校。
② 张彭春:《中国舞台艺术纵横谈》,刊载于1935年梅兰芳访苏时编印的《梅兰芳与中国戏剧》一书之首。原文为英文,黄燕生译,柳无忌校。
③ 张彭春:《中国的新剧和旧戏》,《南大半月刊》1933年7月第3、4期合刊。原文为英文,崔红译,马振铃校。
④ 参见崔国良:《南开话剧运动史话》(稿本)。

说:"由于对新剧的兴趣是作为新文学运动的一个方面而形成的,很自然,大中学校的学生成为欣赏和支持新剧(翻译或创作)的主力军。这说明了为什么新剧仍然主要是由学生作为一种业余活动而演出的,当然有时演出也很精彩,并对技巧方面十分重视。"①

由此我们知道了,中国话剧的产生实际上是当时东西方文化交流的一个必然结晶,它源自西方戏剧对中国一种不对等压强下的渗流,这种渗流由众多的水柱组成,水柱有强有弱,但它们共同汇聚成了最终的溃坝。最初的渗流来自开阜城市的西方侨民演剧,然后是教会学校演剧,中国话剧史上公认的1907年春柳社在日本滥觞的话剧演出当然是一股大的水柱,同年王钟声在上海组织春阳社演出《黑奴吁天录》则是国内的第一次演出,至于天津的南开演剧则是另外一股强劲的水柱。它们的共同作用,最终催生了中国话剧的诞生。

因此我们就理解了,为什么周恩来1955年同曹禺、冰心、凤子等人聚会时,语重心长地要曹禺转告中国剧协:"历史就是历史,写中国话剧史不能重南轻北,只对在上海的几个话剧团体津津乐道,还要看到同一时期北方也有话剧运动,尤其是对北方开风气之先的天津南开学校新剧团,更不应该视而不见。'五四'当年,《新青年》杂志不是认为它是'中国顶好的新剧团'么?北伐前后,一些报刊不是曾把它和上海的南国社相提并论么?现在怎么能只字不提呢?"②

顺便说一句,中华人民共和国成立后戏剧理论界不甚注意张伯苓、张彭春的初创建树,大约和当时以意识形态划分阵营的冷战思维有关。"二张"由于被传统地划入国民政府派,因而受到政治评价上的忽略。事实上"二张"作为爱国的清流名士,是以其教育成果为世所公认的,其政治表现也可圈可点,尤其张彭春还在国际政治上发挥过独特的作用。1936年张伯苓在重庆买地创办了重庆南开中学,为抗战时期的人才培养做出了贡献,七七事变南开被日军炸毁后,他将大学部迁往昆明与北大、清华合组为西南联大。

---

① 张彭春:《中国的新剧和旧戏》,《南大半月刊》1933年7月第3、4期合刊。原文为英文,崔红译,马振铃校。
② 转引自马平:《话剧史为什么不能"重南轻北"》(稿本)。

此后张伯苓于1938年7月担任国民参政会副议长,1945年当选国民党中央监察委员,1946年6月接受美国哥伦比亚大学名誉博士学位,1948年6月出任国民政府考试院院长旋即辞去,1949年拒绝去台湾,1951年2月23日在天津病逝。张彭春在南开炸毁后化装逃往南京,应国民政府所聘赴英美等国宣传中国抗战争取外援,1938年担任西南联大教授兼任国民参政会第一届参政员,次年再次出国宣传中国抗战,在美国发起组织"不参加日本侵略委员会",协助美国政府游说美国国会通过"对日经济制裁案",1940年后担任国民政府驻土耳其、智利公使,1946年赴伦敦担任联合国创办会议的中国代表,会后担任国民政府驻联合国经济社会理事会常任代表兼人权委员会副主席,参与起草了联合国《世界人权宣言》并对其最终通过做出了卓越贡献——在全世界范围内推广人权理念、保护人类基本权利的这一重要文件的起草过程中,通过张彭春,中国文化和中国人的思想观念发挥了作用[1],1947年担任国民政府出席联合国新闻自由会议首席代表,1957年病逝于美国。

南开演剧的璀璨之光掩藏在了中国话剧的历史背影之中。人们会永远牢记先行者们曾经的功劳,牢记他们在荒原上蹒跚寻路的艰难步履之迹。

(原载《中国戏剧》2009年第8期)

---

[1] 参见卢建平、王坚、赵骏:《中国代表张彭春与〈世界人权宣言〉》,《人权》2003年第6期。

新中国戏剧60年征程

自五星红旗飘扬在天安门上空那一刻起,中国戏剧揭开了它古老而悠久的历史中崭新的一页。此前由鸦片战争结束了其自在阶段的中国戏剧,在东西方文化的剧烈冲击与碰撞中,酝酿出了自身巨大的舞台变革与艺术转型,古老的传统戏曲经历了革新的阵痛与价值回认,演化为都市的流派繁衍和乡村的剧种盛行,新兴的话剧艺术则在大革命和抗战中化为启蒙与动员的战斗号角,成为新文化的一个典型标志。中华人民共和国的成立,为戏剧发展和衍生提供了一个与过去完全不同的现代社会生态环境,一场从观念到形式的戏剧革命开始生成。

按照社会主义理想概念而重组社会结构的尝试,首先把剧团纳入整一的事业单位建制,对以往众多戏曲、话剧和歌舞剧团进行改组重建的结果,是各个城市固定的专业和正规剧院(团)的建立,与之相配套的则是众多高等和中等戏剧学府的成立,以往的巡演方式也被固定地点演出所取代,加强专业化、正规化剧院(团)建设,迅速提高舞台艺术质量,成为时代的要求和从艺者的使命。毛泽东于1956年提出"百花齐放、百家争鸣"的方针,激励着戏剧创作发挥出强大的艺术生命力,创作的题材和风格趋于多样化,作品的思想性艺术性显著提高。在建设正规剧场艺术的不懈努力下,话剧界深入学习苏联戏剧大师斯坦尼斯拉夫斯基的表演体系,强调演员对生活真实的心理体验,严格的导演制开始确立,促进了舞台艺术整体水平的迅速提升,同时注重话剧的民族化探索,强调向中国百姓的审美口味靠拢。话剧和歌剧、舞剧创作延续并张扬了战争年代的激情,一大批集中表现艰苦卓绝革命战争和热火朝天新生活的作品涌现出来,如《战斗里成长》《万水千山》

《红色风暴》《八一风暴》《红旗谱》《丰收之后》《青松岭》《枯木逢春》《布谷鸟又叫了》《年青的一代》《霓虹灯下的哨兵》《刘三姐》《洪湖赤卫队》《红珊瑚》《江姐》等。老剧作家老舍的创造力发挥到了顶峰，他的《茶馆》作为现实主义与民族化相结合的艺术精品，成为举世公认的中华人民共和国前期话剧代表作。而首先整肃了舞台和剧场的戏曲则在"推陈出新、去芜存精"思想和"三并举"方针指导下开展了大规模的整理改编和创新工作，从戏子到艺术家的身份转换极大地鼓舞了戏曲工作者的创造热情，在重塑舞台形象尤其是以传统样式表现现代生活方面做出了卓有成效的努力，一时作品如雨后春笋般涌现，如整理改编传统戏的越剧《梁山伯与祝英台》，川剧《柳荫记》，花鼓戏《刘海砍樵》，蒲剧《薛刚反朝》，京剧《野猪林》《杨门女将》《白蛇传》《李慧娘》，昆剧《十五贯》，莆仙戏《团圆之后》《春草闯堂》，黄梅戏《天仙配》，扬剧《百岁挂帅》；新编古代戏的吕剧《姊妹易嫁》，越剧《胭脂》《红楼梦》，京剧《海瑞罢官》，黔剧《奢香夫人》，高甲戏《连升三级》；现代戏的评剧《刘巧儿》《小女婿》，沪剧《罗汉钱》，眉户戏《梁秋燕》，吕剧《李二嫂改嫁》，越剧《祥林嫂》，豫剧《朝阳沟》等，描画了丰富的时代画卷。

然而，激情燃烧掩盖了一些社会负面现象。随着意识形态领域斗争的不断加剧，人性的扭曲与变形逐渐干扰和桎梏了戏剧的健康发展。将戏剧舞台简单等同于宣传阵地的惯性思维，导致众多活报戏、英模戏、政策戏的出笼，公式化、概念化、粗陋化的作品充斥舞台，将观众推出剧场；而创作观念囿于写实一端的单一和贫乏，也导致戏剧表现力和舞台生命力的严重萎缩。这种"左"的创作思潮的影响，在"文化大革命"前期逐步掀起高潮，戏剧大批判的势头开始翻滚，以至于10年中，一些现代剧目如京剧《智取威虎山》《红灯记》《芦荡火种》，芭蕾舞剧《白毛女》《红色娘子军》等被封为"革命样板戏"，享受到至高无上的殊荣，它们背后掩盖的却是戏剧界从创作到队伍甚至到个体的万木肃杀、百花凋零。

新时期的拨乱反正，使得时代得以反省以往的历史，人性的再次启蒙开启了一个回归理性的阶段，中国戏剧从此进入了新的年轮期。随着整个中国社会政治经济文化的转型与开放，社会变革深刻而有力地进行，社会的文化环境和观念环境开始日渐走向宽松和谐，戏剧生态发生了巨大的变化。

新的时代氛围和新的社会需求,促使人们的戏剧观念不断拓展,在思想观念层面追求戏剧深入人生意识和人的内在精神,在舞台观念层面追求戏剧的多种呈现方式和表达方式,成为戏剧反思与突破的方向。随着国门洞开,西方戏剧实验之风刮入中国剧坛,戏剧观的多样性选择强劲冲击着长期定于写实一尊的舞台模式,于是一个激荡昂扬的探索时代到来了。话剧开始使用新颖的时空切割方法、灵动的换场形式、象征性的舞台表现手法,一时之间新颖作品琳琅满目,如《车站》《对十五桩离婚案的剖析》《街上流行红裙子》《一个死者对生者的访问》《红房间、白房间、黑房间》《屋外有热流》《挂在墙上的老 B》《魔方》《山祭》《W.M.,我们》等,共同打破了旧有范式,引来舞台变革的大潮,其丰硕果实是出现了《狗儿爷涅槃》这样穿透历史时空和人的精神层面的时代性力作,以及《中国梦》《桑树坪纪事》这样"写意戏剧"的优秀之作。同时仍有在曹禺、老舍传统大旗下延续的写实剧创作《黑色的石头》《天下第一楼》等取得成功。戏曲创作则逐渐深入到现代意识,既推出了具有时代思考力的剧目,如《新亭泪》《秋风辞》等;也有舞台形式探索剧引起人们的极大兴趣,如川剧《潘金莲》《四川好人》《田姐与庄周》,壮剧《泥马泪》,湘剧《山鬼》,淮剧《洪荒大裂变》等;更有将自身丰富的表演程式与现代舞台技术焊接、实现了古老传统的现代转换的剧目,如楚剧《狱卒评冤》,昆曲《南唐遗事》,商洛花鼓戏《六斤县长》,淮剧《奇婚记》,京剧《药王庙传奇》,莆仙戏《状元与乞丐》,川剧《巴山秀才》,越剧《五女拜寿》,高甲戏《凤冠梦》,吉剧《三放参姑娘》,湖南花鼓戏《喜脉案》,京剧《徐九经升官记》,湖南花鼓戏《八品官》《牛多喜坐轿》《嘻队长》,豫剧《唐知县审诰命》《倒霉大叔的婚事》等,它们共同推动着戏曲的时代步伐。在经过沉淀之后,戏曲的舞台成熟感骤然增强,例如京剧《曹操与杨修》、川剧《变脸》都带给人以完美的舞台形式感。

随着改革开放的深入和社会朝向市场经济状态的进一步转化,大众文化与市民娱乐冲击了戏剧舞台,而脱离市场体制的戏剧院团经营方式,则在社会转轨中迅速滑落到破产边缘。为固守阵地,戏剧人进行了舞台方式和经营方式的不懈探索,实验戏剧、先锋戏剧、小剧场戏剧、商业戏剧、白领戏剧各显其能,戏剧舞台呈现着多元共存的局面。戏剧的舞台形式在这种经验积累中逐渐发生变化，在注重剧场性的同时，一边继续延伸探索的趋势，一边向写实手法和主流价值观回归。现代派戏剧因素注入舞台引起的表达方式变革，催生了一批意蕴含量和形式含量更为繁复深广的话剧剧目，《鸟人》《鱼人》《棋人》三部曲以其独特个性受到关注，《死水微澜》《生死场》《我在天堂等你》《爱尔纳·突击》等剧目则以全新的面貌出现于舞台。小剧场戏剧一直保持了探索的先锋性，《思凡》《恋爱的犀牛》《非常麻将》《偶人记》《无常女吊》《霸王别姬》《切·格瓦拉》等一批"怪异"作品接受了观众的品评。新写实手法的作品如《天边有一簇圣火》《同船过渡》《商鞅》《地质师》《"厄尔尼诺"报告》《洗礼》《父亲》《虎踞钟山》《沧海争流》《兰州人家》等，硕果累累。舞台技术装置的新型发展和突破旧程式的尝试，逐渐将戏曲推向一个既沉雄醇厚又瑰丽多姿的阶段，一批成功剧目如采茶戏《山歌情》《榨油坊风情》，山歌剧《山稔果》，荆州花鼓戏《原野情仇》，越剧《孔乙己》，黄梅戏《徽州女人》《和氏璧》，昆明花灯剧《小河淌水》，梅州山歌剧《等郎妹》，祁剧《甲申祭》，川剧《山杠爷》《金子》，闽剧《贬官记》，吕剧《苦菜花》，眉户戏《迟开的玫瑰》，评剧《贫嘴张大民的幸福生活》，粤剧《驼哥的旗》，京剧《狸猫换太子》《风雨同仁堂》《骆驼祥子》《瘦马御使》《宰相刘罗锅》等的出现，标志着这一古老的舞台艺术正在焕发出新的青春光焰。

21世纪以来，戏剧的舞台艺术综合能力得到极大提高与加强，在内容与形式的统一上、在舞台的完满程度与完整表意上、在对舞台空间的最大发掘与利用上，都达到了前所未有的高度。戏剧创作生机勃勃，创作思维健康活跃，新的作品不断涌现，其内容涵盖面宽、包罗广泛，从直接反映社会改革的现实题材到展示民族优秀精神传统的历史题材，从革命历史题材到儿童题材，都有杰构佳作出现。话剧《矸子山》《平头百姓》《农民》《郭双印连他乡党》《黄土谣》《立秋》《凌河影人》《天籁》《秀才与刽子手》《霸王歌行》都十分引人注目。粤剧《驼哥的旗》，甬剧《典妻》，梨园戏《董生与李氏》，豫剧《程婴救孤》《铡刀下的红梅》，昆剧《公孙子都》，京剧《华子良》《廉吏于成龙》《大儒还乡》，蒲剧《土炕上的女人》，荆州花鼓戏《十二月等郎》，色彩斑斓，摇曳多姿。舞剧《妈勒访天边》《风中少林》《大梦敦煌》《一把酸枣》《红梅赞》《野火春风斗古城》等，芭蕾舞剧《大红灯笼高高挂》，歌舞乐《八桂大歌》《藏谜》,杂技剧《ERA-时空之旅》,肩上芭蕾《天鹅湖》,琳琅满目。戏剧塑造人物形象的能力登上了一个新的历史平台,戏剧形式风格多样、百花齐放,一个多元化戏剧观念支配下的五彩缤纷的舞台局面已经出现,而创造完美的舞台艺术品则成为一致的时代性追求。经历了体制机制变革的阵痛之后,新型戏剧运作模式正在露形,都市独立制作人的活跃,新式剧场经营手段的出现,民间市场的激活和乡间剧团雨后春笋一样崛起,表明单一的戏剧运营机制已改换成多元。这一切共同结构出一个标志:随着社会转型和戏剧转型的深入,戏剧原生的生命力正在恢复,戏剧的内在活力正在被激发出来。尽管在进一步完善市场化、探讨艺术个性方面,戏剧还有许多路要走,但它已经逐步显现出欣欣向荣的态势。

(原载 2009 年 7 月 16 日《文艺报》)

20 世纪中国戏剧学的建构

——在 1999 年 6 月北京文艺学研讨会上的即兴发言

推动 20 世纪中国戏剧发展的动力主要来自两个方面，一是由传统继承而来的古典戏曲，二是由西方舞台引入的话剧。20 世纪中国戏剧学的建构也确立在这两个基础之上，即古典戏剧学与西方戏剧学。虽然它们在构成中国戏剧学的动态过程中互为作用、彼此渗透，但来源的清晰度可以帮助我们加深理解。因此，我们还从这两个方面来分别切入。

一、古典戏剧学的转型

中国古典戏剧学最初的概念只是曲学。中国戏曲的叙事模式是从说唱文学来的，曲牌形式是从诗词来的，所以它最初只注重填词，讲究格律、韵脚、宫调，与文学、音韵学、音乐学相关。可以说，一直到明万历时王骥德写的《曲律》，所有的戏剧学著作都是曲学著作。王著尽管已经提出结构概念，但尚不自觉，对于结构的认识仍然包罗在"曲论"当中。到了清代康熙年间才出现曲学向戏剧学转化的苗头，金圣叹《第六才子书西厢记》讲规定情境中的人物性格与语言，进行文艺心理学分析，这还只是新型戏剧文学理论的出现，李渔《闲情偶记》讲结构、人物、冲突，就已经接近现代戏剧学的概念，更晚的道光年间梁廷枏《曲话》则开始用结构眼光来分析古典戏曲作品。古典戏剧学在此时取得进步的原因，是传奇创作已经积累起 200 年的正反方面经验。但此后，文人传奇衰落，地方戏兴起，剧本改由艺人自己编写，文人不再对之投注注意力，古典戏剧学就没有再进一步发展。

直到 20 世纪初的王国维，在西方文艺思想影响下写出了他科学性的戏曲史著,同时首次将西方的悲剧观念搬过来,运用到对古典戏曲作品的评价上,于是建立起崭新的戏曲史学,奠定了20世纪戏曲史学的基本面貌,以后戏曲史著取得了长足的发展。但除此之外,20世纪前半叶的古典戏剧学仍无大的改变。戏曲被时代视作遗老遗少的长辫艺术,梅兰芳等人虽然也着力对之进行改革,时代却更倾心于能够直接反映现实的话剧,注意戏曲理论问题的人就更少了。此时产生的吴梅戏曲理论是死了的剧作法,谈的仍然是传奇的格律、声韵、宫调,于事无补。

中华人民共和国成立以后这种情况出现转机。在之前京剧写作积累的经验基础上,有范钧宏、马少波等人写出了新一类的京剧剧作法,其中引进了诸多西方戏剧学的概念和理论范畴,像矛盾、冲突、节奏、性格之类,颇具实践指导意义。20世纪80年代之后,总结性的戏曲美学探讨增多,将中国戏曲归纳出一系列的美学特征,像写意性、虚拟性、程式性、综合性等,极有建树。然而理论方面的混乱也存在。

例如编印"中国古代十大悲剧集""十大喜剧集""十大悲喜剧集",就是套搬西方美学范畴及概念,这一误区从王国维就形成了。利用现代人所熟知的戏剧美学概念——悲剧、喜剧来引起人们对古典戏曲作品的关注是可以理解的,但理论上不科学,容易对社会普遍认识形成误导。事实上西方悲剧、喜剧概念都有特定内涵,而且是不断发展演变的。例如理论界常讲古希腊悲剧是命运悲剧,莎士比亚悲剧是性格悲剧,这其中就有美学内涵上的差异。悲、喜剧的概念在不同时期又有特定的政治观念因素掺入,例如文艺复兴时期的人规定悲剧写贵族所从事的历史性活动,喜剧写平民的生活俗事。当悲剧被视作一种舞台样式时,它又和"三一律"等形式要求挂上了钩。以后随着戏剧观念的转变,西方舞台上典型的悲剧又消失了。直至今天,我们没有人能够将西方悲剧与喜剧范畴的演变说得很清楚,看到过一本《西方悲剧史》,似乎并没有在这种明晰意识支配下操作,没能把观念的转化和定义的变迁显著标示出来。中国古典曲学不讲悲剧喜剧,讲的是悲欢离合、善恶相报、苦尽甘来、人生团圆,而现在我们通常说的悲剧就是以悲惨结局结束,喜剧就是带有欢乐基调,这与西方的理解是不尽相同的。所以,单纯用西方概念套,就会方枘圆凿。果不其然,搞中国悲喜剧集的人也由于标准难定而争论不休，有时看法甚至截然相反、背道而驰，你说这部作品应该是悲剧，他却说应该是喜剧。

20世纪80年代以后的戏曲舞台，在西方戏剧和现代科技的交叉影响下发生了倾斜与转型，现代观念支配下的灯光、布景与舞台空间处理，带来戏曲舞台时空分割法的灵活多变，也改变了戏曲的节奏感、韵律感和形式感，现代戏曲与传统容貌相去甚远，已经面目全非。这种情形正在加速中国古典戏剧学在困惑中的转型。

二、西方戏剧学的引进

20世纪初田汉、洪深、欧阳予倩等人将西方话剧引入中国舞台，这个举动与时代脉搏合拍，一时间话剧取代传统戏曲而兴盛。当时也有学者介绍西方戏剧理论，如宋春舫、余上沅等人，撰写了许多文章和书籍。可以说，引进西方话剧与引入西方戏剧理论的工作同步展开，但其间却有一个时态的差异。

引进的舞台话剧是过去时，其主导方面是西方古典式，是易卜生式的写实剧，而不是当时西方舞台上正在蓬勃兴起的现代派戏剧。写实话剧当时处于稳定状态，已经有了200年的积累，准备了一大批优秀作家和成功剧目，在舞台表现方式上也容易为中国观众所理解。相反，当时处于探索变化状态中的西方现代派话剧，不易为中国观众所接受。例如留美回来的洪深模仿美国表现派大师奥尼尔《琼斯皇》创作出的话剧《赵阎王》，人们普遍感到看不懂。中国戏剧大师曹禺的作品虽然也有象征主义色彩，但其主导倾向仍然是易卜生式写实、"三一律"，影响很大。

引进的戏剧理论却是现在进行时，宋春舫就曾大量撰文介绍西方当代戏剧变革的先行者：现代舞台灯光之父阿庇亚、戏剧舞台革新的实践者戈登·格雷、象征型戏剧的推动者莱因哈特等；这些当代西方戏剧人的思考和实践，余上沅也一再著文介绍。但是他们的声音被大革命洪流遮掩了。中华人民共和国成立后，由于这些学者的思想都带有灰色基调，他们的声音就消失了。值得注意的是，张庚于20世纪三四十年代在延安鲁迅艺术学院戏剧系讲课时,写过一本《戏剧艺术引论》,却讲到了自然主义的矛盾、舞台艺术的革新、象征主义的批判,讲到了阿庇亚、戈登·格雷、莱因哈特、梅耶和德等人的舞台革新,他的理论思维与当时的西方戏剧实践保持了大体同步,现在读来显得十分超前。不过,时代并没有十分注意这些东西。

以后由于苏联政治革命的强大影响,斯坦尼斯拉夫斯基的写实主义成为主导性理论,中国戏剧界陷入沉默。当然学者们还是陆续做了不少对西方戏剧理论的译介工作,例如20世纪50年代编印的《古典文艺理论译丛》,介绍了诸多西方古典戏剧家的思想,大体上历史上著名的人物都有涉及,但介绍方法仅只是片段、点滴性撷取,并且前后时间倒错,对呈历时性变化的西方戏剧学史形不成连贯认识。我过去读莱辛《汉堡剧评》,读不甚懂,因为它是特定时期戏剧现象的理性总结,有着特定对象与含义,只有了解了西方戏剧观念的演进情形以后才有可能对之真正解读。西方剧作法一类著作介绍到中国来的也有一些,例如阿契尔的《剧作法》影响中国现代话剧创作颇巨,国人于是也开始写《论戏剧性》(谭霈生)等书,归纳出戏剧创作的某些美学规律,对中国传统戏曲样式的创作产生潜移默化的影响。

20世纪80年代以后国门洞开,对于西方当代戏剧的研究多了起来,一时象征主义、表现主义、荒诞派、残酷戏剧、间离戏剧、质朴戏剧都有介绍,五花八门,琳琅满目,但缺乏系统性。余秋雨《戏剧理论史稿》的重点放在通论东西方戏剧思想史上,而对西方戏剧观念演进步伐的勾勒只是点的连接和片段的组合,没有试图从事贯通的工作,也未触及现代。笔者苦恼摸索了很久,才形成比较完整的认识,但是没有能力来写成书。

(原载《文艺研究》1999年第4期)

戏剧魅力

具有独特魅力的艺术样式——话剧

一

1997年、1998年之交的"纪念话剧90年新剧目交流演出"活动中,出现了《虎踞钟山》《沧海争流》《死无葬身之地》《男儿有泪》《男人兵阵》《尊严》《绿色的阳台》这样一批优秀剧目,使隆冬酷寒中的北京舞台洋溢着融融春意,也使戏剧界精神振奋。在经历了长时间的形式探索以及继之而来的舞台消沉之后,话剧创作终于逐步走出低谷,开始了新的开垦,跃上了新的层次。特别是《虎踞钟山》的成功演出,以其巨大的审美震撼力征服了观众,引起社会各个阶层的广泛赞誉,为话剧艺术再次赢得了划时代的荣誉。

《虎踞钟山》之所以能够使观众产生如此强烈的审美悸动,是由于它紧紧扣住了时代的脉搏,在提供巨大历史厚重感的基础之上,用时代审美心理去观照对象,同时找到了最好的舞台表现形式。在它的剧场里,深深沉醉的观众,其情绪被感染、被调动到了一种良好的亢奋状态,并随着剧情节奏一张一弛的海浪式波涌,被一步步推向高潮。观众对于这个戏所营造的浓郁剧场氛围感受强烈,报之以热情的参与,历次演出过程中都会响起的数十次热烈掌声是一个最好的征象,它充分说明了话剧作为一种舞台艺术所具有的独特剧场魅力。

交流演出中其他成功剧目的剧场效果,同样证实了这一点。《男儿有泪》里,舞台顶部强烈的白炽灯光倾泻而下,造成刺眼耀目的眩晕感,通过通感的转化,带给人现代工业的喧嚣,同时又传达出一种现代社会在强有力开拓的同时产生的错讹感。《死无葬身之地》以小剧场环境空间的贴近与灵便，制造出一种使观众身临其境的氛围，不设舞台的剧场里，前半截是故事发生地——监狱的牢房和刑讯室，观众座位的四周是牢狱壁垒森严的内景，不时有全副武装的军警在四处巡逻，观众感觉得到他们的皮靴踏在回廊上所带来的震动，听得到他们身上的枪械和其他硬质佩物碰到铁栅栏时所发出的清晰撞击声，后方某处暗角里偶尔的火柴一划，观众还能嗅到狱警弄出的刺鼻烟草味。这个剧把调动观众直感的剧场手段发挥到了极致。《尊严》又不同，其中高踞于整幅黑暗背景之上、处于朦胧光影中像黝黝虫豸般的法官形象，既充分传达了美国法律基础的庞大、稳固与威严，又象征着它缺乏足够的清晰度。以上种种感觉，都是处身于剧场之中才能够触摸到、体察到、领略到的，这是一种潜在力很大的剧场审美效应发挥作用的结果，它构成话剧艺术魅力的独特部分。

二

话剧的独特艺术魅力，来自它特殊的表现形式、特殊的信息传递渠道和特殊的对象接受方式。一句话，来自它特殊的观演关系，即剧场之中的观众与演员能够进行直接的、对面的、气息相通的、声色可感的情感交流和信息交流。话剧进行艺术创造、艺术传播和艺术欣赏的手段是通过剧场实现的，在话剧审美中，剧场的中介环节是关键。

人类天生具有释放自己内在情感的潜在需求，它需要环境、场合、氛围来实现。人类又具有感染需求和共鸣需求，它需要有适宜的群体交流空间来实现。于是，人类创造了戏剧，人类走向剧场。在剧场内，通过舞台手段的调动，群体激情得以共同酝酿，彼此感染和传递形成共鸣，这时，剧场空间就构成一个无形的情感信息场，它召唤、引渡、诱导人们的郁积情感奔涌而出，这样人就会感到精神愉悦、心灵涤荡、肉体轻松，这时审美效应就发挥了作用。戏剧的诞生是人类对于自己本质发现的伟大跨步，剧场效应则是人类释放内在潜能的良好方式，因此，人类需要戏剧。

戏剧从远古时代走来，一直伴随着人类走到了今天，在类似形象艺术样式电影、电视剧诞生,开始充斥社会、城乡和家庭的各个角落,取代了戏剧一部分审美功能这样一种生存环境里,戏剧仍然保持了其不竭的生命力,就是因为它具有后者所不可替代的剧场效应。你可以坐在家里,通过屏幕毫不费力地观赏电影、电视剧,但是你却感受不到剧场观剧那份直接投入创作的激情。这就类似于通过电视频道看球赛,你可以了解球赛整个过程、知道结果,但却不能直接体会球场的气氛。也像通过电视频道看摇滚乐,你可以听到音响、旋律和节奏,甚至更逼近地细致观察到歌者的面孔和表情,但你同样无法分享现场的宣泄力。因此,与球迷仍然拥进球场、歌迷仍然挤进演唱会现场一样,戏迷也走进剧场。

  话剧艺术的独特形式,使它具有电影、电视剧等艺术样式所不可替代的魅力。对于电影来说,话剧具有特殊的剧场效应,它的观演关系与影幕效果不同,它是真人的舞台活动,演员的全部动作都显现在舞台空间之中,没有蒙太奇的切割与聚焦,没有镜头的转换与闪摇,有的则是演员与观众在一方剧场之中声息相通的直接感情传递,加上现代舞台出于发扬自身优势的自觉,更为强调了打破观演隔阂、打破观众和演员之间的无形的墙,运用现代声、光科技手段和各种舞台调度方式,尽量制造让观众直接感知的浓郁空间氛围,甚至把观众裹卷入戏剧情境。所有这一切,培养了一种只有坐在剧场里才能领略到的特殊的审美观,它是电影所不具备的。你只有坐进剧场,才能真正领略话剧,那种通过电视转播的话剧当然只能是话剧的影子,只剩下了故事梗概。

  对于电视剧来说,话剧更具有浓缩和提炼生活原质、加强戏剧冲突、密集情节信息束、聚焦情感的传统功能,它带给观众感官的通常是更加猛烈强劲的审美流的冲击。一般来说,由于必须在规定的时间内(通常是两个小时左右)表现一个故事,并且在舞台上展现出来,它必须在整个演出过程中牢牢抓住观众的情绪流程,使之紧紧跟随着剧情发展延伸起伏,而不产生离开剧场的企图。因此,话剧艺术更加讲究编剧技巧,更加注意对于情节、人物性格、情境、冲突的提炼。它对于生活的截取呈掐段式、切片式而不是展开式,它必须在立即展现情节现实状态的同时追溯原因,在推进情节的同时交代因果联系。于是,话剧在它的历史上曾经一度提出了"三一律"的创作法则，即强调戏剧情节在时间、地点、动作上的统一性，这虽然不免有形式主义之嫌，但其中也凝聚了成功的经验。一个很浅显的例子可以说明话剧与电视连续剧在这方面的差异：将电视连续剧改编为话剧容易取得成功，《虎踞钟山》就是根据20集电视连续剧改编成功的；反之则容易失败，根据曹禺话剧《雷雨》改编的电视连续剧就未能满足观众的审美心理期待。当然这里面有着复杂的原因，其中之一是话剧与电视连续剧在信息浓度上的差异。通常将电视连续剧改编为话剧的加工功夫是将长变短，即进行浓缩提炼，而将话剧改编为电视连续剧的加工功夫则是将短抻长，即进行稀释。俗话说，血浓于水；品尝过了蜂蜜的舌头，喝糖水会觉得淡而无味。将人类的这一感觉对比效应运用于观赏心理，同样具有适用性。

以上还只是谈了话剧发挥舞台写实功能的审美效果，话剧同时还拥有舞台写意的广阔空间，一个世纪以来现代派戏剧在这方面的种种探索，集中于通过象征、隐喻、折射、托体等舞台手段，映现现代人类面对后工业社会的物质喧嚣所表现出来的精神焦虑与心理饥渴，使话剧舞台的表现力得到了极大拓展。

三

话剧是人类社会有着悠久传统并积累起丰富表现力的舞台艺术种类，它的典型样式最初产生于西方，奠基于古希腊、罗马戏剧，酝酿于中世纪宗教戏剧，成型于文艺复兴之后的欧洲舞台，以后经过三四百年的发展，形成了它的现代状貌。话剧在它发展的历史过程中，始终与人类精神现象的演进相伴随，在舞台上绽开了成系列的艺术花朵，为我们积累起丰富的宝藏。一提到西方话剧，在我们脑海里就会涌现出这样一连串闪光的作家名字：欧里庇得斯、索福克勒斯、阿里斯托芬、莎士比亚、高乃依、莫里哀、莱辛、歌德、席勒、易卜生、左拉、斯特林堡、梅特林克、萧伯纳、果戈理、王尔德、皮兰德娄、奥尼尔、布莱希特；以及这样一连串熟悉而夺目的剧作名称：《美狄亚》《俄狄浦斯王》《哈姆雷特》《李尔王》《奥赛罗》《悭吝人》《浮士德》《阴谋与爱情》《玩偶之家》《华伦夫人的职业》《钦差大臣》《温德梅尔夫人的扇子》

《青鸟》《天边外》《高加索灰阑记》。这些对人类做出了优异贡献的作家,为世界文化和世界文学当代格局的构成提供了宝贵的遗产,这些作品在当代舞台上仍然活跃并发挥着重要的作用。

随着19世纪末和20世纪世界文化的西潮东渐,话剧传播到东方,并逐渐在全球各个国家和地区撒下种子。它以自己独特而简便、易于掌握和传播的舞台形式,灵活地渗透到不同肤色、不同语言、不同文化背景的民族中去,在那里生根开花。当代舞台上,世界各国都有话剧的一席之地,并都产生了影响本民族文化的优秀作品。可以说,话剧对于整部人类现代文明史都发挥了积极的作用和影响,它对于人类精神的自我完善与升华、对于人类审美心灵的培育和陶冶,起到了良好的沐浴作用。

话剧艺术引入中国是在20世纪初,它一登上中国舞台,就以其极大的思想传播力和精神震慑力,对当时中国正在掀起的新文化运动产生了积极的推动作用,给停滞在麻木、漠然状态的半封建半殖民地中国的精神文化带来一个强劲的刺激。与中国传统的舞台样式戏曲相比,话剧是更写实、表现手段更生活化、舞台面貌更接近现代生活的艺术样式,它很容易地就成为时代精神的传播工具。而中国戏曲一方面已经达到艺术上的成熟程度,具有高度程式性和形式美,另一方面其表现对象以传统生活为主,与当时的社会生活有较大距离,它基本上属于古典艺术的范畴。再加上当时的中国戏曲舞台主要被遗老遗少的审美趣味所把持,充斥着封建性的遗垢,虽然有志之士极力呼吁并实践戏曲改良,但收效甚微。在这种背景下,新兴的话剧一时成为时代审美潮流的体现者,成为中国新文艺兴起的主要征象之一,在对中国民众进行现代思想启蒙方面发挥了巨大的历史作用。在时代舞台上的显赫作用和巨大影响,使得外来的舞台艺术样式话剧立即为中国社会各个阶层所接受。众多的艺术家和青年爱好者投身到话剧的表演和舞台设计中去,众多的学者热衷于翻译和评介国外的话剧名著,众多的文学家在话剧这块新的文学园地进行了卓有成效的创作探索,众多的实践者则将话剧艺术推广到更广泛的民众中去。于是我们看到,一批在社会上产生重大影响的话剧名作涌现出来:田汉的《获虎之夜》《名优之死》,洪深的《五奎桥》,曹禺的《雷雨》《日出》《北京人》,夏衍的《上海屋檐下》《法西斯细菌》,阳翰笙的

《塞上风云》《天国春秋》，郭沫若的《屈原》《虎符》，于伶的《夜上海》《七月流火》，宋之的的《雾重庆》，吴祖光的《风雪夜归人》，陈白尘的《升官图》，胡可的《战斗里成长》，等等。经过先驱们的一致努力，话剧很快在中国成为相当普及的艺术，成为与中国的传统戏剧样式——遍布全国各地类别繁多的戏曲共生共存的舞台艺术种类，拥有它的相对观众群，培养了几代创作者、从业者和爱好者。

四

话剧是一种以写实性模仿为主要表现手段的表演艺术，它的成功经验积累促发了现代形象艺术样式——电影继而电视剧的诞生。虽然，电影与电视剧中的表演需要经过镜头的特殊处理，但其表演经验的基础却是由话剧舞台提供的。因此可以这么说：电影和电视剧是话剧生命力在银幕和屏幕上的延伸，前者是后者的儿子，尽管它们之间有着很大的功能与性格变异。然而，由于电影、电视剧具备了另外一种处理生活的便捷手段——镜头蒙太奇，它们可以更方便地切割生活场景，更实效地处理时间与空间，更随意地放大与缩小视界，更逼真地制造情境幻觉，因此对于观众具有强烈的吸引力，同时它们又具备更加简便易行的传播与普及条件。

当电影、电视剧先后在西方出现的时候，西方话剧舞台正深陷在自然主义的逼真模仿生活细节的阶段，而在这个方面，镜头蒙太奇发挥了其强大的功能，顿时将话剧逼入了绝境。但随即戏剧家们就开始了新的探讨，他们对于近200年来话剧发展的路径进行反思：日益走向写实极端，走向仿真偏执，越来越否认舞台的假定性，因此也就阉割了话剧的舞台本性，束缚了其自身生命力的延展，一旦电影、电视剧等运用现代科技仿真手段的艺术样式形成，话剧舞台就失去了优势。他们认识到，话剧必须为自己做出科学准确的定位，它是舞台艺术，它必须首先承认审美假定性的前提，在此基础上，它应该努力去挖掘只有舞台演出才能够具有的潜能和魅力，保持住自己的独特位置。话剧开始在剧场性方面大做文章。

整个20世纪，西方话剧都处在一种探索状态，其总体美学趋势是将以前困扰话剧的所谓"第四堵墙"从观众与演员中间彻底拆除，打破话剧欣赏过程中的生活幻觉，扫清观众全身心参与和投入戏剧氛围的任何障碍，进一步发掘话剧舞台的表现力，无论是象征主义戏剧、表现主义戏剧、间离戏剧、质朴戏剧、残酷戏剧、先锋戏剧、边缘戏剧，都是出于相同的目的：让话剧成为话剧，而不是别的什么。改变整体剧场空间也是一项卓有成效的努力，因此小剧场话剧风起云涌。西方话剧舞台的波动也随时影响到全球各地，在各个国家的舞台上荡起涟漪。

中国话剧形成后的历程有着比较特殊的情况。一方面，由于电影特别是电视剧的普及较晚，对于舞台戏剧构成致命压迫力的时间也较晚，因此还给话剧留下了一段较长的发展时机。另一方面，中国话剧舞台更多地倾向于写实风格，使它更能发挥宣传功能，满足了社会在思想启蒙时期对于文艺政治功利性的需求。中国话剧就在这种状态下较长期地延展，获得了不少实绩，维持住了话剧的基本观众。然而，面对电视艺术冲击力的日渐提高，话剧舞台却被创作思想的保守与滞后捆死了手脚，例如内容上的假、大、空，题材取胜，意念先行，形式上的长期囿于一种固定模式，一味在四堵墙之内模仿生活，拒绝考虑观众的参与，被虚假的装腔作势弄得缺乏艺术品位，又经过"文化大革命"的摧残，话剧遇到了生存危机。20世纪80年代开始，中国新时期思维启动，社会进入转型期，话剧艺术家们也开始了积极的舞台探索，大量借鉴西方舞台的现代派观念，充分利用高技术的舞台灯光布景手段，进行改造话剧形式的各种实验。进入90年代之后，狠抓精神文明建设的举措落到实处，为话剧发展提供了良好的环境，新时期话剧创作的成效开始显现。

五

从这次"纪念话剧90年新剧目交流演出"可以看到，中国话剧在消除了浮躁与喧嚣之后，已经沉稳地迈出坚实的步伐。在以写实的舞台风格为主的基础上——写实话剧已经积淀为中国的传统，成为一种民族形式的外化——广泛地吸收现代舞台表现手段，象征性、写意性、表现性手段都被适时穿插使用,现代舞台科技特别是灯光的娴熟运用,既为之增添了现代形式感,又加强了舞台表现力。意念化的剧作虽然并未完全杜绝,但从生活出发、从人物性格出发、从心理出发的成功剧作占有很大比重。只有在这个背景下,才能出现《虎踞钟山》这样的力作,也只有在这个基础上,才能产生具有极大艺术感染力的话剧作品。我们的话剧舞台跨越了意念化、虚假化、功利化的障碍,开始产生思想性、艺术性、观赏性俱高的舞台精品,这才有广大观众的被感染。这种情形令人振奋,给人鼓舞。

需要提醒话剧关心者的是:话剧的舞台魅力又是十分脆弱、娇嫩的,它很容易被破坏。在它100多分钟的演出过程中,只要稍微有一点情理矛盾横亘其间,就会引起观众欣赏心理流程中的审美阻隔,观众的心就会"出戏"。一旦"出戏",再让他重新入戏,恢复到全身心的沉浸状态就很难。引起观众"出戏"的原因有很多,情境设置虚假、人物性格和动作不真实、语言脱离人物与情境,甚至编剧技巧方面的缺陷等。如果观众接连几次"出戏",他们就会坐不安位,甚至浑身焦躁,产生想要离席的想法。以往我国话剧的舞台魅力受到怀疑,很大原因是话剧本身未能顺利通过观众心理检测这一关,话剧或是被当作政策的传声筒、好人好事的宣传工具,或是被当成某种作者虚构意念的舞台图式,排斥了剧场里的观众。从这次交流演出来看,成功剧目具有一个共同的特点,就是既写了人物、写了人物心理和个性——鲜活的性格、活生生的人物,永远是话剧艺术的基本元素,又遵循并熟练把握了话剧的艺术规律,因而充分发挥了其舞台魅力。

毋庸讳言,话剧的舞台形式有其强烈的宣传功能,由于采用生活语言和生活动作作为主要的舞台手段,因而它是文艺切入生活的较便宜手段,尤其是20世纪初从西方传入的写实戏剧、仿真戏剧,在这一点上达到了当时各艺术门类的极致。由于它的这一特长,话剧从一开始引入中国的时候,就与当时的新文化运动紧密结合在一起,成为时代思维的启示者、启蒙思潮的传播者、自由民主科学精神的鼓吹者,起到了讨伐封建主义和帝国主义的战斗号角作用,它也由此迅速形成极强的生命力,在中国的戏剧舞台上立住了脚。解放区话剧更是在为普通民众服务思想的指导下,采用通俗易懂的形式,发挥了极大的战斗宣传作用。然而,话剧的根本性功能并不是宣传。艺术与宣传是属于两种不同范畴的概念,二者的目的、手段、效果都不同。宣传的直接功能是刺激起人们对于现实事件的强烈反应,艺术的直接功能则是感染起人们对于真、善、美的向往和憧憬,前者是功利的,后者是超功利的,或者至少是不以功利为前提的。话剧又有不同的舞台形式显现,某些形式比较接近于宣传,例如以社会问题为主要表现对象的写实戏剧,某些形式则脱离宣传很远,例如探究人的心理、精神、心灵状态的现代派戏剧种种。如果我们单纯认为话剧应该是宣传工具,那就会窒息它的艺术生命。另外,在20世纪前叶的中国,现实情形是广播、电影、电视等传播媒介不发达,普及率很低,走进剧场是中国老百姓的习惯性娱乐方式,因此,在这种特殊的背景下,话剧的诞生恰值其时地发挥了宣传效应。到了20世纪后期,特别是新闻媒介借助于现代化传播手段而得到极大发展的今天,要求话剧艺术仍旧承载以往的功能已经不再现实,同时也不再合理,话剧理应回复到它的本来面目,作为一种有独特艺术魅力的舞台样式,在精神文明建设中发挥其特殊的作用。

话剧仍然面临着危机,脱离观众仍然是话剧的最大隐患。如果一个剧目只是为了评奖,与观众并不见面,它就等于没有真正问世,没有获得真正的舞台生命。"纪念话剧90年新剧目交流演出"为检验中国话剧近年的实绩提供了一个窗口,同时也提醒我们:作为一种具有独特魅力的舞台艺术样式,话剧只有真正感动了观众,才能够获得生存的价值。

(原载《文艺研究》1998年第2期)

戏曲的文化意蕴①

戏曲是中国传统文化在几千年的发展中孕育出的亮丽景观。就像讲欧洲文化史离不开古希腊悲剧和喜剧、讲印度文明史离不开梵剧、讲日本艺术渊源离不开能乐一样，讲中国文化就不能不关注戏曲。

和任何人类戏剧样式一样，中国戏曲源自人类初始文化的宗教仪式中。不同的是，它没有像在欧洲和印度历史上所发生的那样形成文化断裂，古希腊悲剧和喜剧、印度梵剧在发出耀目光芒之后，都发生了中断，中国戏曲却一直生生不息地发展演变至今。

因此，戏曲保留了人类戏剧初始阶段的许多特征，它的首要特点是舞台形式的综合性。它是一种集诗歌、音乐、舞蹈、美术诸种艺术元素于一身的综合艺术。在它长期的演变过程中，又将所能够吸收的艺术成分都吸收进来，例如在它的表演形式中还含括了仪式、杂技、魔术、武术等成分。戏曲将这些成分有机熔铸为一体，随着时间的推移，逐渐定型为以韵律和节奏为主导、以唱曲为特征、用综合艺术手段表演人生故事的舞台样式。

由其文化品性所决定，戏曲呈现出象征型艺术的明显特征。它的表演手段都由生活抽象并升华而来，舞台创造的一切都根据韵律和美的原则来进行，体现为程式化特点。它从唱腔、念白、做工等基本表现手段，到服装、化装、布景等辅助成分，处处都经过精心设计，这种设计的经验大多来自传统的积累和传承。

---

① 本文乃作者为外文出版社 2002 年出版的 *Fascinating Stage Arts*（《中国戏曲艺术》）一书所写的"前言"，原文为英文。

在中国文化发展演变的悠久历史中,戏曲一直在孕育、变化和茁壮成长。尤其是在中国封建社会后期,戏曲活动成为民众社会生活的重要组成部分,戏曲成为当时极其繁盛的民俗文化的集中代表,它也因此成为社会民众最为倾心与瞩目的艺术样式。如果说,在中国有哪一种艺术样式是全民的,体现了最为广泛的审美趣味和欣赏口味,成为从宫廷到市井到乡村一致爱好的对象,那就是戏曲。中国戏曲因此在它的肌体中挟带了中国文化的众量因子,要了解中国文化,不能不了解戏曲。

进入现代社会以后,戏曲仍然是广大民众爱好的艺术样式,它每日每时都在许多城市乡村间演出,有着广泛的观众群和爱好者。戏曲这种典型的传统艺术,正与各种现代艺术样式一道,稳步而自信地走向新的世纪。

(原载 2004 年 2 月 23 日《学习时报》)

中国小剧场戏剧的创造性[①]

中国的小剧场戏剧与西方走了不尽相同的道路。

西方小剧场戏剧从主流意识形态中反叛，找回戏剧思考的自由。中国小剧场戏剧与主流意识形态若即若离，仅显露出浅度的叛逆性。西方小剧场戏剧从商业化支配与庸俗大众娱乐中挣脱，找回戏剧人的自主艺术追求。中国小剧场戏剧则从既定的时空观与演出模式中挣脱，找回戏剧的可能性与本原魅力，希望在大众娱乐中立足。西方小剧场戏剧是戏剧人对社会环境的超越，目的是保持艺术的纯洁性，摆脱依附地位，"挽回戏剧"。中国小剧场戏剧则是戏剧人对戏剧自身的超越，目的是保持戏剧的新鲜感，增强对观众的吸引力，既"挽回戏剧"也"挽回观众"。

因而，中国的小剧场戏剧既包含西方小剧场戏剧的先锋性、前卫性和实验性，又包含了更多的传统因素。"小剧场戏曲"的出现是一个悖论。它与堂会演出接近的特征，使得"小剧场"的概念内涵有一丝尴尬，但它非传统化的表现形式又与戏曲有着明显区别。中国的小剧场戏剧因而显示出目标、追求、风格、形态不尽一致的特点。

较之西方，中国小剧场戏剧的主题、意蕴和追求更加靠近主流和传统。在西方人眼里视之为保守，我们则称之为"中国特征"。它是中国土地上的特殊产物，走着自己的特殊实践道路。

小剧场戏剧在中国是一块特殊的实验基地。它是一个被更加限制了的空间，是一个被聚焦了的场所，是一个可以比较随意发挥艺术想象力的地

[①] 本文系作者为第八届中国戏剧节 2004 年 5 月北京小剧场演出季撰写的宣传词。

方,是一个可以比较贴近窥视的窗口。

它更加靠近戏剧的原生态,勃发着戏剧的探索与实践精神。

有创造精神的戏剧人偏爱小剧场。有实验精神的戏剧人偏爱小剧场。有追求的导演偏爱小剧场——它让你感到可以灵活驾驭、随心所欲、游刃有余。有实力的演员偏爱小剧场——它让你在观众近在咫尺的瞵瞵逼视下毛发毕现。年轻的戏剧人偏爱小剧场。年轻的戏剧发烧友偏爱小剧场。

与大剧场戏剧的推出容易受到社会各种因素制约相比,小剧场戏剧比较易于操作成功。相对于大制作,小剧场戏剧更加"质朴",而经济风险相对减小。这使得戏剧家比较喜欢利用这一手段来实践自己的艺术理想。也因此,小剧场戏剧的创造性特征明显,个性风格突出,比较另类,活力四射。小剧场戏剧因而成为戏剧的前驱、探路者,成为戏剧人积累经验、实践理想的可爱阵地。它为戏剧人所青睐,反过来又推动它的不断创新。

让我们满怀热情地拥抱小剧场戏剧吧!

(原载2004年6月5日《文艺报》)

戏剧的未来曙光
——2004年大学生戏剧节寄语

大学生戏剧历来是戏剧生态中的积极力量。尽管它可能稚拙、幼嫩，然而却清新、蓬勃，充满着朝气和活力，并始终召唤着未来。

中国的现代戏剧从学校演剧开始。20世纪20年代初北京、上海、天津等城市学生的"爱美剧"运动，超越了职业化与商业化文明戏的堕落，把戏剧推向群众性与广泛性，成为创造中国现代话剧的重要社会实践。周恩来、曹禺青年时期在南开学校的演剧实践被传为佳话，成就了他们的或政治家风范或艺术家素质。20世纪70年代末中国新时期开端，于无声处的话剧惊春，又主要在各个高校里炸响。青年学子们积极投身于演出实践来唤醒同伴以及社会众人，掀动了时代思想解放的大潮和继之而起的戏剧探索大潮。

戏剧是从公共活动开始的人类重要艺术实践。原始人类的模仿与表演天性，逐渐变得清晰，成为一种情感表达的诉求，他们需要一个空间。于是，祭祀环境中的表演因素就成长为戏剧。年轻的人类——青少年仍然更多保持着先天的基因，他们是学生戏剧的原发力，而校园则是戏剧的温床。

戏剧能力是人类社会能力的一个基础，演剧则需调动起人的组织能力、社交能力、结构能力、表现能力、演说能力、形体控制力、节奏控制力、情感控制力等各个方面的自我驾驭力与个性延展力，从而使个体得到更大的社会亲和力。因而，现代社会重视戏剧能力的培养。欧美综合性大学里普遍设置戏剧系，其目的不是培养职业人才，而是培养人对现代社会的适应力。

大学生开始叩问人生的价值和意义，开始体验人类各种复杂细腻的情感，开始深入探讨历史、社会、道德与人性的丰富内涵，并在逐步形成新一代的社会观与人生观。他们希望把自己的心灵悸动付诸形象表达。戏剧是其借助表达的方式之一。大学生正在攀升的文化积累,正在塑形的艺术观、美学观,使之具备了较好迎接戏剧传统的基础;而其不拘模式与框范、自信天生我才的创世精神,则成为直追戏剧先锋的动力。

大学生戏剧是戏剧肌体中不为商业化、消费化环境支配的一支有生力量,它因而可以较多地保持纯粹、超然的艺术态度,可以更多体现创作者的艺术理想,保持较大的原发创造力。它因而对戏剧生态提供独特的精神滋养。

2004年是首届全国范围的大学生戏剧节,报名参演者为跨越20个省市的57所大学里的67个学生剧社,演出形式各异:多幕话剧、独幕话剧、音乐剧、歌舞剧、英语短剧,演出内容有原创剧目、经典剧目新编以及网络文学改编剧目,演出风格或实验或传统,演出在北京、上海、广州三个分区同时进行。它昭示着素质教育内容中的高校戏剧活动正在蓬勃展开,一派欣欣向荣气象。

虽然,以往几届大学生戏剧节的表演尚显得稚嫩甚至拙笨,然而其作品所蕴含的丰富想象力、青春躁动的活力、不可遏制的创造力,感染着观众。

大学生是正在崛起的青年知识群体,他们代表着祖国的未来,他们的学养和艺术气质将在很大程度上影响中国将来的文艺方向。大学生对于戏剧的热衷与投入,将影响戏剧的未来命运与前途。

大学生戏剧是戏剧的未来。

(原载2004年9月16日《文艺报》)

昆曲的品格

一

昆曲曾经在中国封建社会晚期的文化生活中充任了盐末齑粉的作用。作为当时文人士大夫一种主要文化消遣形式的载体，它得到社会支配阶层的支持；作为当时一种主要声腔剧种形式，它又受到社会公众的普遍关注。由此，昆曲得以充分释放其自身的文化浸润能量，将辐射脉冲穿透社会的肌肤，深入各个角落。由此，昆曲得以同时进入上流文化圈和山野民众娱乐环境，成为沟通各阶层社会意识的重要媒介。也由此，昆曲的文化载负构成了当时民间社会的主要内容成分，成为与政体社会相吞吐的补充乐章。

然而，曾几何时，随着红氍毹娱乐文化在社会生活中的衰退与消逝，昆曲失去了它作为社会娱乐文化主流的基础支撑点，从而哀婉地退出了人们的视线。民国以后，曾经有过一代之盛的昆曲，几乎成为绝响。中华人民共和国成立初期，曾因为昆剧《十五贯》的风行而产生"一出戏救活一个剧种"的振奋，但终究未能挽回昆曲整体衰颓的历史命运，仅仅维持了其舞台生命的延续。

导致昆曲走向衰竭的主要社会支配力，是时代变换了审美聚焦点。在时下"快餐文化"盛行的氛围中，昆曲成为曲高和寡而极其脆弱的雅文化，成为最易受流行文化涤荡的对象。然而，昆曲在它兴盛的时代却并非如此，它也隶属于当时的俗文化范畴，是市井小民、贩夫走卒都乐于欣赏的艺术，只是由于文人精神的过多介入，它的文化品位呈现俗中偏雅的格调而已。现在昆曲的所谓"过雅",是由于在时代转换的路径中当代人丧失了解读它的钥匙,失去了转接其信息符号的接收器。人们不再能够轻松理解并品味它所运用的文字符号的含义与意蕴,对于它所采用的韵律森严的词曲格式倍觉疏离,更不用说对其内容与形式所依托存在的社会文化背景的凭空把握了。由此,昆曲在社会观众心中平添了一丝神秘、一缕朦胧、一层深奥,这是它的致命处。

然而,昆曲所富含的历史文化信息,又使它具备了传统文化结晶体的品格,于是,当代人对它的品尝与把玩,无形增添了研琢传统文化的意味。观赏昆剧,在某种意义上与观赏出土文物的意蕴接近。当人们面对上古时期的一个家用陶罐、一件日常麻衣时,所获得的感觉会与面对现代器物截然不同,时空的距离赋予它们特殊文化载体的作用,它们成为破译一个已经逝去的久远时代的密码。当然,昆曲是活的舞台艺术,它一方面传承着丰富的传统文化基因,另一方面又因存活而发生变异,这与出土文物信息价值的固定化不同。

由此,当代舞台上的传统昆曲演出,不仅具有表层的娱乐文化的审美价值,还具有绍续历史与文化的内在价值。对昆曲的欣赏,也像鉴赏出土文物一样,首先需要主体具备相当的文化知识积累,这样信息输送的渠道才得以成立。

于是,昆曲成为这样一种艺术品:它的价值不能够用社会对它接受的幅度来衡量,而要用其生命力的历久度来衡量。甚至可以说,它的存在本身就是价值,它的价值与是否成为流行文化无关。青铜器、凡·高的绘画,都不能介入世俗的流行文化,但它们的价值却历久而升。

二

就活着的传统舞台样式来说,昆曲所保留的文化信息量是最为丰富的,这是由于它享有悠久历史的缘故。它的生命比现今舞台上存活的任何一种其他戏曲样式都要长久。从明代嘉靖年间魏良辅研创出昆曲水磨调,从而宣告昆曲时代的到来算起,它已经享有400余年的遐龄。如果再去追溯昆曲的源起,它的寿数恐怕要超过600年。而兴起于清代嘉庆年间、现年不到200岁的京剧,尽管其声望赫赫、威势炎炎,与昆曲相比,也只能屈居晚辈。中国戏曲虽然有800多年的兴盛史,但是其间发生了戏曲声腔和样式方面的几次变化,从杂剧变为戏文,从南戏变为昆曲,从吹腔变为京剧。而昆曲则是唯一能够从早期戏文绵延下来、其间余绪不绝的声腔剧种。历尽沧桑的阅历,吞吐时空的舞台实践,使昆曲吸纳、融化了丰厚的传统文化精华,将其基因积淀为自己的密匝年轮。

在这悠久的过程中,昆曲逐渐蒸馏、凝结为纯美的舞台艺术,得以在众多戏剧样式中一枝独秀。它的出色使它吸引了文人的目光,文人对它的浇灌又培育出更为艳丽的花蕾。这是一个相辅相成的历史过程。在这个过程中,历代文人为昆曲的良性发育注入了充盈的才华与智慧。在中国历史上,文人介入创作最多的戏剧体裁,除早已消失的杂剧之外,就是昆曲了。明清文人创作的大量传奇作品,多数是昆曲剧本。晚明曲律大师沈璟编定而对戏曲创作产生极大影响的《南九宫十三调曲谱》,事实上就是昆曲谱。至于文人痴迷昆曲、对之耽情耽性、为其表演臻于化境而刮骨刺髓的生动事例,举不胜举。在昆曲鼎盛时期的明清之交前后100年,我们从笔记、野史、丛谈中处处见到此类载录。例如著名文人张岱《陶庵梦忆》里就时见遗珠:祁止祥精音律,讲究昆曲歌唱的吐气发声,对歌者"咬钉嚼铁,一字百磨,口口亲授";彭天锡为著名串客,演戏出出都有讲究,常常为了学一出好戏,高价请名角至家授业,十万家产随手而尽;阮大铖训练家班,"讲关目,讲情理,讲筋节""其串架斗笋(榫)、插科打诨、意色眼目,主人细细与之讲明,知其意味,知其旨归,故咬嚼吞吐,寻味不尽"。昆曲由俗文化起步,逐渐跻入了高品位的文化层次。昆曲在从知识精英处获得丰厚文化养料的同时,也吮入了传统文人的道德观念、价值准则、审美情趣基调。它高雅而不失平易,精纯而不脱本色,优美而不乏朴拙,秀成画斋中兰、书院内竹。

民国以后,作为舞台艺术的昆曲随旧王朝的覆灭而失时,随旧文化的萎靡而衰颓。然而,作为传统文化征象之一的昆曲,又因此获得了与现实土壤相分离后的另一种生命,它成为已经消逝和正在迅速消逝的繁杂历史信息的负载物,因而享有永生的价值。

昆曲的颓势引发了怀旧文人的黍离之叹、兴亡之悲，使之对昆曲倾注了近似崇拜一样的生命寄托。于是，我们看到了一种现代的文化朝圣，许多地方的大学都组织了曲社来研习昆唱。这里举出两个著名的召集人：北京的俞平伯，上海的赵景深。尽管可以从历史中找到众多文人在昆坛施展才华的例子来说明文人与昆曲的联姻并非新奇，然而这些晚近的实践透示了一缕挽救文化的意蕴，显现出其时代特征。

昆曲为着意寻索的人们提供了一架接近古代文化的桥梁，它那浓郁的诗境吸引学者靠向文学传统。看张继青的《游园惊梦》，你在人物神态的凄楚迷离中，获取的是古典美学的神韵；听计振华的【九转货郎儿】，你在唱腔的委婉悠长、顿挫抑扬中，捕捉到的是传统的天籁。尽管个体感受千差万别，但是集中运用陶醉、沉浸、融化、震颤这样一些词语，大约可以传达出接受者共同的心声。

于是乎，昆曲在这颇显悲怆的文化氛围中获得了庄严的生命绵延。它虽然躲在灯火阑珊的角落里而远离了大众，却不能敛止自身魅力像子夜丁香般浓郁。

三

走向历史需要主体的文化准备，于是，那些获取了基础文化修养的人们，就成为具备感应器官的细胞。他们最容易成为昆曲的崇拜者。

一些具有特殊修养的剧作家，对昆曲情有独钟，试图通过驾驭这一传统体裁而建立起叩问历史的孔道。于是，寂寞的昆曲舞台上仍能偶尔听到清新笙歌。

这是一些新文人的活动。不管他们的动机是发思古之幽情，还是对已经朽没的传统文化进行凭吊，客观上都拉近了历史与今天的距离。

这类新文人剧有一个突出的创作特征：对古典词曲怀有浓厚的兴趣。它们以富含词情曲境的昆曲为载体，构设起古代词曲生活的浓郁氛围，从而顺利接引人物心境与词曲意境的过渡，完成舞台显现。也就是说，为了揭示古典词曲名篇的意境，首先在舞台上展现古代词曲作者的创作心境，让他们还原到自己的生活氛围里去经历、去体验、去感受、去触发,然后适时地开拓出具体的词曲空间。20世纪80年代,郭启宏的《南唐遗事》尝试了对古人词曲空间的融洽舞台引渡,令人耳目一新。20世纪90年代以来,齐致翔、张之雄的《少年游》,王仁杰的《琵琶行》又从另一个角度开掘这一空间,引人瞩目。

很自然,昆曲所运用的曲牌体唱腔格式,极易于上述空间的构筑。于是,表现古人词曲生活、文化韵味的题材,也就容易被今天的人们与昆曲形式连在一起。《南唐遗事》展示李煜词作意境,《少年游》展示周邦彦词作意境,都形成了内容与形式的完美合一。这是一种对于体裁下意识的正确选择,它助成了题材的最恰当表现。

我们注意到,在不同的历史背景下形成的不同的传统戏剧体裁,有着不同的信息空间、文化内蕴、美学凝点与传导方式,因而它们在题材展现上有着各自的最佳适宜度。京剧擅长表现历史进程的纵横捭阖,起伏跌宕,其美学基调较为粗犷豪放,可以轻松地吞吐时空、囊括大化,因而我们看到了《曹操与杨修》《甲申祭》这样雄浑、苍凉的历史新作。但是在接延古典词曲的意境时空上,京剧则失之粗疏。这是否与它形成于诗词曲语境转换时期甚至以后的文化背景,其先天基因里已经很少具备戏曲的早期文化信息有关?京剧的基本语言符号已经不是长短句的词曲规式,而是建立在民间诗赞体文词格律上,更加接近于民俗语境而非文人语境,这决定了它的范围限制。反之,昆曲则由其基因性质所决定,占尽温润儒雅、清丽旖旎的芍园春光,虽然不便以之透视历史风云,但研读古代词家曲家心灵境界却非它莫属。

古丽、典雅、纯净的昆曲,总是独特的。

(原载2001年9月25日《人民政协报》)

戏曲现代戏的本质

现代戏是中国传统戏曲适应 20 世纪中国社会生活从古代向现代转换而形成的舞台样式。以往 800 年古老而渐趋凝固的社会生活方式，塑造了戏曲的传统程式与相对固定的舞台面貌。当现代文化随着世界力量的激荡而升起，随着现代生存方式的转换而弥漫，依附于古老农耕与儒教文明的传统戏曲开始发生蜕变。

不同于日本古典戏剧代代承袭固定不变的文化性格，中国传统戏曲在它漫长的历史发展过程里，始终处在"移步不换形"的渐进式演变之中，从杂剧、南戏到昆曲、梆子、皮黄再到各地方戏，先天具备"时代化"的基因，因而它在现代社会里发生改变是性之使然。只是这种改变以往都在相对固定的古代生存方式中完成，因而显得"润物细无声"般不着痕迹。20 世纪社会生活从古老向现代的巨大飞跃，使这次舞台转变遇到了实质性的跨越，戏曲要面对的已经不是古代性质而是现代性质的现实生活了，现代戏的发展也就成了世纪性的探索话题。

从戏曲改良到时事新剧，从时装新戏到西装旗袍戏，从各革命根据地的地方戏曲的现代戏创作到京剧改革，从"以现代剧目为纲"到"革命样板戏"，从革命的现实主义与革命的浪漫主义相结合到风格上的百花齐放，现代戏创作走过了一条长期的艰难曲折的探索之路。

从形式上说，现代戏探索的难点集中在：由古代现实生活动作总结、提炼、升华、美化后形成的传统戏曲程式，怎样用来描述现代生活行为；那些附载于袍服、水袖、靠旗、靴子而形成惯例、构成审美欣赏定式的一招一式的表演功夫，如何能够移接于今天的人物动作；扬弃了古人的马鞭、车旗、轿子、刀枪把子之后,现代人怎样在舞台上行进、交接与打斗;更重要的是,古人行腔缓慢、摇曳多姿、有板有眼、一唱三叹的唱腔艺术,能否成为今天快节奏社会的审美聚焦?反之,抛弃了这一切古典特质的舞台样式,还能够被称为戏曲吗?缺失了传统美学韵味的戏曲,又有多少存在的价值?充盈着丰厚民族审美积淀的古典程式与现代生活内容的错位,造成传统与现实的矛盾,成为现代戏继承与创新的瓶颈。

问题似乎还应该反向思考:戏曲如果不能继续像以往800年一样在现实生活里保持活性繁衍,它是否也就被改变了本性,从此失去生命活力乃至生命力?与时俱进是中国戏曲的本质特征。我们不能违背戏曲的本性,不能违背艺术规律。即使是昆曲、京剧等古老剧种亦需要创新。从这个意义上说,现代戏肩负着历史的重任。

然而,现代戏必须拥有丰盈的戏曲美学元素,仅仅继承传统唱腔不等于传承了戏曲,"话剧加唱"不为观众认可与接受,实现戏曲美学神韵的传递成为现代戏追求的方向。但是,现代戏必须创造现代生活程式吗?现代生活可否提炼为程式?程式与观众的现代审美心理是否构成矛盾?这些都成为现代戏所必须面对与超越的课题。

20世纪的现代戏创作也带给我们以理性总结:近代以来形成的地方小剧种由于舞台手法相对灵活,比较容易成为现代戏的载体,而古老凝重的大剧种相对难度加大;由于舞台定式滞后于时代生活,近代生活题材较之当代生活题材更容易在现代戏舞台上成功;由于既定舞台手段源于以往的生活方式,农村题材较之都市题材更容易在现代戏舞台上表现。这种种,累积为以往现代戏探索的经验和教训。

现代戏能够像欧美音乐剧那样获取时代解码,得到强劲有效的审美支撑力,从而成为活力四射的舞台艺术吗?

(原载2004年9月16日《中国文化报》)

儿童剧:本体的回归

2000年全国儿童剧会演中,产生了相当一批感染力很强的好作品,我感到我们的儿童剧观念真的比以前成熟多了。当然也有失败的作品,失败的根本原因还是在于创作观念的倾仄。

儿童剧创作的规律是要遵从儿童的思维特点。儿童的思维特点有哪些?如幻想性、奇幻性、情趣性、情绪性、行动性、参与性、反逻辑性、反准则性等。但在创作实践中,也容易加进一些似是而非的东西,如幼稚性,但幼稚性不是儿童剧的因素。也就是说,作为艺术,儿童剧的立意和表现手法不应体现幼稚性。

与一切戏剧作品一样,儿童剧也要有智慧,要富有启示性,要带给人以聪明的愉悦,更要能够启发儿童心智的成熟。这次会演里的《少年华罗庚》,是在舞台上处理数学智慧的成功范例,因而受到中学生观众的热烈欢迎,它的前提是假设观众都是智者,戏剧是智者的对话,然后再来解释数学问题。

从智慧方面说,现代儿童比以往任何时候都要早熟。这是因为,儿童心智发育的前提条件,一是眼界的打开,二是知识的积累,在过去自然进化条件下,这些是较为缓慢地进行的,但现在,科学养育知识的丰富和多种多样的现代传媒手段,促使这个过程大大提前和缩短。那些自觉进行优育的胎教和殚精竭虑的早期教育就不说了,一个最为直接有力的手段就是电视屏幕的影响,电视把全球和古今中外拉在一起,把日常生活和政治、经济、军事、文化拉在一起,把教育和音乐、舞蹈、戏剧、诗歌拉在一起,把自然地理和环境保护拉在一起,成为一个最大的万花筒式信息库(这个信息库很快又要被电脑网络所补充和取代)。成千上万城市和农村的儿童,每日把许多时间消耗在电视里面，从中汲取的东西，其内容之丰富、数量之巨大，往往是成人想象不到的。我们都有这样的经验，孩子说出来的大人话经常使你大吃一惊。不要总是以为孩子什么都不懂，他们只不过是用自己的方式来理解而已。

我参加过一个儿童剧院的戏后座谈。一位中学教导主任提要求说，此剧很有教育意义，就怕同学们不容易理解，是否在开场前先给他们介绍一下剧情大意？紧接着一位中学生发言，说这个戏太浅了，他看了开头就知道结尾，人物命运发展没有波折，剧情缺乏悬念——认识竟然如此大相径庭、针锋相对！而且很明显，后者在文学修养上远远高于前者。这难道不值得我们成年人反思吗？

不要以为儿童剧就一定是小儿科。一部好的儿童剧，绝没有观赏年龄的限制，不仅不同年龄段的儿童都适应，成人也同样可以从中得到感染和启迪。儿童剧也是艺术，而且是给儿童看的艺术，是更为讲究的艺术。

儿童剧要取得成功，还有一个极其重要的因素就是要注意它的立场。所谓立场，就是站在什么基点上说话。首先，要摆正观演关系，演出和观众双方的关系应该是平等的而非对峙的，不是我居高临下地来教育你，就像在学校里经常看到的师生关系似的，而是让我们一起去剧作中进行体验和感受，这样儿童在接受时才不会产生逆反心理。其次，在表现手法上应该通过故事、情节和人物的真情去感染儿童观众，而不是耳提面命式地向他们强迫灌输。其实，"灌输"在成人剧中早已被摒弃，儿童剧中不自觉地仍然出现，老让剧中儿童说大人腔，是因为成人编创者们总觉得自己有责任。成人常常有优越感，就把它强加给儿童。许多社会普遍准则，成人自己往往不遵守，例如诚实、守纪律、维护公德等，但他们会要求儿童去履行。其实文艺作品的功能都是感染式的，其更直接的目的是美育而不是教育，在这里教育是通过美育潜移默化地实现的。我们以往太习惯于用教育来代替美育，看过一部戏，让师生开个座谈会，无论老师还是学生，最常用的语句就是：这个戏非常有教育意义……如果不从这个角度看问题，似乎戏就没有可谈的了。为什么成人可以娱乐，儿童就只有接受教育？儿童更需要娱乐，只要是健康的娱乐，就可以有益于身心发育。所谓"寓教于乐"，讲了几千年了。再次，立场还与观演对象的年龄段有关。对于低龄儿童,创作要强调想象力、神奇性、幻想性、童趣,适于采取童话故事、科幻故事的形式来演出,像这次的《寒号鸟》《想变蜜蜂的孩子》《白雪公主》等,但如果表现低龄儿童的现实生活则要慎重,因为扮演的难度过大,内容又容易走向幼稚。对于青少年观众要强调青春性、先锋性、独立思考性,这是一个强烈要求摆脱依附而在心理上充满反叛精神的年龄阶段,他们自认为已经十分成熟,最讨厌的东西就是幼稚和把他们当小孩儿,像这次的《月光摇篮曲》《享受艰难》都很不错,而一个最好的实例则是前两年出现的《未来组合》。

儿童剧的立场性,更重要地还体现在它的实际立意上。我们说,一部好的儿童剧,它的立意应该博爱,给人以爱心和人间真情,应该以人类的基本准则为原则,如这次看的《春雨沙沙》《月光摇篮曲》等。儿童剧的道德尺度绝不能狭隘地理解作学校的纪律和教条,把教师课堂上要求学生做到的东西在舞台上再演一遍,也不能理解为某一个特定时期的社会规范。有些儿童剧的立场总是在学生与教师之间徘徊,最后以教师的立场为归宿,这是创作目光短浅的表现。克服这个矛盾的认识论基础在于:局部的行为规范应服从于人类的基本准则。举一个例子,儿童之间信守诺言、不告密、不传话,这涉及人类的信誉、承诺、尊严和隐私等复杂而深刻的问题,西方影剧常常支持儿童类似的行为,而我们的影剧却相反,正面宣扬和表彰某人向教师的泄密行为,这种道德倾向我不认可。这个问题关系到民族素质,所托者大,不是在这里三言两语能够说清楚的。又如,儿童有许多活泼灵敏的天性,在单纯强调纪律和服从的时代往往就被扼杀了,但在强调素质教育时,我们会发现这些东西都与旺盛的创造力相连。

歌舞是儿童剧的突出特点,是适应儿童审美特性的最有效手段。我们注意到这次有几台戏都采用了音乐剧的形式,效果很好。所谓音乐剧,我的理解就是用符合时代审美心理与节奏的流行音乐和舞蹈作为手段来演出的戏剧。其实中国众多的地方戏曲都曾经是音乐剧,因为当它们最初从民间歌舞基础上产生的时候,都符合这一定义。从这个意义上说,中国是一个适合音乐剧生长的国度。只是戏曲在它的发展过程中日益程式化,程式化就走向了音乐剧的反面。我国的儿童剧因为要调动儿童的审美兴趣,一直有着歌舞化的趋势，在这方面积累了很多经验。音乐剧和儿童剧都以丰富的歌舞因素与戏剧情节的有机结合为特点，具有浓郁的综合舞台艺术成分，两者非常接近。我想，中国的音乐剧大约会首先在儿童剧中成功。其实当西方音乐剧采用童话题材时，如《美女与野兽》，它也就是我们所说的儿童剧了。

(原载 2000 年 7 月 20 日《文艺报》)

纵观当代军旅戏剧[①]

军旅戏剧我看得不多,只在1997年年底纪念中国话剧90年时集中看过一些,平时总政话剧团、前线话剧团、战友话剧团的戏看得多一些,但从来没有参加过军队的戏剧会演。因此,我只能就看过的剧目谈一点感受,以偏概全。

我认为,军旅戏剧在中国戏剧的大家庭里有独特的风貌,起着独特的作用,丰富了中国戏剧舞台。军旅戏剧在提炼主题、开掘意境上有独特经验,值得总结和借鉴。

一、军旅戏剧的独特成就

军旅戏剧是中国戏剧独特的一支,主要体现在它的美学风格突出,表现主旋律且很有特色,在当前戏剧界尤其是话剧界,充满了阳刚之气。它又非常关注现实、来自生活,当然主要关注军队现实生活,这是由它的历史使命所赋予的,但是它又覆盖了更广阔的社会面(下面还要讲到)。它的关注现实和来自生活,使它没有我们所看到的社会戏剧的一些病态现象,没有无病呻吟,这是从它的精神方面讲。从形式上讲,军旅戏剧比较注重整体结构,强调戏剧性,当然主要是在继承或坚持现实主义的传统手法方面,一直在做着独特的创造和贡献,这一点和社会戏剧特别是20世纪90年代以来的社

[①] 本文系根据作者2005年7月3日在总政沙河培训基地为全军军事题材文艺创作高级研讨班讲课的录音整理。原题作"军旅戏剧与当下戏剧现状",有删改。

会戏剧不同。

除此之外,军旅戏剧又能广为吸收当代戏剧的探索成果。20世纪八九十年代实验戏剧、先锋戏剧的探索很多,层出不穷。军旅戏剧由于它的特定使命,没有在那个方面发挥自己的才能,但随时在关注着戏剧风潮、戏剧审美思潮和趋势的变化与发展。我注意到,军旅戏剧往往能够很快地、及时地把探索的成功经验吸收过来,马上运用到自己的创作中来,把它们吸收到自己以现实主义为本体的创作中。包括假定性的扩展、时空自由的灵活运用、写意的笔法、高科技舞台灯光的辅助、多媒体效果的运用、导演手法的充实等各个方面。由于这种发展,我们看到90年代以来军旅戏剧的现实主义创作已经和以前大不相同,它既是现实主义的创作,又是吸收了各种现代派手段、集大成的现实主义创作。它虽然不处在探索的前沿,但却及时而充分吸收甚至扩大了戏剧探索的成果,并及时体现在自己的创作当中。

上述种种,是我对军旅戏剧的整体印象。包括它美学风格的定位:坚持主旋律,有阳刚之气,这是题材、内容上的把握。手法上则继承、发展现实主义的同时,又吸收各种探索成果为己所用,变成集大成的创作。概括来说,在中国当代戏剧史上,由于这些原因,军旅戏剧是一支健康向上、保持了稳定发展节律的力量,它也就在当代戏剧的发展中起到了中坚作用。尤其90年代以后,军旅戏剧的题材与覆盖面有很大的扩展,使军旅戏剧在中国戏剧的大格局里起到坚实的支撑作用。这是一个整体判断。近来部队缩编,军队戏剧院团有所收缩——这是大的形势所要求的,即使在这种情况下,我们还看到军队创作的蓬勃,最明显的例子就是中央电视台戏剧小品大赛。我们注意到,部队选送的作品占了相当的份额,而且都很精彩,甚至可以说更精彩。至少这种面向现实、面对生活的短平快创作,仍是军队剧团创作的强项,这一点是任何地方剧团都赶不上的。因为军队创作要面向基层、面向战士、面向部队,社会上的无病呻吟在这里不起作用。你给战士演风花雪月,战士看不懂,也不爱看。

二、军旅戏剧取得独特成就的原因

上面讲的是我对军旅戏剧的整体感觉,我突出强调了它在戏剧大家庭里的特殊作用。下面我讲它为什么能这样。因为军旅戏剧创作从题材、主题到手法，军队的领导都有明确要求，它和地方的不同之处是，不像地方那么自由，那么随心所欲，想写什么就写什么，想在舞台上玩什么就玩什么，愿意玩什么花活就玩什么花活。军旅戏剧因为有比较明确的要求，因而有所限制。但反过来，由于有这种要求和限制，军队创作者皆意识到自己的责任，有明确的责任意识，在创作时就会首先感到自己的责任，想到自己的责任。有限制、有责任，在一定限度之内来发挥自己的创作才能，最形象的比喻就是带着镣铐跳舞，在集中的时间和空间里锻炼、培养和展示自己的才干。这一点，军旅作家做得非常到位，做得非常好，积累了如何把握主旋律、如何写好丰富戏剧性的经验。这一点地方作家很难企及，往往做不到，甚至走偏。

　　实际上，戏剧创作本身，就是在有限的空间里面展示才能，从来没有放开过，古今中外都是如此。元杂剧四折一楔子，就这么大的空间，你就只能在这么大的空间里面去表现内容，内容多和不够都不行。因此元杂剧作品就比出了高下。好的作品能够在这四折里面完成起承转合，从铺垫到发展、到高潮、到结尾的全过程。我们看到好的作家，如关汉卿等，就能够得心应手地在四折里面完成这个任务。也有一些人不能很好地完成：四折空间已经用完，故事还没讲完，只好草草结束。或者第三折故事已经结束，后面一折敷衍终场。当然也有大家能够突破这种创作模式，王实甫《西厢记》，五本二十一折，那是一个特例。再说西方戏剧。古典主义最著名的"三一律"就是很严酷的限制。地点必须一致（故事在一个地方发生）；时间必须一致（故事发生的时间不能超过12个小时，当然实际上做不到，于是放宽到24个小时）；行动必须一致。所以，戏剧在它的发展过程中，不同的时期和不同的审美规则，都有不同的限制。20世纪现代派想尽力突破这些限制，但再突破也还是戏剧，虽然不一定在舞台上演出了，放在仓库里，拉到街道上，把空间无限放大，但再怎么做，还是受到表演者与观众的制约。所以戏剧从来是在限制中发挥才干的。军旅戏剧更有一个明确的意识，不能偏离主旋律，在这个大的框架下完成我们的责任，完成我们的任务。这就需要在一个限定的空间内展现才华。而这一点部队的许多作家、创作者，很好地完成了任务,积累了经验,给地方提供了许多可资借鉴的模式和范本。这一点是军旅戏剧的一大功劳。因此,军旅戏剧或许丰富性不如地方,但它始终代表戏剧的主旋律,完成了它作为戏剧中坚力量的使命。

我对此有很深的体会。如洪水之后看总政话剧团王海鸰的《洗礼》,当时她是受命前去采访,反映军队抗洪的英勇斗志,上得去,拿得下。这是任务戏。但观众一坐进剧场,被故事和人物所吸引,就忘掉了它是任务戏,随着剧情推进,主题逐渐显露出来,进入抗洪的高潮,观众非常认可。它的主题还是展现人民军队为了国家和人民的利益,关键时刻上得去,保护了人民生命财产,展现了战士的英勇斗志。主题是很鲜明的。它妙就妙在不是把任务放在表面,而是先讲述部队指战员生活中的喜怒哀乐,他们生活中的困惑与烦恼,包括家庭中的烦恼。主角师长与妻子在事业与生活上产生矛盾,家庭矛盾激化之时,部队一声令下,师长上了抗洪前线,顾不得家庭矛盾了,更加剧了家庭矛盾。观众有滋有味地看这个家庭里发生的故事,看人物的性格冲撞,看人物命运的发展,戏则自然而然地带出了抗洪的主题。我问王海鸰怎么就构思出这么个故事。她的回答我认为是很好的创作经验。她说:"其实我一直在构思一个有关军人事业与生活、性格与义务等矛盾的戏,是长期的生活积累。碰到的是抗洪的任务来了,如果不是抗洪,而是原子弹发射、支援西北,任务不同,只是人物所碰到的外部条件不同罢了,但完成人物塑造却是一样的。"我觉得有很多经验可以总结,地方上的戏剧家有很多东西可以向部队的同志们学习。这部剧从生活中来,是作者的长期积累,不是作者临时接受任务,到抗洪前线考察了一个礼拜,回来就写出来的。它是作者把自己的生活积累、对生活的理解、对人物的理解、对人性的理解融入进去,找到了一个导火索、一个发泄口,一下喷薄而出的成果。这是任务戏与长期生活观察的统一。

孟冰的《桃花谣》《黄土谣》等,也都是这种成功的例子。原本带有一定的政治任务要求,如《桃花谣》为纪念皖南事变50周年,是政治使命,但它既完成了政治使命,又给我们展现了一个凄婉、美丽的故事,塑造了美丽的人性,最后男女主人公的会面十分惆怅。它讲的是皖南事变,我们看到的却是男女主人公的爱情故事,那种凄婉的美,加上它把皖南民俗风情很多东西注入进去,许多地域文化、民间文化的东西在里面闪光,给人的感觉很深沉、很抒情。人们忘掉了它最初的任务,但最后达到的结果是,不但完整完成了政治任务,而且在美学方面完成了另外一重艺术任务。所以,部队作家在接受任务后,在方寸空间里积累了许多值得总结的经验,尤其值得地方作家借鉴。《黄土谣》给我的感觉很强烈,厚重、淳朴、幽默、民俗化、有内在精神。这部戏给我的感想是"三个应该":一是以后主旋律的戏就应该这样写;二是素材就应该这样处理;三是题材就应该这样表现。孟冰看到媒体报道了一个事迹,农村干部为带领大家致富,集资办厂,赔了,然后带领儿孙经过一二十年还清债务。这篇报道让人感动。但现在的戏和原型相去甚远,差不多已经不是原来的故事了。部队创作有自己的要求,比如一定要表现穿军装的人,戏里就让老支书的儿子从部队回来承担责任,跟军队挂上了。如果老支书是主角,那他的儿子就成了配角,因此还要再拐一个弯,把戏写到军人身上来。所以这个故事必须重新结构。现在看到的已经是重新结构之后的面目,素材和创作形象有一个比较大的跨越。所以我说素材应该这样处理。说题材应该这样表现是由于舞台上吸收了许多手法,不仅仅是现实主义的。它是现实主义的,又是在更高层次上经过对社会探索吸收、拿来为我所用之后的现实主义。例如舞美设计我非常喜欢,一片土坡、窑洞。它的导演手法有许多新颖之处,如土坡上一些陕北民众,穿着大棉袄、棉裤,他们是剧中没名没姓的人物,在剧中只起烘托氛围的作用。加上一些叫卖声(在农村可能听到的声音),把各种舞台元素集中起来丰富现实主义。这些在地方探索剧里往往容易走偏,部队戏拿来为自己的主题服务,积累了很多经验,很成功。

三、军旅戏剧的历史性进步

部队作家在主旋律创作上积累了许多成功的经验,尤其是20世纪90年代以后,社会上各种创作思潮风起云涌,各种探索层出不穷,对于人的精神世界的关注是一个很大的进步。部队作家接受这种进步,对于人的精神的关注成为军旅戏剧的重要发展。这是一个方面。另一个方面,军旅戏剧辐射面扩大了,辐射到当代社会生活。这两个方面的进步,使军旅戏剧突破了过去军队题材和观众的范围,走向了社会更大的领域,承担起更大的责任。这是一个很明显的变化。它使戏更好看了,加强了军队和地方的联系。

首先,戏更好看了,是对比此前,军旅戏剧以宏大主题为主,战争、纪律、责任、牺牲(如《高山下的花环》),奠定了军旅戏剧在当代戏剧史上的地位,这一点是毋庸置疑的。但20世纪90年代以后发生了一些变化,即对个体精神状态和性格与环境冲突的关注,产生了一些描写性格非常到位的戏,如燕燕的《男人兵阵》《女兵连来了个男家属》和王海鸰的《冲出强气流》,表现人的性格非常到位。我在想,女作家是否对于人物性格,尤其在爱情冲突、个性冲突和家庭冲突方面更加敏感?另外表现社会环境的戏,不局限于仅写部队,部队生活在社会大空间之内,与社会有着千丝万缕的联系,也有一些突出的例子。如唐栋、蒲逊的《岁月风景》,写几十年过程里军队价值观与人的变迁,是在社会大环境影响下发生的变迁,引起部队价值观的变化,还是很发人深省的。值得一提的是兰小龙的《爱尔纳突击》,写人的精神,一个农村小战士,他的性格是怎么养成的,什么东西决定了他的走向趋势,那是由历史、环境、背景支撑的。小战士在农村那么畏缩,离了爸爸就不知所措,到部队后离开班长就没有主心骨。部队缩编班长走了,他挣扎到最后,发现自己必须坚强起来,独自站立。然后他接受了突击任务。我们看到在亚马孙丛林里的比赛,为什么中国士兵能够夺得冠军,戏剧提供了一个可信的说明。它挖掘了一个精神历程,很独特,过去舞台上很少见,甚至没有见到过这样一种塑造方式,所以很吸引人。它在表现那次比赛的作品中,是很突出的。与电影《冲出亚马逊》比较,虽然后者获得好评,获了不少奖,在视觉形象上、故事设计上有一定冲击力,但从真实性、精神性挖掘的到位、人物性格生动真实丰满等方面看,前者更成功。

其次,我要说部队的戏扩大了它的观众面,扩大到更广大的社会群体。部队过去有很多好戏,主要写部队生活,演给战士看,这当然很好,演给社会看也会引起一定关注,但毕竟因为视角止于部队,社会观众面小一点。现在很多戏从部队辐射开来,从一个角度折射社会,社会就有更多人来关注它、欣赏它。部队是社会的一个组成部分,它无时无刻不在社会空间中发挥作用,又反过来受到影响。表现这种社会环境的戏,也有一些很突出的。这些戏把目光放在军队与社会千丝万缕的联系上,于是带来两个特点。一是表现社会对部队素质的影响,二是表现军队与地方的联系。表现社会对部队素质的影响,如一些戏把目光放在部队新兵身上。部队每年都要招新兵,近年招来一些大学生、研究生,他们的到来,带来部队价值观念、人的理想、社会审美情趣方面的变化,体现在作品里,就带来作品的新意,带来对社会的折射。如孟冰的《绿荫里的红塑料桶》,王宝社的《独生子当兵》,都是这类题材。作为地方观众,看这类戏我们常会发出会心的微笑。因为我们虽然在看部队题材作品,但又看到了社会的缩影,或者社会缩影在部队里的折射。这两年也有许多军旅作家关注军队与地方的联系。如唐栋、蒲逊的《回家》写老将军回乡面对前妻,邵钧林的《兵心依旧》写复转军人创业(当然我认为这两部作品还不够成功)。孟冰的《黄土谣》写军人与乡村的经济和道义联系,这些都在军队与地方联系上开拓了军旅戏剧的题材,使它扩大了覆盖面,打开了军旅戏剧范围,使编创的视野更加开阔,使军旅戏剧含容了更多的社会生活内容。这是另一个进步。包括最近的军旅电视连续剧里也有这种倾向,如《激情燃烧的岁月》和《军人机密》,它们表现的是军事题材,有战争,又不局限于军旅题材,关注点在于军队的历史变迁,也是社会变迁,是共和国如何建立、如何走到今天,是其中的家庭和个人命运所受到的影响。这样的电视剧受到广大观众的欢迎。一是因为军队生活有一定神秘感,大家希望了解它。二是电视剧写了军队里真实的人,有血有肉的人。

军旅戏剧作家以自己的实力深入社会生活和历史生活,创作出了冲击整个戏剧界的作品,如邵钧林、嵇道清的《虎踞钟山》、姚远的《商鞅》,被列入国家舞台艺术精品工程,这些作品走出军营,走向社会,走到了广大的观众中,它们带来很大的冲击力,情感上的、艺术上的、思想上的冲击力。姚远的《"厄尔尼诺"报告》、蒋小勤的《死峡》,我也觉得十分厚重有力。军艺的《我在天堂等你》显示了这方面成果的集大成与影响力。当然很大成分得益于军旅作家裘山山的小说。戏在舞台手法上充分吸纳了当代戏剧探索的成果,无论它的叙事结构、叙述语言,它的穿插、对话方式,时空完全被打乱了,当代与历史的对话,现实与历史人物的对话,年轻的我与年老的我的对话,把戏剧舞台时空调动到了最充分的程度来表现主题,表现革命队伍成员、老战士们一生的追求对年轻人带来的教育。这种主题不太容易表现，更不太容易在当代观众中讨好，但是它实现了。在小说内容震撼力的基础上，调动多重舞台技术手段，把人的情感展现推向极致，感动了观众，尤其感动了社会观众。这些作品尤其在当代社会戏剧创作显得比较苍白的背景下，显得厚重有力，奏出的是浑厚的黄钟大吕之声，震撼着人们的耳鼓，震撼着人们的心灵，发挥着十分重要的作用。

总之，军旅戏剧的阳刚精神注入当代话剧领域，使之有了理想主义色彩与亮色。理想主义为时代与社会所需，尤其在20世纪90年代解构主义思潮风靡之时。解构主义带来多元化、生活化、真实化的同时（英雄是食人间烟火的人），也引起戏剧精神疲软、低迷、世俗化（消解一切神圣、高雅、权威，剩下雅皮士、波普艺术的碎片与拼装）。军旅戏剧的注入使得当代戏剧得以抵抗这种负面影响，使之能够保持昂扬向上的主导姿态。由此，军旅戏剧不仅对军队发挥作用，而且对整个剧坛、对整个社会生活都发挥作用。因此，军旅戏剧的特色一定要坚持下去。

（原载《南京师范大学文学院学报》2006年第2期）

戏剧文化

全球化、流行文化与戏剧生存环境[①]

全球化已经成为当前的世界性趋势,而它给世界文化,以及给我们这个社会带来和即将带来的影响,已经直接作用于戏剧,造成我国戏剧生存环境的极大变化。不了解全球化与世界文化趋势,就不能正确认识我国戏剧生存状况发生变化的重要原因,那将造成理论的短视。因此,本文拟从全球化趋势引起流行文化泛滥及对戏剧生存环境造成影响这个角度来探讨一些问题。

一、全球化

世界的全球化进程应该说早就开始了,它是殖民主义的伴生物。16世纪以后,伴随着西方的航海探险和对于世界的地理大发现(发现美洲、非洲等新大陆),西方开始在全球寻找殖民地,掠夺、侵占和征服成为当时的世界主题。那实际上就是第一次全球化浪潮,只不过过去没有这么说。第二次全球化浪潮是西方工业革命所带来的资本跨国流动和在世界范围内争夺市场,导致的直接后果是世界大战的爆发。第三次全球化浪潮从20世纪70年代开始,也就是我们刚刚结束"文化大革命"、正在谋求国家新的发展道路的时候,西方第三次工业革命所带来的全球化浪潮来势迅猛,铺天盖地,一直发展到今天,其影响范围之广和普及程度之深,都是过去所无法比拟的。

[①] 本文系根据作者2001年6月10日在中国艺术研究院戏曲研究所第八届编剧进修班的讲座整理。

我们通常所说的全球化,就是指的这一次。

从经济角度说,全球化是资本大幅度的跨国流动在世界范围内形成一个庞大的经济体系的结果。实际上从马克思那个时候起,资本就一直在向托拉斯集中,向大的垄断公司发展,而这种垄断组织越来越具有国际化的倾向,因为它仅仅在本国榨取剩余价值是不够的,它一定会向其他国家流动,因而转化为跨国公司。在最近这二三十年间,特别明显的是向第三世界国家流动。第二次世界大战之后,第三世界国家的民族精神崛起,反殖民化浪潮的成果是争得了世界范围内殖民地的纷纷独立。然而,尽管殖民地的历史不复存在,但摆脱了帝国主义压迫之后的第三世界国家经济力量却非常薄弱,它们要寻求经济的发展,要吸收资金,而西方的跨国公司也有扩大市场的需要,于是西方资本就流向第三世界国家。中国的情况也是一样,我们需要资金,需要技术,需要吸收西方的资本。

国际货币基金组织、世界银行等大的世界金融机构,越来越多地支配世界经济的命运。现在世界经济发生的很多问题、矛盾和危机,不是依靠哪一个国家的政府来协调解决,而是依靠这种跨国的经济组织来出面斡旋、协调。面对20世纪末的东南亚金融危机,中国政府保证了人民币不贬值,但这只是在我国特殊的环境之内起作用,中国特色的社会主义,国家集中统一,具备一致性的力量,受国际金融危机的冲击小,可以稳住自己的市场,这对应对东南亚金融危机是有帮助的。但是,真正挽救危机靠的是国际货币基金组织和世界银行的支持。

现在我们看到的是,各国政府在世界经济上发挥的作用,有一部分被这些国际金融组织所替代。一主权国家颁布的法律、政令,只能在主权范围之内、领土疆域之内发挥作用,一旦涉及国与国之间的关系,那就需要遵守国际准则和国际公约,这些国际准则和公约的制定与颁布实施者是国际组织。现在在世界上发挥作用的国际组织有联合国、世界银行、国际货币基金组织、世界贸易组织等。面对全球化的浪潮,许多国家都感到了危机,害怕会危及主权,影响民族国家的存在。

经济全球化引起了很多话题,包括很多政治敏感性很强的话题,但只要我国政府有自信,相信加入全球化进程能促进我国的经济繁荣,老百姓能得到实惠,生活安定富裕,社会稳定,那就没什么可怕的。当然民族工业会受到一定的冲击,可是冲击一方面是挑战,另一方面是生机,只有真正在竞争中增强实力,民族工业才具有生命力。相反,地方保护主义所豢养和扶植的工业,没有强大的生命力,垄断只会损害老百姓的利益。

事实上,全球化在政治上对国家权力的削弱,本身是双刃剑,也有好的一面。好的一面在哪里?加入国际竞争,就要遵守国际规则,例如经济方面的规则,市场上伪劣产品都得被彻底扫荡。对戏剧家来说,在著作权保护方面真正有法可依、有法必依,就能够比较容易地维护自己的权益。政治方面我们也可以吸收很多国际法则,包括我们现在不健全的而西方资本主义国家已经发展得比较完善的民主与法制。全球化给文化带来的影响是什么?这个很值得讨论。

二、流行文化

流行文化日益泛滥,而戏剧则越来越不景气,从 20 世纪五六十年代的中心地位滑到了边缘,弄得戏剧家很丧气、很狼狈,特别是在 80 年代末 90 年代初那一阵子。当然也不仅是戏剧家,小说家、学者也是如此。90 年代前期大家一度非常消沉,文化受冲击很大。文化受到的冲击,好像并不是审美层次更高档、艺术感染力更强烈、内蕴更丰富的先进文化的冲击,大家看到的只是流行文化的冲击,很浅薄、很低档、很陋俗的文化。我们看见的是遍布大江南北城市村落的台球厅、卡拉 OK 厅、电子游戏厅,它们一下子遍地都是,而且人们很容易参加进去,不需要自己有什么审美修养、积累和准备,也不用接受什么规则和约束,你只要投入就行了。你只要走进卡拉 OK 厅,交了钱,话筒一拿,你哪怕唱得像杀鸡,别人也只好忍耐。这种文化参与方式,为个人充分发泄情绪和张扬个性提供了极大的便利,而这恰恰是现代社会、后工业社会的一个明显特征。这种东西是从国外流行开来的,不是我们本土自有的,其最大的来源是美国。

美国是一个被流行文化支配了的国度,而且它借全球化之机,把自己的流行文化扩张到全世界,使之渗透到世界各个角落。现在我们每天接触的都是美国流行文化，喝的是可口可乐，吃的是肯德基、麦当劳，看的是美国大片、迪士尼动画片。美国音乐剧暂时还进不来，因为我们没有这种文化市场，它需要比较高档的商业运作技巧，它的大投入、大制作对剧院的技术性要求也很高，不太容易在中国普及，但2000年日本四季剧院移植的《美女与野兽》在中国风光了一把，当然主要是在北京、上海这样的大城市。但是，美国音乐剧在世界范围内，包括澳大利亚、新加坡这些地方，都很风行。到了一定的时候，也就像洪水一样，哗的一声就会涌进来。美国文化建立在什么基础上呢？是建立在商业基础之上，靠的是媒介的支持，而媒介依靠的是现代高科技——广播、电视、因特网等，美国文化由此渗透全球，把美国的价值观渗透到全球各个角落。

美国文化不见得都是优秀文化，流行文化也不见得是高档的。我们当然要承认美国文化里面优秀的一面，过去一概不承认是不对的。美国文化的基础是在盎格鲁·撒克逊传统上建立起的白人文化，是欧洲文化的延伸，17世纪还跟在欧洲文化后面亦步亦趋，但是独立战争之后，美国经济开始较快发展，开始了自己的创新。美国社会和欧洲是不一样的，它从欧洲反叛出来，最初是一批清教徒忍受不了英国教会的统治，追求自己的理想和自由，跑到美洲大陆去。它把原来的基督教精神和追求自由的精神相结合，与美国开发新大陆的荒原精神相结合，产生了当代美国文化。所以它有自由的一面、民主的一面，当然也有野性的一面。这是美国文化和欧洲文化的不同之处。美国在《独立宣言》里面强调的就是民主和自由，华盛顿签署的这个宣言对全世界的精神影响是无可估量的。

西方文化像潮水一样涌进来，带来的是什么？是流行文化占据了支配地位。流行文化是和现代科技手段紧密结合在一起的，又是和现代人的情愫紧密结合在一起的。反映当代人潜在情绪的流行文化，占据了传媒的主要阵地，从广播、电视、因特网、报纸、出版物、音像制品一直到都市里的大部分表演场所。有些新兴的艺术样式看起来很高雅，其实也是流行文化的生成物，例如T型台上的服装表演。媒介的力量大到可以让全世界都去关注它希望你特别关注的对象，例如体育比赛，媒介可以迫使你去关注它，所以每一个人每天都知道在世界上某一个角落发生了一场什么比赛，谁赢了谁输了,这在过去跟我们有什么关系?体育比赛也成了表演。

　　媒介和流行文化的结合,构成当代世界文化的整体景观,它通过强大的渗透力,从西方进入我国,改变了我们的生活观念和生活方式。现在的人,哪怕是穷山沟里的,可能穷得饭都吃不饱,但由于政府帮他们通了电,有一个大户买了电视,为了炫耀每天摆在场上放映,于是全村人都去看,这个村庄就可以关心世界上任何一个角落的事情。这就是信息大爆炸。在这种情况下,一个剧团跑到农村去演出,面对的已经不是过去一年到头面朝黄土背朝天、日出而作日落而息、没有任何信息进入的那种村落社会形态。过去一个县顶多几个剧团竞争,现在不是了,你演得不好,我看中央台的,如果有卫星转播天线,我看港、台和外国的。农民们从电视上可以欣赏到全世界各种各样的文娱演出,包括戏剧。所以,戏剧潜在的竞争对手,已经无形中急剧扩大了范围。

　　所以我们现在的时代是流行文化的时代,当然,也是泡沫文化的时代。流行文化的膨胀,就带来戏剧生存状况的改变。

三、戏剧生存环境

　　其实中国的传统戏曲,过去就属于流行文化范畴,而且是最流行的文化。我曾经在美国参加一个博士后项目,名字叫作流行文化研究,里面就包括中国戏曲,我承担的就是中国戏曲研究这一部分。因此,中国戏曲从传统的意义来说,本来就是流行文化。在清末时,还有哪一种艺术比戏曲更流行、哪一种艺术的渗透力能够超过戏曲?戏曲渗透到当时社会生活的每一个领域。举个例子,当时与起居生活相关的一切美术、工艺、装饰品,哪一样不与戏曲的内容相关?多宝格上摆设的瓷器,墙上挂的画、床框上的木雕、窗户上贴的剪纸,一个很重要的内容主题就是戏曲人物。所以当时大量民间文化是围绕戏曲展开的,戏曲是民间文化里面最流行的部分,而民间文化原本就是流行于民众中间的一种文化状态。但是,随着20世纪的激烈变革,随着我们国家从农业社会形态向工业社会形态的跨进,现在又从工业社会向信息社会跨进,特别是随着科技的发展和媒介的兴盛带来全球文化的集中、全球信息的集中,现在我们每一个人脑子里充塞的信息都是全球性的,不管来自何方的人,大家坐在一起,都能找到共同的话题。这是媒体的作用。戏剧所面对的就是这么一个社会,它的生存状态由这个社会所限定。

20世纪80年代,理论界注意到戏剧生存环境的恶化,也从理论上寻求过答案,比如指出戏曲是中国农业文明的代表、节奏慢、和时代步伐不同步,而现在生活节奏加快,人们没有那么多的闲情逸致泡剧场,电视的兴起又造成强大冲击等,归纳出各种各样的理由。这些理由都有它的道理,但是现在回想起来,当时忽视了经济全球化所带来的文化冲击,忽视了文化作为一种现代生活方式的冲击影响。当然,当时全球化还是一个陌生事物,现在的感觉就比较直观、立体、贴近了。我们面对的是整个社会的改变,整个生存方式的改变,整个文化结构的改变。刚才说到,分去了戏剧文化空间的是大量的、各种各样的"新式"文化,一些人进入卡拉OK厅,另一些人进入网吧,许多人拥向体育场馆、演唱会、T型台,在这种多元文化的映衬下,戏剧能不黯然失色吗?

举一个例子。过去大家认为戏曲的服饰是最美的,特别在清末的时候,戏曲的服饰可以超过皇宫服装,最上等的是苏州的缂丝。当时经济崩溃,民不聊生,满大街都是衣衫褴褛的乞丐,世界缺乏色彩,一进了剧场,看到戏曲服装是那样的漂亮,能不眼睛放光?但是现在戏曲服装陈旧了,落伍了。聚集在T型台上的现代服装,是各种现代艺术的荟萃,是各种各样的现代观念的大撞击,什么东西都有,高档的价值万金,低档的如废弃报纸、用过的铁罐头盒,为了体现环保的主题都被做成服饰上了T型台,展现线条的美、韵律的美、人体的美。20世纪80年代初期中国人还把展现人体美视为洪水猛兽,但是80年代以后成长起来的年轻人已经看惯了这些东西。这些东西成为他们生活中的一部分,你让他们再来看戏曲那臃肿的、连腰身都没有的服饰,他觉得不美了。现在的生存空间就是这么一种改变了的状况。

当然,戏剧也尽量地通过改变自己使自身现代化,来追赶时代审美潮流。这就是从20世纪80年代开始的、一直到现在仍然方兴未艾的戏剧舞台革命,或者叫作舞台形式的创新和变更。当时的思路是尽量改变布景和道具。80年代讨论布景的话题很多:哪一个戏的布景搞得太实、和戏曲的表演原则相矛盾啦,哪一部作品搞得比较中性又很美、比较适合戏曲表演啦,话剧布景虚化、写意性充分、是有中国民族特色的写意话剧啦,等等。到了90年代,灯光用得多了,各种现代化高科技的灯光设备发挥越来越大的作用,灯光的使用进入高艺术境界,仅仅通过灯光的变换就可以虚化背景、制造自由空间、创造美。很多高明的导演、灯光师、布景师,几乎不用什么布景,只用灯光。灯光也确实在一些剧目里取得了很大的成功,因为它的色彩、色温、色差、对比度,本身就带有很强的感染力,刺激人直观的情绪反应,如果与剧中的人物情感和氛围结合得好,可以发挥最大的效能,可以比舞台布景发挥的作用大得多。这些是科技革命,也是观念改变所带来的舞台变化,戏曲在尽力地改变自身,适应时代。

另外,编剧方式、编剧观念也确实大大发展和变化(这里不用进步这个词,原因一会儿再讲)。大家可以感到,现在写戏和过去已经不一样了。有人说过这样的话:现在许多剧本是高水平的,同中华人民共和国成立初期相比,从技巧上、文化观念上都如此,都有了明显提高。但为什么现在出不了大家呢?确实,几十年来,编剧技术方面和观念方面的东西都在发展,发展得前人都不认识了。前人有不可企及的东西,例如曹禺的《雷雨》,再没有第二个人能写得出来。但是我们现在也有前人不可企及的东西,特别是就创作队伍的普遍状况来说。中华人民共和国成立前出现了一些大师,但是他们金字塔下面的基座并不大,我们现在虽然没有大师,但是金字塔的基座却很大。也就是说,能够达到中等编剧水平的人很多,这是由于学习,由于借鉴前人经验,也由于时代的帮助使人更聪明。举一个例子可以很清楚地看到这一点。前人成果除了一些真正的经典,例如《雷雨》《原野》《茶馆》等,其他许多二流的作品现在如果拿出来,都看不成,甚至没法看。抛去观念上的时代色彩不讲,许多在技巧上也没法看。最近北京人艺演的《蔡文姬》问题就较多——当然,其中观念方面的原因是主要的。也有人会说,这个例子不典型,郭沫若本来只是一个诗人,戏剧界许多人不承认他是戏剧家,说他只是戏剧诗人,他的戏剧创作更多依靠的是诗人的激情,在戏剧技巧方面他并不见长。但不管怎么说,现在没有大师,不能叫作进步。

眼下编剧技巧整体水平高于过去,却没有大师,金字塔没有尖,这由另外的社会原因决定。一方面，从政治民主化的角度说，由于时代民主化、反权威化、反迷信化意识增强，你写出了好作品，人们不见得会给它过去那样的充分关注。另一方面，过去戏剧一花独放的状况不复存在了，被社会流行文化、散点透视极大地冲淡了，还不仅仅是冲淡，戏剧已经滑落到边缘，在这种状况下，出了一部好作品，谁又去关注呢？大家并不关注你，即使是关注你也不崇拜你，这样当然不可能出现什么大师。不仅中国如此，这是全世界的共同现象，不仅戏剧如此，当代也没有文学大师和艺术大师。20 世纪上半叶可以数出许多大师，但 20 世纪下半叶却几乎找不到全世界公认的大师了。从这个角度说，中国当代剧作家应该及时调整自己。中华人民共和国成立初期比较重视戏剧，这种重视程度一直持续到粉碎"四人帮"后的 80 年代初期，戏剧长期处于政治文化的中心，这对于中国戏剧确立自身的价值观，确立自己的自信，起了很大的作用。当然现在又反衬了较之过去更加强烈的失落。所以现在应该意识到当初的不正常，在这种心态下来看待自己的处境，可能就会客观、公允一点。

戏剧现在面对的生存环境是这么一种状况，再继续走会有一种什么前景呢？如果把当下所强烈感受到的边缘化、非中心化，用一种平静的心态来看待的话，就会看到，戏剧在未来社会的文化结构中有自己的一席之地，甚至可以说占据了非常重要的地盘，但它又不仅仅是传统理解意义上的那个地盘。我们过去理解的戏剧地盘就是剧场，剧场要占据中心城市，在中心城市要吸引广大的受众，如果实现不了，戏剧就要失落，就要衰亡。但是，现代社会是流行文化的天下，而流行文化所依仗的内核仍然是各个艺术部类，只不过把它们嚼碎了、分解了、化合了，化成了自己的表现形式，变成了电视文化，变成了网络文化，变成了各种满足表现欲的新兴表演，这些表演又在借鉴戏剧，因此也在扩充戏剧。

比如说在青年中流行的行为艺术，其实就是一种借鉴戏剧的方式。行为艺术近年大有兴盛的势头，年轻人搞得越来越多了，主要是对西方的模仿。最近美术界一次行为艺术有点儿过头，政治波普化的倾向太明显，为了表现消解权威、消解意识形态，把马克思的头像和社会各种浮光掠影的形象组合在一起，这种过激的做法对行为艺术的发展并不利，它导致行为艺术偏离主体,不是一种健康的发展状况。行为艺术在西方只是为了满足个人的表现欲,这本来是属于戏剧内核的东西,特别是中国戏曲。过去社会里,中等阶级和文人里的票友很多,元明清时期大量存在,他们通过票戏的方式来参与戏剧。农村百姓则通过宗教仪式的方式参与戏剧。农村看戏多半在庙会上,庙会是集城乡贸易、民俗文化、宗教祭祀、欣赏和自我表现于一体的东西。一种典型的参与方式体现在庙会演出关羽过五关斩六将的戏剧形式中,扮关羽的演员提着大刀从戏台上下来,由观众抬着游街,来到另外一座戏台,关羽上去和那上面的守将对阵,把他"斩"掉,又下来游街,再到一座戏台。老百姓们跟着乱喊乱叫,高兴得不得了,这就是一种自我表现和发泄。通过这种民俗化的宗教仪式,老百姓参与了戏剧表演。中华人民共和国成立初期的净化舞台,从提高艺术档次说是好的,但它也消解了民俗文化这一块儿,大大削弱了戏曲的生命力。这种民俗文化直到现在还为农村观众所需要,很多地方农村唱戏还是和婚丧嫁娶连在一起,和世俗功利的希冀、需求连在一起。

戏曲是农业社会需求的反映,行为艺术则是后工业社会需求的反映。这种需求在信息时代照样存在,只不过表现的形式不同。人对自我的发现、肯定和张扬,在任何时代都是相同的。西方在这种情况下,出于个人发泄的需要,极大地发展了爵士乐、摇滚乐、行为艺术等。摇滚乐很快传到中国,那种群情激奋的演出场面,千人唱万人和的情景,使人觉得简直不可思议,但它就是在我们身边实实在在发生的事情。

戏剧和现代传媒的联姻,将为戏剧生命力的延续和张扬提供一片无限广阔的天地,使它在全球化、流行文化的大潮中得以建立起自己丰厚领地。

(原载《戏剧文学》2001年第10期)

文化与戏剧[1]——50年的选择

一

文化和戏剧是一种什么样的关系？中华人民共和国成立初期的文化工作很紧密地和戏剧联系在一起，差不多当时讲文化也就是在讲戏剧，包括当时文化部的组建，恐怕主要也就是做戏剧工作。这是一个很有意思的现象，过去我从来没有从这个角度去思考过。我琢磨，当时对于文化的理解，其概念主要局限在作协、剧协所管的范围之内，即所谓文学艺术。

出于我国的特殊背景，五四新文化运动以来，文学一直占据意识形态的突出位置。中国历史上重文，科举时代是以文为基的，但那时的文还是文史哲。而在国民革命时期，文学一枝独秀，因为历史是古董，哲学主要是政治哲学派用场，人生哲学人们则顾不上触及，激发民众心灵的东西还是来自文学。然后就是艺术。艺术在当时的概念和现在不同，现在中国文联十一大协会所包含的艺术门类——戏剧、电影、电视、曲艺、舞蹈、美术、书法、杂技、音乐、摄影、民间文艺，当时有的还没有出现，或处于雏形期，尚未引起重视。例如书法，当时人们都在建设新国家，哪有闲情逸致去管书法，那是老学究的事，直到一代人退下来，老干部注重书法，书法才变成了群众运动，越来越红火。一些新兴艺术媒介如电视，如今在传媒里占第一位，当时则刚起步，20世纪60年代家里有电视的很少。摄影也同样。在老几套艺术门类——

---

[1] 本文系根据作者2001年12月6日在中央党校文史部文化沙龙上的发言整理。

戏剧、音乐、舞蹈、美术中,美术属个人劳动,而且当时能发挥个性的不多,点缀一下生活,舞蹈在民间影响力不大,真正影响民众心理、引起民众广泛关注的也就是戏剧。这和我国的文化传统紧紧关联着,大概宋元以后,传统戏曲已经成为民间文化的重头戏,我们如果观察一下当时的民众空间,这个区别于政府、国家政治大环境的小环境,充斥其中的就是戏曲了。戏曲不仅体现在演出上,而且体现在年节、婚丧嫁娶、祭祀等中,民间各项艺术活动中,如手工艺、剪纸、刺绣所反映的内容都是戏曲。

因而在中华人民共和国成立以后,我们要建立新文化,其他部分比较容易,戏剧则不同。例如文学经过五四新文化运动,已经完成了自身的革命,放弃了文言文,新诗、白话小说从20世纪二三十年代就有了业绩,中华人民共和国成立以后接着写就是了。戏剧分为两块阵地,戏曲和话剧。其中话剧在20世纪初从国外引进,是知识分子倡导起来的,本来就属于新文艺,中华人民共和国成立时把从事话剧工作的人叫作新文艺工作者。而传统的戏曲,其艺人是旧艺人、老艺人,不能算新文艺工作者,因而当时党和政府派了许多新文艺工作者、话剧界的人到戏曲领域里去,去改造旧戏曲,要把它改造为新文艺。

二

当时国家的文化政策就建立在这个基础上,而现在看那时的文化概念是比较狭隘的。文化部由一些著名的文化人来主持,例如左联的周扬、小说家沈雁冰、文学史家郑振铎、戏剧家田汉等,代表新文艺工作者主管文化工作,主要是戏曲工作,因此全国人民都关注于戏曲改造,还专门成立了戏曲改进局。当时大家关心的是这块文化遗产,不属于新文化,但又是传统中很大一块,还活着的这一块该怎么对待。它和古典小说不一样,小说如果认为有问题,不印刷就是了,或者加个前言或注释,要求读者批判地阅读,或者删去一些,经过了过滤,就可以放心交给读者了。戏曲不同,它活在舞台上,剧目那么多,拿过来删去多少字就演出是不可能的,要演出须彻头彻尾改变立意、改变观念,封建迷信果报、泯灭人性的东西等不可能照搬过来。

当时的文化部，许多工作都围绕戏曲来进行，发布了一系列文件和政策。首先关注的是剧目，是传统剧目怎么办，很快发布了禁戏令，先后禁了26出戏。最近有人写文章，从反面研琢当时的禁戏令，认为其隐含意义是：除了开列的剧目，其他戏是不禁的，下面不要乱禁。提供的是什么信息呢？当时一些地方官员政策"左"倾，采用行政手段大肆禁戏，许多传统戏被禁掉，既粗鲁对待文化遗产，又造成许多艺人生活无着落的社会问题。文化部政令只禁26出戏，大大解放了传统剧目。

当时所理解的文化，眼光局限在戏剧上，戏剧又是这么一个从传统继承下来的活的东西，和文学不一样，文学很快变成新文艺，戏剧不行。所以，当时文化工作重点放在戏剧上：禁戏，把艺人变成新文艺工作者，发掘适合演出的传统剧目，创作新剧目。当时很英明地提出传统戏、新编历史剧、现代戏"三并举"的方针，其中包括传统戏。曾有极左意见，反对传统戏作为一极。但还有一批清醒的文艺工作者，认识到传统剧目是取之不尽的文化宝藏，不能一棍子打死，全盘否定。毛泽东认可了，提出"百花齐放、百家争鸣"的双百方针，给这些文艺工作者吃了一颗定心丸。于是新文艺工作者帮助老艺人，发掘比较容易改造的传统剧目，让它们焕发舞台青春，如中国京剧院搞出《将相和》《借东风》、昆曲搞出《十五贯》。昆曲在明清时期是文人艺术，很高雅，和普通百姓喜欢的梆子、皮黄多武打、翻扑、调笑内容不一样，清末已经衰败，中华人民共和国成立时奄奄一息。《十五贯》拍成电影一放，昆曲好像一下子冒出来似的，当时的说法是"一出戏救活了一个剧种"。当然历史很快又发展到另外一个阶段，昆曲再没有更多新剧目出现，仍然是不景气。

当时的文艺思想是比较混乱的，传统剧目得到解禁，一下子封建污浊和淫秽的戏又充斥舞台，于是1957年一些著名戏曲艺人，如梅兰芳、周信芳等人在报纸上发表文章，拒绝演"坏戏"。解放了的艺人们希望洗心革面，变成新文艺工作者，希望为社会主义服务，这是可以理解的。然而，继之而来的却是从反右开始的一场又一场政治运动，对戏剧进行政治宣判的火力越来越猛，于是大量传统剧目不能演了，一直到"文化大革命"的彻底禁止。这给传统戏曲带来的影响，极言之是万劫不复的。传统戏的生命力在于舞台延续,剧目是从宋代积累下来的,中华人民共和国成立时大约有5000种,分布在各个地方剧种里,当然各地能演出的数量不尽相同。一个戏班能演的戏多的200出,少的几十出。口传心授几百年的舞台生命力就在于传承,传承停止了,剧目就死了。还不仅是戏曲,刚才说到的民间社会整个都遭到冲击和破坏,而民间社会原本是戏曲生存的土壤。民间村社的民俗活动、祭祀活动、宗祠活动,给戏曲生存提供了适宜的空间,戏曲在其中茁壮成长,当然这些带有很多的封建迷信色彩。当这些东西一下被挖掉,戏曲就陷入困境。

"文化大革命"期间,江青等人搞了几部样板戏,形成"我花开时百花杀"的现象。现在关于样板戏还存在争论:能否拿出来演?有无艺术上可以肯定的地方?毕竟还有很多人喜欢样板戏,当时的人们没有其他文娱活动,只有唱样板戏,很多人和它有千丝万缕的情感联系。但反过来,"文化大革命"中受害的老干部,挨斗挨打也是和大喇叭喧嚣、和样板戏声浪联系在一起的。所以争论许多是情感而非理性因素在支撑。平心而论,样板戏原本是新文艺工作者的劳动成果,带有当时"三突出""高大全"的时代痕迹,但在艺术上也做了许多有价值的尝试,例如加入交响乐伴奏,为戏曲舞台提供了新的语言和经验,现在还值得借鉴,有它的历史地位。十年中又没有其他文化活动,下层民众的文化普及都由此来。当然毕竟是太少了,就那么七八部戏,对于几亿中国人来说,文化支撑力太单薄。

三

20世纪80年代的文化讨论,越来越放大文化的范围,文化已经大得没边了,变得可以包罗万象。有人统计说国外对文化有64种定义方法,大到与文明等同,小到等于文学艺术。我感觉,文化与文明还是有差异的,文明通常更具实体性、更具象化、更物质化,文化更具流动性、更抽象化、更精神化。当我们指称某种人类生存方式时,我们说两河文明、玛雅文明、中华文明;当我们指称某种人类发展阶段时,我们说农业文明、工业文明、现代文明。而当我们指称某种由历史、传统、思维方式及其结晶共同构成的人类现象时,我们说中华文化、西方文化。

80年代知识界对文化开始关注,说明时代已经从激荡感情时期的专注于文学超脱出来,进入了对历史、哲学、文化的沉思。这时,文学艺术就显得过于轻飘飘、过于矫情,自然而然从社会关注的中心点滑落到边缘。这很正常,人总是越来越成熟,也越来越深沉,时代的成熟同理。这种变化给文学艺术,特别是戏剧带来的影响是很大的,从"众里寻他千百度"到变得无人理睬,感觉是很凄凉的。另外也有中华人民共和国成立以来"左"倾政策带来的后果,如戏曲自身的萎缩使得人们不再喜爱它。萎缩首先表现在传统戏不会演了,经过长时间的隔断之后,大量经过几百年磨炼的舞台技巧失传,抢救到的只是九牛一毛。此外,还带来一个问题,剧团都成了国有的,从业者则变成了国家干部,按月发工资,和大中型国有企业一样,从某天开始由国家背在背上,就再也放不下来。国有企业因此而丧失了市场竞争能力,剧团则能演的戏越来越少,直至演不成为止。国家转轨到市场经济,文化政策也突然改变,剧团要自收自支,这一下慌了神。老戏忘了,新编的不会,给人提供什么能卖票呢?

但是就在这个过程中,另外一个苗头出现了,大量的民间自办剧团涌现出来,这出乎我的意料之外,因为民间社会的土壤已经没有了。但是在经济回升之后,乡间很快就恢复了需求。这对精神文明究竟是好事还是坏事仍需判断,因为它与婚丧嫁娶、祭神还愿联系着,从业者三教九流、形形色色。但无论怎样,民间剧团复苏的事实摆在那里了,福建一个县有200个民间剧团,当然可能有5个人一个团的,和国有剧团动辄百人不同,甚至农忙解散农闲聚集,但它们很适应市场,你需要什么我唱什么,甚至还有实力把国有剧团的人才用高工资给挖过去。这个现象怎么评判还要历史检验。当国有剧团还在为生存而挣扎时,民间剧团却能起死回生,这说明过去民间空间被扫荡得太干净了,影响了戏曲的生存,现在它的培养基又恢复了。

至于主流戏剧,还是国有剧团在支撑着。由知识界提倡起来的话剧还占据着都市舞台,经过了10年低潮期后,现在又有了一定的观众圈,尽管很小。先锋戏剧也有自己的小圈圈,有一批熟面孔时而来捧场,虽然一出戏往往演不了几场,经常要做赔本生意,但一直在坚持着。

四

现在碰到一个很大的矛盾是：在目前这种状况下，政府怎样帮戏剧一把？我们一直在喊振兴，但是也有人说，凡是喊振兴的就是要衰亡的。10年来把谁振兴起来了？好像没有。戏曲发展有其内部规律，要靠规律办事，不是单纯振兴就能够奏效的，那只是打兴奋剂。

现在唯一的一招是进行评奖，但评奖正反效果都有。从正面说，10年来靠评奖，戏剧支撑过来了。如果不是强调精神文明，强迫把一部分社会资金投入戏剧，地方官员通常不太会关心对文化的投入占 GDP 多少比例，那么现有从业者就会彻底流失。民间剧团的艺术档次当然比较低，如果等将来经济好转后再在民间基础上重新开始艺术攀登，会有太大的难度。至少现在还保留了一批一流剧团和演艺人才，艺术尚有底气。但评奖的负面影响亦很明显。评奖通常不是老百姓评，而是戏剧圈里的人评，不是为把好作品推广到更大范围服务，常常只是为圈内循环需要而造势。评奖的目的通常很功利，演员想评奖，是为了名誉、职称、住房，各级领导想评奖，是为了政绩。影视评奖比戏剧要好一点，创作先是为了商业演出，然后才是评奖。戏剧作品许多没有商业价值，经常是演一场赔一场，很多情况下就只是专门为评奖而创作，与市场完全无关，评完回去再也不演出了。或是没有舞台号召力，观众不爱看，或是大制作，回去演不了，越演越赔本，副作用极大。这种饮鸩止渴的现象，我们都看见了，一直也在议论着，又不知怎么办好。前10年通过饮鸩，戏剧没有渴死，希望以此撑过艰难期，待情况好转之后再改饮清水、营养液，但饮鸩多了也会被毒死。

评奖的水准也在下降。例如戏剧演员评梅花奖，不要求会演剧目的数量。一般说，演员能演多少戏，应该是评奖的一个基本底数吧，无论你的表演多么出神入化，至少你要有一个演出剧目的数量基数。自古以来，戏曲的传统就如此，那时候点戏用戏折子，写上几十个剧目随观众挑。但现在的演员能演几部整场戏就不错了。因此，演一台大戏，再演一台传统折子戏，就具备争取梅花奖的基本资格了。但从实力说，和旧艺人比起来，其基本功水平悬殊。过去总得会几十出戏,才能闯江湖。人家点了戏,角色生病了,就得满城找人来顶替,否则砸牌子。一些老演员一辈子也没赶上评奖,而评上奖的在他们看来功夫还差得远,因此心里不平衡。

评奖戏的结果也有两面,评上奖的戏或许并不卖座,而老百姓喜闻乐见的戏又不一定能评上奖。仔细区分起来,评奖戏老百姓不看当然也有不同情况:一类是戏剧成为意念的符号,不尊重创作规律,概念化;另一类则是比较高雅、高深,有内涵,而老百姓看不懂,不喜欢。评委都是专家,代表了专业文化口味。有些戏老百姓看不懂,但专家一看,说这种戏真是好,里面传达出来了深刻的人生况味,有韵外之致云云。例如京剧《曹操与杨修》,文化人说好,但老百姓不见得喜欢,市场运作就比较困难。

五

(问:如果当年不是那样决然破除了原有的乡村社会,戏曲的状况是否会好得多?)

我认为当年这么做是两难,是不得不这么做。因为旧有的乡村社会是封建家族制度的载体,是民主革命的拦路石,不彻底破除它就无法推进社会进程。这就像我国当年搞大中型国有企业,集中力量发展重工业,虽然未能很快提高人民的物质生活水平,广大农民还付出了牺牲,但其结果是迅速提高了国力,支撑了国家没有被当时帝国主义的封锁扼杀掉。戏剧一样,虽然销蚀了民间社会的土壤,使其生存产生困难,但反过来想一下,农民也因此迅速走向精神解放。我国革命是自上而下的,知识界先有了要求,从西方借鉴了理论,于是发动革命,不是农民自己发动的革命(当然那只是农民起义,只能造成封建朝代的轮回)。当老百姓还没有形成自觉意识的时候,民主的法治的观念你教给他他都不会用。就像中国妇女解放不是通过自己斗争取得的,而是大革命赋予的,一下子就平等了,甚至她们自己都还没有意识到这种平等的内在意义,所以很长时间都不知道怎么去维护自己的权利。如果当初保存了旧式乡村社会空间,老百姓生活于其中,就永远都不会接受知识界引进的现代民主意识,还在宗祠里祭神祭祖呢,怎么能够走向普选?选也就是选出个族长来。

我有时在这方面也陷入思想矛盾。例如7月我去考察徽州古老乡村社会遗迹，回来后写了个报告，建议国家启动乡村社会保护工程。我觉得中国传统的儒家文化、儒化的民间生活秩序，就只剩下这么一点痕迹了，不赶快保存起来，就会迅速消失掉。但是反过来想想，原样保存，就得影响当地人思想意识的现代化进程，因为这些东西对生活于其中的人在心理上还发挥作用。我看到过一个材料，国家在云贵彝族区搞生态保护工程，把彝寨及其生活方式按照原始模样保护起来，不许做任何改变，但在一点上与西方专家发生了分歧。西方人说要保持原有生活方式，里面的人不能上学，说是一上学变成现代人，生态就破坏了。我们的干部不能接受。这难道不是一个矛盾？即使是开始时尽力防止对其外在扰乱，现代化进程迟早要发生。住在里面的人需要现代水电设备和媒体信息，他们也会自发地要求受教育权和走出去的权利，那时生态平衡就被打破了。

旧式乡村生活里，确实有着大量封建因素，和现代人权、民主、法治观念格格不入，如果不破除它，乡村社会就还在封建社会的意识形态里延续。用革命来强制性地打烂它，又会给传统遗产带来毁灭性打击。对于这种现实中的两难，我们只能面对它。我不认为有否定过去做法的必要，当然当时也有许多受极左思潮影响的东西，这些该批判的批判，但换了谁当时也得那么干，甚至知道历史将来会反悔，也只能是明知不可为而为之。我们说到戏曲土壤的水土流失，当然很遗憾，但遗憾不等于否定历史的必要牺牲。

六

（问：你认为戏剧今后的出路如何？）

受现代社会生活方式冲击，受众多媒介影响，戏剧肯定不能再恢复过去的艺术主宰地位了。在家里看电视很方便，而出去看戏就很难。当然，如果以后生活条件提高了，公路交通和汽车泊位都解决了，也许看戏习俗会回归。西方中产阶级有周末出去看演出的习惯，这一周看一场意大利歌剧，下一周看一台法国芭蕾，再一周看场日本能乐，他们有提升自身文化修养和趣味的要求。我们的社会习俗也许会朝这方面发展，但不会再有中华人民共和国成立初期全国人民关注戏曲的现象了。戏剧应该习惯被旁落，承认自己不再是老大。发达国家戏剧照样还存在，虽然没有了当年的辉煌，但了解一下还是让我们大吃一惊，伦敦、东京等城市一晚上有一二百场演出，这是何等的声势，我们觉得不可想象，北京、上海一晚上有10场演出就不错了。

（问：西方歌剧也是传统样式，为什么它还能发展？）

歌剧并不是流行样式，但刚才说到西方人有这种文化习俗，他们一定要看歌剧。旧金山来了一个歌剧团，湾区的人就一定要去看一看，这体现了文化品位。日本能乐也是，人们看它，一是体现品位，二是体现对传统文化的学识。当一种社会需求体现为一种生活方式之后，就会成为习俗。歌剧不见得是发展，用延续一词可能更准确一点。说到这里，我想到一个问题，中国戏曲应该尽可能地进入西方社会文化生活，成为其构成部分，这对保持其生命力有好处。传统的东西会成为中国的习俗，也会成为世界的习俗。日本人在20世纪里花很多力气向西方推广自己的艺术，效果是现在西方人把能乐、歌舞伎也划到他们自己的文化生活内容里面去了，中国戏曲还没有被划进去。

（问：在中国看传统戏曲，好像不能像西方人看古典艺术那样体现人的品位，中国人并不把京剧当作高雅艺术，这是否有对待传统文化的态度问题？）

这里涉及两个问题。第一个问题是，在中国传统观念里，高雅的是昆曲，京剧是下里巴人艺术，清代中后期贩夫走卒、八旗子弟喜欢京剧，泡戏园子，文人不去，文人只在家里唱堂会、听昆曲。旧京剧许多唱词是很水的，不是士大夫的审美趣味认可的艺术。但这是从前的情形，现在京剧已经成了高雅的东西。第二个问题是，现代西方人的文化品位、个人修养定位于中产阶级习俗，中产阶级就有它的文化水准、礼仪规定、审美追求，而中产阶级许多习俗又是模仿以往的贵族礼仪，有许多是对传统的正面继承。我问过美国一个小学教员，什么样的人属于中产阶级？她说，我就是，有固定的工作，有很好的保险，有自己的住房等。她很自然地就把自己往中产阶级里提升，因而她也追求中产阶级的行为举止和文化品位。而我们在发动底层群众闹革命的过程中,把旧的士大夫礼仪都破除掉了,没有继承下来。其实清代中国人是很讲礼仪的,一个例子很能说明问题。清末,中国劳工到美国旧金山采金矿,愿漂洋过海的肯定是因为生活不下去,是最底层的人了。但西方人笔记里说,在各国的采矿人中,中国人最讲礼貌,最有秩序,伙食也最好,一小碗米饭,各种小菜,感觉是一个熟透了的民族,在那个野性社会里还保持了井井有条。我们定位在贫民了,破除了传统礼仪以后,就不能从士大夫的文化层次中直接继承了,这是一个很大的遗憾。当然也是两难,革命又是必需的,这为中国文化的发展增添了困难。

(原载《戏剧之家》2002年第1期)

我们所面对的戏剧[1]

一、戏剧是什么

这个问题似乎本不成其为问题,但细琢磨又不简单,因为它涉及东西方戏剧观念的交流与冲突,涉及现代戏剧观念的演变种种问题。

对我们中国人的传统概念来说,戏剧也就是戏曲,而大家对戏曲的理解是十分清晰的。20世纪初,国学大师王国维给戏曲下的定义——"以歌舞演故事"一直为大家所接受。但现在看来,这个定义还是不够完善的。例如许多歌舞表演也都有一些情节在内,古今概不例外。于是,当学者们研究戏曲起源时,碰到先秦和汉唐记载的一些文献实例,诸如楚国的《九歌》祭仪、汉代的《公莫舞》《东海黄公》、唐代的《踏摇娘》等,就不容易区分清楚它们到底是歌舞还是戏剧,因此引起学界在戏曲起源问题上喋喋不休的争论。即便如此,国人对于戏剧的概念还算是清晰的。

20世纪初,随着新文化运动的展开,中国舞台上引进了西方的话剧、歌剧、舞剧等新样式,也就使得问题变得复杂化了。这以后,当你指称"戏剧"时,其内容就变得不确定起来。《中国大百科全书·戏剧卷》的开头,有谭霈生教授对戏剧下的定义。他说戏剧有狭义的和广义的两种理解,狭义的专指西方从古希腊悲喜剧发展而来的话剧,广义的则还包括东方一些传统舞台演出形式。看得出来,他的概括不得不尽量限定一些范围、设置一些框

---

[1] 本文系根据作者2003年12月30日在广州市文联艺术讲习班演讲的部分内容整理。

架,但仍然留下了无法完全克服的问题。首先,对于西方戏剧来说,他的定义排斥了歌剧、舞剧及后起的音乐剧等样式,而这些在东方是确定被看作戏剧的。其次,"东方传统舞台演出形式"的概念是模糊不清的,即使在我们看来一些传统舞台表演形式也是属于曲艺而非戏剧的,例如二人转等。反之,"舞台形式"的说法也是不准确的,因为传统戏曲经常不是在舞台而是在随便什么地方演出的,例如堂会戏就在私家或官衙的大厅里唱。

为什么会出现这种情形?因为东、西方戏剧的表现形态不同,双方对于戏剧的理解也不同。因此,在给戏剧下定义时,西方人表现出了一点狡狯。我查《大不列颠百科全书》,里面根本就没有"戏剧"这个词条,只有像"戏剧角色""戏剧道白"这样的细条目。作为百科全书,这不是很奇怪吗?但它就这样躲闪了。还是中国编的《辞海》里面的解释比较扎实可信:"由演员扮演角色,当众表演情节、显示情境的艺术。"这样似乎把东西方戏剧都包括进去了。但它仍然遇到一个问题:无法概括现代派、后现代派的一些戏剧现象。举一个例子:荒诞派戏剧的代表作《等待戈多》,倒是有两个演员扮演角色,但情节就很淡了。这两个人的来龙去脉不清楚,他们也只是说在等待一个叫戈多的人,但前半场等完没有来,后半场等完还没有来,戏就结束了,也没显示什么情境。再举一个例子:同样是荒诞派代表作的《椅子》,满场就是一个人在摆椅子,最后摆了满台,把自己挤得没有地方去,戏也就演完了。这里面的角色、情节、情境都很稀薄。当然我们知道,荒诞派戏剧追求的是另外的东西,并不重在表现戏剧常规。例如:《等待戈多》表现的是人生的无意义,人对于自己的来历、目的和去向的茫然无知;《椅子》表现的是人被物质世界压榨和排挤。这两个荒诞派戏剧实例都是在发泄工业时代人们的精神情绪,但它们还都有一点装扮的影子,20世纪二三十年代在意大利流行的未来派戏剧,就更让人摸不着边际了。它的一部作品是《一条狗》:开幕,漆黑的夜晚,街道上静悄悄的。一分钟后,一条狗从街上走过。幕落。另外一部作品是《枪声》:开幕,漆黑的夜晚,街道上静悄悄的。一分钟后,一声枪响。幕落。这里面哪里还有任何戏剧的影子!出场人物、故事都消失了,情境倒还有一点。最极端的例子是最近在爱尔兰上演的"虚无戏剧"的例子。我前不久看到的报道是这样的:前半场,大幕拉开,舞台上空空如也,20分钟过去了,什么都没有发生,落幕。后半场,大幕拉开,舞台上空空如也,20分钟过去了,仍然是什么都没有发生,闭幕。据说海报上承诺,能够坚持把戏看完的,就退还票款的三分之一。一共只有7个记者入场,上半场走了6个,最后一个虽然坚持到底,却是因为睡着了。这样的戏剧,与传统概念相去不啻十万八千里!

现代派戏剧还是在提倡回归本体,后现代戏剧干脆就要颠覆戏剧。在这种目的支配下,传统戏剧的要素,诸如冲突、矛盾、情节、悬念、人物、性格、情境、戏剧性都见不到了,那些只是写实戏剧的特征统统被抛到了垃圾箱。在这种情况下,戏剧的定义遇到了极大的困难。中央戏剧学院谭霈生教授写了一本《论戏剧性》,从传统戏剧里面提炼出许多例子来证明戏剧性是戏剧的核心美学要素。后来他的一个博士生写论文,他要求学生研究荒诞派戏剧的戏剧性。学生研究了半天,最后得出的结论却是荒诞派戏剧没有戏剧性。现代派戏剧给我们的既定理论开了个玩笑。

上面所述还没有包括其他许多新型戏剧形态。例如2002年我在韩国乱打剧场看了一部戏叫作《乱打》,是一台以打击乐为基础的表演,但它又采取了戏剧的形式。全剧设计了一个故事:一位经理来到厨房,告诉厨师们下午4点以前要准备好一个婚礼宴会的菜,同时又带来自己的侄子让他也做大厨。经理离开,大伙顿时忙开了,切菜、做饭、敲锅、打盆;互相之间又钩心斗角,排挤新来的。4人中只有1个女的,3个男人又都争着献媚邀宠拼命争夺。在这个情节线的基础上,表演基本上是演习打击乐,但不是用乐器,而是用菜刀、案板、勺子、铲子、锅碗瓢盆,见什么打什么,制造出狂欢的氛围。剧场的气氛高昂热烈极了,上座率达120%,过道里坐的都是人。而这个剧已经连演了好多年,建造了自己的专门剧场,每天白天晚上连演,同时还派出巡回团到欧洲演出。这台演出是不是戏?说它是,它的实质是打击乐,说它不是,它又有故事情节。

再如现在正在兴起而引起大家关注的网络戏剧、数码戏剧、视频戏剧等,都属于借新兴媒体技术传播的样式,它们都已经距离传统戏剧甚远,但你不能说它们不是戏剧。它们是戏剧大家族中的后起者,体态、形状已经距先祖很远了。而目前方兴未艾的行为艺术、活体雕塑等表演,里面也涵括了浓郁的戏剧成分。

总而言之,现在对戏剧的定义变得非常困难了,我们越来越说不清楚什么是戏剧了。在科学研究中,本源问题常常是总也弄不清楚的。比如哲学家询问"我从哪里来,要到哪里去"的问题已经问了几千年,从来也没有问出答案。现代美术一再分化,绘画、雕塑、建筑、工艺、民间艺术、行为艺术,越分越复杂,外延越来越不清晰。过去我们对于绘画的理解是用笔的艺术,现在的指画、铁画、擦画,离笔越来越远了。吴冠中说"笔墨等于零",虽然不是这种内涵,但用在这里似乎很合适了。

二、戏剧在当代艺术中所占的份额

古典时期戏剧独占鳌头,戏剧曾有过极其辉煌的业绩,中外皆如此。欧洲文艺复兴以后几百年,贵族和平民娱乐的场所都是剧院,当然有贵族剧院,也有贫民剧院。欧洲教科书里对传统戏剧文学的重视程度是中国所不及的,欧美大学里设置戏剧系的数量之多也是中国所不及的。中国古代戏曲是民俗文化中间的大头,无论士族大户还是平头百姓,平日里都以戏曲为主要的娱乐对象,民间节日、红白喜事都离不了戏曲,这种状况自宋代以来已经形成。宋代的文献记载提到,在宫廷表演十三部类中,"唯以杂剧为正色"。也就是说,在各种表演样式中,唯有戏曲(当时叫作杂剧)为头牌。

但是,在当代社会里,戏剧却日益退居各项艺术之后,显得无奈而沮丧。这种情况是由当代社会大众文化价值取向的改变造成的。有人辛辣地抨击过当代人的价值选择:把物质资料的丰富当作进步,把感官的快乐视作幸福。在这样的背景下,娱乐文化统治了一切,审美成为奢望。艺术受到时尚的苛刻选择,时尚即需求,需求即市场,有了市场即流行。任何古典艺术,要靠时尚来为之定价,入时则兴,不入时则衰。故而时尚成为艺术的首位要素。摇滚乐、时装表演、选美的兴起,歌迷、球迷、星迷的涌出,人体艺术、行为艺术吸引眼球,都能用这个理由来解释。现代生活把一些习惯也纳入流行,集邮、养宠物、搜集古玩、收藏书画,都成为一种风尚。

时尚支配了艺术之后,古典戏剧就终结了。无论东方、西方,戏剧都成为一种普遍的坚守。在西方,尽管现代、后现代的先锋戏剧探索风起云涌,但是仍然不能成为时尚和流行。中国戏剧的危机则从20世纪80年代开始让人战栗,持续至今未有消歇。但整体来说"戏剧危机"还是太笼统了,因为中国戏剧目前的状况,客观说应该是东方不亮西方亮、黑了南方有北方,虽然有危机的一面,也有峰回路转、柳暗花明的一面。概括说就是整体旁落、偏锋独出。中国戏剧并非完全脱离了时尚,而是和时尚保持着若即若离的关系。例如20世纪90年代之后,随着社会转型,中国民间戏曲随着民俗文化的复兴又有了复苏的态势。民间的婚丧嫁娶、红白喜事、祭神还愿摆阔气、讲排场,都需要戏曲来撑门面,使戏曲拥有了比较广阔的市场。当然这是民俗文化需求的结果,并非戏曲本身功能所致,但这就是时尚。眼下世界各国的民俗艺术节都办得红红火火,全世界都看到了经济一体化格局下保持地方文化特色的重要性。中国这种戏曲民俗活动尽管有着许多弊病,境界不高,陋习不少,但毕竟有对传统的维系。又如北京的小剧场先锋戏剧,逐渐有成为白领青年时髦娱乐的趋势,它因而拥有一个虽然不大但也占一定空间的市场。所以说,中国戏剧与时尚并非完全脱节,而是若即若离的关系。因此,它虽然不能占据重要的艺术份额,但仍然有自己的一方天地,并且某些部分有可能因时尚的需要而崛起。

我们还要看到戏剧的转化因素。这包括两个方面,一个是载体的转化,一个是音乐剧的兴起。载体转化指的是戏剧通过媒介向大众进行传播,例如电视剧、网上戏剧、数码戏剧、视频戏剧的相继兴起。以往人们在谈论戏剧危机时,总是把电影、电视剧的争夺列为主要原因之一,这里面忽视了或有意排拒了电影、电视剧作为戏剧转化样式的性质。事实上,上述种类的出现都是戏剧通过科技手段对自身延伸的结果,它们都具备情节(故事)→人物(角色)→观众(参与者)的要素,与戏剧属于同种属的艺术门类,它们延伸并张扬了戏剧的生命。中国尤其是一个电视剧的大国,每年播出的剧集车载斗量,电视剧是戏剧通过现代媒体成功转化的结晶,这一点是肯定的。

音乐剧的兴起是20世纪一个戏剧奇观。西方戏剧区分成话剧、歌剧、舞剧三大基本类型以后,民间仍然有着不正规的轻歌剧、喜歌剧、音乐喜剧的演出,只是不登大雅之堂。话剧、歌剧、舞剧20世纪都受到流行艺术的冲击,反而是这些民间形式中脱颖而出了音乐剧,迅速独占了戏剧的鳌头,并发展成为现代社会强大的娱乐样式。音乐剧的演出市场之广大,简直令人不可思议:《歌剧院幽灵》一剧创造了一天票房收入43.2万美元的纪录,1986年首演至今,在世界市场上的票房总收入已经超过30亿美元,创世界戏剧演出回报率之最。巨大的演出市场和高额的回报率,使得音乐剧在20世纪末快速发展,从原初基地美国百老汇和英国伦敦西区向着世界上的许多国家和地区扩散。音乐剧已经变成一种世界性的文化现象,在21世纪初方兴未艾。

归纳一下以上观点就是:戏剧在当代艺术中所占的份额仍然是很大的,只是转化为新的概念和内涵。传统的"戏剧"淡化了,表现人生故事的内核却为现代娱乐文化所发扬光大到极致。

(原载《中国戏剧》2004年第2期)

戏剧创作三论①

文化部启动的国家舞台艺术精品工程，为在座的每一个人提供了一个活动平台，今后五年我们有事情做了。要搞精品工程，首先就要抓好创作，这里我就如何抓戏剧创作谈三点看法。

一、戏剧的首要任务是提炼戏剧性

一个题材为什么要用舞台戏剧的形式而不是别的什么形式来表现（例如采访、报道、报告文学、纪实文学、小说甚至电影、电视剧等），是因为它有舞台戏剧性。反之，一个题材如果要用舞台戏剧的形式来表现，它就必须有舞台戏剧性。有时一个题材可以同时适宜于用不同的形式来表现，小说行，电影行，舞台剧也行，但它们的效果是不同的。有时则仅仅适宜于用舞台戏剧的形式来表现，用其他形式表现总没有舞台戏剧的效果强烈。这是因为，舞台戏剧有它特定的功能和长项，为其他艺术形式所不可代替，这也是它的独特魅力所在。它的魅力主要体现在它的戏剧性上。

什么是戏剧性？我不想在这里用专业术语来表述它的概念，大家只要想一想，一个戏里真正抓取人心的地方，能够紧紧抓住观众的注意力，引导观众的兴致和情绪跟随着剧情的进展而发展，推向高潮，最终满足观众审美愉悦需求的东西，那就是戏剧性。它不是零碎的噱头、片段的出彩，它是一部剧作演出最终成功或失败的中心元素。最近刚在北京看的台湾话剧《千

---

① 本文系作者在文化部 2002 年厦门鼓浪屿全国创作会议上的发言稿。

禧夜,我们说相声》,用戏剧的形式串联几个相声段子,效果还是不错的,但终究缺乏戏剧性而不能出彩。戏剧性是为戏剧艺术的本质属性所规定的。

人们常常说一些主旋律作品没看头,为什么?因为这些作品的创作受题材决定论的影响,仅仅重视了题材选择,而没完成对题材实现艺术的转换。

为何不能让题材决定?因为并不是所有的宏大叙事、英模事迹都能变成戏剧。这是戏剧的常规原理。比如一个人在沙漠里种了一千亩树,要对它进行宣传,只需要一则新闻报道,或是一篇报告文学,最多一本纪实文学就可以完成。戏剧表现的则是人与人的矛盾冲突,有一种说法叫作"意志论",就是从人的意志冲突来理解戏剧的。这就是写事和写人的区别。新闻报道写事,文学作品写人。文学作品是人学,戏剧同样如此。

戏剧又有更专门的要求。从事改编的作者都知道,小说也并不是随意都能改成戏剧的。舞台戏剧又与电影、电视连续剧的内涵不同,电影必须写实,电视连续剧可以容纳事件的全过程,电影、电视连续剧又都可以逼真地贴近地生活化地完成真实表达,戏剧则只能通过精巧的结构来处理时空,或运用写意手段来变形生活。

因此,戏剧只能从一个特定的角度切入素材,一个戏剧性的角度。选好了这个角度,才能结构出成功的戏剧作品,所以要完成好从题材到艺术的转换。例如治沙种树的事迹,到了秦腔《陕北婆姨》里就变成了这个婆姨因治沙而与丈夫发生人生道路冲突的故事。如果深入对人生和命运的品味,那么就有了美学上的价值,因而有人说古希腊悲剧就是命运悲剧。

如何选择题材?就是看它有没有戏剧性。英模事迹为何并非都能写成戏剧呢?因为英模事迹满足的是道德标准和历史标准,但并不满足审美标准,强调的是行动的结果。看戏却要审美,表现的不是结果,而是过程,是人的行动的心理。动机是很复杂的,包括英模,因为人生活在社会中,心理是多层次的,深似大海,永远探不到底,所以才有文学。

按照我们通常的理解和做法,英模通常是被符号化了的人,社会按照一定的定位来突显他的某种特征,而将他的其他特征忽略或者隐蔽起来,所以他已经不具备人的立体性和鲜活性,成为一个虚幻的对象。而戏剧的功能恰恰是要将人性最为隐秘的部分暴露并突显出来，人性的隐秘暴露得越彻底，戏剧的力量也就越大，也就越感人。从这个意义上说，写戏和写英模，原本是两股道上跑的车，有些背道而驰。而我们一些宣传文化部门的领导不明白这个道理，一方面热衷于搞英模戏，另一方面又要求戏剧不能突破英模既定的符号化特征，于是创作者就夹在两难的境地里，无所适从。

英模通常不能强调他的弱点，因为我们对英模的理解是高大全的，自古如此，中国人善于造神，许多英雄都被美化为神。古希腊不太一样，神可以是放荡的，连世界之父宙斯亦如此，经常变化了去和放羊女瞎混，引起天后赫拉的忌妒，宙斯于是设法保护自己的情人和私生子，冲突就展开了。没有弱点就高大全、概念化，进入"三突出"的误区，当然就没有观众了。戏剧要的不是这些，而是人性的真实，甚至要揭示人性的弱点，这就构成了与英模形象的矛盾。

何况戏剧还有它自己的规律和任务，它原本就不是用来完成对英模事迹报道的，而是给人以审美愉悦的。英模事迹或许感人，但并不是都能带给人以审美愉悦。审美愉悦来自戏剧对于结构、情境、性格、矛盾冲突的处理，来自艺术，而不来自事迹本身。所以，好人好事并非就是戏。

真正的戏剧有技巧在，不是结构，就是情境，例如《雷雨》和《茶馆》。《雷雨》的情境绝妙，《茶馆》的结构别致。当然，这是就其突出方面说，事实上两部戏在情境和结构上都是相辅相成的，《雷雨》的结构也妙，《茶馆》的情境也绝，然后又有独特的风格，戏就成功了。近年舞台上出现的一些好的话剧，都是戏剧情境设置好，像《虎踞钟山》《"厄尔尼诺"报告》《父亲》等。当然这些戏首先成功在对时代和现实的贴近上，我这里只强调它们的艺术因素。《生死场》不尽如此，那是例外，是神来之笔。

二、抓创作应科学把握导向性

导向性并不是在戏里说教。什么是正面导向？就是在一部作品中昂扬向上的精神占主导地位，反对消极悲观主义，但并非事事处处都讲主义、精神。前段时间看一个地方曲种唱民间俗曲，把"三个代表"重要思想挂在嘴上,剧场就产生了反效果,这是在帮倒忙。人们是来看戏的,不是来听报告的。导向性体现在对题材的处理上,而不是内容中的具体表白。

强调导向性要尊重艺术规律。精品的导向性不但体现在它的思想性上,同时也体现在它的艺术性升华上。升华要升华在剧中人的感悟同时也是观众的感悟上,而不是外在的大好形势标签上。话剧《秦淮人家》原来结尾于秦淮商业街的变化,落在事上而没有落在人物命运上,观众关注的却是人物命运的完成,修改以后效果极佳。话剧《世纪彩虹》同样如此。

把握好导向性,要讲究三个统一:强调主旋律和百花齐放的统一,道德评价、历史评价、审美评价的统一,评奖戏与吃饭戏的统一。

(一)强调主旋律和百花齐放的统一

主旋律不是由题材决定的,而是由作品意蕴和风格所呈现出来的正面导向性决定的。任何作品都可以有正面导向性,并不取决于它是不是重大题材。因此,我们的眼光不能只盯着少数题材目标,而要强调创新。创新才有百花齐放,在百花齐放的和弦里形成主旋律。

没有创新、缺乏想象力的作品,就只能是老生常谈。我觉得我们倒是真应该提倡魏明伦式的个性。我曾说现在是不出大师的时代,20世纪下半叶没有大师,不但中国没有,外国也没有。为什么?因为社会处于急剧的转型期,从地域性的后工业时代转向全球化的信息时代。在这种转型过程中,一切都求速效,到处是泡沫文化、快速阅读、浮光掠影,是用最少投入博取最大收效的淘金主义。在这种情形下难以出大师,但至少我们应该追求独特吧?现实是我们看到的却是题材的贫乏、陈陈相因。例如近年的蔡文姬热,前后写出七八种戏了吧,却都是沿袭郭沫若,表现宏大叙事的主题,人物总是肩负起民族团结的历史使命,却不顾脱离历史和人性的真实。

(二)道德评价、历史评价和审美评价的统一

三者在作品里应该是有机构成、不可偏废的,然而在不同时期却有不同的偏重,忽视他项的情形出现。20世纪80年代以前主要在道德评价和历史评价中争论不休,忽视了审美评价,现在则是一方面继承了80年代在道德

评价和历史评价之间的困惑，又出现了过于强调审美评价而忽视道德评价和历史评价的现象。

中国古代，处理题材以道德评价为准绳，韩愈所谓"文以载道"，高则诚所谓"不关风化体，纵好也徒然"，强调正统，强调道统，强调修身、齐家、治国、平天下，于是作品里渲染的都是对社会风化有助益的东西，以动机论英雄。

"五四"以来接受西方进化论史观和"存在即合理"的哲学理念，以及唯物史观，又有了历史主义准绳，强调人的客观历史功绩而忽略其道德动机，以结果论英雄，于是翻案作品盛行。用文艺作品来为历史人物翻案，这实在是当时中国的一大发明。

90年代以后文艺创作普遍注重审美的主体性，在道德评价和历史评价中兜圈子少了，这是一大进步。但一方面仍有把为谁翻案作为写戏初衷的，体现出创作观念的混乱，另一方面却又干脆放弃作者对人物的道德审视和历史审视，单纯强调人物性格复杂面来寻求好看。有人说最近影视作品里的人物性格，反面人物立体化，正面人物扁平化；正面人物干巴巴，反面人物却血肉丰满、充满人性的魅力，弄得不知道在褒奖谁贬抑谁。

我们需要强调的是创作的非政治功利主义，是审美主义，但同时也要防止倾向性的泯灭，恩格斯说的只是倾向性的隐蔽。我们提倡的应该是道德、历史、审美三性的统一。

（三）评奖戏与吃饭戏的统一

为什么会出现评奖戏和吃饭戏的区分？我想大概是评奖戏太板着面孔，普通民众对之敬而远之。现在是一个休闲的时代，为何戏说风刹不住？百姓要娱乐，这是对说教的反动。"刘罗锅现象"值得思考。港台影视就钻了我们的空子，利用了这一空间，所以港台片铺天盖地而来。我刚在北京看的港台版的英国话剧《谁家老婆进错房》，就是一部单纯搞笑的闹剧，虽然里面也有一点儿对英国议会丑闻的揭露，但主要就是表现偷情，笑过之后，就觉得没有太大意义。评奖由专家掌握，专家则要求意义和艺术的完美统一。这是不同的审美需求层次，不能硬捏在一起。

评奖不是被市场引导而是被审美引导。我一直坚持,并非有观赏性的戏就一定是艺术境界最高的戏,通俗艺术永远比高雅艺术有更大的民间市场。有时一部作品的流行与否受制于复杂的因素,20世纪30年代的作品到今天才流行的例子很多,如钱钟书的《围城》、沈从文的湘西系列小说、张爱玲的小说等。再举一个学术著述方面的例子。美国学者黄仁宇的大历史观著作《万历十五年》等,在美国汉学界受到冷遇,弄得连个教授职位都丢了。1979年中华书局出版了《万历十五年》,在中国史学界引起轰动,然后才在美国引起重视。所以不能简单地以是否流行判断是非成败。

艺术性高的戏,在通常意义上一定会有观众,否则就不能证明它的艺术性高。当然观众有不同层次,也许只有知识观众,也许包括普通大众。除非是后现代作品,那些我看不懂,不理解,我想大概它们的艺术性是高的,只是我不能理解而已。所以,评奖戏和吃饭戏并不能截然分开。例如中直院团、一些大都市的院团演的戏,既能吃饭又能评奖,是统一的。一些地方剧种的得奖剧目,也是能吃饭的,常常出了一部戏,在农村演多少年,像蒲剧《土炕上的女人》、粤剧《驼哥的旗》等。

至于有些评奖戏不能吃饭,评完奖回去就束之高阁,大概有多方面的原因。或许有意念化的因素,评奖中不可避免有主题先行、人情因素等干扰;适宜于都市口味,回去后在农村没市场;布景太大、灯光太多、设备过繁,对剧场要求过高,无法下去演出。这些,需要从评奖方标准的调整和参评方定位的调整两方面来考虑解决办法。

三、要在尊重剧作家权益的前提下抓创作

"抓创作"本身是我们现阶段中国特色的艺术现象,世界各国、古往今来都无先例。唐代科举以诗赋取士,元、明、清都设进士科,以文学为主,和明经科共存,但那也不是"抓创作",充其量只是用荣华富贵和官禄名利来诱导创作。西方的普遍情况是动用国民生产总值的一定比例,通过协会、学会、基金会的中介运作,把经费投入包括创作在内的一切需要资助的文化事业。但是,创作本身却是创作者的自由和自主行为,不用"抓"。当然,好莱坞电

影的组装过程有点类似于"抓",但那也绝非通过行政手段,而是经济杠杆和艺术杠杆齐头并进。我们是独特的,因此就必须探讨其独特的规律。

"抓",特别是政府出面,动用行政权力和经济权力来"抓",有集中优势兵力的好处,但如果不尊重剧作家的权益,弊病也是极大的。

艺术思维是个体的,否则就没有风格特色,文学著作的集体创作也同样出不了大手笔,最终落脚还是要落到戏剧家的独立创作上。我国加入世贸组织之后,一些用行政手段干预代替市场调节的方面要有所改变,以便和国际接轨。那么,越来越多的剧作家会以著作权保护的名义来诉求个人权利。那时,我们这种"抓"的方式就会弊病日显。因此,在运行"抓创作"行动时,也要有与时俱进的头脑,注意尊重剧作家的权益(眼下这种尊重太少,经常有剧作家向我发出"血泪控诉"),注意"维稳",不要给政府添乱。

我们也要研究国外一些普遍做法。例如美国有一条规定:演出和经营单位对于剧作家提供的剧本要原样演出,不能改动一字。可以事先和他商量修改方案,经他认可后由他进行修改,但定稿后还得按他的来。你如果不同意,可以不上演他的剧本,但绝不能擅自改动他的剧本,那就会侵犯著作权。当然美国这样做的前提是没有集体创作这一说,反过来我们一些集体创作则要处理好权利关系,做到产权明晰。

尤其是,行政领导在"抓创作"时,要知道自己的位置。你是在为党做工作,为创作服务,不是去为个人争名利的。一切为了出好作品,而不是去显示你地位重要和说话算数的。奉劝在座诸君,千万不要在剧作的署名问题上动私念。你就动了那么一下笔,改了几个字,就要署作者名,还要排在前头,这是对原作者最大的伤害。人家现在不说,但心里记恨,到一定时候就要找地方说理去,那时你的麻烦可就来了。文联和剧协作为戏剧家的娘家,是要维护会员们的合法权益的。以往几十年我们这方面的教训已经够多了,最近不是有许多类似的官司在打吗?可以预料的是,这类事件一定会越来越多。

(原载《当代戏剧》2002 年第 3 期)

当下戏剧舞台生态①

一、外在利益诉求驱动下的创作倾向

我认为,当下戏剧受到了外在利益诉求的驱动,这对戏剧的发展是不利的。当然应该说,目前的戏剧创作正处在它的最好时期。要讲问题嘛,自然要盯住"阴暗面"。

(一)戏剧创作的最好时期

说戏剧处于最好时期,还是有许多表现的。比如说,一方面社会对于戏剧的经济支撑力增强。随着社会经济的发展,随着我国综合国力的提高,党中央和各级领导部门强调社会的可持续发展性、强调创建和谐社会,很重视文化建设的作用。一个具体表现就是对文化的投入增加。一些地方努力建设文化大都市,朝国际都市的方向发展,对于文化和戏剧的投入加大,建起了许多现代化的新型戏剧场馆,为戏剧展演提供了舞台。此外,民间的戏剧市场被激活。市场经济尽管给国有剧团发展带来很大挑战,相当一部分国有剧团进入生存窘境,而且越陷越深。但那只是问题的一面。另外一面则是民间市场的空间越来越大,民间剧团如雨后春笋一样出现,不仅在经济发达地区,如江浙、广东一带,经济实力增强了,民间剧团有了大的经济支持

---

① 本文系根据作者 2005 年 6 月、7 月在苏州大学中文系和总政全军军事题材文艺创作高级研讨班的两次演讲整理。

力,而且落后地区同样如此,山西、河南一个县几十上百个民间剧团的情形并不少见,到处开花。所以,关键是市场空间打开了,适应新体制的民间剧团自然就冒出来了。当国有剧团到处在哀叹生存困难时,民间剧团根本没有这些想法,急着抢滩占地,急着得到社会的认可,急着和国有剧团叫板。这是很好的现象。还有民间的独立戏剧制作人近年十分活跃,虽然他们还遇到许多困难,因为社会留给他们的空间还不够大,他们还得不到充裕的领土来耕耘,但是至少在北京、上海等大都市,他们十分活跃。

刚刚过去的5月,北京的戏剧活动还是很热闹的,表明了戏剧舞台的繁荣。这里面,有政府的提倡和支持,有各国有院团的力量,也有社会市场激活的助力,共同建设了北京的戏剧红五月。当然一个主要原因是隆重纪念抗日战争胜利60周年,北京在搞戏剧季,我们看到了国家话剧院推出的系列抗战戏剧演出。其中包括查明哲的残酷戏剧三部曲《纪念碑》《死无葬身之地》《这里的黎明静悄悄》,国家话剧院还演了《哥本哈根》并马上要演《我所认识的鬼子兵》,北京人艺演了《屠夫》。这次为纪念抗日战争胜利60周年搞展演,我们才注意到,国家话剧院已经积累起一批抗战剧目,有国产的,当然更多的是世界反法西斯阵线作家的创作。北京人艺幸亏有一个《屠夫》,如果没有,这次他们就会失语,会在国家话剧院强大的演出系列中间显得过于尴尬。我们确实看到了中国实验话剧院、中国青年艺术剧院多年来在这方面的积累和投入,所以才能有现在的系列演出。当然国家话剧院还有田沁鑫的《生死场》,也是抗战题材,但这次没有演,可是最近田沁鑫被韩国请去给韩国人排这个戏,引起很大反响。韩国和中国在共同抗议日本对待战争历史讳疾忌医的态度上是一致的,我们有着共同的声音。当然,不肯正视战争罪行的实为日本右翼,不是全体日本人民。日本戏剧家的左翼过去就一直反战,有人长期坚持向社会宣传日本二战中所犯罪恶,例如日本岐阜县齿轮座剧团的团长和编剧小林宏,长期以来就一直创作并演出反战戏剧,揭露日本二战中的侵略罪行。1965年该团来华演出小林宏创作的《郡上农民起义》,受到周恩来总理的接见,虽然这部戏不是写二战的。他写有反思日军侵华的三部曲:《在美人蕉缭乱的天涯——遥远遥远的战争哟》《长江啊,莫忘那苦难岁月——为铭刻南京大屠杀50周年而作》《融入黄土里的火红夕阳——伴同随军慰安妇们》。他还反复到中国来忏悔,带着也是戏剧导演的女儿来参观南京大屠杀纪念馆,下跪,道歉。他的戏在日本国内上演时,常常遇到右翼捣乱,在剧场里拉横幅标语,往舞台上扔西红柿。所以日本顽固坚持不认罪的只是右翼。当前应该是戏剧面临的最好时期,民主和谐的空气,经济力量增强,戏剧创作从20世纪80年代到现在又积累了相当丰厚的舞台经验,戏剧的舞台形式大大丰富了。

(二)戏剧发展节律的迷失

我认为,20世纪里中国戏剧的发展是有清晰的内在节律的,但这种节律到了21世纪初期,迷失了它的清晰性,戏剧人在彷徨。为什么这么说?你看:20世纪一二十年代西方意识与舞台写实模式冲击中国传统舞台。30年代确立中国自身写实戏剧样式及传统样式。40年代化整为零用于战地宣传。50年代到70年代主流意识和写实手法一统天下(那时主流意识当然有很多的极左成分,容不得有杂音。写实主义是很成熟的舞台手法,但如果容不得任何杂音,就会走向反面)。80年代观念突破与舞台创新,当时一个叫得很响的名词是"探索"。90年代进入商潮与主流意识征战阶段,藏污纳垢、沉渣泛起的东西都来了,但同时舞台科技含量与综合性成分也大大提高。这一次次的节奏很清晰,任务很明确:我们在朝哪里探索,我们在朝哪个方向努力,大家心里都比较清楚。但是眼下,我们不太清楚了,目标不清晰了。80年代以来我们说要突破既定的舞台观,扩大视野,增加戏剧舞台的空间,扩大其科技含量,各种手法的尝试和探索都做了。现在呢?你再搞舞台综合手段的尝试,人们已经见怪不怪了,什么都见过了,什么都用过了,没什么稀罕了。想再拿出来个东西就一鸣惊人,那可不容易了。现在的先锋戏剧,更多流于形式,玩弄形式,带来的一个后果是人文精神缺失。所以我说,眼下戏剧发展的节律迷失掉了,戏剧人失去了清晰的内在目标和动力。

(三)当下戏剧生态状况分析

21世纪戏剧节律迷失了清晰度,有内因也有外因。内因是经过20世纪

80年代和90年代的努力,我们已经完成了中国戏剧与世界戏剧的对接。改革开放以前是封闭的,改革开放以后,国门打开,向西方学习,各种先锋的、实验的戏剧流派都进来了,于是舞台上着实热闹了一二十年。但现在所有的实验都做过了,与世界戏剧的对接完成了。应该说,在这之前,中国戏剧的发展与世界戏剧趋势一直是错位的。20世纪初引进的是西方19世纪的写实戏剧,是易卜生剧。西方写实戏剧有着丰厚的优秀的传统,我们当时救亡图存的社会实践也需要把西方写实戏剧拿来为我所用。易卜生的社会问题剧对于我们搞文化启蒙、唤醒民智非常有帮助。但我现在讲的是形式,那时西方戏剧正在反叛自身,已经走到了现代派,象征主义、表现主义及后来的荒诞派都起来了。所以我们那个时候是脱节的。经过几十年的封闭后,打开国门,完成对接。但这以后呢,我们就和西方戏剧一样了,有着一样的困惑。戏剧再往前怎么走?再就是经济发展和科技进步彻底刷新了舞台的面貌,灯光设备、多媒体装备、各种舞台机械,彻底刷新了舞台的技术含量。再往后,戏剧怎么走?戏剧失去了内在动力。这是内因。

而目前戏剧创作主要是靠外力推动,也就是由戏剧的生态状况所决定。刚才讲到戏剧的生态状况分为两大块,都市一块,乡村一块。乡村民间剧团的生态是另外一个大课题,与今天的主题无关,暂不纳入视野。因为我们讲戏剧创作倾向,民间剧团目前还谈不到真正意义上的戏剧创作,主要是利用和借鉴。我们讲都市戏剧生态。都市戏剧生态主要由变革中的国有剧团与市场独立制作人戏剧这两块构成。他们的诉求成为当下戏剧创作的主要驱动力。相对来说,独立制作人戏剧的力量还比较薄弱,尽管他们很活跃,但目前戏剧获得市场成功比较难。归根结底,变革中的国有剧团还是当前社会戏剧创作的主要力量。而他们一方面在走向市场时遇到很大的困难,另一方面又没有真正脱离传统的管理体制和价值实现渠道,仍然以评奖为动力,围绕行政导向旋转。独立制作人则把利润作为最高标准,希图哗众取宠的效果。这两种外在利益诉求的驱动,成为今天戏剧迷失(很重要的是人文精神缺失)的外因。

内因——完成了与世界戏剧的对接,形式上已经走到头了。外因——眼下的戏剧创作目的不是真正给观众看的,其外在利益诉求建立在评奖机制上,不是内在动力在起作用。这是当前戏剧创作在外在利益驱动下所带来的矛盾。

二、戏剧现场

(一)舞台精品工程的推进

文化部舞台精品工程是朱镕基在任国务院总理时做的一件大好事,但他又是在旧渠道里做的这件事,即政府拨款,按照旧有的渠道去拨付,而不是按照市场经济条件下对文化艺术的资助渠道走,当然我国目前也还没有建立起这种渠道。不过,拨付办法创新了,不是对剧团普撒胡椒面,而是根据评选,根据戏剧本身的思想价值和艺术价值给它分蛋糕。舞台艺术精品工程对近年的戏剧创作有很大的推动作用,当然主要还是在旧体制里进行推动,搞得轰轰烈烈,取得了一定成果。

评选程序是专家、观众、领导三家打分,评选出来的戏有相当一部分是不错的。当然也有不尽如人意之处,因为专家投票见仁见智,另外也有操作方面的原因。例如最初精品工程要求参评的是近年创作的作品,大体为20世纪90年代以来的戏。评了一届,有一个感觉,一些刚刚创作出来还没有获得广泛社会认可度的作品评上了,还没有演多少场,它的把握度就不大,戏总是越磨越精的。这些作品与过去一些成功作品比,质量要差一些。80年代曾经出过一批好戏,如话剧《桑树坪纪事》被视为新时期导演探索的集大成者,话剧《狗儿爷涅槃》一般认为是80年代话剧创作的经典之作,京剧《曹操与杨修》则是戏曲创新的代表作,这些都没有进入视野。再一个问题,成功戏剧总是有限的,精品工程每年评,很快就没有剧目可上了。淘金淘完了,光剩沙子了怎么办?戏剧创作又不能揠苗助长,需要较长的周期。所以第二届有所改变,限期延长,像京剧《膏药章》这样在80年代获得很大反响的戏也被纳入。

《贞观盛事》的舞台是很成功的,相对来说它的内容就弱一些。主演尚长荣和关栋天非常出色,他们支撑了戏的成功。剧本写大唐盛世,中华历史上最辉煌的那一段,写李世民这位英明之主,当时之所以能够形成贞观之治,和他的气魄是分不开的。他的气魄之一就是能够纳谏,能够采纳不同意见,听从魏徵的劝谏,主题很好。可是写的时候却不敢碰大的主题。魏徵在历史上是铮铮铁骨的人物,为了国计民生而勇于进谏,不怕犯龙颜之怒,有很多事情可写却没有选,只选了两件小事。第一件是要求李世民释放前朝宫女,这件事稍微有些想法的皇帝都能做到,可以缩减开支,节省国库。历史上其他朝代没有魏徵进谏,许多皇帝也都这么做了。第二件事,劝阻李世民征选西域绝色美女,也不是什么大事,只要不影响处理国事,就是人家自己家里的事。但制作却很大,皇皇大明宫,众多嫔妃宫女簇拥着李世民在上面看打马球,下面则是众多球手在比赛。现在许多批评大制作的声音,批评的是没有内容的大制作。相对来说,北京京剧院制作的《宰相刘罗锅》,虽然制作也不小,但可以重复使用。它是连台本戏,连演了三年,每年都使用同一堂制作,就比较节省了。而且它的皇亭的制作还在舞台上起到特殊作用,推来推去地调整地点,演奏员还在里面演奏乐器,派上了用场,它成为舞台上的有机组成,而不只是为了烘托氛围。

　　两届比较,评选上的戏在内容题材和舞台样式上也有变化。第一届时话剧只有1台《商鞅》,系历史题材,没有现实题材作品;戏曲6台(《贞观盛事》《华子良》《陆游与唐琬》《贬官记》《金子》《宰相刘罗锅》);其他3台(舞剧《红梅赞》、歌剧《苍原》、杂技《依依山水情》)。戏曲评得多是有道理的,我们是戏曲大国,现存剧种就有100多种,几千个剧团,相对来说话剧和其他表演院团要少。第二届有所改变,话剧4台,而且全部是现实题材:《虎踞钟山》写中华人民共和国成立初刘伯承办军校,时间虽然离得远一点,但体现的却是现代建军思想的萌芽与早期预见,与当下现代化建军要求是紧密结合的。《父亲》写国有企业改革,工人下岗后重新站起来,找到新的价值实现渠道。《万家灯火》写北京金鱼池小区改造。《一二三,起步走》是苏州滑稽戏剧团演的儿童剧,也基本属于话剧范畴,内容是有关儿童教育的。这就大大加强了戏剧创作中现实题材的比例。戏曲3台(《变脸》《膏药章》《董生与李氏》),都是很好的作品,还有其他剧种3台(《大梦敦煌》《大红灯笼高高挂》《八桂大歌》)。

《万家灯火》我不认为是李龙云的上乘戏。李龙云创作它也是接受任务,要求他写城市小区改造的题材,本来是要他宣传市政工程政绩的,不太好写。但李龙云的优势是他对于北京市民生活非常熟悉,他的京味语言和思维方式很有特色。他于是调动起类似老舍写《龙须沟》那种积累,把自己对北京市民的关注、同情、理解都写了进去。他又有自己的狡狯,并没有去正面写建设和搬迁,把注意力集中在小区市民的喜怒哀乐上,他们各自的烦恼,如爱情、工作、生活等。真正的金鱼池市政工程在哪儿表现？幕间广播。大幕一合,大喇叭哇啦哇啦响起来了:某年某月某日,政府决定改造金鱼池小区,投入多少人力物力,实现了什么样的政绩。这就营造了一种背景氛围。但大幕拉开,我们看到的只是普通市民的生活,有些和搬迁有关,更多的则无关。李龙云注入了自己的生活积累。戏很受欢迎,因为北京人艺的戏,长期在首都剧场演,培养了众多爱好京味戏的固定观众。李龙云京味的语言、普通市民的视角和价值观,受到老百姓的欢迎。所以说北京人艺的很多戏,有其文化环境的衬托。与之相比,国家话剧院就没有这种优势。它甚至没有自己固定的大剧场,几十年下来,这个弱点就极其明显了。国家话剧院的从业人员经常感叹,说如果自己也有这么一个固定剧场,一定也会形成自己的优良生态。所以北京人艺的成功原因很复杂,生态环境是其中重要的部分。

第二届的3台戏曲作品都很出色。其中2台创作都比较早,《膏药章》创作于20世纪80年代中期,《变脸》创作于90年代初期。但现在来看《膏药章》,一点时代旧痕迹都没有,没有任何落后于时代的感觉,经得起历史的检验。两台戏都很好,以我自己的看戏经验,我认为这两台戏能够代表戏曲以往的创作成就。《董生与李氏》是另外一种类型,舞台非常干净、简练,就那么几个人,故事很小。一个老财主临死时想找人看住自己年轻美貌的妻子,想起隔壁那位整日将"非礼勿视、非礼勿听、非礼勿动",见了女人就红脸低头的教书先生董生是合适人选,于是求他看住自己的妻子李氏。董生观念上不接受:我是读书人,怎么能干这种下三烂的事情。但他不答应,老财主不咽气,于是他只好答应,老财主就蹬腿了。受人之托忠人之事,董生整天趴墙头监视寡妇。寡妇以为他对自己有意,很高兴,两人慢慢就发生一些情感上的事情。后来老财主还魂，说妻子对自己不忠，要求董生代自己痛打李氏。董生的人性一面爆发了，从人道出发历数祖宗的道理，义正词严地斥退了老财主。最终董生和李氏大团圆。事情很小，但处理得非常具有诗情画意，看这个戏就像看一幅水墨画，寥寥几笔，逸笔草草，写了人人心中皆有之情，拨动了人的麻骨，触动了人的神经，触及人性的微妙之处。于是你就看得津津有味。往往一些宏大叙事的作品，叙述了半天背景，交代了半天故事，也没说清楚，真正说到了人性部分的时候，时间已经没有了。

舞剧《大红灯笼高高挂》受到一些批评。它不就写的偷情嘛，一个人讨了几个妾嘛！但这部舞剧在形式感上确实能够代表张艺谋的风格。和他的电影一样，舞剧的形式感极强。张艺谋确实不一样，在不同的领域里都能够掀起一些浪花来。张艺谋是陕西人，陕西秦腔在明清时期传遍全国，传到哪儿就把秦腔的高亢激昂带到哪儿，形成许多复合声腔剧种，例如皮黄，演变为京剧，成为戏曲里的老大。张艺谋确实带来了新的思维与手法，舞剧《大红灯笼高高挂》给人的冲击力很强。

精品工程两届评下来，对比有变化、有进步。

（二）概念化问题仍然突出

经过20世纪80年代思想解放，政治驾驭艺术的模式、主题先行受到抨击，但至今仍然不能绝迹。90年代提出主旋律口号，非常好，确定了戏剧的主干，但在实践中却一直发生问题和争论。政府主导容易形成题材决定论，产生大量英模戏。一个英模出来，所有的艺术载体都来表现。题材撞车不说，也不一定都能写得好，于是引起反效果。这类创作如果不能完成从生活到艺术的跨越，注入作者对生活的理解和积累，写出来就容易干巴巴，充满说教气，肯定会失败。一些极端的批评者就把这种失败归罪于主旋律戏剧，说主旋律写不出好作品来，这是十分错误的。他只是把主旋律创作里一部分缺陷当作了全部。理论家一直在提倡主旋律一定要定位在一定的艺术水准上。我有一个观点：主旋律怎么体现？要在百家争鸣的和弦中体现出来。任何一部歌剧、舞剧、音乐作品里都有主旋律，主旋律是在恰当的时候被适时推出的，但其他许多地方也要有辅助旋律，对它形成衬托和铺垫。把主旋律铺垫出来之后,不仅要黄钟大吕地奏响,还要有和缓的音乐旋律把它收回来。所以我认为主旋律体现为一种主导的东西,它只要是昂扬的、向上的、代表了我们时代精神和前进趋势的,就是主旋律。主旋律的作品一定要追求艺术性和人文性,丧失艺术性的作品在主旋律上也会失败。

前不久看的山西话剧团的《立秋》,是省委宣传部直接抓的戏,为"中华文明看山西"行动之一,收到很好的效果。这次他们推出的作品都很好,话剧《立秋》不错,舞剧《一把酸枣》不错,山西壁画展和摄影展也不错。《立秋》写山西钱庄商人,明清时期他们曾经打遍天下,江南到处是山西票号,但民国以后受到现代银行的冲击,垮了。原来的剧本结尾是最后改造旧票号,变成现代银行,重新振兴晋商雄风。但这违背历史,旧票号不可能变成现代银行,完全是两种制度下的产物。现代银行从西方兴起,逐步掌握了世界经济命脉,这种历史结局是不可改变的。专家建议,改变结尾,用悲剧结局。他们采纳了这个意见,于是就获得成功。这说明,眼下人们的艺术观念比较强了,即使是党和政府抓的戏也注意艺术水准了,一定要让戏可看、好看,人们爱看,在美学叙事上一定不能违背原则、违背规律。戏的结尾,票号分崩离析了,里面的人各奔前程,但人的情感没有破裂,大家一起来面对这个结局,以悲剧结束。那么,戏要告诉人们什么呢?告诉人们的是时代变化了,人们必须及时改变观念,适应新形势的要求,不能抱残守缺,抱着过去的成功不放,既要继承以往的奋斗精神,又要跟上时代。没有表现晋商的发愤图强,从最初走西口到如何艰苦奋斗创下辉煌业绩,而是写晋商的失败,通过失败来反思历史,来警醒今天的改革不要重蹈历史覆辙。所以,从艺术角度来考虑戏剧的艺术性,越来越受到重视。

但我也要说,目前戏剧为评奖而创作的热情不减,这是比较糟糕的。当然现在的创作技术含量提高了。为了评奖就要设计一个主题,但如果不能完成从概念到艺术的转化,概念戏就会产生。京剧《廉吏于成龙》,写官吏廉洁,主题好啊。于成龙确实是清代一个很有名的廉洁官吏,正史有记载,乾隆皇帝表彰过的。但剧作家在作品里老是让他做好人好事,好像就只有这种手法才能正面表现,效果却适得其反。你看于成龙身为朝廷三品大员,却身穿补丁衣服,仅带一个仆人阿牛,千里迢迢步行去福建上任。仆人只挑一副箩筐，一头是生活用品，另一头是四包泥土。这太脱离历史环境了。古人做官公出是要坐官轿、乘官船、有官吏护送的，晚上则住在官驿里，免费的。古代社会秩序不安定，明清话本小说里有许多故事，写秀才赶考或者官吏赴任，半道上被人谋财害命的。一个三品大员怎么可能自己走路去上任！于成龙到任即收留一大群难民，弄得自己养不起，只好把旧衣服拿去典当度日，自己喝白水当酒、吃萝卜当菜，老妻卧病在床却不管。一对皮影艺人翠妹母女当街卖艺谋生受恶霸欺负，他收养她们，不让她们再去演出糊口，后来又养不起，弄得翠妹娘只好取出祖传玉镯典当。这是用降低人物为代价来塑造人物的手法，非常不可取。你只要写出他在其位置上能够不忘本，有时考虑到老百姓，为皇上做一个好臣子，那可能就更真实一点，更有说服力。他毕竟逃不出自己的历史局限，他心系老百姓只是为了皇权永固。用惯用的好人好事法来塑造人物，反而拉低了他。

创作切不可主题先行。如果先有一个主题在心中，就是意念先行，必然凑故事、凑人物、凑情节，而不是有感于衷，情动于外。以往的创作有过不少教训，大到曹禺的《王昭君》、郭沫若的《蔡文姬》。大家都说，曹禺在中华人民共和国成立前写了那么多好戏，之后怎么写不出来了呢？他说："巴金老说我就是俩字'听话'，我就是太听话了。"他的《王昭君》前面有一大段很动感情的话，说是要完成任务，用民族和睦的主题来写王昭君。意念先行！先接受任务，然后设计故事，设计人物，人物就必须是充满民族大义的，一点儿不考虑个人情境，也不考虑匈奴与汉民族的文化和物质差异。人物心里难道不抗拒？什么都没有，王昭君就满面春风地去了。当然他也做了一些解释：毛延寿捣乱，使王昭君见不到汉元帝，心里也生气。曹禺不愧是大家，戏里对人物那些细腻的描写很好，如把王美人写得很生动。郭沫若的《蔡文姬》同样，为表现一种意念：我就是要表现民族大团结。于是就把蔡琰《悲愤诗》和后来的《胡笳十八拍》诗里的情感完全扭转。蔡文姬在匈奴完全没有任何不适应，与左贤王琴瑟好合、鱼水情深，只是为了完成民族文化承传的伟大历史任务——曹丞相要她回去续写《汉书》，于是高高兴兴地和子女告别。这样的作品不但观众难以接受，也误传了历史信息。

现在仍有很多教训不断地发生。邵钧林是部队中一名较成功的作家，

《虎踞钟山》那么灵动,《DA师》那么冷峻,写《兵心依旧》却遭遇滑铁卢。题材是写复转军人到地方上创业的,但作者对地方经济生活并不熟悉。剧作揭示和强调的是一种部队勇往直前、永不言败的精神,这种精神被复转军人带到了地方,成为他们创业的强大支撑力。这一点是不错的,有许多成功先例。剧中随处流露的高昂英雄主义或者浪漫主义情怀,是很感人的。但是,作者把白手起家的工业与市场创业想象得太简单了,这种浪漫主义情怀的抒情也就变成了一种神话的营构。一个无一技之长的复转军人,平日以推小车卖水饺为生(还只是做工最粗糙的老兵饺子),而且性格特别"愣"(剧中有许多描写),到处"冲"人,却平白得到了县政府无偿批给的几百亩地,供他办药厂。他身无分文,也没有谁给他投资或贷款,却在几年间变出了一座价值亿元的现代化药厂!这种创世神话,究竟要告诉目前面对市场经济的观众特别是众多创业艰难的复转军人什么呢?是否会感叹自己的运气太差?所以,如果写作之前先决定了自己要写一种什么立意、一种什么精神、一种怎样的崇高,然后来凑故事,又不能把生活积累注入进去的话,就只能编造不现实的东西。

福建戏曲成名作家郑怀兴,编剧很有一套,他在20世纪80年代甚至推动了福建戏曲创作重新对待历史剧的潮流,人性化、多元化地开掘历史。他到台湾讲编剧法,效果非常好,出版了一本书。我知道过去写戏曲编剧论的很少,过去范钧宏老先生写过一本,马少波老先生写过一本,一共也没几本。郑怀兴写得很好。他很强调戏曲的个性化写作,最近写了一部莆仙戏《妈祖·林默娘》,却很失败,故事都没编圆。像这样一个成功的作家,怎么会栽跟头呢?其实他自己也知道不能意念先行。妈祖信仰是郑怀兴的家乡莆田一带极其流传的民间信仰,是当地的文化资源,当地一直想用妈祖来做文章,政府很重视,想请他写成戏。但他对这个题材一直不感兴趣,认为神话题材挖不出新意来,挖不出人文精神的深度来,所以很多年没写,一直在琢磨。等琢磨到一定时候,他认为终于抓住了一些东西,然后才动笔。理论上他也很清醒,就是戏没法看。我觉得,他还是先有了一个要写妈祖的动机,尽管他心里也强烈抵抗,不让自己陷入主题先行。然后他苦苦构思,隐隐约约好像抓到点什么,编出来点什么,慢慢又被自己心里的这个东西说服了,不知不觉给带进去了。不是对历史文化有所感悟、有所感动，内心召唤他写戏，而是外在需求把他说服了，他把自我融化到里头了，最后写出这部不成功的作品来。

2004年第七届中国艺术节上有一部作品集中体现了意念先行的害处，这部作品是越剧小百花团茅葳涛主演的《藏》。《藏》要表现天一阁藏书精神，这种精神是通过天一阁200年的历史体现出来的，可是舞台上无法延续那么长时间，故事只有几天。于是作者出来说话，处处点题。这是用写论文的概括法，提取历史精神，而不是写戏。戏相反，恰恰要具体化，深入具体人物和事件里去，深入人心里去。

戏的结尾总要提升，对主人公的精神境界、对戏的立意都要有一个升华，这样才能推向高潮。有时为了评奖，戏剧往往提升在不恰当的位置，反而影响了评奖。如江苏话剧团《世纪彩虹》是一部不错的戏，写战争年代几个战友，后来分开，有的过了鸭绿江，有的去学建筑。在不同历史时期，他们的命运发生了不同的变化，共同经历了"反右""文化大革命"等磨难，有的成了右派，有的成了"走资派"。最后重逢，大家从各个岗位上集中到一起来庆贺主人公修建大桥成功，子女们也回来相庆。这时主人公站在舞台上，望着大楼玻璃窗外面的城市楼群，一桥飞架南北，感慨地在舞台上朗诵起了中央领导同志的讲话。落幕，大家报以并不热烈的掌声。因为这种提升没有落在人物命运上，没有落在人物情感上，也没有落在观众情感上。观众跟不上你外在的提升。一部很好的戏，最后没能推上去。还有一部类似的南京话剧团的《秦淮人家》，表现秦淮小人物一生的悲欢离合，很凄婉，跟古老秦淮的风格比较吻合。到最后，随着社会发展，大家都有了很好的归宿，男女主人公的爱情也有了完满的结果。在经历了许许多多的悲欢离合之后阖家团圆，但结尾却落在了秦淮河搬迁上。政府投入了很大的财力，给大家搬新居，一派辉煌。大家高高兴兴地坐上秦淮画舫，一起划往新房子里去。这怎么能升华呢？专家论证提出意见，剧团采纳了，于是改变了结尾。男女主人公送走了儿女们，二人对此地恋恋不舍。女主角推着坐在轮椅上残废了的男主角，缓慢地在舞台上转了一圈。此时没有音乐，没有音响，没有任何声音，剧场里非常安静，所有观众都在看着男女主人公的举动。这时，他们心里一辈子的酸甜苦辣,他们所有的复杂情感,以及前面戏里表现出来的所有东西,全部集中在里面。此时真是无声胜有声。转了半圈以后落幕,观众的掌声如暴风雨一般响起。因为最后这一个改动,这部戏拿了第六届中国艺术节的大奖。它的升华体现在了人物命运上、人物情感上及观众的心理期盼上。

为什么成名作家都一再犯同样的意念错误?经过对"文化大革命"的反思,大家都知道规避这种错误,可是明明知道规避,又一而再再而三地犯!这说明在我们强调主旋律的政治文化环境中,这个错误较难避免,尤其当领导支持创作与干预创作分不清楚的时候容易犯。

(三)眼下音乐剧热、舞剧热问题不少

音乐剧近年大家都在搞,看到西方的成功先例,很多人有一个共识:将来音乐剧一定能在中国大放光彩。于是大家都想从这里突破。近年的舞蹈也想从戏剧突破,于是搞舞剧,大概舞剧相对舞蹈比较完整并容易评奖吧。所以音乐剧、舞剧近年都比较热,但大部分失败了。部队也有此类创作,如冯柏铭的歌剧《我心飞翔》、音乐剧《赤道雨》(与周振天合作)。但我不认为这两部作品是成功的。

当下有一个普遍性的问题没有解决好:综合艺术中应该以何种元素为主体?是故事情节、人物形象,还是音乐、舞蹈、歌唱?这些问题老是处理不好。国外也没能很好地从理论和实践上解决这些问题。例如西方把歌剧归入音乐,可是瓦格纳又提出不同看法,他说歌剧要有戏剧的核,不能完全归入音乐,它应该是一种戏剧创作,而不能仅仅是音乐创作。这个问题一直存在争论。西方的音乐剧实践则有不同的探索和趋势,以故事情节为主的当然很多,很成功,如《西贡小姐》,但也有不少淡化故事的,像《猫》,像2002年在人民大会堂上演的《巴黎圣母院》,故事性并不明显,但它们在西方取得了成功。所以这个问题在理论上是没有解决好的。但我要说的是,在中国必须符合国民的审美习惯,我们的老百姓看戏,还是比较习惯于有头有尾,有一个故事从头到尾贯串,不一定要很复杂,但线索必须清晰。《猫》《巴黎圣母院》这样的世界音乐剧名作在国内演出时,都不太受我们的观众欢迎。

刚刚看过的郑州歌舞剧院演出的《风中少林》，故事情节很简单，但清晰完整，就取得了较好效果。所以应该有比较完整的故事，有比较清晰的情节线索，就是所谓的戏剧中枢，这是我们搞音乐剧、舞剧（我觉得还应该包括歌剧）的基础。眼下有许多作品处理得不好。

我觉得歌剧《我心飞翔》、音乐剧《赤道雨》就存在这种问题，都没有解决好故事情节设置问题，不够连贯清晰（当然冯柏铭的歌剧《苍原》《沧海》等很成功）。《我心飞翔》写留美科学家，不熟悉生活，缺乏真情实感，而在表演上又过分以歌星的歌唱为主。只看见戴玉强在舞台上唱美声，歌声震耳欲聋，情感却上不去。如果你是在单纯唱歌，好，你只要情绪上去了，歌喉放开了，大家就会报以掌声。但是你在剧中表现的情感已经不是演员的情感，而是剧中人的情感。戴玉强已经不是他自己了，而变成了主人公留美科学家，你就要按照科学家的情感来处理。他的情感要求你酣畅淋漓表现的时候，你就可以亮开歌喉高唱；他的情感是婉转低回的时候，正在犹豫、彷徨、矛盾、迟疑时，你就得唱低回婉转的旋律。眼下很多地方是震耳欲聋的激情在狂滥地澎湃。一定要弄清楚演员情感与人物情感的区别，你表现的是人物的情感而不是你自己的情感。《赤道雨》同样缺乏恰当的戏剧结构和故事内核，过于强调歌星效应。相比来说，前一段看音乐话剧《金大班的最后一夜》就比较好，载歌载舞，故事完整，是戏剧人搞的。

最失败的是三宝搞的音乐剧《金沙》。三宝是音乐人，写歌的，他写的《金沙》里的每一支曲子单独拿出来唱，都很好听。可是因为里面没有故事，只强调音乐和歌唱，就失败了。前不久我在圣彼得堡看了俄国人演出的芭蕾舞剧《罗密欧与朱丽叶》，很有感慨。它里面基本上没有用多少和弦，把交响乐全部调动起来的时候很少，单管、单弦演奏的时候很多，很细腻轻盈。艺术是需要细细品味的。它根据剧中人情感的需求，可能只是一支单管轻轻地吹，吹的声音若有若无、断断续续。那时观众沉迷在艺术欣赏的境界里，集中精力听，全场鸦雀无声，给人的感觉是艺术真神圣。《金沙》则每一首歌都如雷贯耳，非得把你灌晕了才罢休。它是一批音乐人攒出来的东西，没有故事。

我亲身经历，看到一个创作人在故事上的从幼稚到成熟。我的研究生同学冯双白写的舞剧《妈勒访天边》和《风中少林》。《妈勒访天边》尽管在舞蹈语言上的冲击力是很大的,也拿了几乎所有的奖项,但我认为它的情节设计是有问题的。它采用穿糖葫芦式的结构:以妈勒追寻太阳为经,途中遇到的事件为纬。但妈勒只遇到了一个大事件,于是停留在一个部落里许久,恋爱、结婚、沉溺于幸福生活,最后才决然离开,继续往前走。一根棍上穿了一个大糖葫芦。当我们在大糖葫芦里停留的时候,就忘记了妈勒的使命和全剧的任务。而且妈勒的舞蹈语言以现代舞为主,部落舞蹈则是大量的民族民间舞,二者构成极不和谐的夹角。《风中少林》则完全按照故事情节和人物塑造的需要来设计,一切舞台元素——舞蹈、武功、音乐、舞美设计都围绕其间,需要则用,不需要则删,因而十分有机和谐,取得了成功。其中的得失成败规律值得认真总结。

(原载《戏剧之家》2005年第4期)

戏剧创作谈
——当代文化背景下的创作实践[①]

强调一条,我是搞戏剧理论的,编剧我不懂,搞创作更外行,写过一个半个蹩脚的戏,拿出来一看就是搞理论的人写的戏。搞理论的人写的戏有它的特征,从编剧的角度挑毛病,什么毛病都没有,但就是没法看,味同嚼蜡。但搞理论经常有机会给大家讲课,我凭什么?我自我解释:讲编剧的方法当然自有成功的剧作家来谈,过去范钧宏、马少波老先生,现在福建的郑怀兴,都出版过很好的著作,是从心得体会里总结出来的经验。那些我没有,我比不过他们。但我也有自己的长处。我比较超然、超脱,我站在创作的外边,有理论和评论基础的支撑,又多一点历史文化与中外戏剧的背景知识,这些决定着我对于戏剧现状中反复出现的问题和苗头会比较敏感,这是搞理论的好处。另外我平时看戏多,掌握的例子也多,可以进行对照和比较。我还勤于思考:哪一部戏成功了?为什么成功?成功在什么地方?哪部戏失败了或者有问题?为什么失败或出现问题?哪一部戏本来应该成功的,但中间有缺点?缺点在哪里?于是积累起一些心得。这样一想,我就有些底气了。这里,我就发挥自己的这个长处,来谈些对眼下戏剧创作的直感,举一些例子供大家参考。当然,举例的时候,如果误伤了谁,请大家原谅。

我讲当代文化背景,说些什么呢?现在的创作当然与过去不同,时代发展了,走到了今天,而今天的世界是一个非常开放、广博、冗杂的世界,人们通过广播电视、通过现代媒体可以看到的东西多了去了,观众能随时接触到全世界各种各样的创作,最时髦的,最先锋的,最现代的,甚至最大场面的、

[①] 本文系根据作者 2005 年 9 月 10 日在湖北省高级编创研讨班的讲座录音整理。

最高规格的都能看到。我们的编剧,不管你待在哪里,哪怕你是待在县里,待在镇文化馆里,面对的都是这个世界,面对的观众都是世界性的观众。这就是我们现在搞创作的背景,所谓当代文化背景,就是这个东西。那么,我们现在的戏剧创作和以往不同,比我们的前辈要难得多,难就难在观众的眼界打开了、口味丰富了、品位上升了、要求高了,这给我们的创作带来很大的困难。所以,当代戏剧创作者背负的任务比前代更重。应该说,现在戏剧创作的普遍水平比20世纪五六十年代要高得多,但现在的观众却总说没戏看,说一代不如一代。其实要两面看,可能当代许多创作高于过去,过去经常犯的技巧错误现在都不再犯。可现在人的品位高了,口味刁了,善于比较了。

我的意思是,在这个背景下写戏,要写出什么样的戏来?从哪个角度考虑来创作一部作品?创作一部什么样的作品才能得到更多观众的认可?前面的一些理论家讲课,可能提到许多现代派戏剧创作,先锋的、实验的、现代的、后现代的,这些当然构成我们创作的一个背景和起点,是必不可少要参考的。我们经常会去观摩这些作品,尤其在北京的人看得更多一点。它们就摆在我们面前,引人思考:我写什么样的作品?我要不要写这样的作品?我能不能赶得上这样的作品?北京一个很成功的剧作家过士行,在他写了四部曲(《棋人》《鱼人》《鸟人》《坏话一条街》)之后,有过很长一段时间的彷徨,有七八年。20世纪90年代那一段,北京好像是先锋派戏剧的时代,牟森过去了,孟京辉起来,孟京辉不大活跃了,李六乙出现。过士行困惑地说:我是否过时了?现在先锋派吃香,我又搞不来先锋派的东西,再往前我该怎么走?我想他的彷徨心理可能反映了相当一批主要在继承传统的基础上进行创作的剧作家的心理状态。这种现象说明,在现代派的冲击下,戏剧创作有些无所适从。我于是对他讲,你就是你,你是非常独特的,你的东西没有第二个人能够再创作出来,所以你要沿着自己的路子走。很长时间之后,他创作出了《厕所》,改变了风格,朝着先锋的方向迈了一大步。他的变法是否成功?以后再怎么走?我们拭目以待,眼下不好下结论,变得如何也请大家评判。作为一个成功的、有着鲜明自身风格的剧作家,他能够改变,这本身也表现出了他创作力的旺盛,这是值得肯定的。

改变成功的例子在艺术创作实践中经常出现。例如我发现书法界就经常有这种现象。一个书法家成功后,他的有着独特风格的字体已经为人所熟知,大家一看就知道这是谁写的字。但总有一些不愿意停留在原地的、创作力旺盛的书法家,寻求改变,一改过去的风格,写出人们不认识的字体。开始时大家不接受,加上新的风格没有确立、新的字体没有成形的时候,它还不够规范,有时比较丑,要经过一个时段的磨合、锻铸,逐渐才能形成新的风格,这中间有一个比较痛苦的过程。我们看他们形成风格过程中的步履有时是比较艰难的。北京有一个我崇敬的书法家叫薛夫彬,行书非常棒,我一直模仿他的字,我之所以模仿他,是因为在我看来他已经写得无与伦比了。但他近年突然变了风格,写起草书来,写得很丑,有些作品实在没法接受。我觉得你一位成名书法家,为什么要跟着社会流行的丑书走呢?很不接受。但经过一段时间(一年)的震荡期,他在中国美术馆搞了一次个展,让所有的人大吃一惊,他的草书已经非常漂亮娴熟,个性极其鲜明独特,改变过程中的丑陋已经被彻底克服。所以,成名作家如果创作力旺盛,可能寻求改变而且极有可能成功。过士行是否处于这一过程?我不知道。我想说的是,尽管现代派很风行,现代派也确实打开了我们的视野,增加了我们的舞台语言,丰富了舞台形象画廊,但我们在吸收融合的过程中,不要忘记本体,不要忘记传统。这就是我今天的观点。尤其是我认为,无论改变也好,搞探索、搞实验也好,还要有一定的文化背景和文化条件的支撑。你在伦敦西区、在纽约百老汇,你尽管搞去,你在那里可以找到世界上最好的观众来支持你。像荒诞派写出《等待戈多》时,虽然第一场也只有两个观众,但它很快就能风靡起来。你在那种背景下尽管实践。在北京,你可以做适度的改变。在湖北、在武汉,你的幅度可能就要缩小。如果到地市、县镇,你可能就要更多地尊重传统。这就是我的整体感觉和看法。

我想强调的是,即便在西方,20世纪这整个100年的过程中,一直在寻求现代派后现代派的突围,但一直到目前为止,写实主义还是基本的创作手法,仍然在起作用。我们可以叫它新现实主义。我们熟悉的美国剧作家阿瑟·米勒前不久刚刚去世,代表作有《推销员之死》,他是美国20世纪五六十年代崛起的两位新现实主义的代表作家之一,另外一位是田纳西·威廉斯。瑞士迪伦马特的《老妇还乡》，也是在吸收融会了现代派的技巧后，仍然用现实主义手法来表现的作品。前年在北京看的《哥本哈根》，是英国剧作家迈克·弗雷恩1998年的成功之作，轰动了伦敦，轰动了国际剧坛，获得了普利策奖等众多的戏剧大奖，也还是新现实主义的作品，尽管它的手法包含了许多现代后现代戏剧的手法和技巧，但基本手法是现实主义的。我于是思考一个问题：戏剧本身有它质的规定性，你可以大幅度地改变它，可以彻头彻尾地改造它，可以彻底颠覆它，像一些后现代戏剧搞到了反戏剧的程度，但不管怎么变，万变不离其宗，戏剧是对生活本质的一种复制、一种复现、一种映射，这是不能变的吧？你再制造星球大战，制造一堆外星人，编故事编来编去还是人和人之间的矛盾冲突、人与人之间的情感瓜葛，外星人再变也还是人形，哪怕它有5只眼睛8条腿。戏剧的本质是永远变不了的，而这个东西在传统里早已奠定，一直支配着戏剧从昨天走到今天还将继续走到明天。

　　从这个意义上讲，我们来看戏剧的基本创作方法，其实老祖宗、古人早就规定好了。就拿西方现在说起来已经臭不可闻的"三一律"来说，那是古典主义时期的戏剧法规，19世纪末到20世纪整整一个世纪，现代派、后现代派一切的反叛都是冲着它来的。但是，我们现在想一想，又有哪一种戏剧能够彻底抛弃它呢？当然它太机械了，时间的整一性、空间的整一性、动作的整一性，机械地要求故事必须发生在一个地方、不能超过24小时的长度，动作线要连贯不能转弯。但细想一下，这些到现在不还是戏剧的核吗？戏剧还是离不开它。后现代戏剧有许多反戏剧的做法，想彻底抛掉这个核，就无法和众多的观众达到沟通，后面我还要举例说明这一点。中国传统的戏曲理论里也有和"三一律"很接近的东西。明代戏曲理论家王骥德、清代戏曲理论家李渔的归纳皆如此。李渔是中国古代戏曲理论的集大成者和体系的奠基者，他的《闲情偶记》里关于戏曲创作和戏曲表演的理论非常出色。其基本理论是"一人一事"，就是说戏曲要表现的是一个人的故事，而且是一个人的一件事情，不可能展现他的一生，而要选择一个有头有尾、自成体系、能够表达一定意义的故事——这和"三一律"很接近。所以，古今中外戏剧创作方法是很相近的，认识是相通的。

我的主题是：尽管我们已经进入现代社会，尽管我们的戏剧创作一直在反叛、在探索、在实验，但其中有一个万变不离其宗的东西，有一个从传统继承下来而且要一直延续下去的东西，有一个核，那就是戏剧要描写人生，要表现人物关系和人物情感。如果我现在是站在北京的讲坛上，面对的是先锋派的戏剧家，我可能和他们探讨怎样用特殊手段表现人的内在情绪。但现在我是站在湖北的讲坛上，面对的是与戏剧基本观众密切相关的创作人员，我更想强调的是，你可以参考、参照许多现代派的东西，但千万注意不能离开戏剧的核。我为什么要讲这些？是由于通过近些年的许多戏剧作品，我看出了一些倾向性的问题，这些问题都和刚才说的有关：许多戏、许多戏的某一部分犯了错误。犯的是什么错误？是离开戏剧本质的错误，也可以说是常识性的错误。我今天就是想围绕这个题目举些例子，来引起大家的警觉。我想讲的是，要写好一部戏剧作品，首先要编好一个故事。编好故事之后，你要搞好人物塑造，然后你要提炼出它的寓意（主题）。都做好了，你还要考虑细部，比如怎么开好头，怎么把握一部戏的主干——是把精力放在外在的制作装饰上还是夯实它的基本部位？这些都是老生常谈，但就是这些戏剧最本质的部位、戏剧的核，我们在创作实践中却不断地犯错误，应该引起重视。

一、编好一个故事

我想强调的是，不管现代派先锋戏剧、实验戏剧多么活跃，中国老百姓由传统的审美观、审美心理定式所决定，还是要看故事的。这是千百年来铁打不变的规律，越往基层、越往底层，越是如此。明清戏曲剧本叫作传奇，古人说：传奇传奇，非奇不传。你没有奇妙的地方吸引大家，剧本就不易流传。最根本的是要编出一个吸引人的故事来。即便是在西方，即便是在美国百老汇，现代、后现代戏剧的发源地，他们平时撑台的、能够吸引更多观众的、能让大家交口称赞过目不忘的，还是那些传奇故事剧，而不是现代后现代剧目。《等待戈多》可以给人以哲学思考、思想启示，但人们走进剧场里更多的还是寻求娱乐。

西方非常流行的音乐剧也是以故事为核的,而我们总误以为音乐剧要以音乐为主。虽然有不同的情况,像《巴黎圣母院》《猫》等就比较淡化故事,这是因为前者的情节已经家喻户晓,各种舞台剧、屏幕剧早已把它变成了西方文化的经典,大家都了解,不用再交代故事情节,后者主要是描写西方人在现代社会里的失落感,不是要强调故事,但更多的音乐剧是写故事的,而且往往编故事编得非常好。近年很受欢迎的从迪士尼动画片改编来的音乐剧《狮子王》《美女与野兽》《美人鱼》,尽管是工业制作的产物,但从编剧手法来说,它们的编剧都是精妙绝伦的,极其注意细节和连贯性,给我们很多借鉴。过去我们常常批评美国好莱坞电影工厂作业式的、流水线生产式的、配套产品式的、组装式的创作模式,英雄加美人、暴力加爱情,好多稀奇古怪的东西组合在一起,添上一些噱头,就以此吸引观众掏腰包。批评是对的,但具体到每一部作品,我又不得不佩服他们组装的技巧之高,分工把守的每一个关口、每一个细节部位都有人负责,编出来的故事是滴水不漏的。先不说主要人物、主要情节、主要布景,所有的次要人物、所有的细节、所有的小道具,都是极有思考的。前面出现一个人物,后面一定有交代。前面出现一件道具,后面就一定有用途。这些虽然都是编剧常识,但在我们的创作里常常会被遗忘。前面出来一个人物,后面没有下文了;前面出现一个道具,后面没起作用——不呼应,不回顾,造成漏洞。我二三十年来看戏形成很不好的职业毛病,看所有的戏都用一种挑剔的眼光看,老是要挑人家的毛病。但这些作品就很难挑出编剧的毛病来。

　　最近的迪士尼新片《花木兰》,编剧就非常好,虽然毛病也可以挑出来。木兰从军后去抵抗匈奴,进行一场战斗,失败了。木兰机警地制造了一场雪崩,把匈奴大部队埋在了雪里,两败俱伤。但匈奴的酋长还活着,来到京城擒获了中国皇帝。最后经过木兰和战友们的英勇奋斗,擒住了酋长。要不是用动画思维看,当然找得出许多毛病:几个匈奴人跑到重兵把守的京城,就能轻易接近并俘获中国皇帝!他们装扮成舞狮子的,舞着舞着舞到了皇帝跟前,就把他抓住了。那是根本不可能的!他们恐怕连皇帝的侍卫还没够着就被发现了。但就是这么一个简单的故事,迪士尼将它演绎得十分波澜曲折,其中还有很细腻的情感描写,很抓人。我一边看一边感叹:花木兰的故事是我们中国的文化资源，迪士尼却知道把它拿过去利用，反过来又赚我们的钱。它赚的钱实际上是故事钱，是由于花木兰这个故事吸引人而赚的钱。但是我们又不好说人家是抄袭我们的，卖的是我们的东西。为什么呢？它拿来演的东西已经经过加工改造，和我们的东西不完全一样了，加入了许多美国观念，不是我们的文化产物了。例如木兰个性十分外向，像个男孩子，不断闯祸，最后受到表彰时，高兴得上去抱住皇帝就是一个吻，这是美国人不是中国人。

我要说的是，即使是在西方，即使是在后工业时代、信息时代、后现代的今天，西方舞台上、银幕上能够吸引普通观众的作品，还是传奇性的、故事性的。所以西方人不断挖掘、复制他们的文化资源，把过去的故事一个又一个反复搬上好莱坞的银幕，许多经典故事如《哈姆雷特》《天鹅湖》都演烂了，于是寻找新的资源，就开发到了东方，阿拉伯的、印度的、中国的。不久前看到一个材料，迪士尼正计划拍《杨家将》《西游记》《天仙配》的动画片，甚至想把《孙子兵法》也搬上银幕，这我们想都想不到，因为其中好像没有故事——当然他们是借这个核来编他们的故事。他们发掘这些文化资源，就是在利用这些故事的核、利用其传奇性来吸引观众。现代媒体手段很多，电视剧、银幕剧、舞台剧，需要大量的资源。我国近年创作的电视剧差不多已经把古代的传统资源整个都翻了一遍，戏说也好，歪写也好，可能凡是有过的故事都拍成了电视剧。美国比我们早走了多少年，他们更是这样，翻来翻去，再也翻不出什么新花样了，于是挖到中国来了。我们也没有办法指责他们侵犯版权，50年以前的东西你管不着，而且人家也没有照搬你的，拿去只是以之为模子重新创造，所以拿回来的《花木兰》我们看起来也津津有味，因为是新的。他们这种做法，对他们本国的观众来说是为了扭转审美疲劳，寻求新的刺激、新奇的东西，寻求一点传奇性；对我们来说好像有危险了，因为他们这是在侵吞我们的文化资源。现在迪士尼的制作模式变了，变得像许多大公司一样，在他们国内设计，在东方加工。文化产业都形成了如基础加工产业一样的生产流程，很可怕。

即使在西方，对普通民众来说，故事性、传奇性仍是戏剧的核，更何况是中国的广大农村观众。话剧是这样，戏曲更是这样。因为戏曲受到更多的舞台限制,唱腔方面的等等,戏曲的舞台空间相对要小,比话剧小。所以戏曲要求故事不能太复杂,李渔就强调"一人一事"。当然这是绝对的说法,李渔是在朝着绝对的方向强调,但不等于说一部戏里只能写一个人,只能写一件事情,不是这种理解,而是说人物和矛盾冲突要集中。李渔的概括是总结了传奇创作200年的实践,是经验之谈。事实上,传奇创作到了清初李渔的时代已经变得非常成熟,当时复线结构即双主角、四个主角的戏,也就是两对男女主人公的戏,也出现许多成功作品。如明末吴炳、阮大铖等人写的戏,许多是两人一事、四人一事或者四人多事的。当然,大作家、成功的作家可以这样做,一般作家未必驾驭得了,于是人一多事一多就出现混乱现象,情节发叉,老百姓看不懂,一头雾水。这样的戏多了,李渔出来进行理论总结,就提出了"一人一事"。这是他的强调性说法,并不是说只能写一人一事。但李渔却指出了戏曲的规律,故事不能太复杂,线索必须清晰。一人一事还隐含了一个要求:必须是正叙事结构。当然现在的戏曲结构多样化了,倒叙、闪回、意识流都有,但它基本的结构是正叙事。

　　相对戏曲来说,话剧就比较自由。话剧的相对容量和空间要大一些,故事设计上允许它比戏曲复杂一点,所以在结构上倒不一定要像李渔说的那样一人一事。大家很熟悉的《茶馆》是切片结构,前后事情虽然互相有联系,但又有中断,人物也有改变。整个历史长河在流,老舍先生没有表现它的全部,只是截取了中间的三个横断面,切了三片,把它们放在显微镜下看,看其中人物的生存状态和精神风貌,而略去故事中断的部分,这就是《茶馆》。这种结构非常便于利用现有舞台空间来辐射较大的社会生活面,跨越比较大的历史时空。这对老舍来说是一次新颖大胆的尝试,他的剧本刚拿出来的时候,受到一致指责,说他不懂话剧,但事实证明他创造了新的表现手法。

　　话剧的先锋戏剧走得比较远,有时故意让人看不懂,就不是给普通老百姓看的。例如李六乙的《口供》,那里面根本没有故事,属于先锋派反戏剧的戏剧。观众随便在一个随意的空间里站着坐着,被垂吊的一些布帘分隔着,演员也穿插其中。中间有一个大垫子,算是中央区,灯光集中照射着,一些演员在上面翻跟斗。分布各处的演员都在各自随意不断地做体操、舞蹈动作,大家一致性的地方只是一个接一个地朗诵连贯的台词,台词贯串戏剧,但台词内容没有连贯性。开始听得人一头雾水,听来听去听出一些门道,原来是一个人在剖析自己的内心世界,向观众供出自己内心深处所有圣洁的、肮脏的、伟大的、卑微的想法,所以话剧名字叫作《口供》。这是新新人类的叛逆性呐喊?标新立异?我不知道怎么定位。从形式上看,它是彻底反戏剧的,它没有人物、没有形象,通过集体朗诵和群体表演来展现一个人的内心世界,所有舞蹈、体操、武术动作都是为了表现这个人内心世界的激情。这是一次探索,是够先锋的。它的问题是,当最初的好奇冷却之后,观众在15分钟内就进入审美疲劳,一再重复的演出变得十分枯燥,对观众造成不可终席的折磨。如果没有对人物情感和心理的聚焦,单纯靠场面的烘托、外在的东西是不抓人的。后来我才知道,他是把一个后现代诗人的诗歌拿过来,不做任何加工和改动,直接搬上了舞台,长诗的原意是对人的灵魂进行残酷剖析。完全不编故事的现代派戏剧探索,如果面对的是基层观众,大家确实无法接受。

李六乙近年搞了许多先锋探索,如《非常麻将》等戏受到好评,在日本引起轰动,但我最喜欢他的评剧《张大民的幸福生活》,改编自刘恒的小说,表现北京普通人家生活中的烦恼,有它的故事,有它文学性的基础。李六乙把他的先锋手段融入对一个故事的表现时,在舞台上就搞活了。这是他相当成功的一部探索戏,舞台风格和其他戏都不一样,但又表现了一个故事,在他一系列的先锋派戏剧中,风格是另类的,因为他的其他戏都不讲故事或者讲很淡的故事。我一直认为他这个戏最好,但他自己不一定承认。我说你搞先锋戏剧很好,但我认为先锋是手段不是目的,运用先锋的手段是为了完成我们编戏的目的,不能搞颠倒了。而他认为:先锋就是目的,我的目的就是为了搞先锋,我不是为了编故事,编故事的大有人在,他们搞不了先锋,只有我能搞先锋——他要强调自己的独特性和风格。当然可以承认,总要有一批这样的人在。西方搞先锋的也是少数人,他们的存在能够冲击我们舞台的既定观念,带来一些新的思维,给我们以启发,有一定的价值。从这个角度讲,他坚持自己的特色是好的,不能抹杀。

现在的歌剧、舞剧、音乐剧创作,故事也是基础,这一点在舞蹈界、音乐界不一定认可。我认为近年成功和失败的歌剧、舞剧、音乐剧,其中一个关键因素都是故事性如何，可以说是成也故事性、败也故事性。尽管歌剧、舞剧、音乐剧的技术手段都很重要，如音乐旋律、舞蹈技巧等，但一旦进入统一的戏剧结构，纳入舞台整体空间之后，所有的因素都变成了手段，都不能成为目的。手段用来做什么？用来塑造人物。音乐手段、舞蹈手段，一切的一切，都成为塑造人物的手段。音乐界、舞蹈界更喜欢从技术的层面来评判，如旋律和动作的高难度、高精度、韵律感、抒情性、表意性等，但到了戏剧里，这些都要为表现剧情、塑造人物、展示人物内心情感服务，而不仅仅是它们本身了。对人物内心情感的表现，在舞蹈里面和舞剧里面要求是不一样的，舞蹈可以单纯表现人的一种激情，舞剧却要求表现特定人物在特定情境下的情感，也就是故事里的人物情感。歌剧、舞剧、音乐剧的故事当然要淡一些，因为它的舞台手段需要占用更多的时空内存，不可能像话剧、电影、电视剧那样去设计复杂情节，而要抛弃很多细节，它只能是粗线条地表现情节。但是，再粗线条，情节也是核，你不能彻底抛掉它，也不能让它不连贯，更不能让它七零八落。情节淡不是说故事基础不牢，只是简单而已，但轮廓要画好。

近年一些失败的剧都失败在故事上。四川的音乐剧《金沙》，初时演出故事没设计好，演砸了，本来它的内容是有吸引力的。20世纪成都附近先后发掘的三星堆遗址和金沙遗址，出土了大量精美绝伦的金银饰器、玉雕、青铜面具，震惊了世界，让我们看到被遗忘的巴蜀文化的高度文明。四川想对之进行宣传，找到音乐人三宝，决定搞音乐剧，因为音乐剧可以长期演下去。但音乐人不等于是戏剧家和导演。他们编了一个虚幻的故事梗概，所谓的考古学家和古代美女的精神恋爱，情节非常不连贯，在舞台上一首连一首地唱歌，演出就成为流行歌曲大联唱。首先没有故事可看，然后喧天的嘈杂声带来疲劳，剧的张力就难以维系。我的戏剧观赏经验告诉我，当舞台上很静的时候，我可能看得津津有味，因为这时看的是人物的微妙关系和细微表情，戏表现出的是人物的内在心理状态和潜在感情，这时候的戏是最抓人的。相反，当舞台上脱离人物，强调外在热闹的时候，你越是大锣大鼓交响齐鸣，声浪十分高亢激越的时候，我越容易形成审美疲劳，进入梦乡。这时演员越卖劲，观众就越难受，演员的激情越迸发，观众的心理阻隔就越厚重，演出就成了对观众的折磨。《金沙》在北京的演出，尽管有许多年轻的歌迷现场反应热烈，但却只是对流行歌曲的反应，而不是对这部音乐剧的整体反应。总政歌舞团的歌剧《赤道雨》《我心飞翔》最初的演出效果也不够好，原因也在缺乏故事连贯性上。为什么？因为观众要看的是剧，不仅仅是唱歌。例如看《赤道雨》，观众要看的是故事里人物的生死之恋。男主角乘着轮船开过了赤道，女主角在苦苦地等他，观众要看的是人物这时的情感表现，而不是来看演员唱歌的。近年的许多舞台大制作，投入很大精力和财力，都失败在故事这个小小的基本因素上。

而成功的演出也成功在故事上，最近如山西省歌舞团的《一把酸枣》、郑州歌舞剧院的《风中少林》都是。现在舞台技术都不成问题，主角和导演及舞台合成人员都可以外聘，有钱就能做到，关键是剧本基础。郑州市歌舞剧团已经多年不能演出，这次因为这部戏晋升为歌舞剧院了。它首先有了一个好的剧本，然后聘请了一批专业人才，一带就带起来了，我看那些群众舞蹈演员也都做了许多高难度的动作。所以技术性的东西是比较容易实现的，差距在于故事编得好坏。《风中少林》的故事就编得很完整，其实内容很简单又很传统，是大家见惯了的套路，只不过重新设计了一段情而已，但就收到了好的效果。宋金乱世里，一个书生与一位姑娘恋爱，遇到乱匪把姑娘抢走，把书生打成重伤。书生被少林寺和尚救治好以后，下山寻找姑娘，又遇到金兵入侵，他立志保卫国土，被打败后，重上少林寺拜师学艺，十年成就，练成绝艺。金兵再度入侵，他带领少林寺和尚救助平民，一场恶战打败敌人，也找回了心爱的姑娘——一个老而俗的故事。但由于故事编得严整，没有细部忽略和情节纰漏，又用故事串起了一个有魅力的地方文化资源——少林武功，构成一部新颖的舞剧，就极大地吸引了观众。它把少林武功有机变成了舞台表演成分，穿插得巧妙，不是外在的显示，于是就成功了。如果稍微有些勉强，就容易导致失败。你想啊，我这里有一批少林武校的学员，翻跟头、武打功夫都很棒，我想把它弄到舞台上去吸引观众，请你给我编成故事。这就很容易弄成展示性的技艺表演，而且这类演出我们经常看到。就是《风中少林》的同一个作者，以前写的舞剧《妈勒访天边》，就没能摆脱技艺展示的痕迹——展示地方舞蹈资源，故事中间出现了一大场广西少数民族舞蹈大会演,脱离了规定情境。《风中少林》则做得非常好,所有舞蹈和武打都成为戏剧的有机构成,每当它们出现的时候,都是剧里应该出现的时候,舞蹈和武打动作甚至成为塑造人物的手段。剧中有三次展示少林武功的情形:第一次是书生被少林寺的和尚救治疗伤,少林起死回生的独特气功疗法吸引了观众。第二次是书生上山学艺,看到了少林武功的博大精深,悬崖绝壁功、倒立功、武打功,他受到鼓舞,在学艺过程中,伤也好了,身体也强健了,消沉的意志重新勃发起来,这一段完整展现了人物的情绪变化。第三次是书生带领和尚抗击金兵,把少林武功最精华的部分全部用上了。少林功夫精彩展现在舞台上,而展示的地方又都是戏剧结构要求它显露的地方,所以获得很大的成功。

二、塑造好人物

我强调戏剧要编好一个故事,故事要新奇,要吸引人,但这绝不是我们写戏的目的,它也绝不是戏剧的本质。故事只是一个框架,只是戏剧的基础。故事的作用不在其本身,而是为其中人和人之间的关系搭建起一座桥梁,为表现人物的情感提供一个场所。如果我们写了一部戏只是给观众讲了一个故事,这样的戏一定不好看。因此,编好故事只是完成了基本任务,然后要重点进行人物塑造。怎么做?最简单的,是在戏编好了之后,回过头来捋一捋人物的行动线和心理线,看剧中每一个人物的动作和心理脉络是否连贯,尤其是人物的心理线是不是清晰。我们一些作者的创作过程往往缺少这一环,没有捋出来,于是观众对于人物的心理线索把握不住、把握不准,这时舞台效果就会差一大截子。如果你捋出了人物的心理线,这个人物就塑造得比较好了,如果能够再想办法丰富一下他的性格,这个人物就立住了,这个戏就会好看。有故事有人物,戏就丰满了;有故事没有人物,就变成单纯的情节剧,情节剧当然就低一层次。

王仁杰的莆仙戏《董生与李氏》获得了2004年的精品工程奖,得到所有评委的一致赞扬,获得了最高票。其实它的故事非常简单,任何一个剧作家都能构思出来它的情节,就是董生和一个寡妇的戏:老财主要去世了,对年轻貌美的妻子不放心，委托隔壁董生来帮忙监视她不要红杏出墙。董生很传统，坚持"非礼勿言、非礼勿听、非礼勿视、非礼勿行"，他本不愿意接受这个不光彩的任务，但被迫接受后，受人之托便要忠人之事，他一天到晚趴墙头盯着寡妇的一举一动。寡妇却很高兴，以为他对自己有意，一再对他飞眼，他于是认定寡妇不正经，监督得更勤了，有一次甚至翻过墙去盘查，终于和寡妇鱼水好合。老财主还魂来，要惩罚寡妇不贞，最后董生人性苏醒，嘴里讲出一大堆孔孟之道来驳斥老财主，把他骂得羞愧而退。一个很简单很传统的故事，但就在它的框架里面，惟妙惟肖地写出了男女主人公的心理感觉。寡妇觉得董生天天在墙头上窥视她，对她有意思，于是有一种惊喜的反应，舞台上就调动了一个表演的场。而董生并不是在窥色，是在监视她，两个人的想法是不一样的，于是戏剧性就出现了。舞台很小，就两三个演员，一招一式都很讲究，舞台设计得很干净、很淡雅、很洗练。莆仙戏重视做工，重视对人物情感的微妙传递，整部戏看了就像是一幅水墨画，征服了所有的评委。故事只是为塑造人物设置一个场，当这个场设置成功以后，下面要做的是表现人物。

湖北的京剧《膏药章》是一部成功作品，故事当然很好，在很大程度上得力于朱世慧扮演的丑角人物，他塑造的人物性格很丰满。如果没有这个特定的丑角人物，戏的成功度就会受到影响。朱世慧通过他身上那种滑稽的戏剧性的外在表现，来揭示这一小人物辛酸的内心，外在形象与内在揭示形成反差，给观众带来许多联想，"文化大革命"以来舞台上很少见到这种新颖的人物形象塑造，于是它成功了。另外一个类似的例子是广东的粤剧《驼哥的旗》，与之异曲同工，塑造了一个驼背的、精神萎靡的小人物，在抗日的特定环境下，发挥了自己的作用，用丑角来表现，也很成功。故事编好了，落在了人物上，戏就成功了。

我看过湖北省的另外两台戏，还都不够成熟。一台是襄樊市京剧团演出的《襄阳米颠》，故事本身没有编好，人物塑造就没有基础，而人物塑造又没有做好，于是戏没有达到想要的效果。本来作者的意图很明确，想表现米芾的"癫"，那就要设计一些他不同于常人的特殊表现，可是故事情节却没有给他提供典型的细节。舞台上又要求表现出米芾的"癫"来，演员就不好办了,借用的内蒙古自治区京剧团的老生孟祥宏就很为难。故事情节没有提供时,他只能用外在动作去表现米芾的"癫",又因为京剧传统里没有为他提供相应的程式——这需要一个艰苦的创作过程,大约导演又要求他充分显示出"癫"来,他就尽量夸张动作,于是米芾一出场就老是手足无措。天津京剧院的王平演《华子良》,用京剧的舞台动作来表现内在清醒表面疯癫的华子良,是狠下了一番功夫的,所以一出台,身段动作一亮就抓住了观众。米芾的性格里面是什么东西决定了他的"癫"?故事情节里给他提供了什么样的细节来表现和证明他的癫?只有剧本提供了这些东西,演员才能抓住其性格内核,然后才能去琢磨怎么在舞台上表现它。现在故事情节没有提供,演员不知所措,所以戏就不成功,甚至有一些细节设计还起了相反的作用。例如米芾得到一件南唐宝砚,高兴得不得了,这是个很好的细节,本来他就"癫",如果能挖掘出一些特殊的心理感觉和动作身段,戏就朝向人物性格塑造走了。但这里却只在说别的事,把它轻轻放过去了。米芾一直一只手轻飘飘地拿着砚台耍弄,似乎砚台根本就没有什么重量。这不符合剧本赋予它的珍贵性,它应该被小心翼翼、战战兢兢地捧着。

另外一台戏是京剧《三寸金莲》,故事比较奇妙,而且想通过这个故事来展现京剧的跷工,也是很奇妙的。我们许多年没有见到跷工表演了,一下子弄了一排人物踩跷,与另外一排穿高跟鞋的现代人物排成八字屏风,两边形成队列竞争、互相叫阵,构想很奇妙。这是个很好的故事基础,但是没有梳理好人物心理。戏里面有一个很大的漏洞。原来是写女主角不忍看女儿受裹脚的痛苦而把她放走,女儿在外面上学,成了天足,回来后却与母亲发生新旧观念交锋。女儿说天足好,母亲说小脚好,各领了一队新旧人物进行较量。故事情节要求母亲坚持传统的审美观念,可是她做的事情又违背了这种观念,那就是放女儿走,不给她裹脚。这似乎是在表现她的人性,但却为戏剧设置了一个障碍。这里观众会提出问题来:如果母亲出于人性考虑,认为妇女不应该裹小脚,她后来就不会组织和女儿的对阵。她会承认时代发生了变化,容许女儿这一代人天足。她如果坚持要和女儿对阵,前面就绝不会放女儿走。她绝不会因为裹脚痛苦就不给女儿裹,那是千年传下来的、每个女人都必然要承受的痛苦,就像女人要十月怀胎一样,是一定要承受的。

她一定会强迫女儿裹脚,再痛苦也会强迫她承受,因为在她的观念里,一个女人必须裹脚,不裹脚就不成其为女人。在那种情况下,她不会因为女儿痛苦就放她走,因此这种设置是矛盾的,人物心理线发生了阻隔。所以,戏写完之后,一定要回过头去捋一捋人物的行动线和心理线。

三、提炼寓意

寓意指寄托或蕴含的意思。故事编出来了,人物也写好了,最后,这个故事要说什么?它要有一个主题。当然,我不是说每一部戏都要提炼主题,一般来说不用提炼,相当大一部分戏,写出来就完了,主题自然就表现出来了,寓意很清楚,观众看完就明白了它的意思。不是说这是一个必然的环节,一定要有一道工序来完成它。但是有一些情况,在一定的情形之下是需要提炼的。一部戏演完之后,如果已经清晰明确地表达了主题,而且已经准确地传达给了观众,那就不用提炼。但是也有一些戏是需要提炼的,需要加进你的时代思考,浓墨重彩地把它提升出来。我还举湖北的例子。花鼓戏《和氏璧》写得很好,作品富有想象力和诗意。和氏璧的故事本来是一个寓言,很简单,就是卞和献玉不为楚王所识,献一次砍他一条腿,再献一次又砍他一条腿,最后楚王的儿子继位,发现是宝玉。故事是强调人们不要为表面情况所迷惑,但其中没有人物关系设置。这部戏里构设了几个人物,师兄师妹们一起来开采玉石,几个人还发生恋爱,建立起三角关系,以后为献不献宝玉发生争执。这些交织在一起,就有了一个比较有传奇性的故事。人物关系一旦建立起来,由于性格和道德差异,就产生了矛盾。大师兄卞和坚持真理、追求诚信、坚贞不屈,二师兄随机应变、投机取巧、追求荣华富贵。两个人的区别,体现在和师妹的爱情关系上,师妹就会有一种人格和价值选择。最后要说的是什么呢?戏里有一个提炼。卞和交出了宝玉后,专门有一段很诗化的朗诵,让他来感叹人生,很深沉,点了题。通过这一段感叹,他的人格形象完成了,宁为玉碎,不为瓦全,在师弟的反衬下,一个坚贞不屈的人格形象树立在了舞台上。

提炼主题的一个重要手法是结尾的升华,这对于点题很起作用,经常被用到。王仁杰的《节妇吟》,我1988年看过,很好;最近又看,照样很好,过了十几年,没有一点儿陈旧感。就像湖北的京剧《膏药章》,20世纪80年代就演红了,现在作为精品工程剧目再拿出来演,照样吸引人。这种跨越历史时段,越过一定的时空之后没有陈旧感的戏,是真正写在戏的节骨眼上、写在人性的节骨眼上的戏,没有外在的拖累。有外在拖累的戏,时过境迁就不能再演了。《节妇吟》的关键处在最后的升华,因为如果没有最后的处理,那就是一个老而又老的旧故事。寡妇颜氏给儿子找了一个教书先生,她爱慕这个教书先生,半夜敲门被拒绝,感到羞耻,砍掉自己两根指头,立志把儿子教育成才。儿子很争气,最后考中状元,皇帝于是旌表他的母亲。这是一个很传统的戏了,关键在最后一笔。皇帝颁赠给他母亲的牌匾上写了八个字:"两指题旌,晚节可风。"颜氏感到大耻辱,一根绳子上了吊,结束。你看,如果没有最后这一笔的点题,就是一个正面维护封建礼义道德的传统故事。而颜氏的上吊,一下子把故事的倾向性彻底扭转了,戏的道德倾向、人性倾向,从传统一步跨到了当代,引起我们很多的思考。

近年的创作里面也看到一些试图点题但做得不够好的戏。前两年江苏有两台不错的戏,一台《世纪彩虹》,写架大桥,一台《秦淮人家》,写秦淮河变迁,都写得很好,但开始时点题都不够好。《世纪彩虹》写解放战争时的几个战友,有的跨过鸭绿江去架桥,回来以后大家又到一起投入工业建设,一起在架桥战线上工作,经历了历史的风风雨雨,有人做了领导,有人在反右中被打成右派后来得到改正,最后大家一起架出了世纪之桥。结尾时三代人聚在一起,战友们回忆一生,感慨万千。场景很好看,面对天幕上大玻璃窗外的大桥,主人公发议论,说是最近中央领导要来视察我市,提出要建设好我们这座现代化城市,我们一定要如何如何做。最后戏就在这种演讲中结束。本来写人生写得很好,人物关系、命运、情感都写得很好,最后你落在人物情感上、落在人物对命运的感叹上不好吗?非要往政治上拔高,一下子出了境。《秦淮人家》男女主人公一生坎坷,一生爱恋也没能走到一起,最后社会与秦淮河都发生了天翻地覆的变化,子女也都成了家,搬迁走了。原来结尾的处理是大家一起高高兴兴地上了一条大画舫徐徐开去,象征着生活的大船向美好驶去。太坐实了,缺乏寓意。后来我给他们提意见,说整台戏都很好,结尾却是败笔,希望能改改。他们采纳了我的意见,后来的处理就很好:子女都告别离去了,男女主人公白发如丝,男主人公坐在轮椅上,女主人公推着他慢慢在舞台上走了半个圈,没有一句台词,落幕。这个结尾给剧场的观众带来了很大的感动。因为戏本来写的是男女主人公一生的情缘坎坷,最后终于走到了一起,却成了茕茕落落的老人,两个人回顾一生,感慨万千,万语千言,却又无从说起。因此,这时用不着任何语言来表达,此时无声胜有声。只要扮演男女主人公的演员用表情做戏,表现出他们内心的复杂感触,又想对观众说什么,又想彼此说什么,但又终于没有说,就行了。落幕后,观众开始不知道怎么回事儿,鸦雀无声静了半天,最后醒悟过来,响起了雷鸣般的掌声。最后的点题升华非常重要,一定要升华在人物感情上,升华在人物命运上,而不是提升在外在张扬上。

山西的话剧《立秋》正处于精品工程的最后冲刺阶段。这是一台新戏,刚刚创作出来不久,而新戏一般不太容易进入精品工程,而它进入了。它的成功和最后的点题升华密切相关。它最初的处理并不是现在这样,后来改动了结尾,提升了档次。《立秋》写晋商的奋斗,山西人一提起这些就感到自豪,他们想写的是晋商的历史性辉煌,是山西人当年怎么艰难走西口,通过艰苦奋斗、诚实守信,赢得了自己的成就。但写这些对今天的观众有什么感染力呢?这个故事今天演来有什么意义呢?于是就把重点放在山西票号最后如何倒闭上,而不是最初的崛起和辉煌上。戏表现的时代是民国初期,山西票号在现代银行的冲击下,已经风雨飘摇、危机四伏,它的副董事长也已经开始接受现代银行理念,准备分裂出去。原来的结尾是主人公用晋商的传统奋斗精神说服了副董事长和所有的人,继续维持票号的生存——这不是脱离时代、逆历史潮流而动吗?没有观众相信你的票号还能够支撑下去,那宣扬这种精神还有什么意义和价值呢?改后变成了悲剧:副董事长尽管已经认定票号要倒台,认定票号已经没有任何出路,但由于传统观念的束缚,由于对票号的深厚感情,他最后采取了自杀式行为,把自己准备抽出去办现代银行的钱,飞蛾扑火一样地投到要倒闭的票号里,决心和主人公一起走向穷途末路。这一笔,完成了这个人物的人格形象。他就是这么个人,是在传统文化中熏陶出来的,是晋商精神培养出来的,尽管他已经看到了现代商业的曙光,但却不能背离自己的人格操守,不能看着自己心爱的大厦倒塌,于是就有了最后悲剧性的一搏,和大厦一起倒塌,殉了他的事业。他的人格形象的完成,也就完成了全剧的立意,让人们看到了晋商之所以能够在明清时期崛起的支撑力和它的文化根基。更重要的是,这种人格力量尽管很高尚很悲壮,但面对历史的滚滚洪流,还是必然要垮台的,于是引起观众的反思。它通过山西票号不可避免的悲剧结局,唤醒今天的观众反省现实——这部历史题材的故事,对今天的意义就在这里。这个立意比以前就高出一大截来。所以,有的戏需要提炼主题,当然一定要非常精心,提炼在该提炼的地方,而且在它原有基础上升华,不能人为拔高。只要做得好,就能让一部戏进入新的境界。

四、开头的艺术

说完编故事、塑造人物、提炼寓意,我还想说说开头的技巧。当然这个问题太老生常谈了,历来的编剧理论都在反复讲,但现在的戏还在不断犯这个错误。戏的开头最难,尤其舞台剧,它和电影、电视剧不一样,它的容量限制了它不能从从容容地从头道来,它只能从中间开始,但它又没有办法直接交代前因后果,又要让观众一上来就被抓住,很不容易处理。如果你想在戏的开头说清楚前面是怎么回事儿,故事现在进行到哪种地步,现在这几个人物怎么回事儿,他们的关系是怎样的,那可要啰唆半天。你还不能让观众丧失兴趣,要让观众被你一点一点地引到戏里面去,所以开头是非常难的,要下功夫建构。曹禺是谙熟戏剧开场的行家,他的戏一上来就抓人,语言充满了潜台词。他的戏开场都在故事的最后部分,前边的故事发展过程都给略去了,他只通过潜台词来让观众一点一点地弄明白人物的关系、人物的性格、人物的心理。历来戏剧家都非常重视开头,其他地方都好办。开头一定要开好,头开好了,戏就顺理成章地往下演,头开不好也就完了。元人乔吉所说的"凤头、猪肚、豹尾",就是说开头要像凤凰脑袋一样,虽然不大,但很漂亮,中间像猪的肚子当然要充实,结尾则像豹子的尾巴要有力。

可是近年一些创作者误解开头要热闹,非得要先声夺人,靠什么?靠大场面,靠场面来烘托气氛。错了！我前面提到审美疲劳,观众会在最热闹的时候进入睡眠状态。不是热闹吸引人,而是人物之间微妙的关系吸引人,人物微妙的情感表现吸引人。这些才是戏核的部分、戏眼的部分,所有的结构设置、情节铺排都是为它服务的,为它创造一个场景,把观众引进来看表演。前面提到《董生与李氏》,什么老财主临死托付啊、董生监督啊、寡妇误会啊,都是为了给人物微妙的感觉提供一个合适的载体。交代了半天,最后观众看的是两个人在特定场合下的微妙感觉,这是观众最集中注意力的地方,也是感觉最好的地方。所以,所有的场面铺排都是为了这些设置的。现在一些演出强调开场的场面,如京剧《贞观盛事》开场,大明宫前的大队人马打马球,热闹是热闹了,但观众却不进戏,因为观众来到剧场不是为了看打马球的,那尽可以到体育场去看。

越剧《红楼梦》的开场,20世纪60年代徐进先生的剧本写得很好,他把《红楼梦》小说读透了,抓住关键部位,先声夺人地来了一个漂亮的开头:黛玉进荣国府。那个上场,绝。如王熙凤的出场,她的性格出来了,她在大观园里的位置出来了,她和老祖宗、王夫人及其他人的关系也出来了。贾宝玉出场、薛宝钗出场,然后大家一起等着林黛玉,而林黛玉出场则表现出了面对富贵场面的内在辛酸。所有的人物都交代得清清楚楚、层次分明,性格也十分突出。一个开场,所有的主要人物全用上了。这么好的一个开头,前几年越剧大制作《红楼梦》的演出却砍掉了,换了一个很热闹的开场:元妃省亲。雍容华贵,富丽堂皇,所有的人都要围着她转,什么贾宝玉、薛宝钗、林黛玉都要围着她转,连老祖宗见了她都要下跪,刚才所说的那些人物关系和性格的揭示全都没有了,因为在这个场合里表现不出来。这个场面唯一的作用就是热闹。我问他们为什么要这么改,他们说领导讲了,原来的开场太冷清,现在的很热闹,场面很大,能吸引人。观众真的被吸引了吗？不一定。以前的开头,观众一下子就被宝、黛、钗的三角关系和每个人的个性,以及他们独特的心理感觉,特别是林黛玉初进贾府身世飘零的感觉抓住了。而现在的开头除了热闹什么也没有,而且让观众看了半天都不入戏,不知道戏要演什么,因为被元妃夺了戏,而元妃在戏里根本没有多大作用。

最近看的江苏省的淮剧《太阳花》,也犯了这样的错误。开头开得轰轰烈烈,但第一场演完了,不知道戏要说什么;第二场演完了,还不知道戏要说什么;第三场演完了,好像知道了一点,但是又不确定;第四场才知道戏要演什么,但是戏也完了。本来《太阳花》的情节设置是写女主角方大姑的两个儿子:老大不争气,赌博败家,后来立志戒赌,出去闯世界,参加了八路军,牺牲在抗日战场上。老二出去留洋学日语,回来成了汉奸翻译,带领日军血洗村庄;嫂子要向村民鸣钟报警,他枪杀了嫂子;最后母亲大义灭亲,毒死儿子,让二儿媳妇去鸣钟报警。很好的故事构设,富于传奇性,人物塑造的基础也不错,方大姑有性格,两个儿子有差异,走了不同的道路。但是这部剧开场没开好,而且几场都没弄好。开头是舞队的歌舞,和故事没关系,方大姑和他们一起跳舞,没有一句台词,跳了半天才知道,他们在举行求雨的祭祀仪式。看完,观众不知道戏要写什么。接着上来两个男女年轻人,一起从城里回家,一路上两人卿卿我我恩恩爱爱,调了半天情,天上日本飞机在飞,儿子说我一定要保护你云云,结束。不知道戏要说什么,也不知道戏的主人公是谁,这两个年轻人和第一场的老太太是什么关系,天上的日本飞机又是怎么回事儿。第三场老太太出现在家中,哦,原来老太太家是故事的地点,老太太是主角,她在等待两个儿子回来,这时观众才知道了一点。然后老大回来,说是赌博把家产赔掉了,老太太骂他,他于是一刀把自己的一根手指头砍掉,说是要洗心革面重新做人,然后愤然离家出走。动作节奏倒是很快,观众却弄不清楚他怎么会沉迷于赌博又幡然觉悟。二儿子回来,把女朋友介绍给母亲,说:这是你未来的儿媳妇。老太太说:让你学习你怎么谈恋爱,滚回城里去完成学业,否则别回来。老太太把二儿子赶走,翻脸不认儿媳妇。这一场又完了,到现在观众还没弄明白戏到底要表现什么。再一场,大儿媳给在村中教书的二儿媳送饭,观众这才知道,婆婆不认二儿媳,二儿媳已经在村中小学教了两年书。可是大儿媳还对她说:婆婆是很惦念你的,你平时吃的是她做的,穿的是她缝的。观众就纳闷了:都两年时间了,二儿媳竟然不知道自己吃的穿的是哪里来的?而这又要表现什么呢?还弄不清楚。然后大儿媳说要去娘家打探丈夫的消息(她娘家怎么会知道?),下去一会儿上来,就知道丈夫已经牺牲了,她瞒着婆婆自己伤心流泪;婆婆问起来,她又遮掩着不说实话。随后二儿子上来,已经是日军翻译,要带母亲和媳妇马上离开,并直言不讳地说日军马上要来扫荡。大嫂要向村民鸣钟报警被他枪杀,母亲和媳妇被他用枪控制住,后来母亲设计给他吃下毒药。这以后母亲很痛苦,有大段的抒情性唱腔,诉说心中悲苦,唱完儿子死去,戏结束。看完之后才明白,这部戏实际上要写的是母亲和两个儿子的命运,既不是写大儿媳也不是写二儿媳,前面演的什么求雨、恋爱都没有用。你看,一个开头没开好,情节线索弄不明白,人物关系弄不清楚,观众就看得一头雾水。所以我建议他们,把无关紧要的东西删掉,删去前面两场,上来就是方大姑出场,而把笔墨用在她两个儿子身上,两个儿媳妇只能是陪衬,不能成为主角。现在注意力都集中在方大姑不接纳二儿媳,发生矛盾冲突上,戏就扭了。

所以开头一定不能求热闹,这一点古典戏曲理论家早已经讲得很清楚,如李渔《闲情偶记》在"剂冷热"一节里专门讲这个问题。他说戏曲的冷和热是相对的,并不是说场面热闹就是热,不能去追求表面的热闹。他说一个戏之所以能够抓住观众,并不在于它的场面热闹,关键在于它真正揭示了人物情感。也就是说,写戏的目的不在铺排情节上,而是要通过情节敷叙来推向对人物情感的揭示,情节只是手段,揭示人物情感才是目的。而推到了人物情感的揭示时,这里就是戏核了,这时一定要抓住不放,反复做戏。《太阳花》到了这里反而没戏了,真正到了方大姑下毒毒死儿子的时候,她没有一点儿犹豫就做完了,反而是儿子服毒之后她抱着儿子哭了几十分钟。那你能不能把表现方大姑内心犹豫痛苦的唱腔放在她下毒之前呢?你要有三次给儿子饮毒的动作,一次犹豫了,二次犹豫了,三次才下决心,这不就充分揭示了人物的不忍心理吗?传统戏曲的三次重复手法是很有道理的。所以热闹要辩证地看,不是场面热闹了戏就好看。

五、如何看待舞台制作与戏剧需要

开头开好了,我们还要让戏完成它的任务。怎样让戏完成好它的任务呢?同样不应该强调戏的外在制作,而应该强调戏的本身。有一个非常好的例子,就是刚刚看的北京军区战友京剧团演出的《兰梅记》,这个戏可以引起我们对于上述问题的反思。看戏前,我没有抱太高期望,因为说明书介绍说是一部讲婆媳关系的戏,感觉很传统,现在来演这个内容要说明什么呢?看后却引发了我的感慨。这部戏舞台处理得很简单,传统的大白光,一桌二椅,背景则是在底幕上挂个景片,前面一朵兰花,后面一枝梅花,就这么多。戏的内容前面是婆婆因为大儿媳不生养,心里有气,于是反复虐待她,指使她干这干那,服侍自己,左右不满意,责怪不休,还是不解气,干脆赶她回娘家。大儿媳叫春兰,所以景片是一朵兰花。后面是婆婆仍然想要孙子,催着二儿子娶媳妇。二儿媳叫冬梅,所以景片是一枝梅花。所谓兰梅记,就是春兰和冬梅的故事。冬梅听说了大儿媳的事,就和这家的长辈祖公一起设计教育婆婆。一进门,她就非常泼辣地和婆婆针锋相对、寸土不让地进行斗争,把婆婆镇服之后,以其人之道还治其人之身,要挟着婆婆服侍自己,把以前婆婆要大儿媳妇做的事一一重新做了一遍。这时婆婆才念起大儿媳妇的好来。最后是祖公出场点题,把话说透,二儿媳妇则跪地请求婆婆对自己施行家法,说是我不该对婆婆大逆不道,只是想告诉婆婆一个道理。婆婆受到教育,请人赶快迎回大儿媳妇。故事很简单,很淳朴,但并不是传统戏的路子。要按照传统观念,儿媳妇再怎么着也不能虐待婆婆,那是违背传统伦理的。当然戏是现代人写的,是加入了现代意识后假设了一个场景写出来的,所以它的内容又传统又现代。我们看起来觉得它很有味道,前后两个特定场景构设得很巧妙,非常能够说明问题,起到对比、烘托、加强的作用。它更妙在前后两个儿媳妇是由一个演员——于兰演的,前面是青衣行当,后面则改为花旦行当。她把前面的青衣演得非常收敛、内在、委曲求全、逆来顺受,后面的花旦则外向、张扬、得理不让人、步步紧逼,对比鲜明。观众都想看一个演员扮演两个性格截然相反的儿媳妇是怎么表现的?这时候大家在看什么?在看演员的表演。这样就把演员的戏路拓宽了,演员的戏路和故事情节所赋予它的任务完全吻合在一起。观众看的是这些东西,是戏的核心部位,至于故事只是给她提供一个场景,让她可以充分展现表演才华。这就回到戏曲的本体上来了。布景的简单是为了尽量减少对观众注意力的干扰,让人们只盯住表演。整场戏演下来,观众看得如痴如醉。

我因此很感慨:近年我们搞了那么多的大制作、大场面,舞台投入越来越大，动辄上千万元，可是离戏核越来越远。而这个戏则把包装全部抛掉，给你看的就是舞台表演，多好。就像近年市场上卖月饼，打开盒子，里面没几块月饼，却有附带的各种豪华品，从高档酒类到钟表到其他意想不到的东西，远远超出月饼的价值，难怪最近监管部门开始整顿市场。这个戏给我们吃到的是实实在在的月饼，没什么包装，打开盒子就是月饼，很难得。现在的戏剧创作，有条件的话当然可以搞一些制作，但制作的目的是实现舞台上的戏核，实现舞台上的表演。这是戏剧的目的，千万不能忘记这个目的，千万不能本末倒置。这就是这部戏给我们的启示。

（原载《戏剧之家》2005年第5期）

"世界三大戏剧体系"说的误区

问：之前看到电视台关于"世界三大戏剧体系"特征的问答，说是斯坦尼斯拉夫斯基体系代表体验派，布莱希特体系代表表现派，梅兰芳体系代表综合派（指综合体验与表现）。您觉得这个说法是否确切？为什么觉得"梅派"的特征不能够用"综合派"来概括？

答：我没有看到这个节目。但"世界三大戏剧体系"的提法在概念上是含混不清、缺乏逻辑前提与科学性的。所谓三种体系的理论界定，并没有立足于同一概念基点，这导致它们之间的不可比性。例如，如你所云，如果把梅兰芳体系理解为"梅派"，那么它只是从风格上界定了一种京剧流派，并没有像前两种体系那样建立起一种独特戏剧观念及其实践的架构，因而参比概念之间的距离较大。而事实上这里的"梅兰芳体系"概念，已经被偷换成了"中国戏曲体系"的内涵，这样才能够得出它是"综合派"的特征定性（姑且不论这种定性是否科学），但随之就又带来另外一个更大的问题："中国戏曲体系"是包容整个历史传统及全部舞台原则的"类"概念，如果要在西方找出一个与之对应的对象，就应该用"西方戏剧体系"这个完整的概念，而斯氏体系与布氏体系这时就成为对象的两个分支，失去了其普遍的代表意义。因此，一些学者和我本人都不赞成这个提法，我对之有了理性认识之后也从不在文章和著作里使用这个概念。

问：您用概念内涵与外延的不对等性拆除了"世界三大戏剧体系"的并列关系，很受启发。能否对其不对等性再做些深入的论证？

答：就还从您刚才提到的"梅派"说起。您的隐含前提是：近代一种有特色有影响的京剧旦角表演流派。凡是我们提到"梅派"，都是从这个基点出发的，而它的基础建立在与京剧其他旦角流派的并列与比较上，例如程派、荀派、尚派、张派等。除旦角以外，京剧各个行当也都形成了诸多的表演流派。京剧之外，各个地方剧种又都有自己的诸多流派。这些比较都是在中国戏曲这个大的体系内进行的。同样，在西方戏剧体系里，也曾经产生过并且仍在不断产生各种各样的流派，斯氏体系、布氏体系是近代影响较大的两种，但与之同时的其他流派也不少，例如阿庇亚、戈登·格雷、莱因哈特、阿尔托、梅耶荷德等（这还只是随手举来）。曾有苏联理论家将梅耶荷德体系和斯氏体系、布氏体系并列为 20 世纪的"世界三大戏剧体系"，说明其看法不同，而这种提法又明显透示出人为推崇同一阵营戏剧体系的态度。而且西方戏剧的情形较为复杂，与中国还不同。例如上述中国戏曲流派都是从唱腔和表演风格差异的角度归纳的，其各派所遵循的基本戏剧观和舞台原则却是一致的。西方不然，例如斯氏体系着眼于演员的训练技巧，强调通过舞台上的心理体验来满足戏剧情境逼真性的实现；布氏体系立足于导演的主观立意，要求通过切割观众在观赏时的心理过程来向其显示情境的理性蕴含。其间，既有着切入点的区别（表演、导演），也存在着戏剧观念与美学指向方面的差异（所谓体验、表现）。这样，拿中国戏曲中某个剧种里某个行当的某个表演流派与西方戏剧里的某些"体系"进行并列，自然是会方枘圆凿的。

问：那么，如果用梅兰芳代表中国戏曲体系，来与西方戏剧体系进行比较可以吗？

答：理论前提好像是成立的。就梅兰芳这方面说是可以的，因为他所达到的艺术成就，使他足以成为中国戏曲表演体系的代表。但就西方戏剧方面来说却非常困难。因为在这种情况下，需要在西方戏剧里找到一个和梅兰芳对应的同位点，即找到一个同样可以作为西方戏剧代表的集大成者（人物或流派）来与梅兰芳进行对照。但上面说了，西方的情形不同，且不说流派的界定本身就有各种不同的切入点和规则，其戏剧观念也时而南辕北辙，我们很难说谁能够完全代表西方戏剧。

问：您的意思是说，中国戏曲里出现了具备整体象征性的大师，西方戏剧却不能产生同样的人物。那么，这种情形是怎么发生的呢？

答：这是由中国戏曲与西方戏剧有着不同的文化性格和发展历程所决定的。中国戏曲的性格，大约从它最初形成开始，就一直保持了恒定性，没有发生过质的变化。例如我们今天在最早的南戏剧本——800年前南宋时期的《张协状元》里了解到的舞台规则，就是诗歌舞综合融通、时空自由、程式化、高度假定性等。这些规则及体现于其中的戏剧观念，几乎没有变化地一直延续到今天。虽然在中国戏曲的历史进程中也曾不断产生多种戏剧样式，例如南戏、杂剧、昆曲、弋阳腔、京腔、梆子腔、乱弹腔、京剧等，但它们所遵循的舞台原则是基本一致的。中国戏曲的这种发展轨迹，在东方传统戏剧样式（印度梵剧、日本能乐等）里具有普遍性。西方戏剧的轨迹不同，发生过几次发生根本性的变异。西方戏剧在它最初从原始祭祀仪式里脱胎出来的时候，遵循着与东方接近的戏剧观念，例如我们在古希腊悲剧和喜剧里看到，也有对于综合舞台手段的运用、舞台时空转换的相对自由、较多的程式性与舞台假定性等，这种情形一直保持到莎士比亚戏剧时期。但是，由于文艺复兴以后西方实证主义理性思维的长足发展，西方戏剧很快进入一个数学式的解析阶段，于是诗、歌、舞分家，话剧、歌剧、舞剧的明确区分由此成立。著名的"三一律"原则的产生标志着西方戏剧观念发生一个大的转折，此后的西方舞台上，时间与空间被努力限定，程式性与假定性被尽量摒除，尤其是到了19世纪的自然主义戏剧阶段，一个在舞台形象上提供生活复本的戏剧幻觉时期到来。这时的东西方戏剧观念拉开到最大的距离。到了19世纪末20世纪初，由于社会政治与经济状况的变化，西方文化走向了对传统价值观的全面否定与悖逆，反理性主义的思潮涌起。西方戏剧的运行在这个背景中同样发生了本质性的逆转，其基本舞台轨迹体现为由写实走向象征，其戏剧观念、舞台原则都随之发生极大的改变，它突破了写实戏剧的藩篱，在某种意义上体现出复古的趋势，这一趋势一直持续到今天。于是我们看到，西方戏剧的历史实际上可以划分成三大阶段，其间其基本特征发生了很大的改变，体现为一个肯定到否定再到否定之否定的过程。因此，我们无法在这个过程中找出某一个能够代表其全过程的点。

问：我明白了，您在这里建立了一个观察西方戏剧的立体坐标。那么，斯氏体系和布氏体系各在这个坐标上占据什么位置呢？

答：如果把斯氏体系与布氏体系都放在这个坐标上来观察，就会发现，斯氏体系实际上是对于20世纪以前统治西方剧坛300年的戏剧观念及舞台表演实践的总结，而布氏体系则是西方戏剧反叛期间的一种典型性导演实验。二者的出现也前后相错（布氏较斯氏小35岁），它们并不是完全共时态的戏剧现象。当然，两者都是人类戏剧经验的结晶，都建立起卓越的理论体系，都对当时和后来的戏剧实践产生了极大的影响，尤其是斯氏体系，因为它所总结的是人类戏剧表演中一些带有本原性的经验（戏剧本质上是模仿艺术），意义更加深远。从这一点来说，梅兰芳又不能与之并列。上面谈到，斯氏和布氏都建立起了自身的理论与实践的架构，由此而构成"体系"，梅兰芳并没有这种企图，他甚至没有意识到，也不需要意识到这一点。

问："体系"在这里的内涵是什么？

答：这里所说的"体系"，是指某个理论源，从某种特定的实践与认识基点出发，构筑起一个有别于他人而自我完善的理论和实践的架构。斯氏体系与布氏体系分别对于戏剧观念做出了独特的理论阐释，并以这种认识去指导自己的戏剧实践，因而获得不同的舞台美学效果。梅兰芳没有系统理性的参照，他只是遵循着传统的戏剧观来进行自身的创造性实践。他建立了流派，但没有建立"体系"。曾有一些理论家出于民族主义的情操，对所谓的"世界三大戏剧体系"中的梅氏体系深感遗憾，因为它甚至没有试图架构自己的体系理论，像那两个外国人所做的那样，这似乎使"我方"体系显得过于孱弱。但是，闭眼不睬历史与文化的差异，硬要让打井队打出石油来，这无助于中国戏曲提高声誉。

问：插一句，您刚才是否有这样的意思：从切入角度来谈，斯氏体系由于着眼于演员表演，与梅兰芳的实践有近似之处，布氏体系着眼于导演，与梅氏的立足点不同，因而如果我们从梅氏的角度出发，前者就比后者具备更多的可比性？

答：问题似乎应该这样来理解：中国传统戏曲是表演的艺术，它的魂灵萦绕在演员的个体舞台表演上，其舞台行为方式来自程式，而程式来自传统的积累，通过师徒承继的手段传存，因而它不需要或不特别需要导演。西方戏剧在它的写实阶段也是重视演员表演的，到了近代舞台反叛时期，更多地重视戏剧观念上的突破和舞台表现形式上的创新,导演才走向绝对权威的位置。从这个意义来说,斯氏与梅氏的着眼点当然是接近的。但是如果谈到戏剧观,布氏与梅氏却有着更多的相通点。举一个事实,布氏的"间离效果"理论,事实上就是1935年看到梅兰芳的表演受到启发后才提出的。具象征意味的是,作为表现派的布莱希特,并不隐讳自己理论体系与梅兰芳的关系,他甚至认为梅兰芳的表演本身就是"间离"的,按照他的看法,梅的表演自然会被划入表现派。当然,事实上很清楚,梅兰芳的内涵与他的理解之间有着很大的距离。总而言之,我们只能具体问题具体研究,恐怕无法进行抽象类比。

问:您刚才似乎说,用"综合派"的概念来概括中国戏曲的表演特征不够科学,可否请您再深入谈谈这个问题?

答:首先,"综合派"的意思就是综合了体验与表现,其立论的基点是以西方戏剧的理论概念为前提的。但是,每一种概念都有它相应的特定内容作为填充物,而并不是抽象的东西,因此,当我们在借用其概念的时候,自然就会带来问题。例如,说戏曲里有体验,但这种体验绝非斯氏体系体验的内涵。斯氏体系要求演员在舞台上回忆起现实生活情感,并严格按照生活规程来完成其舞台表现。中国戏曲则要求演员在体味现实生活情感经验的基础上,把动作化解为流畅的程式,通过富有强烈形式美的表演来完成舞台体现。说戏曲是一种表现艺术,而不是布氏体系所理解的那种内涵。例如戏曲通过表现来展示情感,而布氏体系以表现来引发思考,两者的处理是大相径庭的。布氏体系希望通过表现性手段所产生的"间离效果"来阻断观众的情感流程,把他们从情境沉醉里唤醒,实现理性思维的推进,戏曲却通过舞台的形式手段更深入地把观众带到情境中去。戏曲的表现又是与舞台形式美相辅相成的,其表现原则即建立在对于形式美的追求上,它不造成舞台节奏的停顿与韵律错讹,它不引起观众情感的停滞并将其带出情境。因此,我们无法从西方戏剧概念里寻找到准确表达中国戏曲美学内涵的名词,这个工作需要在深入研究中国戏曲美学的基础上专门去做,去提出一些更加准确的概念,来表达戏曲的实质及它与西方戏剧的原则差异,而不是单单在体验与表现的概念上打转转。顺便说一点,西方的戏剧理论家们即使是在谈论斯氏体系的体验与布氏体系的表现时,也都还会加上许多限定词作为修饰,以求其概念内涵和外延的准确性,例如苏联的一些戏剧理论家们就不同意把斯氏体系归入绝对的体验派,认为他的体验里面也包含有表现。所以我们这里在运用这些概念时,也仅只是取其绝对化的意义而言。在这种基础上,说中国戏曲是"综合"了体验与表现的,其概念内涵的限定就更加困难。其次,以上所谈还只是问题的一个方面。另一个方面的问题是中国戏曲表演的美学内涵并不是用一个"综合性"的概念就能够包含净尽的,这里面牵涉更为复杂的理论问题,已经有诸多学者进行了或正在进行深入的论证,这里就不多谈了。

问:通过您的阐释,"世界三大戏剧体系"的说法似乎是很成问题的。

答:还有另一个方面的问题。如果我们对"世界三大戏剧体系"的概念做进一步的研究,就会发现其中还隐藏着一个具有广泛性且危言耸听的前提:它们是世界戏剧的三种主要代表性体系——这并非捕风捉影,事实上许多人甚至一些理论家都是这样理解的,所以就出现了所谓"世界三大戏剧体系"的说法,这就更将人们导向危险的偏见与盲视,无论对西方戏剧和东方戏剧都是如此。对西方戏剧的误区刚才已经涉及,对东方戏剧则问题更大,例如用梅氏体系来囊括整个东方戏剧,而忽视日本能乐样式与流派的存在,无疑是盲人摸象,其错讹甚巨。

问:看来,"世界三大戏剧体系"的提法确实问题不小。这种提法已经被假设了定论。是否由于理论界对这个问题有着某种误导?

答:是的,一些理论家曾经撰写了一些对于"世界三大戏剧体系"进行比较的论文甚至专著,而忽略了其逻辑前提。更多的理论工作者则是以之作为论述的出发点,也就是说,他们都直接接受了这种假设定论,并没有对其科学性进行过细致考察。在理论家们的见解似是而非的情况下,这个概念由理论界弥漫到了文化界,由此给人们带来错误的印象。

问:那么,为什么理论家们没有追求它的逻辑前提,而倒向盲从?这里面是否也有着某种机缘?据我所知,这个提法似乎出自著名戏剧导演黄佐临先生,它能够经过理论界的过滤,并最终成为文化界的普遍常识,说明了它具有生命力。您对这个问题怎么看?

答：黄佐临先生并没有直接提出"世界三大戏剧体系"的概念。佐临先生在1962年曾经用写意与写实两个概念来定义两种不同的戏剧观，为了说明问题，他列举了斯坦尼斯拉夫斯基、布莱希特和梅兰芳的例子，其目的是突破当时中国戏剧观念定于一尊的不良局面，但他的声音为当时的嘈杂环境所淹没。1981年佐临先生又发表了他的著名文章《梅兰芳、斯坦尼斯拉夫斯基、布莱希特戏剧观比较》，进一步探讨这个问题，因为历史条件的逆转，这篇文章产生了极大的影响，或许这就是所谓"世界三大戏剧体系"说的最初由来。但是，佐临先生本人从未暗示过所谓"世界三大戏剧体系"的概念。

问：您可否再详细谈谈佐临先生的理论目的？

答：佐临先生所揭示的是一个有关20世纪以来长期论争的文化问题，其根源可以追溯到世纪初的西方文化思潮热。当时，随着新文化派掀起的涤除一切腐朽文化而代之以西方文化的潮涌，中国戏曲因内容连带形式被引进的西方传统戏剧观念（即西方戏剧第二段落的写实主义戏剧观）作为绝对坐标而彻底否定了。当时中国剧坛出于历史需求引进的西方戏剧形式也主要是写实戏剧，虽然西方初兴的第三段落的表现主义戏剧也曾引起某些人的注意，但仅限于少数理论家和学者，并且因为与当时中国的社会环境反差太大而被历史所越过。到了佐临先生1936年在英国研究西方戏剧并接触布莱希特体系时，西方表现主义戏剧的反叛实绩已经蔚为大观，佐临先生尤为布氏体系建立在中国戏曲舞台原则启发上的事实所激励，意识到东方写意性戏剧观的价值，这导致了长期支配他理论与实践的价值坐标的确立。但是，佐临先生回国后所遇到的中国现实，却是在表演体系与戏剧观念上的长期定于写实一尊，以为写实就等于现实主义，现实主义就等于革命派。这种思维方式不允许多样化理解的存在。现在我们已经知道了形而上的文化批判对重建中国文化的害处，但事实上这种批判在中华人民共和国成立后由于特殊的历史条件却得到长期延伸。我们只要稍稍回顾一下佐临先生1962年提出独立看法的时代背景，就能够探察到他的用意：斯氏理论作为绝对性的指导理论，已经在中国戏剧（包括话剧和戏曲）的教育、训练与舞台演出中全面贯彻了10余年，当时的理论界及诸多戏剧（戏曲）大师级人物，都已经谨慎地蛰伏在了斯氏光环的投影中,不持异议,当时的戏剧观念可以说已经达到"万马齐喑,一花独放"的境地。佐临先生与其同时代的一批有良心的艺术工作者及理论家意识到,中国戏剧要保持它的艺术生命力,就必须扭转这种局面,实现戏剧观的解放,而中国戏曲的原则精神无法被长期强行纳入某种外来的体系,否则它就会走向生命的最终枯竭。在这种背景下,佐临先生提出了自己的学说。但是请注意:佐临先生是在斯氏体系长期统治中国剧坛的状况下,极力举出布氏体系来说明西方戏剧并非仅仅拥有一种戏剧观,希望借此打破中国剧坛的单一舞台模式。他虽然对斯氏体系、布氏体系和梅氏体系的本质特征做了归纳与对照,但其研究对象的选择仅仅是出于目的的需要,他并没有把它们明确为"世界三大戏剧体系",更没有赋予它们代表性。这样做的是后来的一些理论家,但他们却把佐临先生的精辟导向了极端,因此走进了误区。

问:我明白了。佐临先生的学说在特定的历史条件下具备相当的真理性。

答:是的。我们这里指出"世界三大戏剧体系"说的误区,并不等于否定黄佐临先生的敏锐理论眼光与卓越舞台实践。恰恰相反,正是由于具备这些天赋,再加上一个人民艺术家的良知与胆魄,他才在一个特殊的历史环境下,提出一个必要的理论前提,从而推动中国一个阶段的戏剧实践。新时期开始以后,戏剧理论思维走向复苏,写意戏剧的美学原则被越来越深刻地认识与体认,中国话剧舞台摆脱单一写实手段的努力被越来越多地付诸实践,人们终于理解到佐临先生理性认识的超前与出群,这为其学说的风行奠定了基础。

问:那为什么他的学说会被误导呢?

答:这首先是当时的戏剧理论界对于世界缺乏了解所造成的一个错误。上面说了,佐临先生之所以抽出斯氏体系、布氏体系作为对象来与梅氏体系进行比较,而不是别的什么体系,有其特定的历史背景。斯氏就不用说了。布氏一方面确实是有影响的代表人物,佐临先生又对他长久怀有偏爱,另一方面也只有东方阵营的戏剧体系才容易被当时的中国所接受,因此佐临先生选择他是很自然的。对佐临先生来说,他这样做是斗争的需要,但对20

世纪80年代以后误导其学说的一些理论家来说,则是由于对世界戏剧缺乏整体把握。当然,由于中国长期同世界隔绝,这个错误同样是一个历史的错误。同时,前面指出佐临先生的伟大,并不等于承认他的学说在理论上具有严格的科学性和缜密性。佐临先生凭借艺术家的直觉提出了重大的理论问题,但其学说科学性的真正确立,则需要理论家更宽阔的视野与缜密思维的参与。这时,我们的理论家们没有帮佐临先生的忙,却出于肤浅的理解,也不乏建立自身理论架构的功利需要,甚至只是寻找论题的渴求,一股脑儿地陷入对这一理论的论证和阐发。佐临先生提出问题,发挥了其时代作用,后来的理论家们论证问题,却将佐临先生提出的问题导向谬误,这个责任是不应当由佐临先生来负的。

(原载1997年9月1日、10月6日《人民政协报》)

关于戏剧体系问题

刚刚拉下帷幕的纪念中国话剧 90 年研讨会,使隆冬的北京蒸腾起热气。会议中碰到几位前辈学者和戏剧家,又对我提起 1997 年我在《中国政协报》上发表的《"世界三大戏剧体系"说的误区》的文章,犹有兴致。考虑到这个问题还须进一步探讨,在这里谈谈我的理论动因和前提。

所谓梅兰芳、斯坦尼斯拉夫斯基、布莱希特"世界三大戏剧体系"的理论命题,从 20 世纪 80 年代初期开始提起,逐步确立,一直使用至今。但是,随着国际交流的逐步深入开展,我们反复听到国际理论界和戏剧界质疑的声音。来自西方的声音说:斯氏体系和布氏体系并不能囊括欧美多种多样的"戏剧体系",从人物说,随口还可以提到阿庇亚、戈登·格雷、莱因哈特、阿尔托、梅耶荷德等,从流派说,自然主义、象征主义、表现主义、存在主义、荒诞派等已经是老生常谈。来自东方的声音说:至少具有 600 年历史的日本传统戏剧能乐,无法用芳龄 200 多岁的京剧里所产生的梅氏体系来概括。于是,我们这些游学域外的学子,心底便产生了一种井底之蛙、夜郎自大的感觉,认为有必要赶快向国内理论界介绍实情。首先发言的不是我,而是我的同窗孙玫博士,他曾于 1994 年在《艺术百家》杂志第 2 期上撰文《"三大戏剧体系说"商榷》,但未引起广泛的注目。于是我效而起之,充当了继往开来者。

事实上,撇开"世界三大戏剧体系"这一概念是否具有广泛的代表性不谈,即使是这一概念本身所含括的三种"体系",彼此也没有建立在对等的关系之上。"体系"可以有两种范畴限定,一是指理论体系,二是指实践体系。一个理论体系,通常的理解是指某个理论源,从某种特定的认识基点出发,构筑起一个有别于他人而自我完善的理论架构。而一个实践体系,一般是指在某种共同规则指导之下的实践活动。就前者来说,斯氏与布氏都分别对某种特定的戏剧观念做出了独特的理论阐释,而梅兰芳没有这种系统理性的思考。就后者来说,世界戏剧大体可以划分为东方和西方两大体系,把梅兰芳说成东方戏剧体系的代表人物是可以的,但斯氏和布氏在西方戏剧体系里却不占对应的位置。不对等的概念关系构不成科学的理论命题,这个道理大家都是知道的,所以奢谈"世界三大戏剧体系"是很缺乏科学性的。

那么,事情是怎样开始的呢?我们还须进行一些追溯。许多人都以为,是著名戏剧导演黄佐临先生最先提出"世界三大戏剧体系"说的,这实际上是一个误会,只要稍微翻查一下二三十年前的报刊资料,就会证实。黄佐临先生在1962年曾经用写意与写实两个概念来定义两种不同的戏剧观,为了说明问题,他列举了斯坦尼斯拉夫斯基、布莱希特和梅兰芳的例子。佐临先生的直接目的是突破当时中国戏剧界的舞台观念定于写实一尊的不良局面。斯氏当然是写实戏剧观的代表人物,于是佐临先生举出布氏为例来说明西方也有写意戏剧观的实践者,至于举出梅兰芳,当然更是为了说明写意戏剧观在中国还有着传统的基因,因此它是一种接近民族化的东西。由于不适宜于当时中国的大气候,佐临先生呼吁确立写意戏剧观的声音被淹没在嘈杂的环境里。到了1981年,面对新时期"万类霜天竞自由"的蓬勃景象,佐临先生备感鼓舞,乘时而起,再次提出了确立写意戏剧观的命题,在《人民日报》上发表了他的著名文章《梅兰芳、斯坦尼斯拉夫斯基、布莱希特戏剧观比较》。从上面的追溯中我们不难知道,佐临先生举出梅、斯、布三个代表人物的目的,并不是说明世界戏剧体系,他甚至没有提到这个问题。

由于历史条件的逆转,佐临先生这篇文章产生了广泛的影响,写意性戏剧观从此得到合法的生存空间,延续到20世纪80年代末,舞台上出现了体现写意戏剧观的代表性剧目:黄佐临先生导演的《中国梦》,徐晓钟先生导演的《桑树坪纪事》,显现了佐临先生从事理论开拓和舞台实践的实绩。然而,似乎我们的理论界更感兴趣的不是某种学说及其实践,而是更具实用价值的东西:世界戏剧可以归纳为几种体系?梅兰芳作为一个"体系"在世界上占有何等位置?于是,佐临先生出于特定理论目的的"比较",就被引申成了对"世界三大戏剧体系"的直接比较,"世界三大戏剧体系"又被理解为具有世界性代表意义的存在,最终,我们眼前就赫然悬挂起了"世界三大戏剧体系"这块金光灿灿的匾额。

然而,事实终究是事实,理论不需要装饰,更不允许涂抹。

(原载1998年7月31日《文汇报》)

关于名著改编的话语[1]

名著改编是文学史和艺术史上一个永恒的话题。最近北京人艺改编上演了系列剧目,使这个话题变成一个很新鲜的话语。改编碰到许多实践的和理论的问题,我这里打算从三个方面做一点归纳与提升。

一、关于经典的阐释

可否对经典进行阐释?答案自然是非常肯定的。我曾经在一篇文章里说道:有一种理论彻底否定阐释的可能性,认为任何阐释都是后人用自己的思维方式和语言来臆测前人,这样做带有很大的盲目性,因为臆测是永远不可能实现对原本的真正解读的。我用了惠子坚持"子非鱼,安知鱼之乐"的不可知论,而庄子则用相同逻辑为之设置"汝非我,安知我不知鱼之乐"的悖论这个例子,来推翻这种理论的逻辑前提。因为不可知者对于他人是否能够阐释本身也应该是不可知的,他因此就失去了评判权。对经典可否阐释的问题是一个似是而非的问题,因为阐释一直都存在。后人总归要接近前人,试图破译其原始信息,解读其文本含义。这是文化承传和累积的需要。

事实上,如果不是上面说到的纯案头文学作品的承传,通过任何形象媒体来转接经典,继承也好,改编也好,都有一个对经典重新阐释的问题。比如说莎士比亚的原始文本拿到今天演,有没有阐释问题?有。谁在阐释?

---

[1] 本文系根据作者 2000 年 11 月 16 日在《新剧本》编辑部、北京市文联研究部和北京市剧协召开的"名著改编与戏剧创作研讨会"上的发言整理。

导演、演员。它肯定不是第一版。就像我们最近看的新版《茶馆》,林兆华的导演、濮存昕和梁冠华他们的演出,就不是当年焦菊隐的导演、于是之那一批演员的演出。假设它完全沿袭了原有的艺术构思(当然没有),每一个角色都细致地揣摩前辈对这一个角色的阐释,还存在一个认识方面的夹角呢,由各种复杂因素造成,包括修养、学识、时代背景、文化氛围、时代审美趣味等。这个时代和那个时代毕竟不同,有许多的不同。即便我们现代的艺术家,尽可能想复原当时,他也是做不到的。何况,现代艺术家们又有自己的许多想法,有他们自己的理解。而且,往往是艺术家们不愿意重复,所以他们就有自己的阐释。

我刚才说到阐释,只是做一个一般性的描述。实际上,极端地讲阐释有两种情况。一种是尽可能贴近原著,尽可能复原经典。另一种是按照我的艺术观点,随心所欲,用我的审美趣味和审美品位重新阐释经典。这是两种态度和做法。通常来说,前者属于经院式的、学院派的,后者属于反叛式的、先锋派的。前者的做法相对稳妥,法古为鉴,最大限度地保存前人经验和累积成果,于是它似乎比较贴近经典。当然这也只是相对而言,因为在世代累积的阐释过程中,人们会对经典注入自己的理想和愿望,同时用自己时代的观念去修正它。后者大量见于现代艺术之中,通过反传统来构成艺术的叛逆与创新。

对于后者,问题不在于允许不允许这么做。比如说李六乙导演的解构式《原野》出来了,人们可以用一句传统台词来骂他:"大胆!"但他已经这么做了。戏剧界一些抨击他的声音很重,说:"你根本不应该这样子去玩经典!玩的话,玩别的什么都行,别拿经典来开涮。"批评得对不对?对。他确实不应该这样来玩经典。而对他来说,至少从功利的角度说,从自我保护的角度说,他不必这样做。你随便拿什么去玩不行吗?玩后喜欢你、讨厌你、没人理睬你都行,至少不背这个黑锅。但他玩时可能没想这么多,他就玩了。这里面可能也有一些深层的东西,一些走得比较远的艺术家,一些年轻的、追求先锋效果的艺术家有一种潜在的东西,他们希望能够解构崇高、消解权威,潜意识里他们也想解构经典。他们之所以选择了经典来开涮,这里面有一种潜在的审美需求或是大胆叛逆的艺术理想在起作用。像孟京辉的《盗版浮士德》，他根本不是在演歌德的《浮士德》，他是在借助这个躯壳来玩耍一个当代解构式的、中国版的衍义，他干脆自己就先声明，他这个是"盗版"，大家别用什么经典来束缚他框范他。黑格尔说"存在即合理"，我们现在不去评判他们合理不合理，而要看他们的存在为当代艺术是提供了积极的还是消极的东西，或者说哪一面的东西更多。恐怕更多应该从这个角度做评判，也就是进行艺术的和审美的评判，而不是单纯的生存价值宣判。

至少从这样一个角度，我接纳他们的存在。他们丰富了当代审美，开阔了美学视野，也许他们培养另外一种审美趣味，从这样一个角度，我接纳这种对于名著、对于经典过分大胆的改造和改编。这种东西在西方是屡见不鲜的，见到了大家也不引以为奇，就在这个小圈子里，你们自己玩去吧。我们照样有国家剧院，有正宗的、高档一流的演出团体，正儿八经地按照我们理想中的样式来还原经典、复原经典，按照我们认为的自古以来的方式演下去。同时又有边缘的声音，他们在解构经典、玩弄权威、制造各种各样匪夷所思的话题。这两种东西放在一起，构成了时代的丰富多彩。西方对于莎士比亚的阐释，我们已经见到了各种各样的方法，这些方法共同为丰富文化蕴藏提供经验和素材。从这个角度，我接受这些尝试。更何况，他们往往在艺术上，出些奇招，增加我们对戏剧本体的认识，带来新的思考。当然如果说这些东西泛滥成灾，那又是另外一回事。如果说全国2000多个国办剧团、两三千个民办剧团全演这个东西，自然会成为一个很大的问题。但是不会的，因为刚才谈到的，这种先锋的、后现代的东西，它永远是一种比较形而上的东西，它的民众、民俗的基础是很薄弱的，可供人理解、打动人心、感动人心的东西比较少，往往是那些比较形而上的、躁动的、寻求突破的、寻找新的审美对象来解决自己某种饥渴的，这样的人群，才需要它，才欢迎它，但这样的人群永远是社会的少数，他们有时会自许精英，自许代表时代潮流前进的方向，这批观众需要它，而他们确实对当代艺术的指向发挥作用。

二、改编是经典承传的当代方式

这本来是毋庸置疑的一个话题。除非经典本身的承传方式只是单纯的文本形式，例如小说，它不须经过改编来传播，它的承传就仅仅是印刷。10个世纪以后、20个世纪以后，印刷的方式可能会改变，到时候纸张不知道变成什么样子了，这只是载体的改变，而经典本身则永远以它的原汁原味、原来的相貌存在，所以不存在改编问题。但是近代以后，创作的艺术载体变更得很快，电影、电视、多媒体出现了，在这之前是舞台剧，当然舞台剧和文学创作产生得谁早谁迟说不清楚，新的艺术载体出现以后，它要表现经典，就必须借助于改编的手段。反过来，现代社会的快节奏使它越来越远离安静、温馨的读书氛围，纯粹文本形式的经典要获得广幅的读者群简直成为奢想，因而它需要借助这些新的艺术载体，来实现自身的现代传播，于是改编也成为经典的延伸途径。改编的需求还不只存在于由文本到立体形象的路途之中，也广泛存在于上述各门形象艺术之间，所以引出了这个命题。

　　名作或经典自有它永恒的价值和永远存在的魅力，这也是毋庸置疑的。特别是，经典往往是一个历史时期里面最具有代表性的能够反映那个时期人类智慧的结晶体，经受了时间的沉淀和淘洗。比如说我们谈到唐诗，第一个想到的就是李白，第二个是杜甫，经典本身起着一种括约和凝聚的作用。我们后人去解读传统、解读前人留下的著作的时候，当然首先选择那颗最耀目的巨星，这就是经典。经典是那个时期的艺术毫无瑕疵的创造物，有了瑕疵之后它不太容易成为经典。借用恩格斯的话，经典是人类创作中不可企及的高峰，所以我们需要不断地去接近经典、解读经典。在当代，随着艺术媒介、艺术载体的不断新生和更换，用新的媒介和载体去接近经典的时候，遇到的问题就是改编。特别是由于20世纪电影、电视的活跃，时代产生了一种需要、一种渴求，再加上影视文化的快餐性质，它需要去大量吞食然后再吐出名著和经典。这种渴求是时代性渴求，对其本身我们用不着置喙，我们要说的是在它吞食和吐出之后，到底倒出了什么东西。经过它处理后的经典是否还是经典，是否还能保留经典的本质。

　　舞台剧和影视作品等不同的媒体都抓住名著和经典不放，当然有刚才说到的艺术延续本身的原因。名著和经典都是已经有了定评的东西，其文本含义已经达到相对的价值高度，艺术上也有独到的成就，对之进行载体转型，借助于成功作家犀利、独到的社会观察力、剖析力和强大的艺术建构力，容易获取价值上的成功,先天达到意蕴和质量的较高层次。当然也有利用经典的知名度来扩大自身吸引力、扩大观众观赏面的原因。经典的影响力能够帮助改编作品获取社会性的广泛关注,吸引更多的观众目光。但是,改编经典同时也要冒两个方面的危险:一是在观众既定的欣赏品位上冒险,二是在观众既定的欣赏口味上冒险。名著的艺术水准成为人们对改编作品的先天性期待值,前者在观众心目中所产生的分量和影响的深刻度,后者是否能够企及?人们往往又会用一种恒定的标尺来衡量:你是否忠实了原著?因为观众的欣赏口味是被原著培养起来的。这两个方面的危险,成为阻隔在经典改编旅途中比较难于逾越的大山,往往成为我们评价改编经典作品的既定出发点。

综上所述,经典是通过不断的改编,特别是通过艺术载体的不断转换,来实现它与当代社会的对接。我们注意到,改编经典要面对不同载体语言对经典的改造,这又引出下面一个话题。

三、改编语言种种

分析一下近年的名著改编情况,其途径与手段是很不一样的。例如,从小说作品改编为舞台剧和影视作品,从文字意象转换到形象的、立体的意象,这是一种改编,像《家》《骆驼祥子》《孔乙己》《苦菜花》等。从既定的舞台剧转换为其他的媒介样式,例如从话剧转为戏曲或电影、电视,这又是一种改编,像《原野》《金子》《茶馆》《雷雨》等。还有,同为影视剧,从旧演到新演、旧排到新排,在某种意义上也是改编,北京人艺系列剧目《茶馆》《日出》《原野》就属于此类。这些,由于顺应了媒介更代的节律及中国特定时期的艺术趋势,都属于正向改编。当然,也有逆向改编,例如先出现电影、电视,然后作家又把它写成小说(例如王海鸰的《牵手》)或舞台剧(例如魏明伦的《变脸》),当然这往往是原创者自己的行为。由于现代艺术媒介和载体的多元化,创作者可以借助于远远多于传统的手段,自觉地进行各种文学语言和艺术载体的转换。它为当代作家提供了更广阔的视野和创作天地,转换手段是各种各样的、多元的,每一种转换都有它的内在机制在起作用,都有它的内在规律在支配。我们在具体论述不同转换对象的时候,要用不同的量尺、不同的标准来衡量它。现在经常看到一些批评在用同一种量尺衡量不同的对象,有强人所难之嫌。

不同文学语言的转换,碰到不同的困难和问题。例如用舞台剧或电影手段处理长篇小说,就有一个很大的语言跨度。首先是展幅的不同。一般来说,长篇小说可以没有容量限制,展现社会生活面广阔,表现情节和细节丰富,能够正面地、具体地、全方位地展示它的全部对象。而舞台剧和电影由于时间与空间的限制,是做不到这一点的,因此它们必须对小说进行选择、提炼和凝聚。容量本身就是一种质量,容量的改变也就带来质量的变化。其次是节律的不同。相对而言,长篇小说的构成是高密度的,舞台剧和电影则是疏朗有致的,这是由其展幅及表现语言的不同所决定的,前者的主体语言流程呈平铺状,后者则呈跳跃状。当然,舞台剧与电影的节律也不同,幕与蒙太奇的转接手法相去甚远,前者整,后者碎,前者空间相对逼仄固定,后者开阔多变,前者基本保持同一透视基点,后者时而拉开时而逼近。再次是意象的不同。从小说到戏剧,有一个从文字平面到形象立体、静态到动态、联想意象到视觉意象的转化,转化过程伴随着意象的重新结撰,新产生的形象意象与原有文本意象之间在吻合方面构成一个明显的夹角。面对改编的语言跨度,如何既能够顺利实现其转换和跨越,同时又保持住、捕捉住并传达出名著的原始立意、追求与神韵,创造的意象和原始意象能够达到多大百分比的吻合,这在实践中永远是一个需要探索的困难命题。

我们所看到的、大家经常在议论的名著改编中存在的问题,有相当一部分是由这种语言转换所形成的夹角和不对接造成的。当然不可否认,改编有一个基本的标准,就是名著所达到的那种深刻社会认识度、广泛社会概括面和艺术高度,再造品是否达到了,这是一个前提。但是还有许多议论,是在上面说到的那个层次里发生的,是语言转换所造成的问题。因此我们必须研究这些问题。

例如,同是改编小说,话剧与戏曲语言不同。从文学平面到舞台立体的跨越,已经是一个相当大的跨越了,而跨到话剧和跨到戏曲之间,还有一个很大的夹角。话剧需要提炼冲突和戏剧性,紧缩时空。戏曲更由于自身特殊表演语言的需要,要求更加简约、优裕的内容时空,即要求内容为舞台表演留下较大的四维空间。它往往要求把背景、情节、事件都推向幕后,把能够充分调动人物感情发挥的地方放在幕前,用唱段和表演来丰富它。这样,它就需要对原著进行更大幅度的裁剪及结构上的重新组合,缩减其内容容量;之后,又得调动起自身的特殊手段来进行舞台呈现,这种呈现须得是戏曲式的,要满足戏曲舞台对于观赏性的要求。再比如,同是戏曲的改编,从小说而来与由话剧而来,又不相同。川剧《金子》是从话剧舞台改编来的,京剧《骆驼祥子》是直接从小说提炼出来的,两者的改编对象不同,困难度亦不同。戏曲直接从长篇小说改编,跨度较大,既要尽可能保留原著的丰富性、广阔性、厚重感,又要用大量的简约的方式、用减法和加法,把它需要阐发的细部进行充分发挥。经过这样的处理和调适之后,所形成的意象还得和原来的意象相吻合。这中间有很困难的工作要做,吕剧《苦菜花》就属于这种类型。

长篇电视连续剧在容量上的相对无限,使它在改编长篇小说时有着比较充裕的创作空间,这种空间反过来也形成它从事文学改编的大食量和大胃口,加上全天候播出时间与密集频道交织形成的巨大倾泻场的需求,它被刺激起惊人的吞噬量。我们看到的情景是,短短一二十年时间里,电视剧已经几乎吞吐了我们民族所拥有的全部叙事文学遗产,处理完了历史上发生过的及传说中的所有事件、人物、情节和题材。当大量的长篇小说、历史演义、民间说唱题材都被用尽用滥之时,电视剧编导偶尔也动一下改编舞台剧的心思,希望试试奇招、鲜招,于是我们就看到了曹禺戏剧名著《雷雨》改编成的20集电视连续剧。当然,不可避免地,它遭遇了一片难堪的非议之声。避开对名著内蕴阐释和艺术复制的难度不谈,编导犯了一个常识性的错误。其实在运作之前,改编者只要稍微进行一下美学论证,就会知道这样做的危险性有多大。我们常说文学作品是对生活的提炼与概括,相对于小说而言,戏剧又是更为集中和凝练的艺术。由于舞台时空的限制,它先天要求对素材做更大幅度的浓缩与裁剪。加之曹禺创作《雷雨》受到西方"三一律"的很大影响,为实现"三一律",他把背景和历史过程都略去,故事在发生的同时也就接近了尾声,基本上等于只剩下结局。这样,大幕拉开,由于故事是从中间断切，戏里就充满了复杂迷离的人物关系，充满了潜台词，充满了种种诱惑人心、引人入胜的戏剧情境，造成此剧强烈的戏剧性，《雷雨》的魅力很大一部分是在这些地方。改编成电视连续剧，而且是20集的长篇，势必将故事全面展开、正面敷叙、从头说起，于是上述既定魅力全部失去，等于是重打锣鼓另开张了。重新结构和处理这个故事，冒了效果不可知的险不说，直接面对的是话剧《雷雨》培养起来而且记忆犹新、至今仍沉浸其中的观众！对于他们来说，就像刚刚吃过奶糖又去吃水果、刚刚喝过蜂蜜又去饮雪碧，其感觉淡而无味、又酸又涩是可想而知的。如果改编成电视短剧，大约收到的效果会好一些，不幸又是20集，拼命地抻长了，不免兑入大量的水，这在美学上是犯忌的。

相同艺术载体的自身舞台承传，在某种意义上也是改编，这种改编会受到名著光环的笼罩，特别是当经典演出离开我们的时代还不是很远的时候，这种笼罩的控制力会十分强，它给承传带来很大的困难。北京人艺新排话剧《茶馆》《日出》《原野》，是对老舍、曹禺现有的、既定的舞台剧进行重新阐释而还原在舞台上的，却引起一片指责之声。除去艺术本身的原因，观众的审美恋旧感也在起作用。经典陶冶了的一代观众尚在，他们将对经典的印象封存在记忆里，由于时间的延伸，这种印象日益走向理想化并召唤崇拜，光圈日渐带上幻影，于是他们会十分苛责后来者。重新解读是名著承传的一个重要方式，对原作的侵害并不存在，因为原著还在，其他的解读方式仍然会继续出现。隔代的观众则会极大减少这种感情倾向，使改编变得容易。例如我们虽然认为现在影视作品中出现的毛泽东形象并不完美，与我们所认识的毛泽东有距离，后人却会认为毛泽东就是这样。而我们对于列宁形象的贴近，也只是贴近了苏联电影《列宁在十月》和《列宁在1918》里面的形象，我们以为列宁就是那样。这难道是距离的美感在起作用？当然，我们因为接近和熟悉，总是不希望有缺陷的毛泽东形象误导后人，总是希望尽量修正其形象，让他更贴近真实。如果是经典的研究者，就更容易因熟悉和自己对之消耗的心血而产生强烈恋旧感，形成对对象的崇拜与沉溺，他们如果来批评改编，目光会是最为挑剔的。近期对于北京人艺抨击的炮火，主要就是从这些人的文章里集中发出的。

在戏曲舞台上改编古典传统名剧《西厢记》、《琵琶记》、"荆、刘、拜、杀"等遇到的是另外一种类型的问题，主要是如何进行扬弃，即把那些与时代道德观相背离的东西清除掉（当然，要不要清除，也是一个正在探讨的问题），但是也有语言转换的问题。为了将这些古典传统名剧搬上当代舞台，也需要进行技术处理。有人提出对古典名剧要"原演原唱"，这种见解有些似是而非，脱离了戏曲发展的实际。上述古典名剧的载体是北杂剧与南戏，这些声腔在舞台上都早已绝迹，其舞台方式也与今天各剧种相去甚远，事实上"原演原唱"是无法操作的。加之时代节奏早已变换，现代都市形成两个多小时的戏剧欣赏习惯，农村可能会松一点，但太长的演出文本也不能运行。过去目连戏一演3天、7天的景观已经是历史遗迹了。而上述名著通常都很长，《西厢记》是5本24折，《琵琶记》是42出，全部上演脱离观众。1998年陈士铮在美国导演了3天的《牡丹亭》全本演出，只能是偶尔的炫奇，引起的反响大约局限在学术兴趣与异质文化的吸引力方面，不是一般意义上的观赏趣味在起作用。

越剧《孔乙己》的改编又是一种情况，改编者在探讨更广阔的空间与可能性。鲁迅原作只是一个短篇小说，故事含量不大，甚至不够结构一部舞台剧。但鲁迅同期作品有一批，像《药》等，它们虽然互不关联、各成起讫，但背景都是20世纪初期绍兴一带的社会生活，风格与意象也彼此贴近。改编者从这批作品中进行综合提炼，抽出其共同意象，扩层开来，变成对鲁迅的一种独特解读，或者说是演绎。这当然是一个有意义的尝试，在此之前，话剧《咸亨酒店》曾用相同的方法开过先例。但问题也在于鲁迅创作小说时的单篇运作和各自独立思考，他并没有形成整体的构思，因而各个事件与人物都是单独完成的，其间不发生联系。当戏剧把它们连在一起时，势必重新构设人物关系，并且改变叙事话语，而新的关系和话语一旦建立，就产生了自己的趋势，它会支配人物命运朝着特定的方向发展，其结果是对鲁迅的改变或者阉割。这种改编，带有更大的创作成分，对其进行理论框范，还是一个未曾经验过的崭新命题。

刚才说的改编语言种种，还不能单纯局限在经典。有些并非名著的原创作品，经过后人的再发掘，做了语言转型处理之后，产生了比原创更大的影响，也成为我们关注的对象。例如话剧《生死场》，原著是萧红的长篇小说处女作，在技巧上当然有它非常独特的东西，所以鲁迅很快就发现了它并肯定它、赞扬它，但是也有它相对不成熟的地方。田沁鑫对之进行重新发掘、重新艺术构思之后，搬上话剧舞台，引起震动。这和刚才说的经典作品本身的厚重感所引起的影响，有相同的部分，交叉面是很大的，但也有它自己独立的部分。说到这里稍微岔开两句，为什么这么讲？现在的舞台处理和小说是有夹角的，比如说中间到后边抗战因素的加入，那种民族话语的渐浓，造成了《生死场》原作中没有的一种新感觉。这种感觉在当代舞台上出现，唤起了当代中国人心底的某种回声。近年日本军国主义抬头，否认侵略，否认南京大屠杀，使得我们的民族情感遭到压抑。这种压抑潜藏在人们心底，强烈需要诱发，《生死场》正是充当了诱发剂，从而引起强烈共鸣。朝这个方向进行的加工，丰富了原著。当然，《生死场》对于话剧舞台的震动主要还不是这个原因造成的，而是它对话剧舞台语言的一种新的发掘，对身体语言的新的开掘和利用。它使话剧更加深刻地发现了自身，找到了话剧本体的东西，而这种东西在当代舞台上比较稀薄，所以一出现就引起很大轰动。话剧《生死场》的成功原因可以做多方面的探求，这里还回到最初的话题，它至少已经成为话剧舞台上的名作，原创的功绩和改编的功绩如何区分，尚需认真研究。类似的舞台成功还有《死水微澜》，话剧和川剧的改编都很醒目。

（原载《文艺研究》2001 年第 2 期）

戏曲:传统与当代艺术的聚焦[1]
——意义、现状与方法论

我是搞戏曲研究、戏剧批评的,中文系主任温儒敏教授让我登北大讲坛,我就来给大家鼓吹一下戏曲和戏曲研究。北大作为人文渊薮、国学渊薮,提倡戏曲也是题中应有之义。

一、意义

2001年联合国教科文组织"人类口头和非物质遗产代表作"项目青睐中国昆曲,为什么?为何他们青睐的不是京剧而是昆曲?台湾作家白先勇先生前不久携青春版昆曲《牡丹亭》来北大演出,受到学子们的热烈欢迎,他为何要独尊昆曲?因为昆曲是中国最有代表性的口述文化遗产。它在中国现存声腔剧种里最古老、最富文化和艺术含量,在一定历史时期里又最深入民间。明清时期称它为官腔,它的肌体里融入了士大夫文化与贩夫走卒文化,体现了中国封建社会晚期的文化性格,它既高雅精致、繁缛绮丽又通俗流行、老少咸宜。

今天各地纷纷把当地所拥有的地方戏剧种报送为"人类口头和非物质遗产",可我们对这些剧种知道多少?来自各地的同学,知道当地地方剧种的来历吗?它有多少年的历史、有多少文化内涵、在全国戏曲剧种中占据何种地位?你了解当地民众对它的爱好程度和有关的民俗风气吗?这些都是

---

[1] 本文系根据作者2005年12月2日在北京大学中文系报告厅为"孑民学术讲座"第95期所作演讲整理。

活的进行时的生活状态，是民间文化与艺术的鲜活的延伸，值得我们去关注。

说到申报口述遗产，我们古老中国、文化中国、民俗中国这方面的东西太多。联合国教科文组织第一届"人类口头和非物质遗产代表作"中收录了中国的昆曲，第二届收录了古琴，刚刚揭晓的第三届收录了新疆的木卡姆和蒙古的长调。这些刺激起各地的热情，纷纷竞报，于是今年各地向国家文化部申报了800多项，报得比较杂乱、没有标准了。须知口述遗产注重的是你有何特殊的文化内涵，是否正处于流失和濒临灭绝状态急需抢救。韩国的江陵端午祭之所以能够获得批准，就是它有充分的独特内涵，尽管端午节是从中国传过去的，但他们充实了许多节日仪式和表演内容（据说有8000个项目，这使我咋舌和无法相信），因而已经远非中国的内涵了。

尽管戏曲的发展受到当代社会生活方式和现代派艺术的很大冲击，但它仍然是当今最受关注的艺术之一，而且随着经济社会的发展与全球化的步伐，将越来越受到重视。民间需要它，政府提倡它，国外重视它。戏曲成为传统艺术进入现代社会的一个典型。为什么能够这样？其原因有三：

第一，戏曲既是传统艺术，是国粹，又是现代艺术。

戏曲不是静止不动的物质遗产，而是活在舞台上的东西。它不断进行舞台创新，因而自然就融入了现代社会。例如戏曲演出需要剧场配合，而现代剧院的科技更新和技术、辅助含量大幅提高，就使戏曲的肌体注入了越来越多的现代因素。例如舞台上配置的现代灯光、激光设备、机械传动设备，改造了舞台形式，置换了舞台意境。这还没有说戏曲对于当代社会生活的表现。

戏曲又影响了各个现代剧种，包括话剧、歌剧、舞剧、音乐剧等，也影响了电影和电视剧。因为中国民众的欣赏心理是从戏曲培养起来的，注重故事性、叙事性、情节流畅性等。这带来了话剧的民族化、民族歌剧和民族舞剧的形成、电影和电视剧的民族风格等。张艺谋执导的芭蕾舞剧《大红灯笼高高挂》中使用的许多民族语言，多是从戏曲而来，包括锣鼓伴奏等。该剧在法国演出时，受到法国人赞扬，说是芭蕾在中国创了新。至于戏曲影响美术、舞蹈、音乐、杂技、曲艺各门类艺术的例子则举不胜举。

第二，戏曲成为中国文化性格的核心。

明清时期观赏戏曲是平民百姓获取知识的主要途径。戏曲兴起并普及以后，成为中国民间最受欢迎的通俗文艺品种。一般平民特别是妇女没有条件念书，他们的历史知识大多从看戏中来，而戏曲演出又能给他们带来娱乐，欣赏戏曲对于文化水平的要求也不高，稍有修养即可，所以看戏成为明清平民生活中的一项最流行和风靡的事。小说《歧路灯》在这方面有着十分详尽的描写。

由于戏曲多描写历史故事，其本身形式又讲究平仄韵律，所以其中充满了学问，许多没有读过书的人竟然从中增长了见识。明代凌濛初《谭曲杂札》："又可笑者：花面丫头，长脚髯奴，无不命词博奥，子史淹通，何彼时比屋皆康成之婢、方回之奴也？"（康成是汉代著名经学家郑玄，方回是元代文学家）这些出口成章、通史娴词的丫鬟家奴们，都从戏曲中受益匪浅。清代著名诗人赵翼甚至写有绝句一首，感叹戏剧化人之深："焰段流传本不经，村伧演作绕梁音；老夫胸有书千卷，翻让僮奴博古今。"其诗题曰："里俗戏剧，余多不知，问之僮仆，转有熟悉者。书以一笑。"（见《瓯北诗钞》绝句二）甚至有些不太遵从封建正统的士大夫，竟然把看戏的功用和读书并提，清代梁章钜《浪迹丛谈》卷六"看戏"条说，乾隆年间甘肃平凉知府龚海峰，一日问他的四个儿子：读书好还是看戏好？少子说"看戏好"，被臭骂孺子不可教；长子说"读书好"，龚说是腐儒老生常谈；次子说"书也要读，戏也要看"，龚说他滑头、圆滑两可；三子说"读书即是看戏，看戏即是读书"，龚大笑，说："得之矣！"

当然，因为戏曲对历史的扮演是艺术描写性的，并不能当作信史来看，它也造成了对普通民众历史知识的歪曲传授，所以有士大夫对之表示不满（光绪癸卯年二月四日《同文沪报》山西阳曲县令文）："今以经史所传，历代圣君贤相、通儒达士，执吾华四百兆之众而问之，其瞠目而不能答者，殆十之八九。又举稗记所编，叛逆不逞之徒、怪谬无稽之说，执吾华四百兆之众而问之，其能津津而道者，又十之八九。此十之八九之众，盖未尝身入学堂，故囿于所见。若彼未尝不身入戏场，故迷于所见又如此……"其实今天的民众又何尝不是如此？只是看戏换成了看电视剧，从大量戏说、歪说历史的电视剧里得到了奇奇怪怪的历史知识。

戏曲反过来又受到观众的影响，不断培养自己的文化性格。例如昆曲是士大夫艺术，唱词文雅，情调悠闲，表现青年书生的科举事业与爱情。普通老百姓则喜看武戏、鬼戏、情感粗犷的戏，于是弋阳梆子等剧种更盛行于民间，历史征战戏占了上风，带动了几十上百种地方戏剧种的兴起。

由戏曲在当时社会生活中的重要位置所决定，它成为明清民俗文化的核心部分。当时几乎一切生活艺术品都围绕着戏曲而创作，建筑雕塑、居室装饰、绘画、年画、泥塑、剪纸、刺绣、瓷器、漆器种种皆如此，充斥了人们的文化生活空间。

由于戏曲表现了中国民众的文化性格，所以西方学界对之日益重视，越来越加强了对它的研究，西方留学生以戏曲为内容做博士论文的益多。在台湾，戏曲研究成为显学，学者对它投注了大量的热情。

第三，也是更重要的原因：戏曲是综合艺术，是一切艺术的核心。

戏曲是综合型的表演艺术，它将众多艺术门类如文辞、舞蹈、歌唱、音乐、美术、说话、杂技、表演、故事叙述等表现手段集于一堂，全部吸收到自己的肌体里来，熔铸为自身的有机构成，因而具备了更强的舞台表现力和感染力。它的优势从宋代开始显现。

宋代以前，各门类艺术大多是单独发展的，宋杂剧出现，开始驾驭多种艺术因素。南宋以后，杂剧演员成为宫廷教坊里最为重要的成员，所谓"正色"。宋代灌圃耐得翁《都城纪胜》"瓦舍众伎"条说："散乐传学教坊十三部，唯以杂剧为正色。"意思是说，瓦舍勾栏里的"散乐"是从宫廷教坊"传学"来的，而在这十三部类中，唯独杂剧居于"正色"的地位。反过来说，其他部类就都应该是"副色"了。在所有的表演种类中，杂剧跃居到了首要的位置，说明它在当时已经成为最受欢迎的表演项目。在民间的市井和乡村演出中，戏曲成为最受欢迎的表演艺术。《都城纪胜》"瓦舍众伎"条、《梦粱录》卷二十"妓乐"条记叙临安瓦舍勾栏里的众多表演艺术，都对杂剧做了重点介绍。乡村中两宋和金代都流行用杂剧砖雕或石刻镶嵌墓室的做法，此类墓葬在中原一带及川蜀的出土绵延不绝。

随着戏曲艺术走向成熟，它在众多表演艺术中日益占据领袖的地位，发挥了越来越大的作用和影响力,而其他一些表演艺术则由于戏曲的磁场作用,逐渐开始萎缩,有些甚至失去其独立价值,沦为戏曲的附庸。例如明清舞蹈史的研究,基本就是对戏曲舞蹈的研究。而明清音乐史的研究,也多半是研究戏曲音乐。这种情形的发生,构成了中国古代社会后期一种独特的文化现象,值得我们去深入探讨。

我们还可以仔细分析一下戏曲的艺术成分构成优势。对于中文系的人来说,重视的是文本。首先,戏曲文辞幽雅。古代文人谈论戏曲,只称其为"曲",就是着眼于它的文辞。我们今天说《诗经》、楚辞、汉赋、唐诗、宋词、元曲,从诗到词到曲,就是沿袭古人的说法。但古人又说:诗不如词,词不如曲。为什么？因为它"渐近人情"。什么是渐近人情？

我曾经写过《诗、词、曲之分途》一文,对此有过诠释。我说:如果用一句话概括从诗到词到曲的语言特征,可以说是"渐近口语",亦即它们对于语言的运用日渐贴近日常用语。请看,同样表述兴亡之感,诗是:"朱雀桥边野草花,乌衣巷口夕阳斜。旧时王谢堂前燕,飞入寻常百姓家。"(刘禹锡《乌衣巷》)词是:"燕子不知何世,入寻常、巷陌人家,相对如说兴亡,斜阳里。"(周邦彦【西河】)曲是:"语喃喃,忙劫劫,春风堂上寻王谢,巷陌乌衣夕照斜。兴,多见些;亡,都尽说。"(赵善庆【山坡羊】)曲之能够在民间风靡而压倒文人词调,就是因为它口语化的表述句式较为浅白,更适合于直接传达出人们在日常生活中流露出的真情实感,因而更加活泼生动。再看卢挚【蟾宫曲】的例子:"沙三伴哥来嗏,两腿青泥,只为捞虾。太公庄上,杨柳阴中,磕破西瓜。小二哥昔涎剌塔,碌轴上渰着个琵琶。看荞麦开花,绿豆生芽。无是无非,快活煞庄家。"全篇都用白描的手法,对日常的、习见的、普通的农村生活场景进行了亲切逼真、淋漓尽致的描绘,不饰辞藻,不用比兴,俗语、俚语一起入曲,其效果是曲意的酣畅明达、直率洁净。戏曲的语词表述贴近人们的生活,因而也就产生了更大的吸引力。

戏曲的词语表现还可以代人声口,为各类社会人等写心。秀才、小姐、家人、奴婢、勇士、恶人、泼皮无赖种种类型,抒情的、状物的、叙事的、白描的种种风格,扩大了文学的表现领域。戏曲因而成为元、明、清文人逞才使气的工具。

其次,戏曲又能扮演社会大众、状摹一切声口、表现人生遭际。明清时期小说传奇风靡,而戏曲演绎人生传奇,可以当场装扮各色人等,比小说的表现更直接、更直观。元代胡祇遹在《朱氏诗卷序》里有过描写,他说:

> 以一女子,众艺兼并:危冠而道,圆颅而僧,褒衣而儒,武弁而兵。短袂则骏奔走,鱼笏则贵公卿;卜言祸福,医决死生。为母则慈贤,为妇则孝贞;媒妁则雍容巧辩,闺门则旖旎娉婷。九夷八蛮,百神万灵;五方之风俗,诸路之音声;往古之事迹,历代之典刑;下吏污浊,官长公清。谈百货则行商坐贾,勤四体则女织男耕;居家则父慈子孝,立朝则君臣圣明。离筵绮席,别院闲庭,鼓春风之瑟,弄明月之筝。寒素则荆钗裙布,富艳则金屋银屏,九流百伎,众美群英。外则曲尽其态,内则详悉其情。心得三昧,天然老成,见一时之教养,乐百年之升平。

戏曲因而在元明清时期成为上自王公贵族、中到士大夫阶层、下及贩夫走卒皆爱好的文艺样式,成为各种艺术的集大成者。

戏曲处处体现了中国古典美学的神韵。脸谱,意义的抽象,现代艺术里到处在运用。戏曲的写意原则:三兵四卒,千军万马;圆场走边,千里万里;以无当有《张协状元》,以白当黑《三岔口》。

喜欢做学问的文人,还会发现它深,它包含了音韵学、曲韵学、曲律学、宫调等理论。

作为综合艺术的戏曲,地负海涵,包容广博,表现力强,因而受到人们的喜爱。

二、现状

晚清以来,戏曲共形成了 200 多个剧种,积累了上万个剧目,其中京剧、秦腔、豫剧、川剧等大剧种都各有 5000 个以上的剧目,把中国历史从上古神话到二十四史的内容一直到现当代生活都敷演净尽。这种情况在全世界是唯一的。

　　戏曲在人类四大古老戏剧样式里又是唯一发展历史绵延不断并延续了更长时间的。古希腊、罗马戏剧在中世纪断绝了，文艺复兴以后兴起的欧洲戏剧已经是话剧、歌剧、舞剧鼎立的局面。印度梵剧在十一二世纪也没有了继响。只有日本能乐与中国戏曲延续到了今天，但能乐又没有戏曲的历史悠久，并且还是在戏曲影响下发展起来的。

　　戏曲演变成各地不同的声腔剧种，是奇特的，在世界上独一无二。为什么？是它与各地不同方言、曲调结合的结果。秦朝统一文字的一大功劳，是方言变化不离谱，有共同的文字在制约，否则今天的中国语言就会演变成为欧洲各国语。事实上，今天北方人听粤语、闽南语，仅从语音角度说，可能比英、法、德语互相理解的难度也小不到哪儿去。方言于是成为各地方戏剧种的性格基因。今天又出现方言话剧，如四川方言的《抓壮丁》，也很有风味。当代影视剧里领袖人物的方言腔，也成为一种风格，去掉了反而让人感觉别扭。

　　各地曲调即各地不同的风味民歌，比如山西人唱《兰花花》、苏州人唱《好一朵茉莉花》，自古以来即如此。金人燕南芝庵《唱论》指出："凡唱曲有地所：东平唱【木兰花慢】、大名唱【摸鱼子】、南京唱【生查子】、彰德唱【木斛沙】、陕西唱【阳关三叠】【黑漆弩】。"

　　元代戏曲腔调即有南曲北曲。明代南曲在苏浙闽赣流传，又产生15种左右的变体，如昆山腔、弋阳腔、海盐腔、余姚腔、青阳腔、徽州腔、义乌腔、潮腔、泉腔等。其中，最有影响的是昆山腔（昆曲）。此外，各地仍有大量民间歌调流行，又形成后来的各种声腔。

　　明人沈德符《顾曲杂言·时尚小令》曾讲到北方流行小曲的情况：从元人小令盛行于燕、赵地区以后，到明朝的宣德、正德、成化、弘治年间，有【锁南枝】【傍妆台】【山坡羊】传唱。其中每个曲牌都有一首最为叫响的曲子，名字分别叫作《泥捏人》《鞋打卦》《熬秋髻》。以后又出现【耍孩儿】【逐云飞】【醉太平】等曲，但没有上面三支小曲传唱得盛。到嘉靖、隆庆年间，又兴起【闹五更】【寄生草】【罗江怨】【哭皇天】【干荷叶】【粉红莲】【桐城歌】【银绞丝】等，则与词曲句格越离越远，民歌气息日益浓厚，而自两淮以至江南都唱遍了。到万历末期,又有【打枣竿】【挂枝儿】两曲,腔调彼此近似,则不问南北,不分男女老幼,不论士农工商,人人爱听,人人会唱,沁人心脾,举世传诵了。

民歌当然不只是曲调优美,在语言运用和遣词造句上也有特点,成为推动古代诗歌发展的动力。古人早就提倡向民歌学习,这里有一个例子。明人李开先《词谑》说:诗人李崆峒从庆阳迁居河南开封,有人向他请教如何提高写诗水平,他说你只要在街上闲走,听到有人唱【锁南枝】,好好揣摩它,就会有所收获。几天以后,那人果然听到了,如获至宝,欢喜雀跃,连忙跑到李崆峒处说:"诚如尊教。"

以上说的是在各地不同风格的民歌基础上,形成了众多的戏曲声腔剧种,构成了今天全国庞大的戏曲结构。而今天各地戏曲演出团体之众多,则构成中国民众文化的一大特色。虽然国有剧团萎缩了,但民间剧团却如雨后春笋一样涌现出来,现在一个县里有几十上百个民间剧团的也不少,亦成为世界奇观。剧团多演出也就多,在民间庙会、重大节日、红白喜事都演,真可以说是古代的盛景重现。当然,民间市场的需求也造成戏曲演出的商业目的与艺术目的打架,带来新的问题。

戏曲在当今社会里,既独登殿堂,又深入民间。国家级演出院团因为是民族艺术的代表而经常性地参与国际交流,众多的民间剧团又因为与百姓日常生活需求息息相关而活跃于基层,戏曲演出因此构成中国社会文化生活里的重要部分。

当代艺术中也总有有关戏曲的事情发生,因此,一个现代中国人不能不明白戏曲。

三、方法论

研究戏曲的空间十分广博:自文物到戏台,到文本,到实物,到民间工艺,到民俗保留,到当代舞台评论;从考古学、人类学、民俗学、美学、文学、美术、舞蹈、音乐到文艺理论。这些都是戏曲研究的覆盖区域。

最初王国维、青木正儿研究戏曲史着重在文献分析,后继者则日益注重戏曲作为综合艺术的秉性，对之进行分科分类的研究，新时期以后广泛进行的田野调查，有了更多的文物和民俗发现。

不要以为传统社会已经解体净尽，戏曲所赖以生存的民间空间不再存活，事实上它们复活极快，一旦气候适宜，立即如春雨沐浴后的原野一样绿意盎然。20世纪80年代以来，学术界一再掀起傩文化热、宗教和仪式戏剧热、民俗戏曲热，各种田野调查和踏勘工作进行得如火如荼。

过去我们仅仅知道物质文化遗产，联合国教科文组织给了我们一个新概念"人类口头和非物质遗产代表作"。这反映近年某种国际学术趋势：注重人的实际生存状态。西方一些历史书总给我们带来新颖的感觉：注重对生存状态的具体细节描述，而不是像我们过去的历史书那样仅注重历史经验的概括和总结。黄仁宇的《万历十五年》，在视角上、研究方法上都给我们以启发。

眼下的研究似乎有一定分工：当代文化和当代文学研究盯住活的对象、潮流，传统文化、古代文学的研究注重具体历史语境，而戏曲研究兼而有之。

西方人的研究到处去寻找死角，到热带雨林里研究大猩猩，到海洋里研究鲨鱼，到野蛮地区研究人类原始生存仪式，到中国研究古老的传统文化。日益增多的西方留学生来中国研究戏曲，而我们自己关注得如何？

与一些学科成熟后走向封闭不同，戏曲研究可开辟的视角还很多。偶举几例：四大古老戏剧样式之间的文化联系与互相影响仍然是谜，戏曲文物的考古发现和古戏台调查持续不断，各地方剧种的调查和具体研究领域宽广，戏曲民俗文化生活的考察空间广博，戏剧批评伴随着活的舞台演出趋势方兴未艾。

较之古老的文学研究，戏曲研究可以说是新学科。戏曲又是活的艺术、时代的艺术和发展的艺术，也就不断开辟着研究新视野。戏曲作为学科的吸引力正在日益增强，近年不断有哲学等其他学科的研究者介入戏曲研究，又有若干篇戏曲论文获得全国优秀博士论文奖。戏曲研究正处于大有可为之时。

（原载《艺苑》2006年第1期）

戏剧:中国—上海—世界[①]

中国有着在世界上独一无二的民族戏剧传统。中国戏曲历史悠久,从5000年前的史前期即开始原始戏剧的表演,成熟的戏曲也有800年轨迹。今天戏曲有100多个剧种(历史累积300余个),覆盖全国广大城乡,其内容可以涵盖一整部中国历史(大约10000个传统剧目涵盖了全部二十四史的内容),这在世界文化中是一大奇迹。2001年,联合国教科文组织授予中国最古老的戏曲剧种昆曲首批"人类口头和非物质遗产代表作"称号,是富有眼光的。即使是历史最短暂剧种之一的越剧,2006年也在浙江和上海举行百年纪念。中国传统戏曲凝聚着一代又一代中国人的智慧、传统美德与民族气节及厚重的民族审美心理积淀,至今仍然是最广泛民众的精神载体。

一、中国现代戏剧史的开启由西学东渐而来

中国现代戏剧史的开启则是在19世纪末20世纪初奠定,由当时的西学东渐影响而来。19世纪中叶以前,中西戏剧之间壁垒分明,基本上可以划归具有不同审美指向的两种本质相异的艺术样式。19世纪中叶以后,西方文明整体崛起,用强力把世界纳入全球化的轨道。中国古老传统戏曲的自在生存状态被打破,受到东渐的西方戏剧的影响,开始发生舞台

[①] 本文系作者2006年3月30日在上海第十六届白玉兰戏剧表演艺术奖"当今中外剧坛与合作前景"戏剧艺术论坛上的演讲稿。

变异。20世纪初,中国发生的辛亥革命和五四新文化运动带来对西方话剧的引进热潮。新文化先锋们大力进行对西方话剧的翻译工作,短短20年时间,根据1935年宋春舫统计,翻译欧美话剧300部左右,涉及西方剧作家80余人,1938年田禽又统计一次,翻译欧美话剧387部。一批欧美和日本的留学生回国,在舞台上推行真正的欧美戏剧样式和演出方法,其中洪深、熊佛西、余上沅、张彭春等人为中国话剧舞台艺术的奠定做出了贡献。中国早期话剧的中坚人物洪深、田汉、郭沫若、欧阳予倩、丁西林等人,开始模仿西方话剧形式进行剧本创作。以后,中国话剧的发展走上了本土化和民族化的健康之路,产生了曹禺、老舍这样的大戏剧家和他们的《雷雨》《茶馆》等经典作品。20世纪初西方话剧的引进,影响到中国传统戏曲的改良与革新,推动中国戏剧历史进入一个新纪元,标志着中国现代戏剧史的开启。

在座诸领事国家的戏剧,大多对中国当代戏剧产生过影响。例如,英国的莎士比亚是今天中国学生的必读课,英国和爱尔兰出现的萧伯纳社会问题剧、王尔德唯美主义戏剧、20世纪的杰出戏剧演员奥立弗、先驱舞美设计师戈登·克雷、导演彼得·布鲁克、象征主义戏剧诗人叶芝和艾略特、声望卓著的老维克剧团和皇家莎士比亚剧团、戏剧特别是音乐剧的集中展示地伦敦西区,都是中国观众熟悉的。法国戏剧影响以流派著称:古典主义戏剧家高乃依、拉辛、莫里哀,启蒙主义戏剧家狄德罗、伏尔泰、博马舍,浪漫主义戏剧家雨果,现实主义戏剧家小仲马、罗曼·罗兰,自然主义戏剧家左拉,存在主义戏剧家萨特、加缪,残酷主义戏剧导演阿尔托,荒诞派戏剧家贝克特、尤耐斯库、热内,都引起中国的极大关注。德国戏剧史上也有一串闪光的名字:启蒙主义戏剧家莱辛,浪漫主义戏剧家歌德、席勒,歌剧大师瓦格纳,现实主义和象征主义戏剧家霍普特曼,导演莱因哈特,史诗戏剧的奠基者布莱希特,在中国都有着很大的影响。挪威的戏剧家易卜生、比昂松、克罗格为人所知,尤其易卜生在中国戏剧现代史上的影响和作用无人能够比拟。

西方戏剧对于中国戏剧影响的最大建树是奠定了中国话剧的百年传统。2007年,我们将隆重举行中国话剧百年庆典。话剧成为中国戏剧舞台与国际接轨而又有着独特民族风格的艺术样式,成为中国戏剧沟通西方乃至世界戏剧的捷径。中华人民共和国成立后,中国又正规引进了西方歌剧和芭蕾舞剧,于20世纪50年代建立起国家级的艺术院团(中央歌剧院建于1952年,中央芭蕾舞团建于1959年)。自此,西方的话剧、歌剧、舞剧都成为中国舞台上的常演剧,成为中国戏剧大家庭里的组成部分,和中国传统戏曲和平共处、互相交流、互相影响,共同构建起中国当代戏剧文化。

二、上海是中国现代戏剧的第一站

中国现代戏剧史从西方戏剧的引入开始,上海则成为引入的起点。鸦片战争以后,上海于1843年被辟为商埠,随着国际贸易的增多,西方人开始在这里开设租界,同时也把西方文化包括戏剧引进来。中国最早的西方戏剧团体是1866年英国侨民在上海组织的业余戏剧俱乐部(Amateur Dramatic Club of Shanghai),最早的西式剧场是由该剧团于1874年在上海兴建的"兰心剧场"。这使中国人第一次直接观赏到西方戏剧的演出,为其特殊的艺术魅力所倾倒。尽管当时只有少数知识分子能够与座,但早期话剧的重要人物郑正秋、徐半梅等都是从这里开始认识话剧的。另外,西方人在中国办的教会学校组织的中国学生业余演剧活动,是中国人接触西方戏剧的最早舞台实践。英国人办的上海圣约翰书院、法国人办的上海徐汇公学,都做过早期的贡献。圣约翰学院1899年编演了一部政治讽刺剧《官场丑史》,用中文演出,是中国话剧的最早先声。当时上海民立中学的学生汪优游看了演出,受到极大启发,开始发起新剧演出,并于1905年组织起第一个学生剧团"文友会",到社会上巡演,汪优游因此成为中国话剧最早的活动家之一。民国前,日本受西方影响孕育的戏剧形式新派剧,也经常有剧团到上海来旅行演出,为此专门在上海建立了一个200余席的小剧场"东京席"。1906年,中国留日学生组织的新剧剧社"春柳社"在东京成立,改编移植了众多欧美戏剧,声名卓著的有《茶花女》《黑奴吁天录》等。受其影响,1907年上海通鉴学校登报招收有志于从事新剧事业的学生,开创早期话剧教育的先声,并于9月用"春阳社"名义在兰心剧场公演《黑奴吁天录》,次年又到北京、天津公演。以后"春柳社"的骨干成员陆镜若、欧阳予倩等人回到上海,成为中国话剧的开创性人物。1910年,陆镜若在上海组织"文艺新剧场",首演英国话剧《奴隶》,又于1912年发起组织新剧同志会,演出自编自导的《家庭恩怨记》等,欧阳予倩则成为主演。1910年,"春阳社"人物任天知在上海组织起第一个职业性新剧团"进化团",在上海、南京、武汉、长沙、开封等各地巡演。1911年辛亥革命后,中国早期话剧就从上海及广州、天津、香港等沿海口岸城市向内地扩散开来。早期话剧受到中国传统戏曲及日本新剧的影响,但不是现代意义上的话剧,被称为"文明戏"。真正话剧的诞生,要从"爱美戏剧运动"开始,而"爱美剧"(Amateur)概念的提出,也是在上海的实践。那是1920年,汪优游在上海新舞台组织了一场所谓真正的话剧演出,排演了萧伯纳的《华伦夫人的职业》一剧,却受到公众的冷落。这次遭遇被归纳为商业演出的失败,因而汪优游于次年发起成立了非营业性质的独立剧团"上海民众剧社",开启了"爱美剧"运动的先声,而上海也成为中国南半部"爱美剧"的中心,出现众多活跃的学生剧团。1922年,中国话剧的先驱洪深从美国学成回国,参加到刚刚成立的"爱美剧"团体"上海戏剧协社"里去,于1924年排出王尔德的《温德米尔夫人的扇子》,获得成功,标志着中国话剧真正摆脱了文明戏的困扰,创造出成熟的话剧形式。洪深在著名的美国哈佛大学47工作室师从培克教授学习戏剧及后来参加美国职业剧团巡回演出的经历,为他成为中国话剧运动的领袖人物奠定了基础。中国话剧的另一位奠基者田汉1922年从日本回到上海,开始以他本土的话剧创作推动中国话剧事业走向成熟,并于1927年组建"南国社",成为上海最活跃和有影响的团体,导引着南方甚至全国话剧发展的方向。

通过以上描述我们看到,上海作为中国早期对外开埠的都市之一,最早感知时代风气,接受了西方戏剧的影响,又以其大都会的位置促进了话剧的发育与成长,因而成为中国话剧的主要诞生地和传播地。

同时也要提到的是上海在京剧成熟和传统戏曲改良过程中所发生的重要作用。众所周知,上海是海派京剧的基地,而海派京剧丰富了京剧艺术的内涵与外延,又通过水陆交通要道渗透到南方各大都市,使得京剧得到广幅的流播,为其成熟为统领群雄的大剧种和全国代表性剧种立下了汗马功劳。

海派京剧在京剧艺术发展和成熟过程中起到了不可替代的作用，这个过程发生在19世纪末到20世纪前叶，它奠定了现代京剧的根基。就在相同的历史时段，中国传统戏曲由于西方戏剧的冲击而发生大幅度改良，这一动作在上海发生得最为剧烈。仅举一个例子即可见出一斑：上海是最早对旧式戏园进行改造的都市。1908年7月，夏月润、夏月珊兄弟在上海南市十六铺建起第一座模仿西式舞台的新舞台，一时仿效者众，全国各都市纷纷响应。这些新舞台使中国传统戏曲的面貌发生了改观。

三、当代中国与世界戏剧的互动

刚才提到，20世纪上半叶西方话剧的引进推动了中国传统戏曲的改良与革新。然而以后，由于历史的原因，中国与西方世界交往渠道的封闭长达30年。20世纪80年代中国重新打开国门，发现西方话剧的认知观念和舞台实践已经大大改观。于是新时期的中国话剧开始借鉴西方舞台，寻求艺术观念的突破，诱发了中国戏剧革新的大潮，一时之间探索与实验充斥了话剧舞台，很快又波及戏曲舞台。这次戏剧革新使今天中国戏剧舞台风格各异和绚烂多彩。

20年来，中国迎接了众多的西方和世界艺术团体的来访，带来许多美好剧目，使人们感受到文化和艺术交流的魅力。最初以话剧作品为多，近年西方歌剧、音乐剧和其他舞台样式越来越多地进入中国，著名的有情景歌剧《阿依达》、音乐剧《猫》和《巴黎圣母院》、英国踢踏舞《大河之舞》，以及2001年由帕瓦罗蒂、多明戈、卡雷拉斯出演的"世界著名三大男高音紫禁城广场音乐会"等，使中国观众开了眼界，受到热烈欢迎。尤其是2005年两台西方舞台剧在中国进行全球首演，一是法国巴黎歌剧院少年团2月24日在北京天桥剧场演出《马可·波罗》，一是美国华纳戏剧公司4月8日在北京人民大会堂演出音乐舞台剧《卡萨布兰卡》，这表明中国已经日益成为国际舞台的一部分。

中国戏剧院团到世界各地的巡演越来越多，这些戏剧院团大多是传统戏曲院团，最初局限于京剧，随后是地方戏遍地开花。随着2001年昆曲入选"人类口头和非物质遗产代表作",昆曲院团的频繁世界巡演也拉开了序幕。另外,中国使用西方戏剧样式进行舞台探索的作品,近年也返回到它们的原产地去进行检验。著名的如张艺谋为中央芭蕾舞团执导的《大红灯笼高高挂》,用芭蕾形式演绎中国故事是对西方芭蕾舞中国化的一个尝试,去年在芭蕾舞的出生地法国演出,受到欢迎。由我们中国文联举办的"中国文化澳洲行",也组织这个团到澳大利亚演出,几天前已经起行。

中国与西方合力进行沟通东西方舞台观念的制作,近年越来越多地吸引了世界的目光。1998年,张艺谋执导的意大利普契尼歌剧《图兰多》在北京太庙上演,许多观众从世界各地飞来观看演出的壮观场面。1999年,美国导演彼得·塞勒斯执导的实验歌剧《牡丹亭》在法国和美国上演,以中国传统戏曲名著为蓝本,由昆曲、歌剧、话剧和现代舞演员同台演出,引起戏剧观念的大冲撞和大融合。同年,旅美中国导演陈士曾在华盛顿林肯戏剧中心把传统昆曲《牡丹亭》原本搬上舞台,演出夹杂了许多原始仪式表演,连演3天,引起国际汉学界的重视与聚焦。2005年,第七届中国上海国际艺术节上中国与澳大利亚合作的舞剧《花木兰》,重新演绎中国这一家喻户晓的民间故事,纠正了美国同名好莱坞动画片的偏颇。最近,中国戏曲学院又把雨果的名著《悲惨世界》改编为京剧,正在接受观众的检验。

中国的都市戏剧越来越关注世界戏剧。上海、北京两大国际文化都市,日益扩大了对世界戏剧的开放规模,都有长年的国际巡演团体来访计划和自己定期的国际戏剧活动。上海作为国际商埠和中国经济文化改革开放的先行者,近年尤其注重吸引世界著名艺术和戏剧团体来访,反映在中国上海国际艺术节历届的演出剧目上。我注意到,原为面向国内的上海白玉兰戏剧表演奖,从去年开始对国外剧团和演员开放,有5个国家的剧目参评,英国话剧《与你同行》饰演奥赛罗的演员侬索·阿诺斯获奖,此举必将进一步增强上海对国际戏剧文化交流的渗透力。北京每年一度的国际戏剧演出季和国际舞蹈演出季,也邀请许多外国艺术团体前来演出。今年即将开始的北京国际戏剧季,将有若干台外国剧目参演,包括美国百老汇巡演团的音乐剧《西区故事》、德国汉堡儿童剧院的多媒体音乐剧《神童莫扎特》、意大利米兰小剧场的哥尔多尼话剧《一仆二主》,以及中挪合作的实验话剧《娜拉的儿女们》。还有一台戏尤其值得在此提起,即杭州越剧院演出的《心比天高》,改编自易卜生作品《海达·高布乐》,系今天与我一同做演讲的孙惠柱先生改编的作品。剧组曾出席挪威易卜生逝世一百周年开幕式演出,结束后剧组受到挪威国王和王后的接见并合影留念。

我们骄傲地相信,中国必将而且越来越在世界戏剧文化交流中扮演重要角色,发挥举足轻重的影响力。

四、上海白玉兰奖在中国剧坛的位置

最后我谈谈上海白玉兰戏剧表演艺术奖(简称"白玉兰奖")。出于上述历史和文化的原因,出于在中国戏剧现代史上的重要位置,上海能够创办、逐渐完善并使之获得日益增长吸引力的这个奖项,目前在中国还是独一无二的戏剧奖项,不是偶然的。

与目前中国的其他戏剧奖项比较,白玉兰奖有它自身的特点:其一,它是立足于一个都市的戏剧评奖,但却辐射全国。由于上海对中国文化的特殊影响力,白玉兰奖从创办开始就受到大家的注目和重视,影响力迅速扩大,去年第15届已经有27个省市26个剧种的83台剧目191位演员参评,足见它日下的规模和阵势。其二,它从去年开始面对世界评奖,立足于自身国际化大都市的开放性优势,其影响力可望逐渐辐射到世界各地。这是一个成功的尝试,一个有益的创举。其三,它是专门的戏剧表演艺术奖项,而不限制参评者年龄与获奖次数,不制定地区比例以避免歧视,当年在上海舞台上表现突出的即可获得奖励,以鼓励演员的不断创新和保持舞台青春(例如最年长的京剧演员尚长荣先生66岁,三次获奖;29岁的年轻舞蹈演员黄豆豆两次获奖)。这使白玉兰奖吸引和葆有了更多有创造力的参评者。

这些特点使得白玉兰奖在中国戏剧奖项中独树一帜,得以成为推动戏剧发展繁荣的重要阵地。它还注意了在评奖过程中不断完善规章制度和操作程序,以提高评奖的质量,例如去年建立了评委库,实行评委任期制和差额选举等。我在这里表达一点祝愿:希望白玉兰奖的运作能够更加严格,公开、公平、公正，保持专业性和权威性，办出更大的影响来，为促进中国戏剧发展和世界戏剧交流做出自己的贡献。

（原载《上海戏剧》2006年第5期）

昆曲复生的文化意义①

很高兴参加这个会，临时有点感触，我讲三层意思。首先，从近年的发展势头看，我感觉昆曲已经实现了它的复生。这个话还要从"一出戏救活了一个剧种"甚至再往前说起。在座的老先生都了解，大概中华人民共和国成立时昆曲也只是一线游丝地在那里艰难维持，职业昆曲剧团几乎找不到了，个别大学有几个教授团体还在那里撑持着业余昆曲清唱剧社，不希望这个传统文化瑰宝断了线。中华人民共和国成立初戏曲改革开始也走过一些弯路，昆曲受到过一些不公正待遇，这一点从会议材料——周总理在1956年观看昆曲《十五贯》后的讲话里提到的问题可以体现出来。正是由于浙江昆苏剧团1956年把这出戏送到北京——今天在座的钱法成老先生当时参与其事了吧——产生影响，引起轰动，受到各方面重视，周恩来总理亲切关怀、大力支持，《人民日报》刊发了社论，全国剧团开始向昆曲学习，这才促成了昆曲的复生。当然，当时《人民日报》社论的题目起得是比较乐观的：《从"一出戏救活了一个剧种"谈起》。《十五贯》的演出确实产生了相当的影响，它使昆曲得以延续下来，其历史功绩是必须承认的，这也是党和政府关怀的结果，否则它在中华人民共和国成立前就断了线。但要说真正"救活"一个剧种，也不是那么简单，昆曲后来仍然长期在非常艰难的环境中挣扎，有半个世纪艰苦卓绝的奋斗，当然这也不排除文化环境的长期动荡所造成的负面影响。不管怎么样，这一线游丝维持到21世纪——联合国授予昆曲

---

① 本文系作者2006年5月19日在"全国政协京昆室纪念昆曲《十五贯》晋京50周年、联合国授予昆曲'人类口头和非物质遗产代表作'5周年座谈会"上的发言。

"人类口述和非物质遗产代表作"称号是2001年,正好是新世纪的开始——昆曲开始复生了。我们看到的好像是因为联合国的助力推动,事实上则是中国昆曲界、戏曲界和文化界共同努力的结果,是全国上上下下各方面共同努力的结果,也是党和政府关怀支持的结果,使我们在联合国争得了这一份荣耀。世界文化遗产的评选是非常严格的,昆曲能被选中,而且能列入第一届,是很大的成功。因为首届"人类口头和非物质遗产代表作"只列入东方艺术的两个代表作:日本的能乐、中国的昆曲。从那以后,昆曲引起了充分重视,党和政府支持的力度更是日益加大,投入了巨大的精力、财力和物力,使昆曲院团能够生活在一个相当适宜的环境里面,让我们今天看到的是昆曲一片繁花似锦的局面。这里我特别要提到的是,全国政协,从李瑞环、贾庆林到今天在座的万国权及许多其他领导同志的关心和支持,也包括政协京昆室的积极努力,是应该感谢的。即使是京昆室的设立本身,也体现了全国政协对传统文化、传统艺术的重视程度。刚才秘书长的报告里面介绍了近年全国政协和京昆室对昆曲所做的大量工作,包括今天我们能够聚集在这里来开这个会共同研讨昆曲发展战略,都对昆曲的复生和进一步繁荣做出了积极的贡献。以上所说,使我真正感受到昆曲在21世纪正在全面地复生和复兴。

其次,昆曲的复生对于弘扬我国传统文化意义重大。就昆曲的年龄说,它是我国最古老的戏曲声腔剧种之一。日本的能乐有600年的历史。日本一些专家跟我们讨论时说,昆曲没有能乐历史长,如果从魏良辅改革昆曲算起,才300多年。我们的专家和他们辩论,说如果从元末太仓顾坚等人研琢昆曲算起,也有600年历史。而中国戏曲的本质又与日本能乐不同,它是在不断的发展变化过程中延续自己的历史生命,那么,我们计算的应该是中国戏曲的生命,而它从南宋成熟时算起已经有800多年,比能乐要早200年,这还不说它前面漫长的形成期。昆曲在它长期的发展演变过程中,把大量传统文化尤其是明清以后大量民间文化的因素吸纳到自己的成分中来,特别是明末清初昆曲成为"官腔",其中又加入了大量文人的心血。文人把昆曲作为中国传统文化的宝贵植株来保护和培养,于是昆曲能承载的传统文化信息量就非常庞大也非常复杂。明清以来,昆曲成为上自宫廷、官方、文人雅士，下到平民百姓、三教九流都喜欢的艺术样式，它的普及率在全世界是独一无二的。我们今天要弘扬传统文化的精华，就不能忽视昆曲。昆曲既然如此意义重大，近年各方面掀起一个又一个昆曲行动，就可以理解了。大陆不说了，台湾近年昆曲成为大学教学里面的"显学"，这也是一种迹象。大陆大学还没有达到这种程度，我们的大学中文系教学，在元明清段里讲到戏曲史，昆曲只是其中一部分。因为它的内容太多了、太久远了，前面是先秦文学，然后唐宋是中国文学的一个高峰，到元明清好像就是一带而过了。另外，海外华人和国际友人纷纷关注昆曲，白先勇的"青春版《牡丹亭》"行动，应该是海外华人倾力弘扬昆曲的一个盛举，起到相当好的宣传推广作用，吸引了广大青年介入昆曲。我曾经问一些大学生："你喜欢昆曲吗？""喜欢。""看过什么作品？""白先勇的《牡丹亭》。"看一部戏他就进去了。当然，专家们对于"青春版《牡丹亭》"的改编和演出方法可以有不同的意见，但是我觉得这个行动本身是一个文化盛举，意义十分深远。我还参加过国际性的昆曲文化交流行动，例如美国当红歌剧导演彼得·塞勒斯导演的《牡丹亭》，是昆曲、话剧、意大利式歌剧与现代舞的混合物，但它以昆曲为载体，引起国际文化界的关注。全世界的目光都在盯着昆曲，这当然和我们的国力与文化地位日益隆盛有关，但也说明了昆曲本身的文化蕴含是开掘不尽的。

再次，处在这样一个非常好的环境里，我们的昆曲工作者和昆曲院团、我们的戏曲从业者和研究者、我们的所有文化工作者肩负着历史的使命。弘扬昆曲最重要的是出人才、出作品。怎么才能更好更快地出人才、出作品呢？我很赞成刚才厚生老的意见。我觉得我们今天活跃在舞台上的100多个戏曲剧种，年龄不同，表现形式不同，特长也不同。昆曲这样一个历史悠久、承载着众多传统文化信息的剧种，传承历史文化的任务可能更重。近年有识之士都在做工作，各个剧团都在加工整理许多传统折子戏，像浙江昆曲剧团、上海昆剧团等，另外昆曲新编历史剧和故事戏的创作开展得轰轰烈烈，这些都是好事情。但正如厚生老所说的，昆曲可不仅是这些东西，昆曲的历史名作也不仅仅就是汤显祖"临川四梦"和"南洪北孔"的戏。即使是汤显祖的"临川四梦"原作不算昆曲，他以后的作品才能算为昆曲的话，恐怕累积起来也有数百上千种吧,我没有精确统计过。这些作品里面,许多应该说主流是好的,人民性、思想性都值得今天继承和发扬光大,正如周总理在两次讲话里明确评价的。特别在编剧技巧上是非常值得今天借鉴的,因为昆曲正好处在中国戏曲创作最成熟的阶段,又加入了大量文人智慧,有许多明清时期的剧本现在读一读都会为它精湛的艺术水准而叹服。我们如果能够把人人熟知的经典剧目之外的这些大量作品挖掘出来,沉下心来一步一步将其重现在舞台上,昆曲界的功劳就是功莫大焉,人才也会在这个过程中大量涌现。

为京剧继承创新营造更好的生态环境

继承与创新是京剧发展的必由之路。首先，京剧艺术的本质要求它的发展轨迹必然是不断地继承和不断地创新。京剧在它200多年的演变史中从来没有凝固化，从徽班、汉调的二黄西皮到吸收梆子、昆曲到改良新戏、时装和古装新戏一直到现代戏，创造出日益丰富的表演手段和日益增强的舞台表现力。这一点和日本的能乐、歌舞伎的完全保留原样有着本质的不同。西方的歌剧、舞剧和京剧一样也有较高的舞台程式化要求，但它们仍然欢迎创新，今年中国芭蕾舞剧《红色娘子军》在巴黎受到广泛欢迎即为一例。其次，京剧只有不断继承与创新才能保持旺盛的生命力。一部京剧的历史就是不断发展变化提高，不断推出各时代的代表人物、代表剧目和唱腔流派的历史，从清末的新老"三鼎甲""同光十三绝"到民初的四大名旦和生旦净丑各个流派的繁荣，到中华人民共和国成立后的群英荟萃，到新时期的继往开来，就是这样一个历史流程。再次，京剧剧目的产生有一个不断增添时代内容的积累过程，我们看清代以前的传统戏5000部，民国以后的改良新戏、新编戏、现代戏5000部，京剧共积累起万部作品的宝贵库藏，这和它不断创造新剧目的特性是连在一起的。

京剧继承创新要遵循其特定的艺术规律、尊重其质的规定性。大家都认可梅兰芳先生为京剧继承创新所归纳的"移步不换形"法则，这是大师自己长期继承创新的经验积累和理论提升。京剧既要创新又不能离开它的本体、它的根、它的魂，即它的综合性特征和写意性、程式性、虚拟性的表现手法，以及它独特的京剧风味，这是它的美学本质，因而其创新一定是建立在继承传统基础上的，任何脱离传统的创新都是拔根行为。中华人民共和国成立后实行的百花齐放和传统戏、新编历史剧和现代戏"三并举"的方针,辩证体现了京剧在创新中继承、在继承基础上创新的正确原则,因而发挥出极大的促进作用,由是一批时代作者编创了像《群英会》《野猪林》《杨门女将》这样的传世经典剧目,影响了一代观众,以后《智取威虎山》《红灯记》等更体现出现代戏的创新硕果。新时期以后,京剧的继承创新问题又在新的层次上重新提了出来。

新时期京剧的生态环境有了很大改变,京剧遇到更大的挑战,继承创新面临新的困难和突破。清朝同治光绪时期的京城生态比较适宜于京剧的发展,戏园兴盛,宫廷推波助澜,京剧发展出现第一个高峰。民国初期,时代改换了,新文化运动蓬勃兴起,传统京剧所依恃的封建英雄史观坍塌了,因而诸多宫廷和征战题材戏受到冷落,于是老生退位,旦行开始走红并领衔,满足了时人对于京剧美的一个方面的需求。中华人民共和国成立后京剧再次遇到比较适宜的土壤,众多流派繁衍和代表性剧目兴盛。新时期社会进入转型期,社会生态发生极大变化,时代生活方式改变了,观众换代,审美风潮转向,又碰到戏剧观的大变革和舞台科技手段的更新,而京剧自身人才断档、市场萎缩,生存出现困难。没有市场托助,只好用评奖来刺激京剧的繁衍和维系,而评奖使京剧更加脱离市场,失掉了原生土壤。

生态环境改变引起了京剧的变异。一是写手变了,当今编剧多少都吸收了影视剧的手法,节奏加快,结构紧凑,不再复沓回环,更加注重塑造人物形象和发掘人物性格。二是生产方式变了,创作成为社会化工作,外聘人员日渐占据主导,作品一次铸造成形者多,没有时间精磨与在演出中完善,少有能按演员行当风格特长去加工剧目的。三是舞台的萎缩引起京剧内在更新机制的钝化。演员能演的场次很少,得不到充分的舞台实践磨炼,加上现代传媒误导、演唱会诱引,使得京剧生长的完整生态消失,其结果是京剧的传统"四功五法"只剩下唱,打则多成单纯的场面热闹而丢掉人物塑造的根本,念白消失,做功也极少,"手眼身法步"看不到了,只见"唱戏"难见"做戏",绝活失传,韵味减弱,甚至行当消失——丑行的消失是京剧最大的历史遗憾(社会现代审丑的聚焦点转移向小品、二人转,但这反过来也说明观众需要丑角)。没有了周信芳、马连良,流派更只剩下旦角的唱腔,其实际流派意义就大打折扣——学梅、尚、程、荀不仅仅只是声口音色上的接近，京剧的程式特征就极大地减弱了。事实上，京剧表演手段的丰富完整是它得以成为国剧而在地方戏中领袖群伦的前提，现在看表演却只能去找川剧、花鼓戏、昆曲。当演员不再以演戏为生存需求和生命追求，不再以舞台演出为其艺术生命实现的唯一渠道，以舞台表演为特征的京剧陷入生态困境就可以理解了。这些是京剧继承创新应该引起足够警惕的。

京剧创新首先当然是剧目的创新，但剧目创新成功很难，新时期以来获得一致称赞的也只有《曹操与杨修》等个把剧目——能够既体现时代精神和审美发展，又充分弘扬京剧传统表演行当、扩展程式表现力、与演员特长紧密结合，这方面陈霖苍和黄孝慈的《骆驼祥子》、王平的《华子良》也都有着自己的建树，但多数创新之作达不到期望值，还经常呈现为概念化和主题先行的表征，影响了预期效果。眼下部分京剧院团的生态环境得到一定改观，面临新的发展机遇，需要的是多做建设性、传承性工作，以保存恢复传统戏为要务。尊重传统，重在积累，要慎编新戏，尤其慎编现代戏，但抓住一个就要锲而不舍地打磨，提高成功率，提高艺术水准和影响力，把观众吸引过来，而不能"狗熊掰棒子——掰一个扔一个"。既然京剧的创新维艰，从业者往往瞻前顾后、感到众口难调，那么，社会对待京剧创新也要有一份宽容、一份关爱、一份呵护。经过全社会的一致努力，营造出更加适宜的生态环境，作为国粹代表之一的京剧才能在新的历史条件下发扬光大。

（原载2009年9月3日《人民日报》）

京剧作为人类非物质文化遗产

2010年京剧的申遗成功，了结了国人一个心愿：京剧早就应该列入"人类非物质文化遗产代表作名录"了。心念的潜在支撑是：京剧都没列入，"非遗名录"还有什么代表性？京剧是东方5000年古国文化的近世结晶，是人类传统表演艺术美的高度凝结，是最富内涵的人类非物质文化遗产代表作之一，它因而最当得起这一称谓。

大家知道，京剧是中国晚清以来发展最为成熟、影响力最大、传播面最广的戏曲剧种。这不仅因为它占据了国都和宫廷的高枝，其代表人物程长庚、谭鑫培等人受封四品顶戴花翎，袭任北京精忠庙首，总领天下梨园的势位；也因为其舞台艺术广收博取了中国的传统文化精华及戏曲各路声腔剧种的优长，发展至高迈深邃的审美境界和积累起最多的剧目与人才，打出了"新老三鼎甲""同光十三绝"和"四大名旦"的耀目旗帜；更因为它的广远流播，由京派到津派到海派到随长江流域延伸，形成覆盖面最广、观众群最大的皮黄声腔。当它在北京戏园和宫廷舞台上形成相对规范化、严格程式化、高度技术化的风貌之后，就因其凝重、洗练、端庄、大气的美学品位和精致细腻、声情并茂的表现力而为世人所推重，雄踞于剧坛之上，独领风骚一百数十年，而全国众多地方剧种对之构成了众星拱月的格局。京剧因而被呼为"国剧"。

但是在中国现存200多个传统戏曲剧种中，联合国教科文组织通过的"人类非物质文物遗产代表作名录"顺序却是：首批列入的是昆曲，粤剧第二批，京剧屈居第三。为什么形成这种顺序？我揣测，除了申报准备工作的原因，和如下的情况关系密切。昆曲不用说，是中国戏曲剧种里面当然的老大，历史悠久、内涵深广、文化信息丰富、表演独到，是京剧的祖师辈。这些普通人不一定知晓，业界专家们清楚，它自然是当仁不让。那为何粤剧成为第二名？一方面粤剧比京剧古老，另一方面，粤剧是中国戏曲剧种里最早走出国门并产生世界影响的，它因而在联合国享有较高的知名度。早在十七八世纪广东人拥向海外谋生之时，粤剧就被带到世界各个角落，不但在东南亚普及，也通过唐人街影响欧美，俗称"有华人处必有粤剧"。1868年王韬出使法国时，就在巴黎听说一个广东戏班的演出大受欢迎，后来戏箱服装还被当地一位法国伯爵收藏，此事见诸王韬《漫游随录》①一书。

京剧虽然屈居第三，但它却在20世纪产生了更为广泛深远的世界性影响。19世纪京剧的足迹也已经尾随粤剧到达欧美，20世纪30年代则是它进入欧美主流社会视野的阶段。梅兰芳的访美访苏，使西方舞台发生裂变效应，推动了西方现代派戏剧的变革。熊式一把京剧《红鬃烈马》翻译成英文剧目《王宝钏》在伦敦国家剧院上演，引发万民空巷，从平民到女王尽皆观演。而在北京学习皮黄四五年、会演40多出戏的西方留学生雍竹君更把京剧表演带回西方。中华人民共和国成立以后，京剧日益受到世界性关注，尤其新时期以来，中国京剧团体到世界各地巡回演出已经成为经常性事务。而欧美大学戏剧专业排演京剧也成为常例，著名者如魏莉莎在夏威夷大学指导学生用英语演出声口气韵十分接近"原汁原味"京剧的创造性建树，受到广泛关注。

然而在21世纪开端我们不得不正视的事实是：京剧已经走向了衰微，必须被列入需要关注和保护的对象行列。列入"人类非物质文化遗产代表作名录"自然必要，更重要的是我们能为京剧做点什么。因为列入名录只是责任而不是荣耀，荣耀京剧早已享有过了，我还要说它是"非遗"组织的荣耀而不是京剧的荣耀，京剧并不能从中得到什么。相反我们应该感受到危机：连京剧这样昨天还是最为普及和最具影响力的古典艺术都进入需要保护之列，我们的璀璨遗产在现代世界里的风化速度和程度令人感到岌岌可危！

好在京剧进入了人类文化艺术宝库目录的视野，世界开始更密切地关

---

① 〔清〕王韬：《漫游随录》，长沙：湖南人民出版社，1982年，第63、94页。

注京剧，就在我们背后设置了监督的条例和眼睛，让我们在挥霍祖宗遗产时还要想到对人类文化的责任与承担。京剧在这个意义上再次进入世界，也是我们所始料不及的吧。

(原载 2010 年 11 月 24 日《光明日报》)

戏曲生态八论

新时期以来，中国社会审美潮流发生了巨大的变化，流行艺术倏忽变换。与新媒体紧密相连的新型艺术样式迅速占据主流和支配地位，许多传统艺术一落千丈。这其中，曾经长期独占鳌头的中国戏曲一直处于不尴不尬的境地，生存状况堪忧。

时运更迭，一个时代有一个时代的代表性艺术。任何时代的舞台中央、聚光灯下，都被它所钟情的艺术样式所盘踞，而排挤淘汰掉不适宜的传统样式。这是历史规律支配下的新陈代谢，不可抗拒也无可厚非。今天，传统戏曲的生态环境彻底改变了，它早已从曾经是领衔艺术独领风骚的大一统格局中退缩向边隅穷落，这其中当然有着时代审美心理变化的支配因素在起作用。

然而，戏曲仍然是受到民众欢迎和喜爱的国粹艺术，它的受众仍然巨大，审美口味和艺术趣味仍旧与民众水乳相融。尤其是作为民众与生俱来、相习相伴而又长期耳濡目染、耽性耽情的艺术对象甚至是精神寄托对象，它仍然深植于广大民众的审美习性和情感方寸之中。一句民间俗语"八百里秦川尘土飞扬，三千万老陕齐吼秦腔"，就生动状摹出戏曲扎根民间广袤厚土的情形。

这使我们不得不思考，戏曲的生态环境尽管改变，但是否就恶劣到让今天的戏曲存活如此举步维艰？我们对于生态环境的改造和建设，是否合宜且有利于戏曲生长？是改善了还是更加破坏了戏曲的生态？

一、关于戏曲生态

首先谈一谈,戏曲曾经拥有什么样的生态?其现状如何?

戏曲是中国农耕社会自给自足经济形态晚期的艺术形式,因而它的盛期在20世纪前,它的市场是当时的农村和城市市民社会。自然经济状态下的戏曲,拥有自生自灭的原始生态,兴起于宋朝的市民社会和村镇土壤,元明清时期不断发扬光大。

明清以后的中国民间生活里,戏曲演出占据绝对重要的位置,形成全国城乡遍布戏台、民众无日不看戏的局面。人们一年之中的主要文化生活,从祭祀敬神、年节庆贺、红白喜事一直到日常交往和娱乐,都与戏曲结下不解之缘。戏曲以民俗文化主流的姿态进入并牢牢占据着城镇村落社区的精神空间,孩子从小就在其中濡染中国文化的传统墨色,如鲁迅小说《社戏》里所描写的生动情景那样。于是,它所具有的文化特性与审美特征,就在人们耳濡目染的过程中浸润渗透为其心理结构中的文化沉淀,成为其精神家园的珍藏。

20世纪前后,受到战争、社会动荡和自然灾害的巨大侵蚀,戏曲的民间土壤迅速衰竭。尽管清末民初还有过璀璨的京剧之盛、二三十年代形成"四大名旦"叱咤风云的局面;更多的剧种也还在陆续生成,例如今天令人瞩目的黄梅戏、越剧,以及众多花鼓、花灯、秧歌、滩簧小戏,许多是那时的产物——我们所说的中国戏曲300多个剧种的概念,除了长期历史演变而来的基数,许多是清末民初的生成物。然而,连年战争和农村经济破产的巨大戕害,致使1949年中华人民共和国成立前许多剧种临近衰亡。

中华人民共和国成立伊始,小农经济环境被迅速形成的社会新机制取代,强大的社会改造运动急剧集聚起新的经济力量和文化力量。大块落后迷信民间文化空间被涤除的同时,戏曲也分离了它的旧有土壤,进入新的人造生态。我们在改造私营工商业的同时也改造了戏曲剧团,用先公私合营然后转变为清一色国有的方式,清除了民间私营成分。国有职工的身份,使戏曲艺人从遭人鄙视的下九流"戏子",一夜之间超升为人民演员,获得了彻底翻身解放的愉悦和欢乐。然而与国有企业一样，戏曲剧团从此进入另外一种"包办"环境，并在指令性生产方式的长期笼养中萎缩了艺术生产力和市场开拓力。

新时期以后，面对改革浪潮，文化界首当其冲的就是臃肿而半死不活的戏曲队伍——5000个国有剧团和几十万名从业者。为了重振国粹艺术和解决财政难题，时代要把"驯养戏曲"重新放归市场山林，让其在归返自然的野化过程中恢复生存竞争力。我们倏忽变换地为戏曲开出了一个又一个让人眼花缭乱的药方：从艺术角度的观念变革、舞台鼎新、艺术嫁接、调演振兴、评奖办节，到机制方面的剧团改制、推向市场、断奶催生、扶上马送一程、区分重点和一般院团、纳入非物质遗产、纳入惠民工程……然而经过30年来的扰攘，人们似乎感到事与愿违，因为戏曲今天仍然进退失据、举步维艰。

如果我们实实在在地对当下艺术市场做一个调查，就会发现，其中生存最为艰辛、生态环境最为混乱的艺术门类就是戏曲。我们只能不无遗憾地承认：尽管社会各方面不断做出各种努力，戏曲生态却不容乐观。

二、戏曲的时代价值

戏曲今天的生存困境，难道是现代社会不再需要它造成的吗？戏曲今天究竟还有没有价值、还有没有观众？

首先我们应该承认，新媒体时代已经彻底改变了传统戏曲的生态，戏曲的困境是历史的必然；时代审美潮流的变迁和民众口味的改换，也使得戏曲的受众急剧减少。其次是戏曲的手工生产与营销方式——类似于手工制品要一个个制作、依赖于固定剧场的场次销售，使它既难以与远距离快节奏的都市生活接轨，也难以与青壮年缺失、老少留守的乡村生活接轨，因而无法与批量生产的大工业倾销式艺术品（例如影视品）相抗衡，这使它的观众群进一步锐减。

然而，这不等于说戏曲完全失去了现代价值和观众基础，而且还恰恰相反。在当今时代的中国，戏曲至少拥有下面六个方面的价值和意义：

第一，戏曲仍然是民间社会的文化活动主体。中国民间600年来以戏曲活动为最基本公共文化空间的传统延续至今,尽管中华人民共和国成立以后有过几十年的低潮期,21世纪以来这种民间空间恢复了很大部分。如果说,在中国有哪一种艺术样式是全民性的,体现了最为广泛的审美趣味和欣赏口味,成为从城市到乡村众多民众的一致爱好,那就是戏曲。

第二,戏曲是传播中国传统文化价值的重要载体。它善恶分明、惩恶扬善、褒忠贬奸,传达民众的理想和愿望,所体现的爱国情怀、优秀品格、善良人性、传统美德,是中华民族的宝贵精神财富。时下外来文化强势侵入,我们正面临丧失文化标识的危险。而要弘扬传统文化和民族精神,离不开它的承载物戏曲。

第三,戏曲是国宝性质的艺术样式。在众多传统艺术品类里,戏曲的艺术含量和文化营养最为丰富。戏曲是优美的综合艺术,是所有艺术门类的综合体现,包括故事情节、音乐唱腔、舞台表演、舞蹈杂技、灯光布景、服装化妆等。它因而既是传统审美的结晶,又是历史积淀的遗产;既是地道的民族艺术,又是民众参与度最高的大众艺术,它的价值远远高于诸多文艺品类。

第四,戏曲是中国人最重要的精神家园。千百年来,中国民众培养起了对戏曲不可替代的情感依赖和原乡情结。走遍天涯海角,只要听到地方戏曲调,人们心底就会涌起五味杂陈的复杂情感,在外地看家乡戏的活动常常会演变成民俗狂欢的盛会。今天华人的足迹遍及全球,我们也到处听得到地方戏唱腔在世界各地的回响。全球化背景下,乡音乡曲是中国人寻找情感寄托、身份认同和精神归属的对象,传达乡音乡情的戏曲就成为我们最重要的精神家园。

第五,今天戏曲仍然是广大民众爱好和广泛参与的艺术样式,有着强烈的民间需求。各地雨后春笋一样涌现出来的民间剧团(虽然新时期以来国有剧团从5000个减到了2000多个,21世纪伊始民间剧团却冒出来5000多个),社区广场、村镇街头随处可见的群众戏曲演唱集市,各类火爆的戏曲演唱大赛、票友大赛甚至儿童大赛,以及戏曲进校园经常受到学子们的热捧,都说明戏曲为民众所欢迎和所需要的程度。

第六,近年全球开始重视对人类非物质文化遗产的保护,中国民间存活的200多种地方戏再次进入国人眼帘:原来我们习常见到、不以为贵反以为贱、为赶时髦随时弃之如敝屣的戏曲，特别是偏僻山乡里那些纯粹、原始、粗砺、土俗的剧种，竟然统统都是重要的人类遗产而具有不可复制与再生的文化价值，需要特别关照和保护！

三、关于戏曲市场

那么，戏曲今天究竟还有没有市场？有多大的市场？

戏曲原本不是一个纯粹的商品对象，而是一种历史性的文化创造和精神现象结晶，它的存在主要不是或者不仅仅是为了市场，有着远超市场之外的价值。今天的剧团既是经营性的演出单位，又负载了部分社会公益性职能——兼有传承民族艺术、维系地区文化生态、满足群众精神需求、维护社区文化饱盈度的功能，因而具有一定的准公益性。如果非要以市场为衡量标准，那么我认为，戏曲虽然有一定的市场价值，但这个价值在农耕时代即不能完全直接变现，今天就更加枯萎。

处于农耕时代繁盛时期的戏曲，其市场与我们今天的理解相去甚远。虽然对都市戏院来说定点售票演出是基本常态，但对剧团来说，它的常态却是经常性的城乡之间、地区之间甚至全国性"走码头"式的流动演出，服务对象多数还是年节庙会、庆丰还愿、酬神祭祖、红白喜事，演出环境多数是庙台、搭台和堂会，营运方式是庙董集资或个体包场，观看方式则是全民免票集体狂欢。而商业戏院日常性的售票演出只占很少部分，并且一直到清末，演出运营还与酒宴茶饮混搅在一起。

今天，戏曲发育并不完备的传统民间市场正在复苏，戏曲民俗环境也在慢慢恢复，但绝非一朝一夕可以奏效。而观众看白戏历史习惯的养成，城市戏剧节组织观众填场的习常做法，剧团的都市演出因种种原因甚至仅因上座难而送票的环境压力，都在恶性循环，侵蚀着戏曲市场，使之远离良性轨道。至于戏曲遭受新媒体艺术、流行和时尚艺术的排挤与压迫，就更是其扼喉之痛了。

事实上，人类戏剧在今天遇到相同的商业困境。发育较为完备的西方发达国家的市场也没有足够的份额留给戏剧，通常都采取政府财政、民间基金和剧团营销的经济来源"三一制"。也就是说,戏剧真正能够从市场得到的回报通常只有三分之一,其他要靠社会的无偿支援。

我们不能把戏曲一下子全都扔给市场。这就是前面谈到的,我们的认识也有一个过程,从开始以为市场万能,到中间知道撒手进市场不仅不能激活反而会断送戏曲,到今天才明白戏曲运营机制的转型有着复杂的社会和环境条件要求。其实道理很简单:把习惯于喂养的羊群直接放归荒漠化的草原,很快就会饿死,更可怕的是一夜之间就会被狼群吃掉。这就是为什么新时期以来的文化政策一再发生变化,从最初的直接"断奶",到中间的扶上马还要送一程,到后来又要国家拿出钱来养重点院团,再后来各地强烈要求把地方剧种纳入非物质遗产保护的范畴,现在又有很高呼声要求把戏曲纳入国家惠民工程以获得财政支持。

政策可以摸着水里的石头走,不行了就改。但是,戏曲却在这30年中被"折腾"得颠三倒四。奇怪的是,戏曲在我们这里似乎是要被"甩"掉的敝屣,是姥姥不疼舅舅不爱的"丑小鸭",在人类非物质遗产挽救者那里却成了最为重要的宝贝!国家惠民工程近年发挥了很好的作用,送给了民众许多好的文化产品,但有些是不对胃口、不解渴的——戏曲被遗忘了,广大城乡地区,尤其是落后地区、偏远少数民族地区的文化贫困群体,对戏曲欣赏渴望却不可得。

四、关于戏曲院团改制

那么,为什么还要进行国有戏曲院团的改制?其目的究竟是什么?

我认为,是要改变过去"等靠要"的旧式思维模式,解决长期以来束缚艺术生产力的体制弊端,建立符合艺术生产规律同时也符合市场规律要求的运行机制、用人机制、经营机制和分配机制,从而在体制创新中焕发生机与活力,增强艺术创造性与市场竞争力,以便出人出戏出作品,承载起继承与弘扬优秀文化的使命,更广泛满足人民群众日益增长的精神文化需求。

其中的关键在于给戏曲培育出一个良性生态,以便更好地出人出戏出作品,满足观众的观赏需求,而不是为了别的什么。国家有关政策的设定,尽管走过弯路,眼下已经回到上述轨道了。

但是,在政策的具体执行过程中,还会忘记或者说并不理睬这些根本目的,经常是一窝蜂地走向极端,或者干脆一刀切下来。因为执行者的任务往往变成了落实政策要到位本身,而忘记了政策制定的初始目的或根本目的,在做法上甚至与其背道而驰,那就南辕北辙了。例如执行者会用简单命令的方式,要求剧团在某一个时间节点一定要做到如何如何,而不管其他。如果以为设定一道命令、一个时间关卡,剧团按期执行,就实现了转制,那真正是天方夜谭!其结果是徒然引起生态扰攘,更加搅乱了出人出戏出作品的环境。

戏曲院团改制长期难以奏效,原因比较复杂。总体来说,一是历史包袱太重,二是惰性观念抵制过强,三是缺乏市场出口——没有一个良性演出市场与社会保障机制的必要支撑,四是并不具备乐观的市场前景,最后,它又经常性地受到主管部门扭曲政绩观的干扰而被拉回原轨道。

改革开放初期,5000个国有戏曲院团大多队伍老化,管理机制陈旧,结构单一,机构臃肿,人财物浪费,严重平均主义,习惯于躺在那里吃财政饭,习惯于伸手讨要乞,难出和少出作品与人才。舞台艺术的主导地位逐渐被电视和网络等大众传媒所取代、演艺市场被多种现代文化消费方式严重挤压后,戏曲的生存空间又大大缩小,更是雪上加霜。根据文化部计划财务司《2004中国文化统计提要》,剧团的经费自给率,改革开放初期是40%左右,20年后则不足30%,可见演出市场的萎缩度。国有戏曲院团的演出只占有很少的市场份额,而外部缺少市场竞争力,内部缺少经济增长点,演出又少有回报,很大程度上是多演多赔,少演少赔,不演不赔。

众多的国有戏曲院团在城市已经丧失了适宜生存的土壤,而深入乡村一是"降低了身份",二是增加了艰苦度,三是提高了路途成本,四是要和众多的民营剧团形成竞争,五是乡村市场也受到"空巢"与城镇化的挤压,因此不易推行。全国戏曲院团的布局结构也不合理,一些地方重复设置,与需求市场不对接,不能形成合理的供求关系,不利于实现市场对资源的优化配置。又缺乏良性演出市场,看白戏习惯使得人们普遍缺乏买票看戏的基本意识——此情形在北京尤为突出,因为全国各地为评奖和其他目的都会送戏来免费组织观众看。而眼下知识产权保护的法律与政策实施还都不到位，致使院团的文化产业链割裂，艺术产出无法有效形成辅助收益，使之更成为市场经营中的弱势群体。

五、政府的责任

戏曲院团改制最希望政府做些什么？院团改制是一项综合治理工程，要顺利而平稳地推开，就需要先行致力于相应社会配套政策和措施的设立与完善，从而为改制扫清障碍、铺平道路，使之有一个可持续发展的良性推进。它应该得到下述支持：

第一，对于国有院团的财政支持总量应该是不减反增，根据财政收入的上升幅度逐年适度上调——这是国际通行的社会必要文化事业开支。当然支持方式和渠道可以探讨不同的路子。例如：改变投入的结构和方式，以着重体现分类指导和重点扶持；在固定数额的财政拨款之外，利用剧目资助、公益活动资助、艺术探索资助等不同名目，分渠道拨款，以鼓励服务与创新等——这是眼下正在实行的政策。

第二，分级设定财政支持的国有院团重点对象。眼下政策只明确了国家支持代表国家和民族艺术水平的院团，各级政府也应根据不同文化生态需要来确定支持代表地方文化特色的院团，以增强从业人员的稳定心理。当然，这个过程绝不是将剧团按照不同类别一划了之，即使是明确为国家和地方财政重点支持的院团，同样要大力推进体制改革和机制创新。

第三，帮助所有国有院团开辟固定财政支持渠道。若干年前国家对院团的财政划拨经费缩减后，并未建立起辅助的财政支持渠道，院团大多度日维艰，眼下是通过各种方式各种渠道到处讨要，而主管部门则拨款渠道不一、人为性随意性较大，院团吃偏食的情况普遍。这种情形必须打破。

第四，加大力气培育良性演出市场。这是各级主管部门推动院团改制应该做的主要工作，包括：一要从一点一滴培育良性演出市场做起，做艰苦细致的工作，并带头维护和不破坏演出市场。二要通过调整、合并、转制等方式，合理配置文化艺术资源，改变院团设置不均、服务单一状况，充分发挥院团在区域文化和社会公益事业中的作用。三要保证剧团能够制定常年规划、固定全年演期，不受临时计划冲击，维持一个与固定观众的平衡观演生态。即使是巡回演出，也要由剧团根据内部需要来计划和实施，而不是受制于外在行政干预。四要帮助和扶植剧团建立与地域文化资源、地方文化特色相结合的演出市场和剧种、剧目品牌，创造出不同级次、不同内涵、不同形态的演出生态环境。五要通过调研制定良性演出市场标准，监督各级主管部门切实遵照实行，并以之作为检验其工作的依据之一。

第五，制定合宜的税收和保障政策。例如开设社会对文化资助的减免税制度，帮助建立或鼓励设立各种演出基金，以支持院团从事艺术探索。维护演出院团的剧目知识产权和人员使用权，建立相应的法律法规和纪律，以避免社会强势团体对演出节目和院团人员的无偿占有和使用，摒除剧团养人他处用人的怪象，以维持演出生态。

第六，提供国有院团的改革成本。国有院团改革是一项综合性、系统性非常强的工作，它与劳动、人事、财政、税收、分配、社会保障、行政管理等许多方面的政策互相联系、相互衔接，有关配套措施涉及财政、税收、工商管理、投资、融资、国有资产处置、收入分配、人员分流、社会保障等多个方面，只有综合解决这些问题，才能为戏曲院团转制提供有力的政策保证。

那么，管理部门应该注意避免什么呢？应尽量消除一些不恰当做法的干扰，例如不鼓励、最好是制止党政领导直接抓创作。除个别领导出于个人爱好动用手中权力为自己做戏外，通常一有政治任务，某级领导就会说：写一个戏吧。政绩工程的最便捷抓手就是戏曲，因为各地都有剧团，剧团都青黄不接拼命寻找生路，给钱就演。投资立即见效，几天就可以排一个戏（"大跃进"时期有过3天排一个戏的记录）！命题戏曲的伤害和对观众的驱赶，越加置戏曲于死地。

值得提出的是，形象工程在经济建设领域已经得到控制，但在文化领域仍然十分兴盛，给国有院团改革增加了很大阻力。这需要中央果断决策，明令禁止，杜绝行政冲击市场行为，像否定单纯经济指标一样否定单纯文化政绩工程。在此基础上，才能培育与规范演出市场，制定配套的扶持政策，保证改革的顺利进行。今后看哪个地方和部门的文化政绩，就看当地的演出市场是否达到良性要求,当地表演院团是否能够在市场上良性运作,真正为百姓而不是为领导提供优秀剧目和人才。

六、关于戏曲评奖办节

为激活戏曲的创造力,近30年来的习惯做法就是评奖办节,实际上带来很多问题。评奖办节究竟对戏曲起了什么作用？是满足了其内在生长的需要,还是仅仅为之注射了强心针？这个问题同样比较复杂,是一个需要进行冷静理性思考的事情。让我们来分析一下它的历史和现实作用。

封建时代晚期有过戏曲进京为皇帝、太后贺寿的举动,明显是地方官吏讨好皇室和粉饰太平的动力所促成,其经济支撑除皇室、地方官、盐商与其他商行赞助外,剧团自身也承担风险——戏曲剧种的流动演出、开辟市场特性支持它冒这个险。一个看得见的积极成果,就是乾隆末期徽班进京、扎根京都,最终孕育形成了清末民初风靡天下的京剧。京剧在20世纪20年代有过评选"四大名旦"的举动,是在崇旦心理支配下的商业行为,由报业发动戏迷投票,但对旦角艺术流派的形成影响巨大。

中华人民共和国成立初期热衷于举办戏曲会演,除提振信心增强热力的作用外,其积极意义是让人们注意到并引起对众多地方剧种的重视,也确实促发了全社会对民族艺术的热情,促进了戏曲艺术的舞台创作积极性,提升了当时戏曲剧团的演出活力。但那时不评奖。

新时期以来的评奖办节效果,就需要进行具体分析和客观认定了。它的正面意义是:在生存环境日渐恶劣的背景下,肯定和张扬戏曲艺术的魅力和价值,褒奖与推掖优秀从业者和创作成果,在一定范围内暂时性招徕公众的注目与热情,一定程度上缓解了戏曲被娱乐聚焦旁置的心理焦虑。例如,评出的优秀演员就具有更大的公众影响力和市场号召力,该剧团的生存条件也就相对改善。

然而,评奖办节也带来越来越大的负面影响,因为目标决定结果。参加评奖办节使得剧团不是瞄准市场和观众,而是瞄准评奖办节和评委;剧目创作不是为演出,而是为争奖;布景服装制作不是依据实际能力和演出需要,而是迎合争奖需要；常常一个戏的投入完全没有回报，而且评奖办节结束即再无演出可能。在当下体制转轨的艰难阶段，由于缺乏市场的托助，戏曲用评奖办节来增加维系力的结果，却是使自身更加脱离市场，失去原生土壤。还有更大的艺术后遗症，后面还会提到。

总括来说，评奖办节正面的积极意义日益缩小，负面的消极影响日渐扩大，尤其是它对正在艰难拓展的戏曲市场形成一波又一波的冲击。几乎任何一个剧团或演员，说起评奖办节来，都是一肚子苦水、一言难尽。所以我在20世纪90年代就说过，对于处于时代焦渴状态的戏曲来说，评奖办节只是一种饮鸩止渴——暂且维系生命，但中毒日深。

但是，我们那么多的管理和服务部门，出于部门重要性和政绩的需要，甚至只是自身的生存需要，似乎认定了对戏曲的"抓手"就是评奖办节，因而积极性非常高，一度弄到终年不断的地步。如果不是因为社会舆论的督责，以及受到上级政策和强硬指令的限制，早就泛滥成灾了。

承办评奖办节、参加评奖办节、争夺奖项，成为管理部门的热衷，其动机和目的基本与艺术无关。当夺取奖项不用力在提升艺术水准而是动用权力、财力和人情来打通关节时，评奖办节的味道就变馊了。其极端体现是一度公开出现"公关办公室"之类的官方组织，堂而皇之地对评奖办节开展腐蚀活动，对组织者和评委进行物质拉拢、情感投资甚至权力威逼。当我们看清艺术名义下的那些卑劣行径的时候，评奖办节受到了极大的嘲讽，而最终受到伤害的是戏曲。

这里我们扪心自问：评奖办节难道真的都是为戏曲吗？或者有多少是为了让戏曲生存得更好？又有多少是为了让戏曲回归到良好生态？

那么，是否就应当一概取消戏曲评奖办节？当然不是。主管部门应该适当举办有关评奖或调演活动，以促进艺术提升与演出繁荣，但前提是不能冲击演出院团的正常市场运营。评奖、调演是社会主义文艺的优势，是文化发达、国力强盛的标志，但主管部门不能以此作为工作重心，而应把主要精力放在培育和规范演出市场上。举办此类活动的机制也要逐步探讨和摸索，使之专业化和民间化，政府不直接出面，只负责行政保障与监督。拿奖主要应该是艺术创作人员的功劳，而不是领导的功劳，当然，领导的服务是基础。

七、戏曲生态现状

经过30年的改革阵痛,新体制孕育成形了吗?戏曲眼下究竟是一种什么样的生存状态?我认为,改革冲垮了旧有秩序,新的秩序又长时间未能有效建立,引起戏曲新的生态失衡。时下体制输血、造血和抽血的情况同时存在,戏曲夹在其间惶惶而不可终日。

国有院团眼下生存的最大困惑就是:既回归市场又未能真正进入市场——不被市场所接纳,而旧的输液龙头又被关掉或者拧紧了。于是,过去不愁嫁的皇帝女儿,现在只好八仙过海各显神通地到处求乞,手段和方式五花八门,或是通过旧的渠道"哭奶",或是通过新的项目制"跑部前进",或是靠向公私企业"傍大款"。更常见的是到处接手"任务戏"(包括英模戏、行业戏),不在乎艺术立场、创作原则、风格要求,谁给我钱我给谁写戏,谁捧我场我给谁演出,谁付代言费我给谁做广告,成为政绩工程的宣讲者、行业需求的代言者,就是不管观众的审美需求……

变革中的国有院团背负着管理和经营的双轨制,一方面在走向市场时遇到很大的障碍难以跨越,另一方面又没有真正脱离传统管理体制的制约,夹杂于市场与权力的坚壁中无所适从。其价值实现仍然以评奖为动力,围绕着行政的指挥棒转,但创作与演出市场严重脱节,得奖剧目得不到普及推广。多数剧团缺乏市场、负担重、营运艰难,艺术创造难以开展,从业者的收入低于当地平均水平。而由于经费困难,除演员外,无力负担编剧、导演、舞美、音乐等艺术创作人员的工资;人才流失、断层现象严重;剧场、排练场等设施破旧,生存环境恶劣。少数有票房号召力的剧团,市场又受到白送戏的冲击和干扰。现行资助政策遇到的具体问题则令人尴尬:剧团用"狗熊掰棒子——掰一个扔一个"的办法排戏以认领创作资金,用空头计数的办法来冒领场次补贴。

民间剧团那里则又是另一种面貌。民俗环境的恢复,民间生活空间的打开,为民营剧团生长提供了新的土壤。然而目前尽管基层市场需求旺盛——这也是民间剧团喷涌而出的基础,剧团却严重受制于演出市场不完善、法规和管理混乱、生存条件恶劣的限制。民间市场的无序和恶性竞争，不法中介欺行霸市从中渔利，剧团用工合同缺失，演员缺乏保障，流动演出存在严重安全隐患，而政府监管不是不到位而是基本无作为。多数剧团无力于艺术建设和人才建设，只能把利润作为最高标准，因而饭碗第一、质量低下、剧目老化、设施简陋、粗制滥造、偷工减料、挖角跳班、盗版侵权等各种现象丛生，而基层民众则难以看到艺术作品。

眼下戏曲的利益诉求，或是建立在评奖机制上，刺激起来的是政绩欲，或是建立在商业机制上，刺激起来的是票房欲，都不是戏曲内在生命力迸发的体现。这是当前戏曲创作在外在利益驱动下所带来的矛盾。而上述国有和民间剧团两种不尽相同的生存状况，陷入的则是同一个困局：造成今天戏曲的迷失，不仅是艺术的缺失，而且更重要的是人文精神的缺失。

刚才说到戏曲人才的流失，让我们分析一下究竟情况如何。暂且不提许多编导人员都干其他的去了，单说无法转行的演员。国有院团演员的流向是一部分进入了民间剧团，这尚可说是英雄有了一些用武之地；一些则脱离舞台，转行到文化馆等财政全额支持的单位去搞普及文化活动，这让我痛心疾首，毕竟培养一个专业的戏曲演员不容易。

近年各地投资建设了许多基础文化设施，例如"三馆一站"（文化馆、图书馆、科技馆、文化站）、公共剧场、城乡文化中心等，然而常常是公共文化服务硬件具备，软件缺失，厂房有了，没有工人，没有制作，设施缺乏内容的填充，缺乏活的东西——活的东西是需要人才通过创造性的劳动来填入的。一方面是到处剧场林立，另一方面是剧团气息奄奄。我们不得不反思：以为投入就能够产出，用经济和商业的办法来处理文化，只能是方枘圆凿。而人才流失掉了，文化一旦中断，再接续就难了。

八、关于当下的戏曲危机

现在的戏不好看了，我们再也见不到当年京剧《借东风》那样行当齐全、风格整一的戏，也见不到地方戏曲百花齐放、遍地开花的情形。这是什么原因？

戏曲遭到了综合性的全方位的冲击。单从舞台艺术角度讲,例如缺失了幽默诙谐的喜剧成分。传统戏曲中喜剧占有很大的比重,事实上戏曲最初诞生就是从喜剧开始的,最早的参军戏、杂剧都是喜剧为重,最早的演员副净、副末、丑都是喜剧角色。现在因为要表现时代的宏大主题,戏曲摒弃了民间生活情趣,只剩下了正剧,亲和力、感染力就极大减弱了。同样的原因,戏曲的行当减少,难以见到舞台上行当齐全、角色个儿顶个儿的完整大戏,尤其是专门承担喜剧任务的丑角即将绝迹。

难道是我们的时代不需要喜剧吗?非也!你只要想想近年小品的火爆就知道了。群众在戏曲里找不到喜剧因素了,于是转而到小品里去寻求代偿。同样的问题:难道今天的观众不再欣赏地方剧种的美了?亦否也!你只要看看老腔的复活就知道了。当代已经几乎无人知晓的质野古朴的陕西老腔,经现代导演搬上舞台和银幕,竟然在观众心中产生了那种被长久遗忘的审美震撼!

除生存危机以外,眼下戏曲本身还存在着危机。其一,是观念危机。现在反思一下,60多年来我们一直倡导戏曲继承创新,实际上继承只是个说法,创新成为重点。于是,众多的传统剧目从舞台上消失了,今天的演员早已不会演,或者很少会演。而创新,对于作为传统艺术样式的戏曲来说,任务又过于艰巨了。我们理想的境界是:戏曲经过脱胎换骨,能够成为表现当代生活的艺术形式,而从帝王将相那里走出来。事实上脱胎换骨谈何容易!更致命的是,时代并不按照我们的良好愿望发展,选择戏曲来作为其审美中介,而只青睐时尚艺术,这时候的戏曲现代化就成了自说自话!

其二,是人才危机。戏曲演员的培养本身就是困难,因为需要从小做起,梅兰芳等名角都是十几岁即出道成名了。中华人民共和国成立后院校培养演员的方法已经与戏曲生态矛盾,二十几岁毕业就快要过演出巅峰期了。眼下培养多年的戏曲演员又大量轻易流失掉了,造成的损失是巨大而无法挽救的。而编、导、舞台创作和乐队人员,因剧团难以养活被迫转行,对综合艺术戏曲的伤害则是致命的。

其三,是上面提到的表演行当消亡的危机。作为综合艺术的戏曲,要靠生、旦、净、末、丑各行角色的整体配合,"手眼身法步"各种技巧的全面发挥,

"吹拉弹拨"各种乐器的帮衬烘托，才能够完成一台美轮美奂的大戏。现在丑行消失，净、末衰竭，生、旦则"五功四法"不通，通常只会站着干唱。于是眼下的演出，只见"唱戏"难见"做戏"。演出中做功极少，"手眼身法步"难以见到，"千斤唱四两白"的念白也几乎消失；武打则大多成了单纯的场面热闹而丢掉人物塑造的根本。其结果是戏曲的绝活无传、韵味减弱、特征流失、风情尽亡。

其四，是地方特色泯灭的危机。一是地方戏创作受制于统一受过理论训练的公共导演、编剧、舞美、灯光设计，而缺乏为自己量身定做的技术力量，全国一个舞台、"一盘棋"。二是地方戏独特而丰富的音乐与表演特色，随着演员与舞台人员的流失，随着新式乐器和表演方法的融入，迅速减弱和丧失。诸多因素的促动，例如舞台审美标准的整齐划一；一个冠冕堂皇的说法——提升舞台水准，就使得地方小戏的表演风格靠向了大剧种，使戏曲极大减弱了多样性。最后，评奖的导向作用——评委们只有"公共"标准，忽略地方戏曲的特征评判，使得获奖作品整齐划一、个性泯灭。

其五，当下真正的戏曲批评发声稀少，也应该是戏曲危机的征象之一。戏曲批评作为对舞台实践的理论干预，在今天舞台不受制于艺术理性而受制于社会支配力的情形下，显得是那么苍白无力。社会支配力早已击穿批评的底线，统摄媒体、左右评奖、轰垮批评家的操守，使得戏曲生产无视艺术引领而走向权力操作，制造出许多非驴非马的舞台产品。在这种洪水滔天的生态环境中，许多批评家只好无奈地三缄其口，我本人也从戏曲批评界退隐有年，经受着良心责罚的熬煎。与20世纪90年代剧作家的整体溃散一样，21世纪初戏曲批评家的整体溃散，放纵了权力对戏曲舞台随心所欲的操控。

（原载2014年12月31日《文艺报》）

莫言获"诺奖"与当代传媒文化创新[①]

一、莫言小说与电影

莫言获得诺贝尔文学奖的原因，首先当然是由于他的功力与成就，莫言当之无愧是中国当代最具代表性的现代派写实主义小说家，他的作品充满了躁动的色彩、意象和张力；也因为中国当下的国力强盛到无法再被忽视。但我这里要强调的是张艺谋和莫言创作的电影《红高粱》的世界性影响力和它对莫言的助力：莫言因而更为西方世界所熟知，于是他的作品翻译版最多，据说他是西方出版商最看好的3个中国作家之一。而对西方人来说，要从9488个中国作家[②]浩如烟海的作品里挑出3个来，看那么多的方块汉字，真难为他们了，所以熟悉是第一前提。而莫言因电影《红高粱》增加了西方对他的熟悉程度。

1986年，莫言与张艺谋等人合作，把自己的中篇小说《红高粱》改编成电影文学剧本，取得空前成功。实在说，莫言小说并不适合当时电影界的既定观念和理解。《红高粱》可以说是意象丰沛、情节稀薄，它的语言精彩之极，灿烂、绚丽、跳跃、躁动、咸腥、浓稠，你感觉莫言写作时是身心俱用、五官偾张，他的想象力奔突冲决，他的感觉四处游走，显示给人的则是朦胧纱雾里面的奇情幻境。但它就说了那么一件事：一支似匪类盗的流民部队的一

[①] 本文系作者2012年7月3日、11月7日在鲁迅文学院的讲座整理本。
[②] 截止到2012年的中国作家协会会员数。

场打鬼子的战斗。当然,通过"父亲"断断续续、天马行空的思路,我们还了解了它的民俗和历史背景:兴隆的酒坊、青春鼓胀的"奶奶"、高粱地里粗犷的快意、日本占领军手剥人皮的残忍。这些零散片段的碎什锦,通常是不能入电影法眼的,尤其是那个时代的电影。那时的电影还比较淳朴、四平八稳,你不从头到尾完整地说一个故事,百姓们就看不懂。那时外国片根本甭想和国产片争票房:除当众接吻足够刺激外,谁知道它们换来跳去演的是什么。但是,张艺谋找来了。

张艺谋正在为他心中绚烂的电影意象寻找镜头语言,他不需要太多的情节,也不屑于只去讲一个故事。这位有着绝佳感官神经与视觉听觉辨析力与把控力的出色艺术家,正在寻路挣脱时代电影沉闷灰暗的底色。大片火焰般的红高粱意象引燃了他。中国电影从此走上色彩与场景的盛宴(以后再加上音响)。张艺谋开创了一个新电影的艺术时代。1988年,电影《红高粱》获柏林电影节金熊奖,这是中国电影第一次获得西方电影大奖,引起世界对中国电影的关注。《红高粱》也让西方人熟悉了两个中国人,一个是电影导演张艺谋,一个是作家莫言。张艺谋成功了。莫言也从成功中得到极大回报,他感慨地说:"电影的影响确实比小说大得多,小说写完后,除了文学圈也没有什么人知道。但当1988年春节过后,我回北京,深夜走在马路上还能听到很多人在高唱'妹妹你大胆地往前走',电影确实是了不得。遇到张艺谋这样的导演我很幸运。"[①]在当代眼球经济的社会里,电影比小说的传播力要快捷并广远一万倍。今天,张艺谋和他的电影在西方大学已经成为热门课程,莫言小说还在慢慢为西方所了解。而莫言已经获了诺贝尔文学奖,张艺谋还在奥斯卡奖的征程上艰难跋涉。

莫言因为电影成功的启发,成为乐于与影视剧合作的文学家。他有四五部电影作品(或是小说作品被改编为电影,或是参与电影剧本创作),有四部话剧作品。1995年,莫言和香港电影导演严浩联合编剧的《太阳有耳》再获柏林银熊奖。2003年,秋实根据莫言短篇小说《白狗秋千架》改编的电影

---

① 《盘点:莫言作品改编的影视剧》,http://book.sina.com.cn/news/c/2012-10-10/0714343963.shtml。

《暖》获第16届东京国际电影节金麒麟奖及金鸡奖最佳故事片奖。莫言还把自己的中篇小说《白棉花》改编成同名电影,又与鬼子一起把他的中篇小说《师傅越来越幽默》改编成电影《幸福时光》。莫言编写的话剧《我们的荆轲》《霸王别姬》先后上演,再加上《锅炉工的妻子》一剧,合为他最近出版的剧本集。在他获第八届茅盾文学奖的长篇小说《蛙》里,又植入了一个九幕话剧剧本《蛙》。莫言与影视剧的密切联系使他把更多的观众变成读者。

附带说一句,莫言也是新时期受西方影响较大的中国作家之一,这在西方看来是很值得骄傲的事情,更增加了他们对莫言的亲切度,于是在获奖原因里大谈一把。我们看他们是怎么说的。瑞典文学院常任秘书彼得·恩隆德在瑞典文学院会议厅宣布莫言获奖的理由时说:"莫言将魔幻现实主义与民间故事、历史与社会视角融合在一起,作品构建了一个堪比福克纳和马尔克斯的复杂世界,同时又在中国传统文学和口述传统中寻找到一个出发点。"我们知道,魔幻现实主义是20世纪50年代后拉美文学里兴起的一个流派,强调用丰富的想象和艺术夸张的手法,对现实生活进行特殊表现,把现实变成一种神奇现实,生死不辨,人鬼不分,幻觉和真实相混,神话和现实并存,作品带有强烈的神话色彩和象征意味。福克纳是美国意识流小说作家,1949年他的作品《我弥留之际》获诺贝尔文学奖。加西·马尔克斯是哥伦比亚作家,魔幻现实主义文学的代表人物,1982年获诺贝尔文学奖,代表作是《百年孤独》。莫言受福克纳与马尔克斯的影响,这不是外国人先说的,而是莫言自己先说的,他说过对他影响最大的作家是福克纳与马尔克斯。但是莫言也说过,他写《红高粱》时还没读到《百年孤独》,他是从西方众多作品中感受到魔幻现实主义的。

说到底,莫言也还只是莫言,是山东高密的莫言,是高密红高粱地里的莫言(当然,莫言并没见到父辈所说的大片红高粱,张艺谋拍电影时还是临时种的高粱,长不好,只好用化肥使劲催起来),而不是西方的莫言。他的创作当然是立足于本土文化的而不是从西方"借鉴"过来的,充其量也只是读了西方文学开阔了眼界和思路,知道写作还有更多的办法和路数而已。但是外国人总要找到他们所熟悉的东西,然后才能认识,然后才能高兴起来。当然,莫言也比较重视与西方交往,在国际书展等一些场合他的演讲都很得分。于是,他就被瑞典皇家文学院院士、诺贝尔文学奖18位终身评委里唯一的那位汉学家马悦然盯上了。其他17位都读不了汉字,恐怕都只能听他的。

马悦然是欧洲著名汉学家,翻译过《西游记》《水浒传》《辛弃疾词》等,1986年编辑翻译了《中国八十年代诗选》,其中包括朦胧诗代表诗人北岛、顾城等人的作品。他年轻时曾在四川峨眉山下的报国寺内做了8个月的方言调查,20世纪50年代担任过瑞典驻华文化参赞,与老舍是朋友,毕生致力于汉学研究,并于欧洲及澳洲的多所著名大学讲授中文与文学翻译达40年之久,曾任欧洲汉学协会会长。他与中国的关系还不止于此,1950年他26岁时与一位中国化学教授的女儿陈宁祖结婚,陈宁祖1996年病逝,2005年他又娶了台湾妻子陈文芬。被这样一位熟悉中国的汉学家马悦然盯上,也是莫言获奖的重要原因之一。

我们国内有许多好作家,如陈忠实、贾平凹,他们的小说好,但作为个体他们的思维和表达方式更传统,作品本土气息更浓,也更土。他们也没有影视的帮忙,陈忠实的《白鹿原》好不容易拍成了电影,效果并不好,还帮了倒忙。你东西再好,人家外国人不知道,人家知道了也不一定喜欢,毕竟是人家评奖,要用人家的量尺量。所以,沟通是很重要的,而电影对于莫言的传播起到很大的支持作用。

还回到莫言与电影的关系上来。莫言属于介入影视剧较早的作家,他和刘恒等人的作品,都是颇受影视剧界欢迎的。因为他们较早获得了成功,于是也更加有意地去涉足影视。

刘恒介入影视剧界就更多更深。他的小说《伏羲伏羲》改编为电影《菊豆》,由张艺谋执导,巩俐和李保田主演;小说《黑的雪》改编为电影《本命年》,由谢飞执导,姜文主演。他的长篇小说《贫嘴张大民的幸福生活》改编为电影《没事偷着乐》,由冯巩主演;改编为20集电视连续剧《贫嘴张大民的幸福生活》,由梁冠华主演,并由此获得2002年度飞天奖最佳编剧奖。他担任编剧把陈源斌的中篇小说《万家诉讼》改编为电影《秋菊打官司》,由张艺谋执导,巩俐主演;参与张克辉电影剧本《云水谣》的改编,该剧获2007年第12届华表奖优秀编剧奖;把杨金远小说《官司》改编为电影《集结号》,由冯小刚导演;把凌力的历史小说《少年天子》改编为电视连续剧《少年天子之顺治王朝》,刘恒担任总导演。此外,他还直接创作了《西楚霸王》《漂亮妈妈》等10余部电影剧本,《天知地知》《老卫种树》等数百集电视剧本。他写的电影《张思德》《铁人》由尹力导演,《张思德》2005年获第25届金鸡奖最佳编剧奖。电影《金陵十三钗》由张艺谋导演。话剧《窝头会馆》由林兆华导演,北京人艺排演。他还与邹静之、万方等人组建龙马剧社,一起加盟舞台剧创作,受到北京戏剧界的欢迎。刘恒的《窝头会馆》获得很好反响,有人甚至称是第二部《茶馆》,这过于溢美。当然,刘恒这些"触电"的作品,影响暂时还只限于国门以内,未能使他为西方所熟知。这更可见出电影《红高粱》的影响力。

二、小说与影视剧的转换

小说当然是最古老的文学创作样式之一,因而是基础的文学样式。它的传播方式只是单纯的文本形式,它的流通渠道主要就是印刷。

最初古代小说主要是通过说书形式传播的,例如唐代的传奇小说、宋元话本,都是当时"说话"的底本。那时民众识字的人少,唐代书籍成本也高,宋代毕昇发明活字印刷后,书籍才成为市井上的一般货卖品。但读书须得先认字,老百姓识字的少,不买书也没钱买书,读书人有钱买书,却又主要买正书(四书五经),不买邪书。所以当时老百姓还是通过说书形式接受小说。有了闲钱,有了闲时,到当时流行的勾栏瓦舍里逛一逛,看一回杂剧演出,听一回说书。今天我们见到的明代小说,《水浒传》《西游记》《三国演义》《金瓶梅》都是从说书来的,所以里面的表达方式都是"且说……""此回书说的是……""欲知后事如何,且听下回分解"。这些名著的来源都有许多不同的版本,各个版本上的文字不尽相同,这是对说书底本进行不同记录导致的,所以引起众多专家学者的反复研究。只有到了清代曹雪芹的《红楼梦》,才是真正意义上的个体创作小说。

10个世纪以后、20个世纪以后,可能印刷的方式会改变,到时候纸张不知道变成什么样子,过去曾经从龟甲变成竹简、变成帛、变成纸,这只是载体的改变，而文学本身则永远以它的原汁原味、原来的相貌存在。但是近代以后，创作的艺术载体变更得很快，电影、电视、多媒体出现了。在这之前是戏剧，当然戏剧和文学创作产生得谁早谁迟还说不清楚。现代社会的快节奏使人们越来越远离安静、温馨的读书氛围。纯粹文本形式的作品想获得广大的读者群简直成为奢侈，尤其今天每年生产3000部长篇小说的阅读环境，而阅读渠道又大大拓宽，微博、手机短信都加入进来。因而小说需要借助这些新的艺术载体，来实现自身的传播。今天是读图时代，过去看不起小人书，今天学者专著也要用插图来陪衬才有档次和品位。人们越来越不喜欢密密麻麻的字码堆积，而被声光电的盛宴弄得神魂颠倒，谁还愿意纯粹阅读！所以影视剧的时代到了。文学从单纯文本形式的传播跨越到现代传媒时代的结果是，为创新的艺术样式服务的社会需求剧增，于是小说的影视剧改编成为文本的最好延伸途径。20世纪30年代的大作家们到了90年代以后也盼望自己的作品被搬上舞台、银幕和荧屏。改编的需求还不只存在于由文本到立体形象的路途之中，还广泛存在于上述各门形象艺术之间。

大家知道，电影是19世纪末登场的，20世纪三四十年代大行其是。电视剧则是从20世纪80年代开始火爆的，一下盖过了所有文艺门类的风头。戏剧的登场最早，甚至是人类文学艺术创作的最早样式之一，和音乐、舞蹈、诗歌同源也同龄，最初表现为宗教戏剧的形式，和原始宗教祭祀仪式相伴而生，原始人类几乎是同时用节奏创作了诗歌、音乐和戏剧。但戏剧尤其是戏曲在当今中国的衰落也是有目共睹的。当然值得它欣慰的是，电影和电视剧都可以说是它的后裔和技术变种，它的生命因而在后者中延伸。

过去文学界是傲视影视的，全国人民也一致以小说、诗歌为创作高地，而把后起的技术性艺术样式——电影、电视剧视为文化含量稀少的种类。对戏剧的态度则不大一样。因为我们是戏曲大国，老祖宗的戏曲创作发达，所以尽管今天戏曲衰落得无以复加，戏剧仍然高居文艺排行榜前列。但实际上今天的电影和电视连续剧创作早已突破瓶颈，取得了令人瞩目的成绩，文学、艺术和技术含量大幅提高。美国3D大片《阿凡达》，你能说没有丰富的文学想象力、深邃的意境、高超的摄影技巧？国产影视剧也在急起直追。2008年影代会上刚当选副主席的导演冯小刚夸称自己的作品票房已经超过好莱坞大片,确实他的《集结号》《唐山大地震》取得了突出的票房。当然他这个话说早了一点,2011年国产片票房又垮了下来。而电视连续剧的质量现在越来越高,好看的、受广大公众欢迎的作品越来越多,简直是目不暇接。过去看一集电视剧就会气得直骂娘,许多人干脆不看电视剧,现在看了就停不下来,耽误几集心里还惦记得不行。

中国当代传媒文化的兴盛,使一批作家乐于与影视合作。眼下许多作家都在探索向影视方面转变。有先写了小说然后自己改编成影视剧的,有先写了影视剧本然后转换成小说的,也有影视剧之间互换的。分析一下近年的作品改编情况,其途径与手段是很不一样的。例如,从小说作品改编为舞台剧和影视作品,从文字意象转换到形象的、立体的意象,这是一种改编,像《家》《骆驼祥子》《孔乙己》《苦菜花》等。从既定的舞台剧转换为其他的媒介样式,例如从话剧转为戏曲或电影、电视,这又是一种改编,像《原野》《金子》《茶馆》《雷雨》等。还有,同为影视剧,从旧演到新演、旧排到新排,在某种意义上也是改编,北京人艺系列剧目《茶馆》《日出》《原野》就属于此类。这些,由于顺应了媒介更代的节律及中国特定时期的艺术趋势,都属于正向改编。当然,也有逆向改编,先出现电影、电视,然后作家又把它写成小说(例如王海鸰的《牵手》)或舞台剧(例如魏明伦的《变脸》),当然这往往是原创者自己的行为。由于现代艺术媒介和载体的多元化,创作者可以借助于远远多于传统的手段,经常自觉地进行各种文学语言和艺术载体的转换,它为当代作家提供了更广阔的视野和创作天地。转换手段是各种各样的、多元的,每一种转换都有它的内在机制在起作用,都有它的内在规律在支配。

当然,更多的情况不是作者自己在做,而是别人来改编,来把你的这只虾改做成别的口味。通常来说,作者用一只虾只能做出一种好吃的菜来,另外几种吃法都不会太好吃,别人改做则可能又做出令作者都惊讶的好吃的菜。这里面的原因是:不同的文学艺术种类都有它自己的特殊创作规律,通常一个作家只能熟悉和熟练运用一种样式来创作,改变了样式,要求不同了,很可能就驾驭不好。

中国现代文学史上,尽管有会做一虾三吃的作者,例如郭沫若,但也不多。郭沫若是现代最大的才子,他甚至会一虾五吃、八吃,他长于运用的文学样式有诗歌、小说、话剧、散文、杂文,也有历史学、考古学、甲骨文研究等,文史哲几乎没有他不通的。文史哲不分家在他那里真正实现了,他几乎在每一个领域里都做出极大成就,只是没写电影,当然更没有电视剧。和他相比,通常人们认为鲁迅不会写长篇小说,也不会写新诗,更不会写剧本,当然鲁迅的深刻性也是郭沫若无法望其项背的。

他们那一代作家里,其他人一般都只擅长少数文学样式,例如茅盾的小说和文艺理论、巴金的小说、曹禺的话剧。老舍不同些,小说和话剧都好。但老舍最初写出话剧《茶馆》来并不为戏剧界看好,认为结构太散,不适合搬上舞台。由于老舍的影响力,也是时代的需要,人们必须重视这次创作。最后是北京人艺天才导演焦菊隐带领创作团队想尽办法调动各种舞台手段排演了这部戏。刚演出时反响一般,再演时才火爆起来。如果没有当时的坚持,中国话剧史上就少了一个经典。

有一些作家就很敬畏改变创作样式,例如巴金。我们知道,曹禺曾把巴金的《家》搬上话剧舞台,上演十分成功。巴金曾称赞曹禺是天才,说自己不如他,其中就隐含了戏剧创作很难、是专门学问、自己不敢碰的意思。不同艺术门类之间有不同的规律,我们必须敬畏这些规律,学习掌握和驾驭这些规律,然后才有可能获得成功。

三、小说与影视剧创作的异同

小说与影视剧创作的本质相同:都是叙事艺术,以讲故事为主要手段,以故事情节为主要构成,都讲究主题立意、结构和语言(当然侧重的角度不同),都讲究塑造人物形象、提炼矛盾冲突、安排叙事行文的起承转合,注意高潮与结果的设定,等等。

但二者又有很大的不同,最主要的不同在于:小说可以运用大量心理描写来揭示人物的内心、描写环境、表达主体对自然和周围一切事情的细腻感受,像俄罗斯文学中的许多作品,屠格涅夫的小说之类,往往主人公从起床到吃早饭,小说就写了半本。莫言小说里大量的意识流现象就更是如此,占去不少篇幅。影视剧则主要诉诸行动和动作，人物的心理动机一定要通过对场景的再现揭示出来。当然也有运用旁白来叙述的，有时收到很好效果，但那不是一般手法，偶尔用之可以奏效，用多了也让人腻烦。

小说界可以傲视影视剧界的是，小说通常是基础性创作，能够完成一部作品的全部需求而实现一次完美的创造，而影视剧有时做不到。我们知道影视剧界热衷于改编小说，近来热播的如改编自龙一同名小说的电视连续剧《潜伏》、改编自麦加同名小说的电视连续剧《暗算》等都是，大家也知道张艺谋等许多导演一直在从作家创作中寻找题材和灵感。为什么？这是因为，直接的影视剧创作往往不如小说家对生活的观察深入，对作品的主题、立意解决得好，对人文精神追求所达到的程度深。因为影视剧创作更多要考虑故事、结构、场面、画面等形式问题，影视剧作家也往往没有小说家那种深入生活的时间，他们因受制片方的制约而无法从容不迫地进行构思和创作。还有，小说是个体创作，不需要其他人参与即可完成，影视剧则是团队创作，导演、摄影、剪辑、场景音效、舞台美术、音乐设计等，更要命的是还要听命于制作人，许多情况下不以个人意志为转移。这还没有说到导演意识膨胀所带来的问题。对文学剧本进行二次加工的是导演，一部改编影片向原著作品所"借用"的主要是人物和故事，影片的表现风格、手法、内涵则都由导演的意图所确立。影视剧导演强迫编剧的情形大量发生，大导演的片子往往随意处理剧本。

影视剧更加注重事件的生动性，这一点并不一定是小说的关注重点。影视剧剧本创作主要强调三要素：主题、结构和事件。结构之对影视剧比对小说更加重要。戏剧就是以结构为第一，这是清代戏曲理论家李渔的精到总结。西方甚至发展出"三一律"的严格戏剧规条并遵循几百年。为了遵循"三一律"，曹禺的《雷雨》开场时故事就已经接近结尾，你必须通过正常的人物对话在第一幕中自然而然地交代出人物关系、人物性格、故事情境和时下状况，又不让观众听出来你是在让人物交代——许多人犯这个毛病，所以说第一幕最难写。传统戏曲有开场白就比较容易地解决了这个问题，但写实话剧不行。电影写作也是结构第一。好莱坞编剧教学大师悉德·菲尔德

(Syd Field)的《电影编剧创作指南》[①]开篇讲"空白稿纸",然后就是"关于结构"。最近流行的好莱坞最成功的专业电影编剧之一布莱克·斯奈德(Blake Snyder)写的《救猫咪——电影编剧宝典》[②],在"开始写剧本"一章开篇就用了这样的题目:"结构、结构、结构"。他强调"结构是剧本写作中最重要的元素"。

为什么结构重要?因为结构带出事件,有什么样的结构就有什么样的事件。一般来说都是先设置一个具体情境,然后展开来,写出人物在这个情境中的命运变化。布莱克·斯奈德就专门强调情境设置的重要性,他说好的构思是第一位的。例如设想有一对夫妻圣诞节那天要到各自都已经再婚的父母家去过,那他们一天就得走四家,会碰到什么?会发生什么?这就是一部反映当代社会家庭生活的电影题材,会遇到心理问题、伦理问题等,直接切入社会心理疾病诊疗。戏剧、电影的事件必须高度统一,李渔说只能写"一人一事"。其实古今中外都一样,尽管有复线结构,也都是只写一件头尾起讫清晰的事件。小说的结构和事件当然也重要,但它并不需要太关注戏剧性的结构,也不过于依赖事件,而内容相对庞杂的长篇小说更可以包含复式结构和众多事件。

主题立意的确立更是如此。小说可以比较隐晦深奥甚至主题多义,因为读者可以有时间来细细思索品味。影视剧是视觉艺术,通常要通过画面来传导含义,通过通感来建立传导渠道,所以一般来说须一目了然、主题鲜明,没有过后的回味余地。

或者纪实文学某些方面更接近电影。纪实文学与小说的不同在于:前者注重事件,后者注重人物。前者注重写清楚事件的来龙去脉,后者注重揭示这一过程中人物的心理感受。前者注重真实性,后者注重心灵性。前者语言注重清晰准确性,后者语言注重生动形象性。我刚参加讨论一部小说,有人就批评它的语言太一般化、太公用化、太公文化,更像纪实作品而离小说语言远。小说语言强调的是独特性,是独一无二的,纪实作品则不需要。

---

① [美]悉德·菲尔德著:《电影编剧创作指南》,魏枫译,北京:世界图书出版公司,2012年。
② [美]布莱克·斯奈德著:《救猫咪——电影编剧宝典》,王旭锋译,杭州:浙江大学出版社,2011年。

因此从创造角度说,纪实作品可以写得很快,因为他不需要字斟句酌地为确立语言风格而战。现在的网络小说,大家认为许多作品的文学性低,也是这个原因。在网上写作,每天都被网站和网友逼赶着必须完成多少字,语言不及锤炼即抛出,等而下之的写手则根本不懂得也不会锤炼语言。电视连续剧语言许多也是如此,一个项目接下来,掐时限日地拼命写完它,就顾不上语言的精确性了。我们常常会感到许多电视连续剧的语言很蹩脚,不是人物在说话而是编剧在说话,因为要为编剧交代剧情,编剧和导演得另想办法。

影视剧在注重事件(故事)方面接近纪实作品,但更加注重空间和画面的处理。事件必须放进空间和画面里来表现。再进一层,空间和画面最好还能表现出意蕴,表现出诗意,那就更为上乘,配以美妙的光影、色彩和生动的音乐旋律,它的表现力就成为立体传达了。当然,它还依仗蒙太奇的神奇效果、镜头语言,这些当然不用编剧来考虑。

如果我们想在小说和影视剧创作上进行转换,想一虾三吃,在这些问题上就必须能够跨越,必须注意到其各自的规律与特征,注意到其同与不同。让我们看看刘恒的经验和教训。这里,我要借助一下专门研究者的成果。2007年有两位硕士研究生撰写出研究刘恒影视剧现象的论文,有着很好的论述。一是南京师范大学孙灵囡写的《刘恒影视剧作研究》,二是浙江大学徐安维写的《刘恒影视改编作品的叙事研究》。我很赞成徐安维的观点,下面的议论主要参考了徐安维的文章。

刘恒是写小说也写影视剧的成熟作家。刘恒小说丰富的活动画面、电影化的蒙太奇剪切、力求客观的叙事方式及极具动感和跳跃性的小说语言、富于生活气息和地方色彩的对话等,确实先天具有改编影视剧的优势。他的早期小说改编为影视的编剧都是他本人。1989年"触电"开始至1990年为止的电影改编作品,包括其改编"处女作"《本命年》(1989年,导演谢飞,原作《黑的雪》)、《菊豆》(1989年,导演张艺谋,原作《伏羲伏羲》)及一部未投拍的电影改编《白色漩涡》(1990年,原作《白涡》)。3部原著小说作者均为刘恒,3部电影均是小说作者刘恒接受导演的邀请而自己对作品进行改编。但他当时缺乏改编经验,他本着文学作者的思维方式、以自己对电影的理解来进行改编,使用文学创作式的手法细致入微地写作电影剧本,受此影响,他的电影文学剧本具有浓郁的文学内涵,具体体现在其文学化的叙事特征上。于是,他的文学剧本虽然有特点,就像当年的老舍,但不能算非常优秀的电影剧本。因为一方面,剧本过分地照搬小说的故事导致剧情冗赘,另一方面,改编剧本过多地沿用了文学性叙事语言,影响了电影化表达。例如,在剧本《本命年》中,对小说的直接照搬非常明显,不吝笔墨地把小说中他认为值得保留的部分逐一经过电影化加工,用场面表达出来,不仅保留了小说故事的各个情节,连大段心理独白也转换成一个又一个"闪回"场面。阅读剧本的感受仿佛在阅读小说,它是极度忠实于原著的,阅读时不用担心疏漏小说中任何细节。剧本改写之"细"充分体现出刘恒对改编这部电影处女作的用心良苦,然而这个用心之处恰恰是改编的败笔:它太过文学化,太烦琐,太冗赘。刘恒按照作家的理解方式改编,理所当然地认为所有的"细节"都是应当表现出来的,否则"故事"将不完整,主题表达将不够明确。而从导演的角度看剧本,他们需要的是明晰的故事,是人物的表现,过多的细节堆砌反而埋没了人物个性,损伤了影片希望突出的故事。观众看电影一般来说就是想看它"讲了什么故事",而对烦琐的细节没有兴趣和耐心。反观另一部没能成功投拍的剧本《白色漩涡》,能充分说明刘恒如何受到自己文学化改编手法的拖累,导致这部剧本的不成功。小说《白色漩涡》是刘恒小说创作中著名的"心理描写小说",又涉及敏感的"性"和"婚外恋"主题,从故事上讲,足以吸引读者。小说通过细腻的心理活动描写,将人物矛盾、斗争的心情表达得淋漓尽致,推动故事的逐步发展。众所周知,文学作品中的心理描写在电影中演绎是一大难题,历史上许多著名心理小说如福克纳、乔伊斯、伍尔夫等作家的作品,尽管具有强烈的电影化想象色彩,仍旧无法成功改编成电影。

反过来,小说家写影视剧的并发症是后者风格对小说文本风格的冲击,现在许多剧本转化的小说读起来都是场景和对话的堆积,小说语言变成场景简介,缺少描写,无论是自然的、环境的还是心理的描写,小说失去美文性,失去人们阅读时在语言提示和暗示下通过领悟感受到的特殊美感,这是它的负面。所以有些小说家是不碰影视剧的,怕写坏了养成习惯,这也是有他们的道理的。

　　社会需求带来小说与影视剧创作转换的大量实践,也给编剧理论提出许多新的命题。我在《关于名著改编》一文里曾经讲过,不同文学语言的转换,碰到不同的困难和问题。例如用舞台剧或电影手段处理长篇小说,就有一个很大的语言跨度。长篇小说可以没有容量限制,舞台剧和电影由于时间与空间的限制做不到这一点,它们就必须对小说进行选择、提炼和凝聚。长篇小说的构成是高密度的,舞台剧和电影则是疏朗有致的。从小说到影视剧,还有一个从文字平面到形象立体、静态到动态、联想意象到视觉意象的转化,转化过程伴随着意象的重新结撰,新产生的形象意象与原有文本意象之间在吻合方面构成一个明显的夹角。面对改编的语言跨度,如何既能够顺利实现其转换和跨越,同时又保持住、捕捉住并传达出原著的原始立意、追求与神韵?创造的意象和原始意象能够达到多大百分比的吻合?这在实践中永远是需要探索的困难命题。我们所看到的、大家经常在议论的,创作改编中存在的问题有相当一部分是由这种语言转换所形成的夹角、它们之间的不对接造成的。当然不可否认,改编有一个基本的标准,就是原著所达到的那种深刻社会认知度、广泛社会概括面和艺术高度,再造品是否企及了,这是一个前提。但是还有许多议论,是在上面说到的那个层次里发生的,是语言转换所造成的问题。因此,我们必须研究这些问题。对陈忠实小说《白鹿原》的话剧和电影改编,就碰到了这些困难,下面具体讲。

四、一个实例:《白鹿原》从小说到话剧、电影的跨越

　　中国电影改编文学名著素有传统,鲁迅、茅盾、老舍的小说都曾搬上过大银幕。真正产生影响力的是20世纪八九十年代,第五代导演改编当代文学名作,推出了一批经典影片。如张艺谋的《红高粱》《活着》《菊豆》等影片,改编自莫言、余华、刘恒等作家的名作,在国际上为中国电影赢得了声誉。陈凯歌的《霸王别姬》《孩子王》分别改编自李碧华、阿城的小说。现在观众的品鉴能力更高,不只是看视觉盛宴,还希望看到更深的人文内涵,这逼迫电影要向文学靠拢。此前《集结号》《唐山大地震》《让子弹飞》都改编

自并不知名的小说,也获得了观众认同。但小说改编为影视剧作品有着不同的要求和条件。

莫言的文字一向很有魅力,所以他的东西具有一种神奇的控制力、影响力,但他作品里所体现出来的恣意汪洋的意识流结构,是视像表现的一个极大障碍。用好了是张艺谋的《红高粱》,用不好就如他的《幸福时光》《白狗秋千架》改编的电影,市场反应就比较平淡,所以很长时间没人改编他的小说,他的长篇一直没人碰。现在当然就不同了,据说这次莫言获诺贝尔文学奖,又掀起了呼吁影视改编其作品的热情,不少网友呼吁将他的长篇小说《丰乳肥臀》搬上银幕。刚看到《中国艺术报》上有一篇文章,题目叫作《莫言改编影视剧的 N 种猜想》①,说莫言哪部小说适合制作成哪一类的影视剧云云。莫言更是主动放话,表示他的作品《丰乳肥臀》《生死疲劳》《檀香刑》都可以拍成气势磅礴的大片,自己更愿意担任编剧。听说制片商又开始围着莫言转了。据说莫言作品的影视版权之前是一二百万元,获诺贝尔奖后水涨船高至 500 万元。但电影界人并不看好他的长篇,尤其是刚刚经历了电影《白鹿原》的惨败。因为从小说成功到电影成功,还有着很大的障碍需要跨越。莫言对电影改编的宽容度倒是很大的,这大概得益于电影《红高粱》的成功。他说:"我认为小说一旦改编成影视剧就跟原著没多大关系了,电影是导演、演员们集体劳动的结晶,现在几乎有名的电影都有小说的基础,但小说只是给导演提供了思维的材料,也许小说中的某个情节、语言激发了导演的创作灵感。"②

小说改编电影戏剧能否成功要有许多先决条件,甚至是气候、氛围和时尚条件,但基础条件则是内容体量,因为小说与电影的内容含量不同。一般来说,中短篇小说比较适宜于拍摄成电影,长篇就有难度。莫言的《红高粱家族》是一部 5 万字的中篇小说,其容量就比较适合于电影改编,这是电影成功的第一个前提。当然,张艺谋在那次创作中倾注了他最初的电影激情与天才的艺术创造力,同时恰如其分地用声像画面处理了内容;影片叙事改变了小说

---

① 张成:《莫言改编影视剧的 N 种猜想》,《中国艺术报》2012 年 11 月 5 日。
② 《盘点:莫言作品改编的影视剧》,http://book.sina.com.cn/news/c/2012-10-10/0714343963.shtml。

的意识流结构,让故事径路回归到传统的线性叙述,而用镜头精心复现了小说所创造出来的神奇色彩世界,画面的强大视觉冲击力,如炫目的阳光一下刺穿了沉闷而平庸的影坛。张艺谋仍然对剧本做了大量的压缩处理。莫言说:"1987年,我在高密,张艺谋把他的定稿拿给我看,定稿跟我们原来的剧本完全不是一码事了。张艺谋实际上做了大量的精简。我当时看了觉得很惊讶:这点儿东西,几十个场景、几十个细节就能拍成电影?后来,我明白了,电影不需要太多的东西。比如'颠轿'一场戏,剧本里几句话,在电影里,就'颠'了5分钟。"①莫言其他几部改编成电影的小说也都是中短篇。

用舞台剧或电影手段处理长篇小说,有一个很大的语言跨度。首先是展幅不同。一般来说,长篇小说可以没有容量限制,展现社会生活面广阔,表现情节和细节丰富,能够正面地、具体地、全方位地逼视它的全部对象。而舞台剧和电影由于时间与空间的限制,是做不到这一点的,因此必须对小说进行选择、提炼和凝聚。容量本身就是一种质量,容量的改变也就带来质量的变化。其次是节律不同。相对而言,长篇小说的构成是高密度的,舞台剧和电影则是疏朗有致的,这是由其展幅及表现语言的不同所决定的,长篇小说的主体语言流程呈平铺状,电影戏剧则呈跳跃状。当然,舞台剧与电影的节律也不同,幕与蒙太奇的转接手法相去甚远:前者整,后者碎,前者空间相对逼仄固定,后者开阔多变,前者基本保持同一透视基点,后者时而拉开时而逼近。再次是意象不同。从小说到影视剧,有一个从文字平面到形象立体、静态到动态、联想意象到视觉意象的转化,转化过程伴随着意象的重新结撰,新产生的形象意象与原有文本意象之间在吻合方面构成一个明显的夹角。面对改编的语言跨度,如何既能够顺利实现其转换和跨越,同时又能保持住、捕捉住并传达出原著的原始立意、追求与神韵?创造的意象和原始意象能够达到多大百分比的吻合?这在实践中永远是需要探索的困难命题。

现在我们来看《白鹿原》的改编实例。陈忠实的《白鹿原》是当代中国

---

① 《盘点:莫言作品改编的影视剧》,http://book.sina.com.cn/news/c/2012-10-10/0714343963.shtml。

一部巨著,它通过描写浑莽的渭河平原一个村落的社会、家族角斗,绘就了一幅色彩斑斓的中国农村50年变迁史。小说构思雄奇、结构恢宏、组织细密、描写鲜活、立意深邃,极富史诗性和历史感,展示了民族性格与国民灵魂,是一部现实主义的油画长卷。这样厚重的内容,又受到文学界的极力推崇,理所当然地诱发起影视剧创作的强烈改编冲动。10余年间几乎所有的中国当代电影导演大腕都在动它的脑筋,例如张艺谋、陈凯歌、冯小刚等,但是谁也不敢轻举妄动。因为大家知道,诱惑也构成巨大的挑战,这个挑战难以跨越,如果跨越不过去就会变成陷阱,所以都一直在迟疑徘徊。

2006年5月,北京人民艺术剧院演出了林兆华导演、孟冰改编的话剧《白鹿原》,这是最强的戏剧组合,但演出效果失败。事先孟冰曾告诉我,小说内容太多了,不忍割爱,压缩不下来,原想写一个连演两个晚上的本子,后来写成三个半小时,又压成两个半小时,所以斗榫接榫之处还不严密。孟冰肯定是啃了一个坚果,因为把一本长篇小说改编成剧本,通常是要大抽绎大精简的,只能抓住主要线索和人物来敷叙笔墨。而由于原作者名声太大,又在旁边看着你是否"忠实于原作"了,孟冰大约不能太改动小说原本,于是就困难了。果然,戏里想说的话太多,想写的人物太多,有名有姓的人物27个,于是事件和人物纷至沓来,走马灯一样让观众眼花缭乱,看不明白。人物缺少心理描写,面目不彰,因此行动都显得突然和无目的性,甚或有时好像自相矛盾。例如白嘉轩、鹿子霖两人及他们两姓家族彼此之间明争暗斗又时有妥协和利益勾结,小说对这种潜在的较量是表现得很到位的,舞台上却没能准确显现,观众看到的是他们好像一会儿势不两立、一会儿又好得不得了,但却弄不清楚为什么。

现场观剧不能够像读小说一样从容不迫、细细咀嚼品味,细节如果不特别强调的话,在观众眼睛里就只是一晃而过,于是它的作用就大打折扣,甚至让观众弄不明白。例如公公鹿三刺死儿媳妇小娥,是因为他眼看着儿子逃走、小娥跟鹿子霖睡过又跟白孝文睡,村里人言藉藉,忍无可忍而采取的行动。但戏里只是去正面展开这一系列的情节,对于鹿三的心理感受则不能顾及,甚至连他在场都不能安排,所以观众看到的只是小娥正与白孝文调情,鹿三突然冲出来把小娥刺死,一些观众甚至还没看清楚是谁,他就下场了。小说里一个细节可以详细描述半天，一个突然动作的发生，作者可以事先把人物的思路、考虑、心理原因、动机、目的都交代得清清楚楚，舞台上却做不到。当然舞台是可以补救的，但那要特别注意并下功夫。例如表现鹿三刺死小娥这个细节，就应该事先让鹿三上场看到小娥出丑，内心痛苦，反复几次后，再冲出来行刺，他的动机和动作就鲜明了。但眼下编剧和导演都没有顾及，所以只见人物的外在动作，不知道他为什么要这么做。

实在说，这台戏的整体形式感是极强的。林兆华使上了浑身解数。他请来了陕西华山老腔剧团和西安市灞桥区秦腔剧团，在开场、结束和演出过程中让他们吼老腔、唱秦腔、演奏老腔独特的粗陋乐器来制造氛围，演员全部说陕西方言，舞台布景装置成陕北丘陵地带凹凸不平的地貌，人物穿着老棉袄、大裆裤（戏前濮存昕专门向我显示了一下他穿的大裆裤），演出过程中还赶上台一群羊、一辆牛车。但戏里突出强调的农村原始性冲动场面，在观众面前假做男女交媾及过后的提系裤带动作，徒强调耳目刺激，使得"儿童不宜"观看。

最近电影《白鹿原》终于和观众见面了，是最有潜力的第六代导演领军人物王全安拍的，真是初生牛犊不怕虎，老将们不敢动，年轻人打冲锋。当然王全安的实力也是很强的，他的《图雅的婚事》2007年获柏林电影节金熊奖，《团圆》2009年获柏林电影节银熊奖。看电影前先见到陈忠实，他已经看了电影毛片，我问他感觉怎么样，他说全片是4个小时，看了感觉还行，但要公映还要剪到两个半小时，剪后什么样不知道。然后我看了公映，看了以后更加不满意。

我的观点是这样的。应该说，像话剧一样，电影《白鹿原》有许多意象鲜明夺目的独创镜头：麦原、阳光下摇曳的麦穗和芦苇穗、起伏的大地线条、古朴的村落建筑（古戏台、祠堂、窑洞、打麦场）、牌坊（虽然让它孤零零立在广袤原野上的造型设计脱离了人文限定），还有插入了老腔那原始、朴拙的表演和高亢、苍凉的唱腔（这一因素对电影的介入把原创林兆华的奇思异想发挥得愈加淋漓尽致），这些因素共同创造了一种浑厚悲咽的气场，为电影即将揭示的民族历史和家族命运内容做好了铺垫，也已经在当代观众情感里形成诱发通感、同情心、情感共鸣的条件。但是，不成形的电影叙事很快就把这些打断了。

我们知道,电影镜头叙事的长处在于可以充分调动起有意味的画面来表达内容,从而整体传达内容的意境与意蕴。但是,串联画面并使上述有质感意象产生深刻意义的是故事叙述,具体到《白鹿原》,就是原著提供给我们的莽莽苍原上白、鹿两族几十年间原始冲动裹挟着人世狡斗的恩怨情仇,以及社会动荡对其势力消长所注入的改变命运的外力。失去这一支撑,一切美好的镜头愿景都会化成无序而缺乏意义的碎片,成为单纯的意象炫示。恰恰是在这一点上,电影丧失了统筹力。

由于时长和镜头叙事空间的限制,电影采用长篇小说题材有一个必然的前提,那就是必须进行选择甚至是放弃,而在从事这种操作的时候,它的前提就是操作人的眼光和驾驭力。但是,很少有导演具备这种文学实力,因为他们毕竟只是文学爱好者而不是创造者,而且很多导演又往往认识不到这一点,于是,许多人甚至不知道或者知道了不承认这种前提——有什么了不起,我也会处理。于是,他就开始盲目地指手画脚、指点江山,但是过后也只能不无迷茫地等待命运的价值宣判。

于是我们看到,两个半小时的电影《白鹿原》,对小说原著的叙事流程进行了盲目切割。它也进行了选择和放弃,但这个过程却发生了迷失和误读,该选的没选,不该选的选了。于是,一部厚重的生命与家族繁衍史,就变成了一幅浅薄的风俗招贴画。

《白鹿原》的电影叙事没能过基本关。开场的时候,它没能鲜明而经济地结构起人物关系场和故事发展线。小说一开场就通过一个白鹿在原野上显现的寓言,引出白、鹿两家的历史和现实角逐,这种角逐贯穿了整个作品,所有的情节和故事都从它生发。而电影开场却开在清帝逊位、军阀开战,重大是重大了,和故事的内在逻辑何干?所以我们看到,小说里的主角人物白嘉轩,这个贯串了全部历史过程的精神偶像,在电影里只是被镜头人为地轮番推向特写前景,一会儿有人报告大清亡啦,一会儿又有人报告谁和谁打仗啦,这和故事有什么关系?当然这么多的近镜头特写,让我们感到了白嘉轩的重要性,但他为什么重要?为什么导演要一而再再而三地突出他?不知道。小说里,白嘉轩的重要性是他在村落族众生产生活中的重要位置决定的,是在日常生活中建立起来的,是小说用了大量细节描写奠定的,而不是这样给他推几个特写镜头就能够奠定的。特写镜头说明他很重要,但他为什么重要?电影却没能进行揭示,甚至连揭示的意图都没有过。于是,白嘉轩在电影里仅仅成为一个影子式人物,他好像只站在历史的崖畔上,隔岸观火地俯视着村里和原上的一切,可是却和电影的故事无关。

小说主线是表现鹿子霖与白嘉轩两人的貌合神离、明争暗斗,这些争斗又有着充实丰满的心理依据、精神支撑和传神的现场效果。电影里没能对此进行展现,其结果就成了人物关系的离奇组合与人物心理的莫名其妙:开始时鹿子霖对白嘉轩俯首帖耳,唯命是从,两家关系那个好啊!两家孩子的关系那个铁啊!忽然就变成了鹿子霖向白嘉轩暗结绊子,痛下杀手,甚至还淫了白家长工的女人然后又指使她去勾引白嘉轩的儿子以败坏他家的门风。话剧《白鹿原》的前车之鉴:舞台时空尤为苛刻的限制造成剧中一切人物都成为面目不彰的匆匆过客,而人物行为无一不失去心理依据——这些缺陷我们在电影中重见。

电影对小说内容的精简取舍也很缺乏科学性。例如小说里有两个神秘人物:朱先生和冷先生。陈忠实在他们身上负载了关中民俗文化的符码,让你阅读时能够感到小说里背负的皇天后土、黄坡苍原的厚重历史意蕴。电影把他们一笔勾销,作品就大大减弱了文化厚度。可是电影却又把原本戏份儿不重的白鹿仓总乡约田福贤推向前台,让他和白嘉轩、鹿子霖三足鼎立,其目的大概是渲染政治争斗与阶级搏杀的残酷,例如田福贤率领还乡团杀回来对黑娃的农会反攻倒算。但同样,电影里也没有交代田福贤的来龙去脉,于是他的行动也缺乏心理动机,成为又一个被导演招之即来、挥之即去的幻影。至于电影叙事的大终结,却断在了一个不是结局的结局上:白孝文被兵抓,黑娃报仇,鹿兆鹏不知下落,最终日本飞机炸毁祠堂——一个从清帝退位、民国继统开始的白、鹿世代恩怨,却了结在祠堂被外力摧毁。叙事结构的圆圈,留下了莫名的缺环。

造成这种效果的原因,是电影缺乏对于小说叙事主旨的清晰意识和自觉把握。因为小说的主线是白、鹿两姓半个世纪的家族、阶级、政治、经济、权势、道德的鲜活角斗,为了使这种角斗更加丰富多彩和立体化,作者又增添了长工鹿三、其子黑娃及其外来婆姨小娥的命运穿插的情节副线，这是陈忠实的匠心独运，以之作为白、鹿二族争斗的促发剂与调色板。电影却反过来把田小娥故事作为主线，让小说里始终处于辅助位置的黑娃、田小娥偷情故事反客为主地取代了白嘉轩、鹿子霖恩怨及其几位子女的不同人生路径演绎，成为电影的表述主导。于是，小说所赖以支撑并获得普遍成功的主茎被抽绎干枯，成为历史大事记，而作为双方争斗表征之一的田小娥成为主角，转为电影的主要看点——原著的浑莽博大就消失了。

导演注意了调动观众的情爱关注，也不可否认这种关注构成电影吸引力的主要支柱，但是，主副颠倒的后果却是意义的萎缩，同时也就是价值的萎缩。萎缩的结果，伟大的《白鹿原》就蜕变成了普通的"小娥传"了。而且，由于性场面的渲染，一部复杂曲折的村落文明变迁史就被简化成了带有浓郁原始冲动色彩的两性野合图。这种原始冲动的民间意象在20世纪80年代的电影叙事里最初出现时还包含着深邃的文化寻根意义，例如《红高粱》等作品有着深邃的意蕴，但电影《白鹿原》在21世纪还重复这种意向，就只剩下风俗画了。

我不是说你不可以把《白鹿原》改写成"小娥传"。如果导演认为单写"小娥传"有着它的意义和价值，你去做好了。川剧把曹禺的《原野》改写成《金子》，从原作主角是仇虎和金子两人，转移到以金子为主角，也取得了成功。莎士比亚的作品几百年来被人们不断改编和取舍，被现代派、后现代派不断地进行新的诠释，它的价值不断地有发现，所以人们常说有一百个导演就有一百个莎士比亚。

我要说的是，你不可以又想写《白鹿原》，又想写"小娥传"。你如果想写"小娥传"，那好，你就重新挑选情节、结构故事，把《白鹿原》的许多情节推向幕后，什么白嘉轩、鹿子霖甚至田福贤，该砍砍，该删删，砍不掉删不去的转到幕后或者成为点缀人物，他们之间的恩怨也成为背景，而把田小娥的故事提到前台来进行完完整整从头到尾的正面展现，尤其是田小娥怎样从给人做小老婆的悲剧命运引发的心理反抗，到大胆追求自己和黑娃的爱情，到在政治打击中沦落为鹿子霖的玩物和工具，直至最后被公公鹿三刺死，这才构成一个完整的闭合结构。而不像现在这样，田小娥一边讲着自己的故事,一边又不断地被白、鹿两姓的矛盾斗争所打断所阻隔,结果是两败俱伤,哪边也说不清楚。当然导演也不愿这样做,他知道不能放弃《白鹿原》的伟大而择取"小娥传"的渺小。

叙事的疏密处理失当对影片主旨传达形成干扰是问题的一个方面,另一方面则是充溢的意象时空挤占了必要的叙事时空。我们上面赞叹了电影有许多美丽的镜头意象,它们丰富充盈,满溢独特的泥土芳香,但却由于缺乏串组而变成散珠零贝,更由于与表达的主旨相疏离,而形成堆积与浪费,这让人备感惋惜。例如,外在于剧情发展线索的朴拙老腔演出场景占用了太多宝贵的电影时空——它尽管那样值得留恋与怀旧,也只是一种晕染的手段,但却时而阻断了主线表达,使形式挤压了内容。失去目的,手段就成为无本之木、无源之水。那么,为什么不把有限的电影时空更多地用于勾联剧情线索和交代人物关系,以解除眼下的叙事空缺?毕竟讲故事仍然是电影表达的第一要务!

能不能在两个半小时里用画面呈现《白鹿原》这一史诗?电影承担了几乎无法承担的任务,因为它面临的是左右两难而互具排他性的选择与放弃:搭建起宏观的建构,就失缺了微观的从容;如果从具象出发,势必抛却整体观照——所以亚里士多德《诗学》强调美要有合宜的体积。我以为,用电视连续剧的体裁来完成这一使命或许较为顺手。一般来说,一部长篇小说的容量是远超一部电影或话剧的容量的。话剧、电影改编《白鹿原》共同遭遇了滑铁卢,再一次说明文学表达与形象呈现间的跨度值得敬畏,尤其是非传奇性叙事而以生活流来显现历史进程的文学作品,更要审慎对待。影视剧和小说的叙事手段不同、时空容量不同、表达方式不同,因此要求与小说不同的处理技巧,要求对素材的重新酿造与结构,至于它能不能再现原作的巧妙与奇绝、深邃与厚重,取决于改编者的功力与功夫。我还认为,影视剧并不能任意处理一切小说题材,必须选择适合自身表现的对象,更必须审慎选取自己独特的切入角度。如果硬要它去表现一切题材的话,就会对它的叙事能力提出巨大的挑战。

(原载《艺术百家》2013 年第 2 期)

戏剧观念

用独特的方式切近生活
——谈地方剧种的地域文化特性

在中国戏曲跨入现代的进程中,历史对于戏曲剧种的选择执行着优胜劣汰的严峻自然法则。强烈的生存意识促使一种新的综合态势在许多剧种的探索剧目里出现,但也带来忽视地方剧种地域文化特性的倾向。个性的泯灭就意味着艺术的死亡,这是探索中的戏曲舞台所必须高度警惕的。年前,花鼓戏《嘻队长》和豫剧《倒霉大叔的婚事》两个现代地方戏的演出成功,再一次应验了这样一条艺术原理:地方剧种必须以自己独特的方式切近生活。

地方剧种,是从人们生存的一定自然环境和社会环境中产生出来的戏曲剧种,它受到固定社区内特殊人们的生活方式、风俗习惯、语言风格甚至土地、山脉、河流等自然风物的影响,形成了独异的舞台表现形态。在各种戏剧艺术类型中,戏曲地方剧种是运用独一方言的,而其音乐旋律又是由地方语音生发而来,这使它打上了清晰的地域文化印痕。如果说,这种印痕是对于地方剧种成为全国范围普及艺术的限制,那么反过来,它却又在自己所诞生的社区内具有其他任何戏剧艺术所无法替代的感情力量和艺术魅力。地方戏舞台上那令人亲切的乡音、那与方言紧密结合而为地域观众所熟悉的乐曲旋律、那与现实生活相通的人物感情表达方式和生活习惯,都缩短了角色与观众之间的感情距离,使乡土观众与剧中人物产生强烈的共鸣。这是地方剧种区别于有着不同信息传播媒介的其他艺术种类,如电影、电视剧、话剧、舞剧、歌剧之处。地方剧种的这种地域文化特征具有相对的稳定性,而在一定地区长期的舞台演出实践中,它又培养了人们审美心理中特定的欣赏习惯。尽管随着现代生活方式对于地域性生活、心理习惯的冲击和影响，随着现代信息交流手段对于封闭性文化痕迹的抹杀，中国众多的地方剧种由于某些已经失去了其独立繁衍发展的力量而逐渐减少（一部分剧种走向消亡），然而组成地域文化特色深层结构的诸因素——性格、气质、地方语言、特殊感情表达方式等，仍将长期保持强大的惯势，它决定了一些活跃的地方剧种仍具有相对稳定的生命力，在与众多戏剧艺术种类的竞争中保有较为牢固的地位。地方剧种的地域文化特性造成其独特的舞台个性，不同的地域文化特征使不同的地方剧种产生舞台个性的差异。花鼓戏从清丽水乡明朗、活泼、欢快的生活韵律中提取了更多的歌舞因素，形成载歌载舞、热烈明快的表演风格。豫剧则在广袤原野厚大、滞重、淳朴的生活环境陶冶下，形成较为实在、更接近于生活原型的舞台行为方式。这种不同的舞台个性，反过来又决定了它们切近生活的不同方式。地方剧种，总是用独特的舞台手段来展现生活、反映现实。以往我们习惯于用那种从传统戏曲程式发展最为完善的剧种——京、昆的舞台表演方式中总结出来的美学标准要求一切剧种的现代戏创作，未看到或者说忽视了各地方剧种在舞台个性方面的差异，这种要求被实践证明是无益的。而今天在发展戏曲的表现手段、提高其含括能力的尝试中，又常常忽视了地方剧种的地域文化特性，出现舞台手段雷同化倾向，这种情况同样是应该避免的。

　　地方剧种往往只长于表现某种生活形态。创作实践中，浓厚的感情因素有时使一些人对于地方剧种的功能发生认识偏差，以为它可以在舞台上毫无障碍地表现一切现代生活方式。事实上，每一种地方剧种都有其生态结构方面的局限，因而它也有着自己特定的表现范围——目前多数地方剧种都是从农村发展起来的，它们的表演形态与土地、农业生产、农村生活习俗有着密切的血缘关系，用以表现正在发生急剧变化的当代农村社会生活，也许仍有着深厚的潜力，但在表现现代城市生活内容时却显得捉襟见肘、力不从心。这首先是由不同生活方式对于舞台手段有着不同的技术要求所致。逛马路与爬山、蹚河，乘汽车与骑毛驴，在动作方向与幅度上有着极大的差异。其次是现代化通信、交通和信息传播方式拉近了不同地域甚至不同国度的城市间隔，趋同化的现代城市生活方式日益抹去了地方特色，它使地方剧种的舞台个性减弱，降低了成功的概率。因而，当地方剧种在切近现代生活时,首先应当对于生活的范畴有所选择。

个性是艺术的生命。地方剧种在追寻时代审美潮流的变化时,应时刻对自身地域文化特性的基因有着清晰的认识,从而保持自己的舞台个性,丧失了地域文化基因,丧失了舞台个性,就成为无根艺术,将脱离自己所诞育繁衍的本土而枯萎。所谓地方剧种的姓氏问题,应理解为一种对于个性特质稳定性的要求。当然,地域文化本身亦是一个变量——尽管只是缓慢地变,而现代化的步伐加快了它变化的速度。因此,地方剧种对于时代的追寻是与历史趋势相吻合的,亦是其生命在强力跃动的象征。只是它需要一个渐变的过程。这种变化又必须受到地域文化发展程度和层次的制约,必须与地域性观众的审美观念转移同步。至于地方剧种经过自我革新能否成为全方位观照现代生活的舞台手段,还将是一个实践的命题。

地方剧种,认清你自己在戏剧艺术中的地位,以全力来拥抱你的大地土壤吧!

(原载1987年2月28日《人民日报》)

道德·历史·审美
——评价历史剧作的三重视角

近年对历史剧作的评论，常常习惯含混地在道德评价、历史评价、审美评价几个概念上打转。时而听到这类说法：希望从历史评价而不是道德评价的角度来衡量这部作品——这是某位成功的作者；历史评价比道德评价高，审美评价更高出一筹——这是某位有声望的评论者。作为反对的观点，也有人强调：历史剧不可忽视道德评价的力量。可见在这一范域内，人们还未摆脱"模糊思维"。笔者有时也运用了如下说法：某某作品超越了对人物的道德评判，甚至超越了历史评判，而进入审美的境界。上述认识，涉及怎样看待历史剧创作的基本出发点，而这一问题又是当代理论一直未能厘清的，有必要在此进行辨正。

我们须明确道德评价、历史评价和审美评价各自的概念内涵及应用范畴。

道德评价是从社会伦理观念出发来审视历史事件和人物言行的杠杆。道德是一种人类社会的集体约束力，它致力于维系人际关系的平衡、稳定、和谐。没有这种约束力，就没有社会的正常秩序，也就没有人类文明的历史进化。道德评判是一种社会理想主义的裁决，它要求个性符合善的原则。我们平常赞赏人类的某种美德，即是从道德评判的角度，从善的原则出发所做出的判断。历史评价则是以历史的结果作为评判历史事件和人物作用的度量衡。它是一种社会实践的裁决，强调历史结果的进步性，以结果为基准而衡量过程。历史评价遵奉的是真的原则，破除了人们观念上时而产生的幻觉而实事求是。道德评价与历史评价都是以社会存在为基点、以人类生存与发展为指向的思维判断，其范畴涵盖了人类的物质与精神双重领域。

审美评价与二者不同,它仅仅以人类的精神世界为对象,而根基于立体的主观感受。它的视点不以历史事件和人物的实体为目标,而只落在审美载体——历史剧作对于历史事件中人物的精神状态的描摹,对于人物个性、气质、情绪、心理的把握上,而遵循美的评判原则。这种美不是道德的美,也不是业绩的美,而是审美载体对于对象神韵恰切体现的美。由上述可知,道德评价与历史评价是对于社会存在的评价,而审美评价则是对审美载体所表现社会存在的程度、火候、分寸的评价。前者属于观念的和哲学的范畴,后者属于艺术的范畴,两者不在一个层面上。

那么,历史剧作应以何者为出发点呢?

道德评价与历史评价是集团、阶级、政党、个人对于社会存在的必然态度。二者又有畛域区分,笼统来说,前者的应用更为久远而广泛,自从人类产生了维系社会集团的道德意识后便开始了;后者则是国家奠定后周而复始的经验积淀所带给人类的理性总结。

然而,社会道德观念不是一个恒定物,它在人类社会发展的不同阶段有着不同的标度,而其前提是永远与人性的本能冲动发生矛盾。由于罗马时代人们的性欲泛滥,便有了中世纪的禁欲主义,文艺复兴呼唤人性,延宕而牵出性解放。儒学对于原始蒙昧文化的文明规范,导致禁锢人性的宋明理学,理学的背面则是呼唤人的解放思潮。道德观念的历史演进轨迹呈绕中心直线的波状曲线,所谓新旧道德观念则是历史具体时期的环节规定性。由此可知,道德既是规范人性、维系社会正常发展的力量,是一种有效的"文明压抑"(弗洛伊德语),又是违背人的自由发展、扼杀人性的恶棍。艺术创作究竟应根基于变量的道德还是根基于永恒的人性?

历史评价则时时与道德评价产生悖论。历史的前进常常以残酷为代价,因而黑格尔说恶是历史的动力,恩格斯说"任何进步同时也是相对的退步,一些人的幸福发展是通过另一些人的痛苦和受压抑而实现的"(《家庭、私有制与国家的起源》)。资本的原始积累集中了人类全部的贪婪、残忍、疯狂,但不幸的是它却导致划时代工业革命的到来。当我们看到一位充满了恶的欲念、时而践踏人类善良天性的人物,堂而皇之地坐进历史功绩的宫殿而受人瞻仰时,不能不产生人性的悲哀。人类的良知使我们本能地厌恶那些抛开对手段、过程的道义的审视,而只"以成败论英雄",导致"成则王侯败则贼"的历史悖论的反人道主义倾向。当我们看到某些有着完善的人格理想和高度智慧的历史精英,身处国难,知不可为而为之,最终以身殉道,然而却横阻在历史车轮的去路上,扮演了历史悲剧角色时,不能不感发崇高与悲愤的情感。历史是无情的。旧世界中的投机分子、道德低劣者,往往成为内部突破营垒的响应力量,鱼目混珠,泥沙俱下,客观上帮助了新世界的诞生,就会产生闹剧。艺术创作究竟应客观展示历史过程中人性的现实,还是拜伏于历史结果的圣光?

就艺术创作的观念层面说,单纯的道德评价往往导致非历史主义,而单纯的历史评价又会带来道德观念的逆动。道德评价与历史评价二者应成为同一坐标系中的纵轴与横轴,它们的连接才能完善体现各自的功能。在艺术品的复杂意蕴中,我们无法生硬区分道德评价与历史评价的高下,我们必须设法摆脱上述悖论的怪圈。而就艺术创作的审美层面说,我们应正视这样一个事实:一个与历史、道德皆逆向运动的人,可以成为成功的审美对象,只要艺术完整呈现了他的人性的复杂存在状态。艺术家不必一定要对他进行历史的和道义的宣判(那常常使人物失去个性的丰富而遁入价值模式和道德模式),而将权利与信任赋予观赏者。

历史剧本身的目的不在于对对象的历史、道德评判,去灌输一种接受,而在于真实揭示人性的存在状态,为观众提供一个驰骋感觉与思想的审美场。对象越是处在巨大的历史、道德矛盾中,就越能暴露人性的生动与复杂,也就越对观众具有启发性、感悟性,从而给接受者以丰富的人生、社会和历史的启迪。

显然,评价艺术本体,运用的应该是审美评价而不是道德或历史评价的手段。这一认识建立在艺术的审美功能论之上。艺术的基本功能不是对社会存在做出评价,那将是历史哲学的任务,而是对于社会存在的真实状况做出把握,并将其形象地体现于艺术品之中,从而带给欣赏者以审美愉悦。那种单纯或首先要求艺术负载道德、历史评价使命的观念,是在敦促艺术违背自身规律而走向生命力的枯竭。这类实证不需要再在这里出示了。

不可否认,历史剧的创作者和表现对象都是具体的社会存在,都处于一定时期道德与历史的范域中,因而它逃不脱道德与历史观念的框范,绝无成为单纯审美对象的可能。这个规律先天地决定历史剧具有两种鲜明的性质:其一,客体总是体现着特定的历史、道德环境的意志,打有时代的烙印。其二,主体不可避免地会用时尚的流行道德眼光和历史眼光去审度对象,故而作品必然会带有道德、历史评判的色彩。作者在观念、理智、感情上对于历史事件与人物的态度,是剧作内涵的有机构成,这使得观赏者在面对剧作时自然就有了三个评价角度:道德、历史、审美。这三重视角从哲学上来讲就是真、善、美三种境界,它们是互相不可替代的,并不存在高下之分。一部历史剧须是真、善、美三者的有机统一。而且,由于接受者亦生存于特定的观念场中,他绝不会放弃自己从道德、历史角度审视对象的习惯和权利。但是,对创作主体来说,却不应该主动要求作品直接承载对于历史事件和历史人物进行道德、历史评价的负荷,创作的目的只能是建立一个艺术地把握历史生活的完美构架。这其中自然包含着道德的、历史的复杂内涵,但寻找美才是它的真正归宿。反之,即使作者不去刻意表明对于社会存在的态度,他也总是无法在历史题材中彻底摆脱道德和历史的意念,倾向性总要流露出来——这里我们重新接过了恩格斯让倾向性自然而然流露出来的著名理论,只是阐述的角度相反。

恰如恩格斯天才而睿智地指出的,倾向性越隐蔽的作品越具有历史生命力。这种事实引导我们的思索朝向一个方向延伸:艺术的生命力来自与创作主体的社会观念相脱离的方向。一部作品中,道德与历史宣判的味道越浓,人性的味道就越淡,艺术的生命力也就越弱。这是艺术的规律,它为创作主体提供如下启示:第一,正因为作者绝无可能摆脱自己社会观念的制约去客观描写历史人生,故而越客观越好。第二,正因为作者总会由时尚观念支配去审度对象,故而越能超越时尚观念越好。因而,作者必须能够超越自身。超越自身就意味着超越特定时期人类认识能力的局限,从而超越历史,使作品获得久远的艺术魅力(生命力)。我们说巴尔扎克、托尔斯泰超越了阶级与时代的局限,难道我们不认为这是伟大艺术品成功的奥秘,反而让局限来障闭自己的视听吗?

引导观众评价角度的主动权掌握在作者自己手中。你用剧作对人物与事件做道德品评和历史宣判,观众就在同样的层面上来审视你的位置和水平。你用创作探触历史人生的哲理,观众亦会陷入同样的苦苦思索而无暇外顾。

我们的文艺观念曾经长期坚持实用的、功利的、浅近的态度,信仰艺术的施教作用。将艺术的浮表功能进行无限夸大的结果,是艺术迷失了本性。至今历史剧创作中的理论迷惑,仍是这种倾斜的映象。一部历史剧作,在舞台上展示了生动的历史人生,为观众提供了有效的审美场,它的艺术使命就告完结。至于人们从中受到了各种人生启迪,得到了历史经验的借鉴,那只是接受一方的事。如果见仁见智,各执一端,那更是创作载体信息蕴含丰富,触发了受体自身复杂感应契机的结果。

认识到这一步,我们已经经历了历史剧观念演进的三个阶段。这三个阶段依次是:第一,道德评判阶段。它囊括了传统戏曲衍生的全过程。"不关风化体,纵好也徒然",明初天才作家高则诚这一句警语成为戏曲创作数百年奉为圭臬的法度。这是"文以载道"文艺观念的具体而微和在舞台上的延伸。创作者以此为航标,观赏者以此为准绳。近代以来,当反封建成为文艺创作的基本母题后,人们同样基于道德功利目的,沿用同样的艺术理解模式,仅仅将道德观的支撑点挪移了一个角度,"风化"的内容变了,而对于艺术功能的非本体负荷要求没有变。它导致人物形象的道德化模式。第二,历史评判阶段。人们在社会与思想革命中获得了一种崭新的历史视角,要求它在文艺观中有所体现与表露,于是出现对历史人物的"翻案"热潮。历史剧不再是艺术地展现人物心灵的殿堂,而成为宣判历史人物功过的法庭。它导致艺术堕为宣传品,成为观念的工具和附庸。第三,审美评判阶段。因了现实社会生活的复杂变故,人们才更深刻地理解了历史与人生,理解了艺术的特殊属性。历史剧第一次探入历史本质与人物内心的深层,展现复杂、深刻而真实完整的人性、人格,成为历史剧创作普遍的艺术追求。至此,文艺回归了它的本性,显示出青春跃动的生命力。当然,道德与历史观念仍然是创作主体的思想前提,然而它们不再"越位"了。

至此,本文可以完成它的结语:对一部历史剧作,离不开道德评价与历史评价的标尺,亦不可否认它的认识功能与教育功能。观赏者也自可依据自身的信息感应能力和接受能力去多方品味。然而创作主体的目的只能是深刻揭示人性在历史环境中的存在状态。从这一任务来说,越是不带任何偏见,越是能够超越道德、历史观念的局限,就越能发现人性存在的复杂和真实状况,而将其呈现在舞台上,就越能树立起成功的艺术典型,越具有审美的艺术生命力。

(原载 1989 年 9 月 16 日《文艺报》)

关于历史剧的价值观

目前历史剧创作引起媒介争论不休的话题,大都集中在价值观问题上,需要进行进一步的理论廓清。

历史剧的功用体现在它的认识价值、审美价值和娱乐价值上,这与一切文艺作品的功能是相同的,不同的只是表现对象和手段。认识价值,指的是历史剧展现出历史人物特定的人生过程,对于今天具有现实的启迪作用,能使我们以史鉴今,加深对现实人生的理解。审美价值,是通过对于历史上存在过的人性状态的开掘和艺术重塑,选取特定的形式手段和风格样式进行形象展现,从而带给人以美的享受。娱乐价值,则是利用富有特色的叙事手段来满足观众情绪转移和精神放松的快感需求。

这三重功用的具体实现呈胶着状态,互为影响和作用,难以彼此区分,体现为一个辩证的过程。但是在具体创作中,可能由于主体某种观念的支配,对于其中一项功用刻意强调和放大,就会出现效果的偏差。例如:对认识价值的夸大导致影射剧学,让历史剧承担它无法负载的政治任务;对审美价值强调到极端就导致作品倾向性的迷失,泯灭了道德评判与历史评判的尺度,使人物面目善恶不分;对娱乐价值的盲目崇拜则导致媚俗主义的盛行,使文艺作品丧失了提升受众趣味与好尚的形而上作用。尤其目前大众文化十分流行与膨胀的情况下,历史剧创作受到消费主义的极度影响,经常造成娱乐成分占据主导位置、历史则退位和缺席的情况。

对于历史剧的评价,应该建立在三个基点之上,即道德评价、历史评价和审美评价。这三者的结合,构成我们观察历史剧的立体坐标。以往传统戏是只讲道德评价的,惩恶扬善,弘扬传统道德观。但是传统道德里虽然有恒定的美德部分，也包含许多特定时期统治阶级的话语代码。例如要求女性吃苦耐劳、温柔善良，这是正向的恒定的，但是压迫者也迫使她们遵从贞节观。时下历史题材影视剧作里随处可见的特权意识、独尊意识、女色意识等，都属于传统道德观里的封建性遗留，是应该清除的。中华人民共和国成立以来的历史剧创作，用辩证唯物史观重新观照历史，把过去许多被唯心主义扭曲了的历史、被统治阶级做了不恰当解释的历史，还原为本来面目。这时的历史剧评价更多强调历史真实的标准，增强了科学性和实证性，其负面则是挤压了文艺作品的艺术虚构功能，影响作品的艺术感染力，使得比较忠实于历史真实的作品失去对戏说作品的市场竞争力，还容易连带引起功能上的一种畸形发展：在文艺作品里寻找对历史的翻案性解释。本来文艺作品对历史是有解释功能的，但无限制扩张和开发它的这种负载力，就导致历史翻案主义。20 世纪 80 年代以来审美思潮的涌起，使得性格复杂化成为塑造历史人物的普遍准则，大大丰富了作品的精神内涵，但也经常引起人物基调——历史的和道德的——走向偏离。

眼下对于历史剧创作议论纷纷的情形，是一种好现象。好在创作比较自由，创作心态比较放松，批评心态也比较放松，呈现出百花齐放的面貌。反过来，我们也要及时驱散价值观方面的一些认识迷雾，以引导创作朝向更加有利的方向发展。

（原载 2003 年 10 月 14 日《人民日报》）

舞台导演:革命、颠覆与媚俗

问:留意一下中国戏剧现场,我们会看到一种现象:大导演满天飞。各地都在争相延聘一些比较知名的导演为自己导戏,一些优秀导演常常忙得上气不接下气。这种情况是怎么造成的呢?

答:你确实抓到了一个很有社会内涵和艺术内涵的现象。从实用功能说,它是目前戏剧评奖机制的直接产物;从艺术进程说,它又是时代发展和戏剧发展的产物。前者不言自明,后者说来话长。

问:它为什么和目前的戏剧评奖机制有关?

答:目前有各种戏剧奖项的设置。而评奖会对舞台戏剧的整体综合情形和各个方面提出比较严格的艺术要求。各地有关方面为了在评奖中获得成绩,又对本地导演水平不满意,于是就慕名聘请外地一些大导演来导戏,以提高当地的舞台艺术层次。不仅导演如此,其他舞台艺术工作者像舞美设计、灯光设计、音乐设计、服装设计等,有时甚至加上主要演员,也经常外聘。

问:请评价一下外聘导演的优点和弊端。

答:它的优点就像各行业延揽人才为自己补充新鲜活力。外聘的知名导演通常有较高的艺术水准和较丰富的舞台经验,在舞台观和艺术风格方面有自己明确的认识和追求,眼界开阔,出手不凡。他们的工作整体提升了全国舞台戏剧的艺术档次,其对各地戏剧发展的推进有目共睹,其作品对各地同行也有着鲜明的启示作用。缺点是容易带来全国戏剧舞台、不同剧种审美趣味趋同、风格相靠的现象,另外有时导演擅长的风格与所导的戏并不对路。当然有追求的导演会主动避免这种情形发生,而善于利用不同剧种的类风格和本土风格来扩大自己的创新领域,但他仍然有着自己的惯性。

反之，没有惯性，他也就不成其为具备独特风格的成熟导演了。其实外聘导演现象更突出的缺点还不是其本身，而是对知名导演需求量过大引起其精力和创造力跟不上所带来的粗制滥造。

问：对了，有人比喻说，眼下一些舞台导演导戏像杂技演员转盘子，忙得不可开交：先把一个一个盘子转起来，然后再一个一个救场。对杂技演员来说，他的功夫就体现在这里。对导演来说，可就惨了戏剧了，因为他没有多少时间和精力投入创作中去，只能打一枪换一个地方。您对这种现象怎么看？

答：这无须我来评价，刚才你的比喻已经透示出明确的价值取向，导演自己心里也知晓。每一个郑重的导演都会珍惜名誉、自爱自重，恰当估价自己的精力和能力，并不是见戏就接，这是行规和常识。但有时会迫于一些原因不得已而为之，例如别人三顾茅庐、诚意敦请，你再不去就是托大。当然也不排除一些人为了多得一点机会和实惠，那就失之千里了。

问：今天戏剧艺术的发展为什么特别需要导演？尽管"说来话长"，还是请您说一说。

答：这种现象的发生和19世纪末以来的戏剧革命连在一起，也和中国戏曲舞台的变革连在一起。先说前者。大家知道，19世纪前的戏剧是不大需要导演的，人们按照传统舞台习惯来安排演出。19世纪末以来，随着观众审美品位的提高和口味的变化，舞台整体风格的统一和独特越来越成为戏剧成功的决定性因素，担负这一职责的导演由此独立出来。20世纪一个世纪里，世界舞台上发生了层出不穷、重重波涌的戏剧运动，各种现代主义、后现代主义对于传统的颠覆和反叛，都体现在舞台面貌上，体现在导演的构思上。导演因此日益占据舞台的统治地位。导演甚至颠覆了剧本的基础地位，颠覆了演员表演的中心位置，颠覆了传统舞台空间的设置。我们回视一下19世纪末以来的戏剧发展史，一系列著名导演的名字像灿灿灯列一样悬挂在经纬线上：梅宁根、安托万、布拉姆、斯坦尼斯拉夫斯基、丹钦科、阿庇亚、戈登·克雷、柯泼、莱因哈特、梅耶荷德、皮斯卡托、布莱希特、阿尔托、布鲁克、谢克纳、格洛托夫斯基，他们推动了一个世纪的戏剧变革。中国戏剧导演的作用虽然在话剧引进时已经确立，后来产生出"南黄北焦"（黄佐临、焦菊隐）两大家，奠定了导演的历史地位。但新时期以来戏剧观念的剧烈变更，以及舞台技术的巨大革命，导致戏剧对导演依赖程度和重视程度的极大提高。

问：您可否具体阐释一下这种提高的内涵？

答：新时期之前，中国话剧舞台长期以写实主义为主导，形成了传统和框范，而与世界发展脱节。国门打开后，西方历时态发生的现代主义和后现代主义思潮以共时态的面貌一下子涌入，引动了中国戏剧观念变更的喧嚣。国人似乎忽然发现，戏剧的假定性可以有着多种多样的表现形式，舞台语言也有着无限扩充的可能性，象征型、表现型艺术则与以往习用的再现型艺术具有截然不同而又不可互相替代的审美作用。这些共同要求着戏剧舞台的变革，变革首先呼唤导演的出场。这是第一个层次。第二个层次是舞台技术革命的推动。现代剧场的电脑程控声、光、电系统和与之相配套的机械传动装置，使得舞台面貌似乎一下进入了科幻时代。戏剧需要导演熟练地驾驭技术，完成舞台艺术各个部类新的综合和整体氛围的创造。还有第三个层次，即导演主体意识的增强和创造意识的觉醒。时代为导演提供了一个完全不同于以往的崭新平台，使得他们不再满足于过去的复制剧作思想观念和在舞台上直译剧本语言，他们激动地甚至是激奋地要强烈表达自己的社会意识和艺术理想，于是先锋戏剧、实验戏剧兴起。他们创造了新的舞台表达方式，改变了戏剧。上述三个层次，共同构成时代对戏剧导演的呼唤和依赖。然而这还没有完，中国戏剧导演还要面对传统的民族戏剧样式——戏曲的特殊环境和需求。这就是上面谈到的中国戏曲舞台的变革。

问：据我所知，传统戏曲里原本不需要导演，是吗？

答：一般意义上说是的，虽然古代也有不少人精研导演术，像明末清初一些文人如阮大铖、张岱、李渔等即是。由于戏曲舞台是程式化的，演员学艺是坐科性质的（一招一式模仿老师），又不讲究布景艺术，因此对于导演的需求不突出。但是随着新时期戏曲创作观念的时代性发展，以及舞台科技革命的实现，戏曲的手段、工具、表现对象都发生了极大的改变，戏曲必须实现舞台手段新的驾驭，仅仅利用旧程式已经不能完成任务和满足时代观众，对导演的需求就突出了。例如，通过灯光创造整体氛围是今天舞台的优长，它就不是传统舞台所能想象到的。尤其是戏曲本质上是一种诗、歌、舞高度综合的艺术，它的表演手段相对于话剧更为多样化和复杂，一旦脱离或部分脱离开旧的程式轨道,对于导演的创造性把握就愈加需要。然而,戏曲先天是缺乏导演的,虽然新时期以来各地的舞台实践中也产生了一批佼佼者,和话剧导演的经受过正规学院式训练、留过洋见过世面、有传统有理论体系相比较,较易陷入实用主义。于是,话剧导演进入戏曲这片领域的现象就多起来了,他们整体提升了戏曲舞台的现代化程度。

问:听到一种意见,说是老戏并不在导演上玩花活,只在表演和唱腔上下功夫,现在舞台上弄得花里胡哨,不知道是进步还是后退?

答:如果这种意见的立足点是强调演员要加强基本功训练,当然是正确的。但舞台变革却要辩证地看,它既是时代进步的折射,同时也是流俗转变使然。时代的进步必然体现在戏曲肌体的更新上,新的内容和新的观念,必然呼唤新的舞台形式,必然要求其形式突破旧的程式樊篱,而舞台技术革命也为这种更新提供了前提、手段和语言。至于流俗和时尚的转变,既有其必然性,又有其盲目性。其必然性体现在时代审美环境的多选择、多色调、多频率、多功能上,其盲目性则表现为现代人面对变幻莫测的审美对象的无所适从。现代多媒体和电子传导技术把世界的声色光影集中了、浓缩了、提纯了,我们每个人终日面对的都是一道道内容丰富而迅速变换的文化大餐。以往那种古典田园牧歌式的悠久、静谧、温馨与和谐早已离我们远去,人们被强烈的视觉艺术、听觉艺术、动作性、刚性快感刺激得麻木了的审美神经,只能满足于不断地寻奇逐异、不断地追求新鲜感。从19世纪末开始,西方戏剧就追求一戏一风格,当代更加登峰造极。中国新时期话剧也走上了这条道路。处于这种背景下的传统戏曲在20世纪80年代遭遇到的时代冷遇,我们至今记忆犹新。于是,"以不变应万变"的戏曲在后10年中也加大了变革步伐,今天的都市戏曲舞台早已经面目迥异,显得琳琅满目,大大增添了时代亮色。

问:您分析了我们时代的某种审美趣味和时尚。那么,在这种条件制约下的戏剧导演是否也会出现媚俗行为?

答:是的,如果导演不能够进行冷静的理性思考,使自己超然出时代局限性的话。例如,虽然我们说戏剧舞台已经有了惊人的进步,以往的模式化、概念化呈现早已是明日黄花;虽然追求风格的独特性已经成为导演普遍的美学自觉，新的模式在不知不觉中也已经形成。例如，舞台氛围的营造，10年前是一应的黑底幕、低色调、烟雾、追光，有时加频闪灯；现在是一水的暗色底光、柔和的蓝色光雾、反差鲜明的红黑色彩、婀娜多姿的舞队。另外，不考虑对象的美学品位和市场需求，一味追求舞台大制作的趋势存在，特别是不研索剧本的意义内蕴及形式需求，一味在添加外在彩头上下功夫，单纯强调大场景、大布景、华丽装饰、华贵服饰，一掷千金。观众则于买椟还珠之后，发现内瓤空空如也，大呼上当。

问：这就又回到了开头的问题。一些当红导演满天飞着导戏，成功率并不高，经常是一个戏火了，一个戏又砸了。这是为什么？

答：任何人都无法保证自己的作品全部成功，这是艺术的规律，但成活率比较高则是优秀导演的功力显现。这种功力表面上体现于一个导演的舞台创造力，深层则是他对一部戏剧内涵的理解力、剖析力和传导力，在许多情况下是对剧本的正确选择。并不是任何一个导演都可以导所有的戏，每个人都有自己的长项和短项。尤其许多话剧导演陆续进入戏曲领域，虽然有自己的理念和追求，也开辟出广阔的新天地，但熟悉戏曲舞台到灵活驾驭，做到既随心所欲又不逾矩，还需要一个过程。中国地方戏曲有那么多的声腔剧种，一座盛开的百花园，花儿千姿百态，各有自己的本质特征和独特风格，要把它们的优长都发掘出来，创造性地展现在时代的舞台上，并不是轻而易举的事。当然，我们也要用体己谅人的态度对待导演，上面抨击到的现象，有些不完全是导演的原因，还存在着比较复杂的社会机制和各种因素的牵制，要纠偏也需下整体的功夫。

问：您认为造成这种现象的社会机制是什么？

答：是我国现阶段戏剧体制所形成的特点。各地邀请导演导的戏，通常既不是商业戏剧，也不是实验戏剧，而是"预期获奖戏剧"。它是我国计划体制遗留的国有剧团众多、眼下以获奖谋生存（各种意义上）这一机制的产物。商业戏剧首先考虑的是市场性，实验戏剧首先考虑的是探索性，而这类戏剧许多首先考虑的是获奖前景。

（原载2003年8月7日《文艺报》）

戏剧的意义
——关于当下戏剧人文精神缺失的思考[①]

中国新时期戏剧经过20世纪80年代初期的破除政治观念模式——"三突出""高大全",80年代中期的破除艺术观念模式——写实定于一尊,80年代后期到90年代初期的先锋实验和科技含量提高,90年代中期以来的舞台多元化发展和舞台大制作,其结果却是导致了时下圈内一些人归纳的绝非夸张的舞台现象:一流的舞美,二流的表演和导演,三流的剧本。

我们回看过去每个时期的剧作,有哪些在人文精神方面可以成为代表作。20世纪80年代可以举出《狗儿爷涅槃》《桑树坪纪事》《曹操与杨修》,90年代可以举出《变脸》《生死场》,以及过士行的"人"系列(《鸟人》《鱼人》《棋人》《坏话一条街》),90年代末到21世纪初可以举出哪些?似乎还没有。从近年的精品工程、艺术节戏剧节等情况看,一些比较好的剧目事实上是过去的积累,例如《董生与李氏》是90年代的,《膏药章》甚至是80年代的。能代表这一个时期的似乎还未出现。

戏剧的意义缺失了。

戏剧总要有意义。20世纪80年代我们说戏剧丧失了娱乐功能,现在戏剧却仅剩下娱乐功能。人们来到剧场可以是为娱乐,但走出剧场却会回味一台戏的内在蕴含。如果仅仅是当时一乐,过后茫然无所忆,那么看戏也就和打麻将一样了,打麻将还有博弈的智慧呢。

眼下的社会娱乐严重物质化、市俗化、泡沫化和精神迷失。在市场的胁迫下,艺术包括戏剧也日益媚俗。严肃的、先锋的和探索的戏剧潜隐了,贺

[①] 本文系根据作者2005年2月27日在中国艺术研究院研究生院戏剧培训班的演讲整理。

岁戏、商业戏剧流行了。即使是自我标榜为"先锋"的一些创作,也完全不同于以追求深邃精神价值与推进形式变革为己任的西方先锋戏剧,而深陷在以独特舞台手段取媚特定观众的泥淖。近年,明星喜剧在打市场牌,陈佩斯主演的《托儿》《亲戚朋友好算账》挺有票房,其实只是欧洲戏剧史上时常见到的末流喜剧,在戏剧文学史上留不下痕迹。至于香港改编自英国的《谁家老婆进错房》之类则纯粹是低级趣味剧,看来戏剧的人文精神缺失也不只是我们的事,但选择什么样的剧目来演出却体现出选择者的口味与档次。

电影也一样。张艺谋在制造了东方原始神话后(《红高粱》《秋菊打官司》),日益走向场景、画面、音响、动作、色彩、意境,拓展了技术含量,开辟了海内外市场,但也逐渐消减了意义。实事求是地说,张艺谋还是注重寻找意义的,《英雄》仍然有着较深厚的传统文化底蕴,但《十面埋伏》却成为纯粹的儿科游戏。

戏剧严重缺失了人文精神,日益失去独立意志,成为时尚所拨弄的玩意儿,随波逐流,于是也就被人们淡忘。

戏剧的这种精神孱弱现象引起了批评家们普遍的忧虑,我们接连看到李默然、毛时安、董健等人的批评,从不同角度抨击了戏剧的骨质疏松化趋势。李默然先生认为眼下戏剧有五种误区:豪华的形式掩盖空虚的内容;以媚俗为趣味,以"庸俗化"的演出吸引观众;对"艺术真实"的背弃;假借改编经典,误导观众;"小众文化"观念使戏剧走向了自我封闭。毛时安先生在不同报刊上发文说当代本土戏剧创作主要病症有三:一是大量失血,即"大量拒绝了现实生活提供的'取之不尽,用之不竭'的创作资源";二是严重缺钙,即"基本上没有稍有力度的思想";三是缺乏想象力,即"无法开掘世俗生活的美学意义和诗性内蕴"。董健先生则指出 20 世纪 90 年代以来中国戏剧的总体特征之一是戏剧文学的衰微,认为戏剧老是回不到"人学"的定位上来①。他们的角度或许各有偏重,对问题的实质性认识却是相同的。

但是社会认识又不尽相同,还有不同的看法,也有反对过于注重戏剧人

---

① 董健:《戏剧文学衰微的文化背景》,《戏剧文学》2005 年第 2 期;董健:《论中国当代戏剧精神的萎缩》,《中国戏剧》2005 年第 4 期。

文精神的。例如2003年国家话剧院上演了《哥本哈根》一剧,引起戏剧界的极大关注。这是英国剧作家迈克·弗雷恩1998年的新作,在世纪之交的国际剧坛引起了相当大的反响,连续获得托尼、普利策等重要戏剧奖项,许多国家争相上演,形成一股潮流,人称"哥本哈根现象"。我认为这是一部有强烈人文精神的话剧,因此为之撰写评论文章——《戏剧的终极呼唤——〈哥本哈根〉告诉我们什么?》,来说明戏剧最终是要追寻意义的。记者采访时问我看了此剧有什么感想,我谈了三点感受:一是叹服它的深广人文关怀和深邃人生哲理意识;二是感慨它能把有关科学的话题处理成如此精致细密的戏剧性事件;三是惊诧于它单纯、质朴而新颖、有意味的结构形式。我想,这些应该是它秀出于全世界林林总总、浩如烟海的戏剧作品,引起西方戏剧界广泛注目的原因。它的成功也给我国戏剧创作带来许多有意义的启示,第一位的启示就是戏剧要追寻人文精神,关怀人类的命运。

然而马上就有文章和我商榷,说戏剧不应该太沉重了,戏剧的要义是给观众提供欢乐,并批评一部分戏剧作品只注重内容负载,"脱离了戏剧艺术大众化的品格"①。我则认为,戏剧有娱乐成分和娱乐功能,但这并不是戏剧的全部。悲剧不能提供欢乐,但它却是最重要的戏剧类型。另外,还有一个时代背景与创作现状的区别。即是说,如果在20世纪80年代时批评戏剧的"内容大于形式"是可以的,因为那时确实有过头倾向,但现在的戏剧则不缺娱乐,而且娱乐早已被电视剧占领了,戏剧也搞不过它。戏剧如果只重娱乐,那和相声、小品又有什么区别!相声、小品还要有人文精神呢。现在中央电视台应春节文化需求而培养起来的逗乐相声、小品只是其中的一类,为满足世俗心理被推广的一类。即使这些节目,还有高下之分,我们在欣赏之后还能够记得的,都是那些有内涵的。例如2005年春节晚会的相声我只记住了《咨询热线》,模仿电话信息转接台的烦琐引导程序,内容有对生活的辛辣讽刺,这种作品近年已经不多见了。9个小品,我只记住了浙江电视台选送的《汇报咏叹调》和赵本山与范伟演了几年的卖拐续曲《功夫》。前者讽刺各级官僚主义者的会议套路,虽然演员都没有名气,但是因为内容好让

---

① 《文艺报》2003年10月9日文《防止中国戏剧的"白领化"倾向》。

人记住了它。而后者的印象主要在演员,在赵本山。总之,缺失了意义的戏剧,自然就会生软骨病。

这里需要申明的,是我并不完全认同前面提到的董健先生文章里的一个观点:20世纪80年代中期的那场戏剧观大讨论,把戏剧的人文精神导入了形式误区。我觉得这种说法有些似是而非,理由如下:第一,80年代戏剧创作的政治观念突破之后,接踵而来的就是艺术观念的突破。这体现出形式与内容的一致。"三突出""高大全"的政治观念是和写实定于一尊的艺术观念表里相依存的,而内容上的平等视角是与形式上的多元化相连接的。第二,把戏剧的人文精神缺失归罪于引入西方现代派手法,似乎更有些风马牛不相及。因为西方现代派戏剧的兴起本身就是为了追寻人文精神,而不是像一种理解——只是单纯玩弄形式。现代派正是在厌弃了自然主义脱离人的精神后开始突破的。例如荒诞派戏剧代表作《等待戈多》的内核是揭示人的行为的无目的性与荒诞,《椅子》的内核是表现物质世界对于人的精神的挤压,而这些内涵是过去写实戏剧所难以表现和揭示的。至于中国的先锋和实验戏剧时而把手段当作目的,玩弄形式,那是缺乏社会哲学基础所致,或者只是借解构意识形态来吸引附和之声,把嘲弄政治术语当作戏剧性,消解一切意义(这本身又带有一定的意义),那是中国非主流社会中某些思潮所造成的戏剧畸形和变态发展。但我们似乎不能因噎废食,把现代派戏剧指为只是形式变异而缺乏精神内涵。

人们对于当下戏剧人文精神的缺失还有一种归罪:导演的膨胀构成了对编剧的挤压。这里似乎有50%的正确度,但也不完全是真理。我们要看到,20世纪90年代戏剧导演的膨胀有其历史合理性,一是戏剧观念的变更,二是舞台科技含量的提升,都在呼唤导演的出场。当然也有当下社会对于戏剧的价值评判机制——评奖需求的促成,也不排除导演在这种背景下的自我心理失控性膨胀。例如田沁鑫的成功与迷失很能说明这个问题。她的《生死场》成功在戏剧舞台手段对于人文精神的极度张扬上,但这不等于她已经具备了独立把握任何戏剧内容的能力,《赵氏孤儿》等事实证明并不如此。李六乙同样,他虽然出版了自己所谓"纯粹戏剧"的剧本集,但他有影响的剧目仍然是对文学的吸纳,例如改编自刘恒小说的《贫嘴张大民的幸福生活》,而他的《穆桂英》《花木兰》《梁红玉》系列则流于形式玩弄,都离不开澡盆。大腕陈平、曹其敬成为舞台救主、大制作之源,她们的成功都在于发掘出剧作的人文内涵,失败则在于相反。例如曹其敬先生既导了歌剧《苍原》,也导了昆曲《贵妃东渡》。

最后说一下当下戏剧运作成功的困难:排除社会因素不讲,集体创作在技术上是很难保证成功的。因为对生命的感悟、对意义的发现永远都是个体的,人各不同,你的兴奋点、关注点在此,他的兴奋点、关注点在彼。也就是说,戏剧的人文精神不是能"攒"出来的。因此眼下戏剧作品的成活率靠撞大运,这里面的经验和教训不能不引起我们深思。

(原载《上海戏剧》2005年第5期)

现代艺术与时尚
——从青春版昆曲《牡丹亭》说起①

我今天演讲的题目,也可以叫作"发问现代艺术"。为什么?先在这里做一点小小的说明。敝人今年虚岁54,属蛇。蛇性阴冷残忍,既不现代更不艺术。(即使在这里向大家透露我的真实年龄也不是现代意识吧?)伟大诗人屈原说:"吾令羲和弭节兮,望崦嵫而勿迫。"我已经是美人迟暮了。当然,学者、艺术家多能聚春阳之气。国学大师流沙河今年96岁,他自称只有48"公岁",银发长髯,红光满面。音乐家王洛宾老来还银发红衣黑马飞驰天山。和他们比,我不敢称老,自觉心态也还年轻。但是,面对现代艺术,我却有着颇多疑惑,时常看不懂、不理解。看不懂还不局限于艺术本身,还看不懂时尚所给予它的关注和倾心程度。我因而需要向青年朋友们求解,需要向你们发问,故称"发问现代艺术"。这个题目是我受命来演讲时,突然冒出来的,我要抓住机会,与现代艺术创作与欣赏的主体——年轻人沟通。否则作为老学究,我可能会选择讲戏曲。

一问:现代艺术必须时尚吗?

先从白先勇青春版昆曲《牡丹亭》的风行寻求答案,因为我听说它前几天在厦门大学演出,引起轰动。青春版昆曲《牡丹亭》本是现代艺术的一次突围,却成了时尚。现代艺术总是一不小心就把自己弄成了时尚,艺术的纯粹就掺杂了许多其他味道。来之前厦门大学教授郑尚宪兄曾给我用电子邮

---

① 本文系根据作者2006年12月30日在厦门大学艺术学院演讲整理。

件发来研究生董书芳的观感文字,说是让我先接触一下学生对演出的反映,我读后明白了一些道理。我非常喜欢她的文字,写得很美,请允许我在这里读一点,不算侵犯著作权吧?"《牡丹亭》是一场华丽的疾病。华丽而来,在那个被漆成明朝女子定妆色的舞台上像一枝罂粟开在古老的油画里;华丽而去,在这个十里香风的厦大校园唤醒了满园沉睡的牡丹,成全我们在戏里成为另一个的杜丽娘或者柳梦梅。曲终人散,舞歇歌沉,可我们还在戏里,像中了毒一样地爱它。于是明白了白先勇先生的初衷——他是把终年养育他的昆曲种植成一棵开花的树,他是把曾经念念不忘的热爱书写成一曲青春的歌。于是明白,原来昆曲可以如此轻易地偷走我们身体中的某种东西,让我们一脚踏进《牡丹亭》的温香暖玉中一病不起,偏偏又留下足够的热情让我们甘于在病痛的折磨中继续寻找可以疗伤的糖——我想,这一次我是遭遇了100%的青春。"怎么样?是不是唯美极了?很徐志摩,很张爱玲。她在观看过程中不时还有心灵颤动,例如她描写道:"我的心也沉了下去,手心微微地冒汗……心里竟有些莫名其妙的不安……心突然轻轻疼了一下……让人心软得没有力气跳动……留给我们的是隐隐的痛、细细的痛……"她承认这是她"生平完完整整正经八百看的第一出戏",她说:"因着《牡丹亭》,昆曲年轻起来,引诱着我们去靠近、再靠近。"读到这里我明白了,原来现代艺术是与年轻声气相接、血脉相通的。昆曲要"青春"起来,就必须先符合时尚。昆曲一直存在,但却只是曹禺《王昭君》里的孙美人,虽然美,太老了,只是一枝枯干的梅,暗香疏影犹在,鲜活芬芳已逝,无法为时代所欣赏。如果没有青春版昆曲《牡丹亭》的"引诱",董小姐和许多年轻的心灵可能永远会对昆曲敬而远之吧?

人们常说戏曲是老年人的艺术,年轻时不爱看,待老了再来欣赏。白先勇说不,他要让年轻人爱昆曲。他甚至可能没听说过这话就开始搞青春版,也许是在圣芭芭拉大学任教的缘故(这也是奇特的,他身为一个作家却在大学里当教授),他重视大学,他领着《牡丹亭》走进许多大学,中国的和美国的大学,到处都一样风行。因为他在大学工作,随时感受到青春的激情,他懂得大学生,懂得现代艺术,懂得大学生与现代艺术的心灵契合,而我不懂。(当然他题署《牡丹亭》的墨宝我无法接受,于是送了他一幅字请他"拜读",

以示垂范)对青春版昆曲《牡丹亭》这里不做评价,已有许多圈内圈外的评论,高深的专家们有其阅读方式和看法,我只想说,董书芳上讨论课时"听到那么多专家指出青春版昆曲《牡丹亭》的稚嫩,才发现自己的空洞,有种农民进城的感觉",大约她精神上那种深沉的痛已经被世俗化氛围抹去了,飞翔的心在空中被碰落,一定很沮丧。

青春版昆曲《牡丹亭》的浮世绘阅读,使我懂得了现代艺术与时尚的借力关系:对现代艺术的欣赏需借助于时尚的审美趣味与眼光,缺少了时尚的托举,现代艺术不容易升空。我却一直不是这么平等地与现代艺术对话,例如对青春版昆曲《牡丹亭》的阅读,我在日记里是这样描述的:"毕竟《牡丹亭》原著55出,依样演来过于冗长,且按今天的习惯看颇多枝杈,白先勇抽取其中的主要情节精髓,略作组合,删为28出,分为三本……演出基本传达出原著的精神,编织得也很干净得体。但也显现出它的问题,那就是:把一些外角插科打诨的场景删落,重点保留杜丽娘主干唱段,原来起调剂作用的润滑剂被挤榨去了,又令旦角儿戏份过重,一唱至死不能休息。现在看,前半场保留了一些插科打诨段落效果皆好,且对原本略有发挥;后半场以唱为主,略显沉闷拖沓。舞台美术设计以素雅为主,悬垂书幅平添了书卷气;服饰以淡雅为主,全场人物走动起来给人温润典丽感又不过于富丽。年轻演员令人动容,尤其是生、旦,俊雅儒丽灿人眼目。"很明显,如果像我这样阅读,就会缺少了感动与真诚,让青春额头上长出层层的历史折皱。那些和我趣味相投的高深专家们要警惕,容易一不小心碰落了年轻的飞翔的心呢!

看来,现代艺术离不开时尚。我可以举出证明这一点的种种表现。

你看,读书时代过去,读图时代到来。过去图书插图是为奢侈,因为提高成本、降低信息量,一夜之间无书不图了。为什么?读图时尚。当然,我也未能免俗地出版了几本"图史"之类的书,除文物图片自身的价值外,也有迎合阅图时尚的私心。后媒体化时代的核心就是千方百计吸引人的眼球,注意力经济,收视率绝对化。靠拢时尚就靠拢大众消费,提高广告覆盖率。

你看,经典与流行已经无法区分。《哈里·波特》系列的作者英国的 J.K.罗琳最初只能列身于时尚作家,曾几何时,她在东西方都成为家喻户晓的人物,受欢迎的程度远远高于安徒生和格林。她的作品搬上银幕后,惹得众多中学生整天做白日梦,想寻找世袭巫师家族,想白日骑扫帚飞升。现在谁还敢说她的作品不经典?她的收入指数也和她的人气指数相鼓荡,弄得英国其他儿童文学作家一齐攻击她"霸市",说是儿童文学在社会上所占的固定收入份额,被她挤占了大半。

现代艺术与时尚有着不解之缘,二者不可分离,这一点我弄明白了、想通了。但是,我还有更多想不明白的地方,于是有第二问。

二问:现代艺术就让人看不懂吗?

青春版昆曲《牡丹亭》还是能看懂的,因为它的叙事符号和结构没有变,只是增添了现代唯美意识支配下的色彩调剂。这里指的是现代艺术中的先锋艺术,比如说:先锋戏剧。

北京流行的先锋戏剧,大多让我看不懂,虽然我也接触西方先锋戏剧这么多年。实验诗剧《口供》,看得我一头雾水。那天我到晚了,进门时每人发了一个坐垫,进入剧场随便在地上坐,演员也和观众交叉在一起,观众中间又摆着一些物件,像装酒的服务推车、金鱼缸、电视机之类。开演了,身边的演员站起来朗诵台词,有人在一旁跳舞或扭曲肢体。台词引一段如下:

> 你是一个从现实还原了梦境中的现实的我
> 你是一个从梦境里还原了现实中的梦境的我
> 你是一个时刻提醒自己戴好避孕套荒唐乖戾的我
> 你是一个意识形态不合时宜精神卑俗不堪的我
> 你是一个觉得人肉很香又情愿让人吃掉的我
> 你是一个精神上吸食切格瓦拉肉体又躲不开梦露的我
> 你是一个被屎壳郎始终看作一堆粪球变成了毒蘑菇的我
> 你是一个自己很脏却患有洁癖的苍蝇身心龌龊的我

这是青年一代的自我宣言,抑或是新新人类的叛逆呐喊,还是仅仅一个时髦的"酷"字就可以概括的标新立异心态的呈现?于是,台词的叛逆与舞台表演的叛逆联手打造出一台形式至上的检阅，彻底颠覆了作为戏剧内核的情节和人物。这大约也正是创造者的原初目的。但如果目的仅仅是颠覆戏剧，那把戏剧颠覆了之后又做什么呢？难道观众只是来看戏剧是如何被颠覆而不是来看"戏"吗？

但像这样的先锋戏剧，在北京还是有一批固定的粉丝群的，回回到场，回回结束时鼓噪欢呼、吹口哨、拥抱。

西方现代派戏剧是能找到其先锋基因的，也就是说，他们的先锋实验有着明确的指向性，无论是象征主义、表现主义、超现实主义、存在主义、荒诞派，都有强烈的意义诉求欲望，要向世人证明什么。两个典型的例子可以让我们探查到一些东西：大家熟悉的荒诞派戏剧代表作《等待戈多》，只有两个演员一直在翻来覆去地唠叨着等一个叫作戈多的人，前半场等完没有来，后半场等完还没有来，戏就结束了，表现的是人生的无意义，人对自己的来历、目的和去向的茫无所知。另一部荒诞派戏剧代表作《椅子》，满场就是一个人在摆椅子，最后摆了满台，把自己挤得没有地方去，戏也就演完了，表现的是人被物质世界的压榨和排挤。这两个荒诞派戏剧实际上都在发泄工业时代人们的精神情绪，意象是明确的。我们的先锋戏剧也有它的一点诉求欲望，那就是嘲讽主流价值观，揶揄正统意识形态语言。但这一点欲望却又淡到极点，又是那样的无烟火气、心不在焉，你说他有也可，没有也可，他的表现目的似乎也不在这里。他的表现就为了表现！

当然，时尚有时是没有道理的。好好一条牛仔裤，一定要把膝盖处撕个大洞，冒充无产阶级。真正的无产阶级我当过，下乡时穿劳动布裤子，干活时一使劲儿，膝盖处就裂开了，还连着丝丝缕缕的线。那是真正的无产阶级，现在牛仔们懵懂向往的对象一定不是他们。

年轻人喜爱、追求的先锋艺术，就一定让人看不懂吗？未必，时尚故也。不懂的就是时尚的，时尚的自然是好的。对吗？

三问：现代艺术与美无缘吗？

刚说完《牡丹亭》的青春之美，怎么又冒出来这个标题？自相矛盾。但现实创作中事实如此,现代艺术经常是与审美无关,而显现为"审丑"的姿态。

还举先锋戏剧为例。话剧《琥珀》有一个荒诞离奇的故事核:一个深爱男友的女子沈小优,为追随男友的心脏而诱惑另一位移植了其心脏的人高辕,而那位植心者高辕则是一个风流成性、乱交只有性没有爱的主,他所做的正事就是炮制一部下流小说来赚取版税。我们看到的只有这些,一个荒诞淫乱、胡作非为的世界。再加上一些性谈论(满嘴的做爱、性经验),一些脏话,一些针对美女作家身体写作、下半身写作的嘲讽与反讽,共同构成它的语言堆垛,来获取观众的单纯宣泄快感。整个舞台上晃动的是红头发、大腿、摇滚的喷沫式发泄身影。我不明白现场许多青年观众如何会对之报以掌声——当然,我这段描写也很"脏",态度远离了孔夫子教导的"温柔敦厚",犯了忌,不同意的同学可以批判。

当代书法作品有多少都脱离了笔墨线条的美,离开了传统的审美渠道,画成涂鸦,画成墨猪,画成莫名其妙的一团乱麻,却美其名曰个性风格、创新,更有甚者自诩某某体,一下子就从一个连字都写不好的人摇身一变成了"大师"。这里借用一句艺术大师吴冠中的名言:"笔墨等于零。"无须临帖,无须法古,婴儿也会自创,大象也会舞笔弄墨。世人面对这些作品,只会产生公众看皇帝新衣的滑稽感。

近年风行的行为艺术,从1989年首届中国现代美术展的枪击事件开始(被称为"打响了现代行为艺术的第一枪"),日益走火入魔。美国加州大学戴维斯分校艺术系的张保琪是我的研究生同学,1990年他在教学时用鞋带吊起皮鞋用刀叉来吃,受到美国学生的追捧,他因而得到终身教授的身份。那是我初次认识行为艺术,今天西方的行为艺术表现很普遍了,街头人体活塑、人体拖画、鸟巢体验种种皆是。现在的行为艺术发展到戕害人的感官、触及人的生理极限、突破文明底线的行为,这究竟要追求什么?有时候为行为还是为艺术、为责任还是为money(钱)无法区分。西方人为保护自然、抗议杀戮把自己裸体装进笼子,我们一些人为吸引眼球和出名把自己关进笼子。裸体是行为艺术的焦点。80年代中国艺术研究院美术研究所的陈醉先生羞羞答答写出的《裸体艺术论》,出示了裸体印刷物的第一页,我有时开玩笑称他为裸体大师。但他在当时有观念革命的意义,当然也不免商业炒作的鸦片香,可是后来者日益穷奢极欲,使之远远无法望其项背。例如电视的裸播、教授的裸课。裸播还可以理解,能让收视率大增嘛!裸课却让人想想都害怕——我今天可不敢裸着讲课。不美吧?这不符合中国民族的心理习惯。文明发展了几千年,人类从不包裹到包裹,现在又裸露了,这也是否定之否定?当然,裸体不一定就是不美,例如年青健壮的人体是美的,但色情的欣赏心理是丑的。《满城尽带黄金甲》的五代装,束胸露乳,肉欲滚滚,被人恶搞为"满城尽皆大波妹"。这是现代人眼光的时尚审视,古人要天真自然纯朴得多,没有那种色眯眯的心态,没有那种突显局部的意向,甚至见惯不怪。宋以后越包裹越严实,想象力也就越来越丰富了,鲁迅曾经尖刻地挖苦中国人这种阴暗的性心理。实际上古希腊人以健康壮硕的自然人体为美,是对造物主与人自身的歌颂,根本没有现代人的性臆想味道。

借用一句时尚的痛心话:有多少爱可以胡来?

让我在这里充一回道学先生,针对艺术的目的做一点谆谆说教吧:

艺术的本质是真、善、美,这是人类文明亘古不变的真理。人们通过欣赏艺术得到美的享受和心灵的陶冶,于是人的心灵会变得更美好。巴金说:文学会让人的心灵更美好。柏拉图《理想国》卷二记叙苏格拉底讲音乐对人的精神气质熏陶的话异曲同工:"节奏与乐调有最强烈的力量浸入心灵的最深处,如果教育的方式适合,它们就会拿美来浸润心灵,使它也就因而美化;如果没有这种适合的教育,心灵也就因而丑化。……受过这种良好的音乐教育的人可以很敏捷地看出一切艺术作品和自然界事物的丑陋,很正确地加以厌恶;但是一看到美的东西,他就会欣赏它们,很快乐地把它们吸收到心灵里,作为滋养,因此自己性格也就变得高尚和优美。"有这么神奇吗?你们相信吗?反正我信。

附带说明一下:上述丑陋的东西,不是美学概念里的"丑",是不能像戏剧丑角那样成为"审美"对象,给人带来美感的,所以我把"审丑"两字打了引号。

现代艺术与美无缘吗?不,还是时尚搞的鬼。

四问:现代艺术不讲意义与担载吗?

大约是对主流说教矫枉过正的缘故,我们一些年轻艺术家彻底厌弃了艺术中的意义负载,专一强调感觉、强调唯美、强调个性。

古人以文载道,容易造成理学窒息。宋诗多议论,与唐诗比缺少了天真气,不再是出乎天然、发乎纯情,这当然是要纠正的。当代文学也曾背负起沉重的包袱,需要轻装上阵。但战士丢掉背包、干粮,能把枪也丢掉吗?

毕加索抗议德国纳粹空军轰炸西班牙的油画《格尔尼卡》,用断裂的头颅和残肢表现愤怒、暴行和死亡,是现代艺术的代表作。凡·高的《向日葵》表达对色彩的强烈印象,虽唯美,但充满了对大自然的情感,也是现代艺术的绝唱。

唯美不等于无意义。我国大革命时期对唯美主义艺术走进象牙塔的倾向嗤之以鼻。徐志摩唯美的《再别康桥》,"悄悄的我走了,正如我悄悄的来;我挥一挥衣袖,不带走一片云彩",真美,但他洒脱的外表下不是传达出一种人生情怀吗?我想起陈子昂的《登幽州台歌》:"前不见古人,后不见来者,念天地之悠悠,独怆然而涕下。"这里没有人,没有物,只有旷古的时间与天地之风,但流涕的是谁?他为什么流涕?其中有作者的亘古悠思,感动了多少后来者,你会与他感情非常近。实际上青春版昆曲《牡丹亭》也走唯美的路,不是很有深意吗?董书芳的散文不也是吗?

现代艺术好像很强调形式至上,突出体现在时下风行的电影大片里。

国产大片一部部砸过来,在国内甚至国际市场上与好莱坞一较雌雄,似乎在一定程度上扭转了西方入侵的势头。可是我看了几部后就发现,国产大片的风头都在技术领先上,外在声势的强调、色彩和画面的炫人眼目、声音效果的振聋发聩,内在承载上却贫瘠羸弱到了极点。张艺谋日益从意义走向形式,成为蝉蜕的空壳。他的《红高粱》等片民间叙事的眼光是可贵的,他对色彩、构图、音声、对比、反差、协调的感觉是无与伦比的,但从《英雄》到《十面埋伏》到《满城尽带黄金甲》,他日益丧失了前者,坠落入后者。《英雄》还有深意在,我曾为之辩护;《十面埋伏》只是小儿科,我已无话可讲;

《满城尽带黄金甲》简直成了污秽，除了色彩艳丽与对比鲜明、更加宏阔的场面与声势、越加丰盛的视听盛宴，剩下的只是暴力、血腥和膨胀到极度的权力欲望了。所谓"金玉其外，败絮其中"，此之谓也。故事之无稽已经到了不可饶恕的地步。有人说它虽抄袭《雷雨》，但贡献了"杰王子"一条创新线，尤其他不是为了权力而仅仅是为母亲不再被迫吃药而奋争，体现了现代意识。我要问：仅仅如此他就起兵攻父，心智健全吗？国王又为何要迫使王后服毒药？《雷雨》里的周朴园强迫繁漪服药是真正关心她的身体，曹禺以之来表现周朴园的专制，这恰恰体现了他人性的极端。电影改动了一个小小的支点，人性就被扭曲了。于是全部故事就是一群浑浑噩噩、衣饰华丽的傻瓜在导演指挥下莫名其妙地大开杀戒。我因此痛心不已。我们的电影在国际上，过去示人以封闭环境下人性的扭曲和变态，现在更示人以血腥暴力、倾轧争夺。

中国人越来越不会讲故事了，这是当前叙事艺术碰到的最大问题。舞台和镜头叙事的基本前提就是讲故事，中国传统欣赏心理习惯也是先看故事，但我们的"厨师"却做不成故事宴了。这也不是中国的独有现象，但西方人对此比较清醒，近年美国学者罗伯特·麦基（Robert Mcgee）一本著作《故事——材质、结构、风格和银幕剧作的原理》（*Story*：*Substance*，*Structure*，*Style*，*and the Principles of Screenwriting*）很流行，专门向好莱坞以及一切梦工厂讲解怎么选择材质、编织情节、设定风格和进行银幕制作。我们没人关注这些事，中国的叙事文化传统就要断绝了。

现代艺术就是形式至上，不讲意义和担载精神吗？不，仍然是时尚搞的鬼。

……

即使是屈原的《天问》，也要受时间限制。

看来廖奔对现代艺术没有什么恶感，一切归罪于时尚。时尚怎么你了？时尚没有怎么我，时尚是我们生活的一部分。但我要说，时尚不是艺术的本质。时尚是无谓盲从的一个结果，时尚是众口铄金的一个过程，时尚是时代审美趣味无序涌动的一个怪胎，时尚是时代的盲人骑瞎马走到悬崖绝壁——有这么严重吗？艺术能够引领时尚，但艺术决不能成为时尚的跟班。

我有结论吗？没有。我只看到：历史留下来的一定是真善美的、给人以精神启迪的东西。时尚则随时光流逝而速朽。

　　最后，我们探触到了现代艺术的真谛了吗？还回到《牡丹亭》，用董书芳引过的汤显祖的一句诗来作答："近睹分明似俨然，远观自在若飞仙。他年得傍蟾宫客，不在梅边在柳边。"

（原载《艺苑》2007年第1期）

为地方戏说几句话
——兼评余秋雨先生"文化淘汰论"

《人民日报》2011年2月11日文章《文化被淘汰不是坏事，淘汰腾出创新空间》，报道了余秋雨先生的"文化淘汰论"，其主要观点是：太多的传统挤占了空间不利于创新，必须淘汰一部分来为创新腾出地方；地方戏种类繁多，积淀程度和目前境遇不同，不都具备保存价值，必须做减法：非常重要而且也能够生存的要传承，后继无人、受众萎缩、濒临灭绝的则不能都保留。本人对此议感到惊讶，对其在地方戏问题上破旧立新、不破不立的立场不敢苟同。报道的余先生观点里面似是而非的地方很多，我非常想把它们理解为是不经意中的谈论，未经本人的学术查证而形成严密逻辑，本不欲对之做出反应。但因其中涉及一些基本理论范畴，为真理故不得不辩。兹申述款曲如下。

一、地方剧种的价值应如何确定？

地方戏是中国独有的戏剧现象，它曾在中华大地上长期流传繁衍，催生了明清至今地负海涵的民俗文化。近年全球开始重视对人类非物质文化遗产的保护，中国民间存活的众多地方戏再次进入国人眼帘。

地方戏与民众互为依存的特殊关系是它的根性。不同的地方剧种流行于不同地域，成为或曾经成为当地的娱乐对象和文化主体，而与民众发生精神融会和情感关联。不同地域的观众都培养起了对地方戏的熟悉感、亲切感和牵情感，地方戏所具有的文化特性与审美特征，就在当地人耳濡目染的过程中浸润、渗透为心理结构中的文化沉淀，成为其精神家园的珍藏。不同的地方剧种都有自己或大或小的观众群和拥戴群,以自己的特色和风格吸引着一方爱好者。眼下我们面临全球化背景下保护本土文化资源、守望精神家园的重任。什么是我们的精神家园？乡音域景土风民俗都是寻找情感寄托、身份认同和精神归属的对象,传达乡音乡情的家乡戏就成为我们最重要的精神家园之一隅。每一地人的寄托、记忆、眷恋和原乡情结各异,故地方戏的精神和艺术价值更要由各地人去认定,甚至由各地每一位个体的人去认定,而非外人可以随意评判代替处理率意罢黜。

在某些强势文化日渐引起人类普遍警觉与抵制的当今世界,人类文化具备多样性、不同样态的文化具备相等价值的观念已经深入世界人心。同样,中国当下的任何地方剧种,无论它的覆盖面、观众群、影响力大小,也无论它的历史长短、积累厚薄、特征强弱、美学形态完善与否,都具备同等的人类文化样态价值。

今天的时代已经走到人类文明发展的最高阶梯,一些普泛化的价值观得到越来越多的国际认可。如同弱势群体必须被同样尊重一样,如同异质文明必须被同样理解一样,如同任何一种民族民间艺术都有其特殊文化意韵和审美内涵必须被同样关注一样,所有的地方剧种都具备其不可替代的价值。同样,无论地方剧种欣赏群体的大小和人数多寡,也都应受到同等的尊重。

一种文化的当下价值也处于永远的变动之中,当大国的世界主义文化遭到抵制时,崛起的民族特色文化就日渐具备与之抗衡的力量。我们绝不可凭依一个剧种当下呈现的强弱态势来判断其存在价值和意义。历史上曾经盛行的强大声腔剧种最初都由弱小发轫,占据中心舞台的艺术种类从来都是从边缘走进来的。历史机遇也并不都永远青睐当时的强盛种类,南戏于宋杂剧兴盛时起自温州的村坊小曲,昆曲于北杂剧盛行时起自昆山,而清初统治全国的昆腔被花部挤垮,清代乾隆年间统治北京的京腔被皮黄挤垮。这些还都是正向发展的例子,违背常规的因缘际遇也时见成果,20世纪50年代初奄奄一息的昆曲重新崛起,21世纪开端青春版昆曲再次耀目。甚至还有更极端的实例:当代已经几乎无人知晓而质野古朴的陕西老腔,经导演林兆华之手搬上话剧舞台,竟然在观众心中产生长久消失了的审美震撼!

二、既有与创新是一对矛盾范畴吗？

人类的文化积累是正向的，也是永无止境的，它会成为我们永远的财富。余先生预设一个固定框架将既有装入，然后来为创新张目，似乎文化的总量是被限制了的，又似乎创新需要文化事先避让出空间，这种想法是匪夷所思的。如果视积累的丰富厚重为包袱、为创新的绊脚石，那会陷入文化虚无主义。五四新文化运动矫枉过正的后果，是对传统文化的过分漠视与抹杀，"文化大革命"更加剧了这种错误趋势，这种思维路径已经为许多学人所扬弃。

既有与创新并不构成一对矛盾，与创新对立的范畴是守旧。文化发展永远都是通过创新来淘汰陈旧，但永远不是通过淘汰既有来让位于创新的。而且还相反，创新只能在既有的基础上起步，在旧的肌体（例如传统文化、相沿艺术）上自然长出，清除了既有、拔着头发离开地球的创新只能是空想。

事实上，对传统的发现与再发现，为人类艺术史上特别是当代艺术的创新提供了不竭的动力源。20世纪欧美艺术家从非洲、澳洲土著艺术里寻找到创作灵感，诱发了现代派艺术的崛起。欧美戏剧家从日本、中国等古老戏剧样式里发现了表演的原始可能性，促成了舞台变革的大潮。中国戏曲研究者从边远闭塞山野乡村的傩戏、目连戏里发掘出传统表演的原始基因，触动了当代戏剧创新的灵感。传统激成了人类历史上无数次的创造力迸发重复证明着一个真理：人类文明的任何过往都在指向未来。

因而，文化发展的一个前提是种子的先决存在，一旦遇到适合的条件新苗即会蓬勃而发，失去种子任何东西都无法凭空而生。而哪一部分传统、哪一个种子会勃发，是无法料定并事先做出选择的，并不是只有时尚认可的种子才会勃发，先期"淘汰"或许就会消灭一个未来能够走向蓬勃兴盛的艺术种子。

三、文化被淘汰是人类进步的需要还是它的历史悲剧?

我最惊讶于余先生的是这句话:"一些文化被淘汰并不是一件坏事。如果所有文化都不被淘汰,那它完全是止步不前,或者说,永远没有往前走的态势了。"如此说来,人类历史上印加文化、玛雅文化、雅利安文化、古埃及文化以及中国以三星堆和金沙遗址为代表的古巴蜀文化的消失,倒是值得庆贺的吗?我相信其中任何一种文化都有继续往前走的绝大空间,但历史没有给它们机会。

文化淘汰的判断要看它的前提。如果是腐朽文化,自然应该被淘汰。然而悲哀的是,历史上的文化淘汰有太多的偶然性,大多不是因为文化的落后,有价值的文化也会被淘汰,甚至被人为地摧毁,这是文明发展的悲剧。但愿今天的我们已经有了更加清醒的自觉意识,不再去做这样的事,哪怕是"误伤"也不行。

尽管优秀文化也被淘汰,人类自然还是会向前走,去继续创造新的文明,因此我们提倡"沉舟侧畔千帆过,病树前头万木春"的乐观精神,但这不等于要我们去砍削自己的积累。

四、要不要对濒临灭绝的文化进行保护?

农耕社会的艺术确实大部分是自生自灭的,但后工业社会对传统艺术也能采取同样的观念、方式和态度对待吗?当今世界已经给出了明确的答案:否!这就是人类非物质文化遗产概念提出的前提。联合国教科文组织评选"人类非物质文化遗产代表作名录"的条件却与余先生认为的相反,必须是"濒临灭绝的"而不是"能够靠卖票养活自己"的。

人类之所以需要对文化遗产进行保护,就是因为它们在现代社会里已经成为弱势,需要特别珍惜和加以特殊对待,而人类也已经有能力对待。我个人非常赞同国际社会保护濒临灭绝文化的这种做法,认为是人类文明发展到今天的一个进步。正如余先生所说,艺术确实不应该通过这种道路走出来，但文化传承却正在通过这种道路向前走。在这一点上，许多中国学者为日本能够最早在政府设立起"文化保护财"机构来重点扶持能乐、歌舞伎等传统文化种类，我们很晚才有这种明确意识而感到惭愧。通过确立"名录"来促进对人类非物质文化遗产的保护，是今天联合国教科文组织正在做的一件正确的事情，也是众多国家尤其是传统国家包括中国的联合智慧真正发挥作用的体现，我们切不可认为这是在为人类创造设置阻碍。

传统文化形态是否都要保护，取决于当前的力量和可能性。国家当然应该尽量做一些，地方政府也要尽量做一些，更提倡民间力量的"众人拾柴"，尽量做到保护无遗。暂时没有力量做，不等于不应该做。国家现在已经不再单纯强调 GDP 数字而为提高人们的幸福生活指数奋斗，宁可经济发展速度慢一点也要考虑社会综合实力的提高，文化上更应如此，作为传统文化大国的中国尤其应该如此！

顺便说一下，余先生下面这几句话也是大可值得商榷的：

第一，"不是所有剧种都要……变成非物质文化遗产。"非物质文化遗产是自然存在的，所有自然存在的地方剧种都是非物质文化遗产，而不是谁把它"变成"的。暂时未被联合国教科文组织列入"名录"，也不等于它就不是人类非物质文化遗产。人类有无数的非物质文化遗产种类，"名录"里列入的只能是沧海一粟、九牛一毛。

第二，一些剧种"已经没人看了，却躺在床上，非要靠打'强心针'维持"。躺在床上靠打"强心针"维持的是旧经营体制下的剧团，所以需要进行文化体制改革。我相信该剧种还是有其欣赏者的，只是需要为之培育一个较好的演出市场。

第三，"能不能有更多的年轻艺术家，比如说像我的学生的学生，不要再分到一个已经没有太多希望、两年也没有一个观众的剧团里面去？"事实上现在的学生已经"分"不到任何一个单位去了，经营不善的剧团当然也难以聘到正规戏剧学院毕业的学生，但或许有一日新兴的民营剧团会有条件吸纳他们。

第四，"有没有可能……汲取一些流行音乐、西方音乐剧的元素，创造出一种新的剧种，为当代人所喜欢？""创造"如果是凭空而起，定将无疾而终，重蹈20世纪20年代"国剧运动"的覆辙。如果是依附某个既有剧种，那么舞台上一直在进行的实践，不是假设，但也难说能够创造出新的剧种来。

以上观点，不敢自以为是，敬请教正。

（原载《中国戏剧》2011年第6期）

曹禺的苦闷
——曹禺百年文化反思

在曹禺百年之际纪念这位杰出的戏剧家，我以为最重要的意义在于对他的创作道路和经验教训进行深刻的总结与反思，从而启迪今天的创作。曹禺早期写出的4部剧作《雷雨》《日出》《原野》《北京人》，以及从巴金小说改编的《家》，奠定了他在中国以及世界剧坛上的地位，然而中年以后他再也未能写出水准接近的作品，这成为中国现代文学史和戏剧史上突出的"曹禺现象"。这里试图通过解读"曹禺现象"的文化内涵，揭示曹禺的独特价值和真正意义，反思政治文化用急功近利约束文艺创作的恶果，呼唤孕育文学艺术大家的生态环境，同时希望警示作家对创作规律的敬畏之心。

一

曹禺从年轻时发出耀眼光芒之后，一直未能重振雄风，到了晚年甚至写不出东西来了，这使他长期陷于挫折感、挫败感中。曹禺的一生是苦闷的。最初促成曹禺的是他对于生活和世界感知的苦闷，这是他创作的源泉。但曹禺的苦闷很快就转移了，转移到外界以及他对自己的看法和要求上，他必须满足这些要求，但他无法做到。个体性的曹禺遭遇了时代的批评。他开始陷于对创作的苦闷，这恰恰成为阻碍他创作的绊脚石。虽然路上一直有鲜花，但对曹禺来说，也永远是风霜与鲜花同在。

世界经典作家许多能够一直保持旺盛的创作力，曹禺苦恼于自己的早得盛名而又早衰。他在心底会把自己和他们相比，晚年经常想到他们。他说:"我想得太大了。我想但丁,想托尔斯泰。"①他很佩服易卜生"早年写了许多历史诗剧,又写了两本诗剧《布朗德》与《彼尔·金特》,表现'人的精神反抗'后才转入写几本社会问题剧,如《社会栋梁》《傀儡家庭》《群鬼》《国民公敌》等,到了晚年,他又探索新的境域"②。然而一想到自己的现状他就懊丧了:"都七老八十了,还成什么呀!我呀,在这个世界上白白过了一辈子。"③头天说:"托尔斯泰那么大岁数还要离家出走,我也要走!"可第二天早晨,他又嘲笑自己,"就我,还想成托尔斯泰呢!"④"我越读托尔斯泰越难受。"⑤"每当提到巴尔扎克写了满书架的大作时,他真的自愧不已!这,成为晚年困扰他的最大痛苦。"⑥不知"江郎才尽"的寓言是否永远会刺激中国作家的自我意识,曹禺长期摆脱不了这种潜在的精神折磨。

"曹禺现象"在抗战时期曹禺创作的转型期就出现了,他的新作品受到人们的指责,认为没能达到以往的高度。客观说,曹禺此时的社会剧作的艺术价值还是超乎同时代许多戏剧家之上的,其中仍有曹禺个性风格的鲜明特征。但他深为盛名所累,人们总是要拿他的前期标杆来衡量他,对他有更高的期待。曹禺因而长期遭受着这种现象的苦恼和折磨。晚年曹禺享受着社会的尊敬与爱戴,表面上似乎没有了年轻时的孤独与寂寞,但他在创作方面的感觉却更加苦闷。他越是深陷在这种折磨之中,就越写不成东西,因而内心更为孤独和寂寞。

曹禺的女儿万方目睹了父亲晚年的痛苦。父亲经常问她同样的问题:"为什么一个字也写不出?""不知道什么时候再出来那个劲儿,可是像是不大行了。"对此,曹禺自然是不甘心的,他说:"爸爸仅靠年轻时写了一点东西维持精神上的生活,实在不行。""我要写东西,非写不可!""即便写成一堆

---

① 万方:《灵魂的石头》,《收获》1997年第3期。
② 曹禺:《我的生活和创作道路》,《戏剧论丛》1981年第2期。
③ 万方:《灵魂的石头》,《收获》1997年第3期。
④ 苏枫:《女儿眼中的曹禺》,《小康》2010年第9期。
⑤ 万方:《献给我的爸爸》,《渤海早报》2010年9月11日。
⑥ 万黛、万昭:《怀念爸爸曹禺》,田本相、刘绍本、曹桂方主编:《曹禺研究论集》,广州:花山文艺出版社,1998年,第33页。

废纸,我也是得写,不然便不是活人。"①他甚至立下宏愿:"想在80岁的时候,或者是80岁之前,写出点像样的东西来!"②"我要写出一个大东西才死,不然我不干。"③他也确实构思了一些剧目,诸如人们熟知的《黑店》《外面下着雨》《"斗战胜佛"孙悟空》《岳父》等,但"总是写着写着就写不下去了",因为"太浅,太俗,也太无意义,只好全部作为废纸"。问他是否被政治运动吓怕了,他诚实地说:"也不是害怕,就是觉得不对头,觉着可能出错。"④这与巴金所说的"毒草病"症状不大一样:"因为害怕写出毒草,拿起笔就全身发抖,写不成一个字。"⑤曹禺是自觉地希望自己的作品能够正确反映现实、能够承载时代精神的。但一而再再而三的失败,使他对自己越来越没有把握了。

同样有作家的细腻心灵体验,万方得以真切揣知父亲的心路历程。她说:"我亲眼看到一种痛苦持续不断地困扰着他。""我爸爸在年轻时真是非常的自信。这是一种多么大的幸福。然而老年之后,那股自信早已不知去向,不知为何物了。"曹禺晚年经常参加各种热闹的社会活动,人们以为他很快活,但他却对女儿万方说:"我痛苦,我太不快乐了。""我是用社会活动麻醉自己,我想写,写不出,痛苦,就用社会工作来充塞时间。"⑥

还有来自朋友的期盼与指责。与曹禺相交半个世纪的巴金1979年写信给曹禺说:"你得少开会,少写表态文章,多给后人留一点东西,把你心灵中的宝贝全交出来。"巴金深知曹禺的内心:"我要劝你多写,多写你自己多年想写的东西。"巴金也相信曹禺的才能,想激励他超越困境:"你比我有才华,你是一个好的艺术家,我却不是。"⑦画家黄永玉1983年3月2日写信对曹禺的批评就显得直率而严厉:"我不喜欢你解放后的戏。一个也不喜欢。

---

① 万方:《灵魂的石头》,《收获》1997年第3期。
② 曹禺1986年10月18日与田本相谈话记录,田本相:《曹禺》,北京:中国戏剧出版社,2010年,第259页。
③ 万方:《献给我的爸爸》,《渤海早报》2010年9月11日。
④ 万方:《灵魂的石头》,《收获》1997年第3期。
⑤ 巴金:《毒草病》,《巴金随想录》。
⑥ 万方:《灵魂的石头》,《收获》1997年第3期。
⑦ 巴金:《毒草病》,《巴金随想录》。

你心不在戏里,你失去伟大的通灵宝玉,你为势位所误!从一个海洋萎缩为一条小溪流,你泥涸在不情愿的艺术创作中。"①

写不出更好的东西,就对自己的过去格外珍惜。曹禺十分关注自己早期作品的上演反应。万方说:"他常常怀疑自己写的东西是不是真的好,怀疑它们的价值。"他会问女儿:"我的戏是不是还算经得住时间考验的?"万方反问他:"你说呢?"他就中止了②。他其实是知道答案的。他懂得自己早期作品的价值。他可能只是从旧作的历久性里寻找安慰,来平复一点儿难以写出新作的苦闷吧?

没有人用"江郎才尽"来诠释曹禺,人们理解他的不得已,更愿意从时代变迁、社会转型、政治干扰的角度来寻求原因。我们可以把"曹禺现象"归罪于政治文化的强力介入,特别是归罪于极左文艺思潮的干扰,或者归罪于他的成名累。但是否还有更为深入复杂的文化成因呢?

二

熟悉曹禺的人都知道,他是一个精神性的人,他对世界的感知是极具个体性和自我性的。他的早期创作是出自内心的自然冲动,艺术性的、"纯"性的,而不是来自外在需求。它们的成功,成功在曹禺既与时代同步又与时代疏离。同步体现在曹禺对时代思潮的感知和体认,他最初进行戏剧写作的冲动即来自时代的促发。疏离体现在曹禺又与社会保持着一定的距离,这使他的精神有一个寄放的天地,得以躲在旁边做隔岸观火式的客观写作。

当曹禺剧作最初获得成功时,人们惊讶于作品深邃与作者年青之间的反差,常常猜测曹禺是为了什么和如何写出这些作品的。他于是反反复复地告诉人们,他的写作只是内心情感的外露,没有什么具体的动机和目的:"写《雷雨》是一种情感的迫切的需要。"③"我自己只是觉得内心有一种要求,非这样写不可。""一种迫切的情感的郁积,使我执笔写下了《雷雨》。"郁

---

① 转引自田本相:《曹禺传》,北京:北京十月文艺出版社,1988年,第472页。
② 万方:《灵魂的石头》,《收获》1997年第3期。
③ 曹禺:《雷雨·序》。

积的什么情感呢？就是对外在世界的一种探索心："《雷雨》的降生,是一种心情在作祟,一种情感的发酵,说它为宇宙作一种隐秘的理解,乃是狂妄的夸张。但以它代表个人一时性情的趋止,对那些'不可理解的'莫名的爱好,在我个人短短的生命中是显明地划成一道阶段。""我的情感强要我表现的,只是对宇宙这一方面的憧憬。"而这种窥测心来源于他的自然天性："《雷雨》对我是个诱惑。与《雷雨》俱来的情绪,蕴成我对宇宙间许多神秘的事物一种不可言喻的憧憬。《雷雨》可以说是我的'蛮性的遗留'。我如原始的祖先们,对那些不可理解的现象,睁大了惊奇的眼。我不能断定《雷雨》的推动是由于神鬼,起于命运或源于哪种显明的力量。"①《雷雨》的创作如此,《日出》亦如此："我整日觉得身旁有一个催命的鬼,低低地在耳边催促我,折磨我,使我得不到片刻的宁贴。"②这种内心压力促使着他笔耕。总之,他反复强调自己的创作只是一种内在冲动的结果。作者没有撒谎,他最初的戏剧写作确实不为了什么,构思是在内心自然形成的,是油然而生的,既没有人们一般理解意义上的先期设计,事先也没有存一个清晰的创作理念在头脑里。他的写作甚至只是从片段开始的,他说："我初次有了《雷雨》一个模糊的影像的时候,逗起我的兴趣的,只是一两段情节,几个人物,一种复杂而又原始的情绪。"③"也没有想到一定要达到一个什么社会效果,甚至连主题也没有预先想到它。"④然后就像溃坝一样："情感的激动,终究按捺不住了。怀着一腔愤懑,我还是把它写出来。"⑤鬼使神差般就写出来了,写出来就成功了。这是曹禺的天才所在,也是他前期作品无人能及的根本原因。

当然,说起来简单,事实上要达到这种创作的自由境界,对于社会和时代的感知是基础,对于所描写对象的独特体验是源泉,而丰富的戏剧阅读和舞台实践更是基石,这些条件,曹禺尽管年轻,却已经得天独厚地拥有了。

曹禺对于半殖民地半封建的中国社会生活的感受是独特的。他天性敏

---

① 曹禺著,[日]影山三郎译:《雷雨·序》,东京:汽笛出版社,1936年。
② 曹禺:《日出·跋》。
③ 曹禺:《雷雨·序》。
④ 曹禺:《我的生活和创作道路》,《戏剧论丛》1981年第2期。
⑤ 曹禺:《日出·跋》。

感、细腻、忧郁、孤独,他说:"我素来有些忧郁而暗涩;纵然在人前我有时也显露着欢娱,在孤独时却如许多精神总不甘于凝固的人,自己不断地来苦恼着自己。"①精神性的曹禺因而极端体味了"五四"后新一代文学青年面对一个深沉黑暗世界的内心苦闷,强烈感受到"宇宙正像一口残酷的井,落在里面,怎样呼号也难逃脱这黑暗的坑",感受到"宇宙里斗争的'残忍'和'冷酷'"②,他因而"如痴如醉地陷在煎灼的火坑里。这种苦闷日深一日"。曹禺感觉到这座千疮百孔的大厦即将崩溃和垮塌,正在经受一场暴雨雷电的摧残与洗礼,属于旧时代的人物通通不可避免地要走进坟墓。他说,构思《日出》时,"冲到我的口上,是我在书房里摇头晃脑背通本《书经》的时代,最使一个小孩动魄惊心的一句切齿的誓言:'时日曷丧,予及汝皆亡!'(见《商书·汤誓》)"③。这种强烈的时代悲剧性体验,成为曹禺早期创作的社会诱因。

　　曹禺对于他的描写对象有着真切观察与体验。他说:《日出》《雷雨》"这两个戏的故事情节都是我天天听得见、看得到的亲戚、朋友、社会上的事"④。"在自己的生活圈子里已经看到了一些像繁漪和周朴园这样的人物。《雷雨》中的每个人物都有真实的影子。"⑤"这些年在这光怪陆离的社会里流荡着,我看见多少梦魇一般的可怖的人事,这些印象我至死也不会忘却。"⑥"我四周更多的人,就是《雷雨》《日出》中那些人。对于这些人我太熟悉了。""《日出》中写的人物,我见过很多。"⑦"你们要我讲繁漪是从哪儿来的,有什么原型?有,肯定是有,好多好多。""我算不清我亲眼看见多少繁漪。""(顾八奶奶)这个人物,我是亲眼见过的。"⑧即便如此,落笔前往往还要充分体验生活。例如为了写好《日出》第三幕所描写的下等社会,曹禺跑

---

① 曹禺:《日出·跋》。
② 曹禺:《雷雨·序》。
③ 曹禺:《日出·跋》。
④ 曹禺:《回忆在天津开始的戏剧生活》,《天津日报》1982年3月14日。
⑤ 曹禺:《简谈〈雷雨〉》,《收获》1979年第2期。
⑥ 曹禺:《日出·跋》。
⑦ 曹禺:《自己费力,找到真理》,《人民戏剧》1981年第6期。
⑧ 曹禺:《雷雨·序》。

到天津贫民区的"鸡毛店""土药店"和妓院里去接触各色人等,他说:"那里面的人,我曾经面对面地混在一起,并且各人真是以人与人的关系,流着泪,'掏出心窝子'的话,叙述自己的身世。这里有说不尽的凄惨的故事。"①

曹禺更有当时无人能及的戏剧阅读与舞台实践经验。避开社会喧嚣而潜心躲在南开大学和清华大学图书馆里读书的经历,大约使他获得了对西方戏剧的最大阅读量,得以潜心发掘这座宝库。他中学时期几乎通读了导师张彭春赠送的英文版《易卜生全集》,以后广为涉猎莎士比亚、萧伯纳、契诃夫、奥尼尔的作品和古希腊悲剧,以及戈登·克雷的戏剧理论②。而他幼年即看了许多传统戏、文明戏和幕表戏,14岁到23岁又经常演戏,他在南开大学新剧团先后主演易卜生的《国民公敌》《玩偶之家》,改译并演出高尔斯华绥等的《争强》《冬夜》《太太》,改写并主演《新村正》,改编并主演莫里哀的《吝啬鬼》,这些经历使他获得了舞台名声③,积累了表演和导演经验,把握了鲜活的舞台感④。

上述种种条件,虽直接导致了曹禺的成功,但还要等待一个特殊的作品孕育环境,那就是,在当时纷杂混乱的大革命和抗战爆发背景下,曹禺长期待在学校相对封闭的象牙塔里,略略旁置了社会动荡和人世扰攘,所以能够居高临下悲天悯人地俯视着深陷人间污垢里的芸芸众生⑤,心无旁骛地进行阅读、思考和写作。这种经院式条件,使曹禺一定程度上与外界保持了距离和间离,得以摒去时代的浮躁喧嚣,摆脱开直接功利性来创作,从而真正探入欧美戏剧文学的精神深处,而又用心体验本土文化中的生活真谛及其矛

---

① 曹禺:《日出·跋》。
② 曹禺在《神妙的舞台——祝贺全国舞台美术展览会》(《人民日报》1982年12月28日)一文里说:"大学时,我曾经读过英国著名戏剧家戈登·克雷的文章。"
③ 电影导演鲁韧后来回忆说:"我总觉得曹禺的天才首先在于他是个演员,其次才是剧作家。"(引自田本相《曹禺的表演天才》,《北京青年报》2007年3月31日)
④ 曹禺曾充分肯定这种舞台实践:"它使我熟悉舞台,熟悉观众,熟悉应如何写戏才能抓住观众。戏剧有它自身的内在规律,不同于小说或电影,掌握这套规律的重要途径,就是舞台实践。因此,如何写戏,光看剧本不行,要自己演;光靠写不成,主要在写作时知道在舞台上应如何举手投足。当时剧作家不都是走我这样的道路。"(曹禺:《回忆在天津开始的戏剧生活》,《天津日报》1982年3月14日)
⑤ 曹禺在《雷雨·序》中说自己"以一种悲悯的眼来俯视这群地上的人们"。

盾,剖析半殖民地半封建社会都市和农村生活的精神肌理,迷醉于沉心静气的精神游弋,创作出洞悉人性与人生的作品。对艺术的这种专一追求,尽管使作品涂上略与时代隔膜的朦胧色彩,却保证曹禺作品超越众多急就章和潦草敷衍之作,享有了高贵的精纯性与独特性,而成为典雅的艺术品。

背景、学养、积累和悟性为曹禺早期成功提供了前提,而与时代保持一定距离的客观写作环境成就了他。以后曹禺再想回到原来的创作状态则永远不可得了。

三

然而,时代在一再要求和改变着曹禺。初时曹禺曾坚持自己的创作初衷,主观上对那种改变意图进行了反复的抵制与反抗。实践透示出他的正确性,坚持使他成就了四部巨作。如果没有曹禺的坚持,我们可能只有《雷雨》了。我们甚至庆幸在转向已经开始并延伸之后,曹禺仍然坚持写完了《北京人》。

最初人们在对曹禺"惊艳"的同时,一方面看到了他的独特之处,另一方面也激烈抨击他作品的缺陷,两端评价悬殊,落差极大。批评主要可以归纳为三种说法:模仿、问题剧和"小我"。前两种评论,尽管给曹禺增添了苦闷,但他态度诚恳,后一种评论却深深刺伤并最终改变了曹禺。

第一种评论是指出曹禺戏剧对欧美的模仿痕迹。人们反复比较、细致寻绎曹禺与西方戏剧文化的渊源关系,比如说《雷雨》受到索福克勒斯《俄狄浦斯王》和易卜生《群鬼》《娜拉》的影响,《原野》受到奥尼尔《琼斯皇》《天边外》《榆树下之恋》和奥斯特洛夫斯基《大雷雨》以及哈代小说《归乡》的影响等。这种寻绎自有其学理性价值,曹禺自己也承认古希腊悲剧、易卜生和莎士比亚对他影响极大。但是,大约人们惊诧于神童的初焰过于耀目,一定要寻求到一种"合理"的解释,而将这一点强调得过分时,曹禺无法接受了。他十分抵制地说:"原谅我,我决不是套易卜生的话,我决没有这样大胆的希冀,处处来仿效他。"①"在国内这次公演之后更时常有人论断我是易卜生的信徒,或者臆测剧中某些部分是承袭了 Euripides(欧里庇得斯)的 Hippolytus(《希波吕托斯》)或 Racine(拉辛)的 Phedre(《费德尔》)的灵感。认真讲,这多少对我是个惊讶。"②"国内经多次公演后,许多批评家猜测我是三四个戏剧大家的信徒,乃至是灵感的继承者。"③这种猜测无疑暗示曹禺是在抄袭,无怪乎曹禺不能容忍了。但他仍然用了惯常的谦逊甚至不乏卑微的口气来申辩:"我不能窥探这些大师们的艰深,犹如黑夜的甲虫想象不来白昼的明朗。在过去的十几年,固然也读过几本戏,演过几次戏。但尽管我用了力量来思索,我追忆不出哪一点是在故意模拟谁。也许在所谓'潜意识'的下层,我自己欺骗了自己。我是一个忘恩的仆隶,一缕一缕地抽取主人家的金线,织成了自己丑陋的衣服,而否认这些退了色(因为到了我的手里)的金丝,也还是主人家的。"当然他也强调:"其实用人家一点故事,几段穿插,并不寒伧。同一件传述,经过古今多少大手笔的揉搓塑抹,演为种种诗歌、戏剧、小说、传奇,也很有些显著的先例。然而如若我能绷起脸,冷生生地分析自己的作品(固然作者的偏爱总不容他这样做),我会再说,我想不出执笔的时候,我是追念着哪些作品而写下《雷雨》,虽然明明晓得能描摹出来这几位大师的遒劲和瑰丽,哪怕是一抹、一点或一勾呢,会是我无上的光彩。"因而他最终激动地喊道:"我是我自己——一个渺小的自己!"④

　　客观说,曹禺剧作完全是在民族认识基础上进行了独立再创造的结果,是他灵感的天才闪现,绝无承袭可言,这一点早已毋庸置喙。从他作品的立足于本土内涵和浑然天成的结构,我们也无法得出"模仿"西方的想象,不客气地说,曹禺还有"青出于蓝而胜于蓝"之处。曹禺自己也认为他把话剧中国化了,比如说"我写的《北京人》在风格上确实受契诃夫的影响,但不等于说《北京人》和《三姐妹》相似,因为《北京人》写的是中国人的事,中国人的

---

① 曹禺:《〈雷雨〉的写作》,《质文》月刊 1935 年第 2 号。
② 曹禺:《雷雨·序》。
③ 曹禺:《雷雨·序》,日译本。
④ 曹禺:《雷雨·序》。

思想感情"①,这种说法是中肯的。至于他的接受西方悲剧美学观念,亦是创造性地将其转接到本土文化基壤上,使之与传统审美习惯和表现方式结合,从而创作出带有浓郁命运色彩的民族悲剧,其作品因而受到时代观众,特别是"五四"后形成的有东西融合审美趣味的新一代都市观众的欢迎。曹禺使得中国话剧追赶欧美只用了30年时间,即在高品位上娴熟驾驭了这一新型舞台形式,开始了其艺术成熟期和对世界的创造与贡献。

好在曹禺的创造性成就当时就博得一些外国研究者的欣赏,颇有赞誉他与西方经典作家并驾齐驱者,这使他宽怀。1936年《日出》一上演,担任燕京大学西洋文学系主任的美国教授H.E.谢迪克就称赞道:"《日出》在我所见到的现代中国戏剧中是最有力的一部。它可以毫无羞愧地与易卜生和高尔斯华绥的社会剧的杰作并肩而立。"②20世纪30年代日本学者野中修则称道:"曹禺不但是优秀的剧作家,而且是优秀的人道主义者。"③大约同为东方人,日本学者对于曹禺融合东西方文化的贡献更为注目,50年代初日本庆应大学教授佐藤一郎即明确指出:"欧洲的理性教给曹禺的是作为古陶和黄土子孙的血脉的自觉。"④他说《北京人》体现着曹禺"体内欧洲理性和黄土子孙的血液在某种程度上统一的努力",说曹禺"对于欧洲文学有着很深的造诣,他决不是一个仅仅起介绍者作用的人,而是在获得作品的世界性的同时,能够使其文学的造诣成功地进行再创造的作家"⑤。这种评价大约为曹禺洗清了内心的"郁闷"。随着时间的推移,研究者还日益发掘出曹禺这方面的价值。美国比较艺术学者罗伯特·沃特曼在1991年提交给"南开大学首届曹禺研究国际学术研讨会"的论文,批评英语国家曹禺研究的主流长期满足于指明西方文化对曹禺早期剧作产生影响的优越感,他指

---

① 曹禺:《和剧作家们谈读书和写作——在中青年话剧作者读书会上的讲话》,《剧本》1982年第10期。
② [美]H.E.谢迪克:《一个异邦人的意见》,《大公报》1936年12月27日。
③ [日]野中修:《曹禺论》,转引自[日]饭冢容《日本曹禺研究史简介》,田本相、刘家鸣主编《中外学者论曹禺》,天津:南开大学出版社,1992年,第327页。
④ [日]佐藤一郎:《曹禺》,《现代中国的作家125》(和光社),1954年7月。
⑤ [日]佐藤一郎:《古陶和黄土的子孙——评曹禺的〈北京人〉》,《三田文学》1951年9月第41卷第5期。

责说:"所有这一切都不是作品本身,无从解释作品具有持久声誉的原因之所在。""这种以丢掉中国艺术品所独具特色为代价的研究是简单而偏执的。"他因而大声疾呼:"现在已经到了承认曹禺的《雷雨》为历史性的艺术品的时候了。"①正是在这个意义上,曹禺被世界发现和接纳,他的作品成为中国话剧中最为世界所熟知的②。1984年2月马来西亚演出《雷雨》,该剧导演直接就说:"《雷雨》的艺术成就已超过易卜生。"③曹禺晚期看到对自己历史评价的不断提升,应该欣慰了。

四

第二种评论,从模仿说又生出问题剧的理论来,把曹禺作品更说成是易卜生一类社会问题剧的翻版,例如说"这剧本不单告诉你一个家庭的故事,它潜在的一个问题'婚姻制度'的问题,婚姻如何才能成为一个健全的形式"④,"对于社会婚姻和伦理制度,都表示着不满"⑤,"接触了好一些现实问题,如大家庭的罪恶问题,青年男女的性道德问题,劳资问题之类"⑥。对此曹禺更觉无辜和无奈,反复进行了抵抗和辩白。他一再强调自己写《雷雨》的初衷,说:"我写的是一首诗,一首叙事诗……这固然有些实际的东西在内(如罢工等),但决非一个社会问题剧——因为几时曾有人说'我要写一首问题诗'?"⑦平心而论,把《雷雨》说成社会问题剧的一些人,倒是想从作品里寻绎出更多社会意义、发现更多现实价值的,是否有着对抗北平当局

---

① [美]罗伯特·沃特曼:《实用智慧的条件》,田本相、刘家鸣主编:《中外学者论曹禺》,天津:南开大学出版社,1992年,第274—280页。
② 参见田本相:《曹禺及其在世界上的地位和影响——为纪念曹禺先生诞辰90周年而作》一文,《广东艺术》2003年第3期。
③ 《〈雷雨〉在马来西亚演出》,《星洲日报》1984年2月18日。转引自田本相《曹禺及其在世界上的地位和影响——为纪念曹禺先生诞辰90周年而作》一文,《广东艺术》2003年第3期。
④ 冯淑:《〈雷雨〉的预演》,《大公报》1934年8月17日。
⑤ 白梅:《〈雷雨〉批判》,《大公报》1934年8月20日。
⑥ 田汉:《暴风雨中的南京艺坛一瞥》,《田汉文集》,北京:中国戏剧出版社,1986年,第14卷第509页。
⑦ 曹禺:《雷雨·序》。

屡以"乱伦"为由对之禁演①的意图也未可知。

然而曹禺却不领情,他说:"屡次有人问我《雷雨》是怎样写的,或者《雷雨》是为什么写的这一类的问题。老实说,关于第一个,连我自己也莫名其妙。第二个呢? 有些人已经替我下了注释。这些注释有的我可以追认——譬如'暴露大家庭的罪恶'。但是很奇怪,现在回忆起三年前提笔的光景,我以为我不应该用欺骗来炫耀自己的见地。我并没有显明地意识着我是要匡正、讽刺或攻击些什么。"②天性纯真的曹禺实在是老实得可以,一方面也同意他人对作品内涵的发掘——那毕竟提高了其社会价值,一方面却仍然拼命抵抗别人误解自己的初衷。他更要维护自己的良心,所以坚持创作的本原性。当然,曹禺也作了退一步想:"也许是某种模模糊糊的感情的驱使、流露出一种受压抑的愤怒,并对中国的家庭和社会进行了谴责。可是,最初出现模糊的构思时,使我感到兴奋的,不仅仅是一二个主题和几个人物,也不是因果报应,而是存在于这个世界上的'残忍'和'冷酷。"③曹禺就是这样一个本真质朴、非要辨清真假黑白的人,这却为文学和戏剧史留下了不加粉饰的宝贵史料。

曹禺抵抗的主要方向,是强调自己创作的自然和非功利的出发点与动因。"我对《雷雨》的了解,只是有如母亲抚慰自己的婴儿那样单纯的喜悦,感到的是一团原始的生命之感。我没有批评的冷静头脑,诚实也不容许我使用诡巧的言辞,狡黠地袒护自己的作品。"这里,曹禺再次坚持了"卑微"的自我,他甚至坦白地承认:"这一年来批评《雷雨》的文章确实吓住了我,它们似乎刺痛了我的自卑意识,令我深切地感触自己的低能。我突地发现它们的主人了解我的作品,比我自己要明晰得多。他们能一针一线地导出个原由,指出究竟,而我只有普遍地觉得不满、不成熟。"曹禺感到自己的作品在被人们肢解后进行局部拔高,随后却又用一个帽子来罩住它。这种状

---

① 1932年2月,中国旅行剧团唐槐秋排演的《雷雨》遭到北平当局以"乱伦"为由禁演;8月再排,北平当局仍然不准演出,理由是"宣扬乱伦"。参见田本相、阿鹰编著:《曹禺年谱》,北京:北京出版社,2010年,第46、49页。

② 曹禺:《雷雨·序》。

③ 曹禺:《雷雨·序》,日译本。

况使得他局促不安,他说:"每次公演《雷雨》或者提到《雷雨》,我不由自己地感觉到一种局促,一种不自在,仿佛是个拙笨的工徒,只图好歹做成了器皿,躲到壁落里,再也怕听得雇主们挑剔器皿上面花纹的丑恶。"①

今天我们知道,《雷雨》客观上打有时代精神的鲜明投影,深刻揭示了当时的社会矛盾,预示了社会的变革,但那是一种对时代深沉博大的心灵感应,而非对号入座式的揭露和试图解决社会问题——这正是曹禺感情上对此类批评最为抵触的地方。因而在反复为自己辩驳的同时,曹禺不改初衷地继续沿着既往的创作路数写作。但在谈论《日出》时,他毕竟是学乖了一些,也开始讲社会意识了。他承认写《日出》时,自己对于社会的观察曾"化成多少严重的问题,死命地突击着我""这些问题灼热我的情绪,增强我的不平之感,有如一个热病患者""问题临在头上,恨不得立刻搜索出一个答案""这种苦闷日深一日,挣扎中,一间屋子锁住了我,偶有所得,就狂喜一阵,以为自己搜寻出一条大道,而过了一刻,静下心,察觉偌大一个问题,不是这样避重就轻地凭空解决得了。又不知不觉纠缠在失望的铁网中,解不开,丢不下的"②。此时的曹禺已经不像谈《雷雨》时那样清高,拼命想撇清自己,反而认可其创作意旨与社会问题的内在联系了。

曹禺遭遇的特殊环境还在于,作为新文学作者,他是中国现代文学队伍里的"晚辈",他成功时仍要受到辈分的制约和要挟,所以只能战战兢兢地听从别人的宣判。"最近,知道了远道的一些前辈忽而对这本窳陋的作品留心起来,而且《大公报》文艺副刊为了这作品特辟专栏,加以集体的批评。于是我更加慌张,深深地自怨为什么当时不多费些时日把《日出》多琢磨一下,使它成为比较丰腴精练的作品呢?如今,只好领下应受的指责了。"这些指点和指责,自然是曹禺无法也无力抗拒的,连漠视和忽略都不行,他必须小心翼翼、诚惶诚恐地正面对待和应答。不过,曹禺反过来想想:"也好,心里倒是欣欣然的,因为,能得到前辈做先生,指点着,评骘着,不也是一桩可以庆幸的事么?"因为他深知:"事实上最使一个作者(尤其是一个年轻的作者)

---

① 曹禺:《雷雨·序》。
② 曹禺:《日出·跋》。

痛心的还是自己的文章投在水里,任它浮游四海,没有人来理睬。这事实最伤害一个作者的自尊心。"所以他用一种感激涕零的态度,措辞唯慎地说:"这篇文章不是什么'答辩'。我愿虚心地领受着关心我的前辈给我的教益。在这里,我只是申述我写《日出》的情感上的造因和安排材料的方法以及写《日出》时所遇到的事实上的困难。"①前期的曹禺一直都在这样"答辩"着,支应、抗争和对付着社会的价值宣判。

五

至于对"小我"认识的超越,则是曹禺甘心和主动的追求了。

早期曹禺面临左右两翼的责难,腹背受敌。来自右翼的犹如政治迫害:国民党政府一再以违背时代精神、有碍风化、与抗战氛围不合拍为由禁演《雷雨》②,但那毕竟与当时的社会意识特别是知识界的清议相背离,曹禺可以不甚以为意。因为虽然痛苦,毕竟有民间立场在身边支撑着他的信念。但是,曹禺对于问题剧的自我剖白,等于是自己承认了与时代的脱节,却正好映出了其中作者的"小"来,这反而为左翼对之批评提供了一个作者亲述的口实。批评又瞄准和放大了曹禺作品内蕴与时代精神的反差,这一点是曹禺无法躲避的。曹禺恍然发现,承认了自己创作的无目的性,就等于是承认在严酷的现实社会斗争面前作者的高蹈与不食人间烟火,恰好把弱点暴露在人们面前。作为一个"五四"新青年,他是不愿意落到这种田地的。

最使曹禺感到心灵受伤的恐怕是当时戏剧界的领军人物田汉的批评了,他把作者与时代分隔开来,这是曹禺所不愿意承认的。田汉指出:"对于人生,对于发展中的时代,这样灰暗的、神秘的看法,对于青年的力量这样的估计,可以回答中国观众当前的要求么?"他断言:"受过'五四'洗礼的青

---

① 曹禺:《日出·跋》。
② 1941年9月5日国民党中央宣传部致函云南省政府要求禁演《雷雨》,说它"不独思想上背乎时代精神,而情节上尤有碍于社会风化,此种悲剧自非我抗战时期所需要,即应暂禁上演。至该剧本之印刷品,亦不得准其再版"。10月12日国民党中宣部公告各地禁演《雷雨》。12月2日云南省政府发布执行训令。次年2月28日国民党政府教育部又训令各教育厅转饬各学校暂停公演《雷雨》。

年,假使不幸或是简直这样'巧合'的遭遇着这样的境遇,他们是不会像此剧中的男女主人公一样自处的。"他甚至将曹禺的创作放在世界反法西斯斗争的大背景下,来指责曹禺的孤芳自赏,以诗人的激情呐喊"在被称为'小中国'的阿比西尼亚被暂时压伏在意帝国主义的铁鞭下发着惨呼的时候,在埃及、阿拉伯各地的反帝运动蓬勃兴起的时候,在各帝国主义更积极的备战、企图要分割殖民地和半殖民地的时候,在东北四省数千万同胞呻吟在敌人统治下已达五年之久的时候,在日本南苑驻兵、整个华北已经在人家更完全的控制下'名实俱亡'的时候,在厦门事件紧张、华南危机日益严重的时候,在山积的货潮水似的侵入内地,要吸尽中国民众最后的血汗的时候,在北方苦力同胞们的尸首成百成千地漂流在河里海里、怒气冲天的时候",南京艺坛却出现了与时代隔膜的"中旅最近最卖钱的《雷雨》"[1]!他用了"暴风雨中的南京艺坛一瞥"这样的扎眼题目来命名自己的文章,也凸显了曹禺的渺小与不合时宜。原本想为社会奉献上自己对人生的理解,却被开除了"时代籍",曹禺的惶惑可以想见。尽管他对自己的戏受到观众普遍欢迎很高兴,但有人批评说他的"观众多是一些整天无所事事的人,太太小姐、公子少爷之类"[2],也深深刺痛着他敏感的心灵。

如果说,极端批评使人感到大棍子乱飞,根本歪曲事实,还可以不去理睬它。另外一些客观的批评声音却是中肯的,因而是致命的。如左翼理论家周扬、张庚的批评,今天看来也是切中要害的。周扬说:"宿命论就成了它的 Sub-Text(潜在主题),对于一般观众的和命定思想有些血缘的朴素的头脑有极害的影响,这就大大地降低了《雷雨》这个剧本的思想的意义。"他还具体指出,鲁大海"和周朴园的矛盾应当在社会层的冲突上去发展,而不应当像作者所做的那样,把兴味完全集中在奇妙的亲子的关系上。这里应当是两种社会势力的相搏,而不是血统上的纠缠"。"历史舞台上互相冲突的两种主要力量在《日出》里面都没有登场。"[3]如果说,周扬从政治立场进行

---

[1] 田汉:《暴风雨中的南京艺坛一瞥》,《田汉文集》,北京:中国戏剧出版社,1986 年,第 14 卷第 508、509 页。
[2] 杨晦:《曹禺论》,《青年文艺》第 1 卷第 4 期,1944 年。
[3] 周扬:《论〈雷雨〉和〈日出〉》,《光明》1937 年第 2 卷第 8 期。

评判,要求作品揭示社会矛盾和阶级矛盾,是当时政治上稚嫩的曹禺所难以理解和把握的,周扬作为无产阶级文艺理论家的视野和胸怀,更是曹禺所难以企及的,因而他无法参照。那么,张庚作为一个戏剧理论家,从戏剧史角度提出的见解就更加贴切,因其对作者具备真挚的提示意义而非同凡响。

张庚在充分肯定了曹禺人物典型性方面的成功,以及坚持现实主义创作方法所取得的成就之后,谈出了自己的一种感觉:曹禺的世界"好像永远不能和我那么亲近",而"在读到希腊的悲剧或者莎士比亚,我陷到这同样的窘境之中"。他自问:"是什么缘故使得我对作者的世界这样隔膜,像隔雨看山一样?"经过思索,他发现作者仍然沉浸于人与自然的矛盾之中,因而对命运悲剧情有独钟,但当时的人多半对此已经漠不关心了。他说:"现代人都在渐渐忘记了他们祖先对自然的斗争。但那不是他们的过错。因为那逼近他们,日夜苦恼着他们的不是大自然的压力,而是别一种——人间的东西。"他更从悲剧和世界戏剧进程的高度来检验曹禺,说:希腊时期人类被自然力压倒,产生命运悲剧;莎士比亚的伊丽莎白时期是人的意志战胜一切,出现性格悲剧;19世纪的法国浪漫派悲剧是挑战旧的社会秩序的社会悲剧。他于是总结道:"人类认识的成长正如一个小孩子认识的成长一样,是由极错误可笑的地方渐渐进向正确的地步去的。他们常常为当时的一般环境所限制,产生出一种在那环境中最能解释现象的世界观,然而那特定的环境一过,这种解释就现出破绽,不能说明周围现象了。所以到了现代,悲剧的主题转到了社会制度。好像是从易卜生以前,就有了这种转变。看起来,从命运、性格、人性一直到社会制度,是以曲线的进行来接近人类生活的悲剧的真理的。"他的结论是:"一位剧作家如果不能领会并且接受那根据最多经验来的世界观,那他就不是走着逐渐接近真理的路,也就自己妨碍了自己,使自己走不进最伟大的门限了。"而曹禺"在这点可以说是陷入了悲剧,他对于现代人类社会所苦恼的中心是不接近的,同时也没有意识去接近"①。

这种行家里手、鞭辟入里的评论,我想曹禺一定会感到内心服膺的。张庚甚至正确地指出了曹禺应该把握的创作路径:"现代的人也仍旧受着命运

---

① 张庚:《悲剧的发展——评〈雷雨〉》,《光明》创刊号,1936年6月。

所支配,但这命运不是不可知,而是社会的。性格在现代的悲剧中也不是没有作用,但那性格不是神秘的,即是同样被那支配命运的力所支配的。正因为是一种人性的反抗,所以并非意志被命运所打败,而是命运与意志的统一。这也可以说是社会的悲剧,然而又已经超过了易卜生时代的只开医案的社会剧了。现代的剧作者应当不仅是事件的旁观者,而且是事件的参加者、指挥者,所以他必须批判了事件,不在悲观主义的窠臼之中,却握牢了乐观的,勇敢的,把失败(悲剧的事件)当作教训的态度。"虽具备中肯的启示意义,但张庚归纳和升华出的道理,却不一定是曹禺能够理解透彻的:"《雷雨》的作者在创作过程上所表现的不幸,就是在我们反复述说的这点,世界观和他的创作方法上的矛盾。如果他的创作方法战胜了他的世界观,他的这个剧作是要更其深入和感人的。不幸的是也像他的故事一样,那不可知的力量战胜了他的创作方法。"①

对于"世界观和创作方法的矛盾"这种马克思主义文艺理论原理的掌握,是需要特别的学习与了解的。尽管经过瞿秋白、周扬等人的介绍,当时已经成为文艺界普遍接受的时髦理论,而长期将自己旁置于社会运动之外的曹禺恐怕缺乏对之真正解读的钥匙。但曹禺大约能感觉到张庚的批评切中要害,它宣判了曹禺的成就是有缺陷的成就,是没能够着时代认识标高因而也就未能达到时代要求高度的成就。这种认识对于曹禺来说是致命的。因为曹禺的缺陷是客观存在,是胎里带,而由于其个体生命的独特性,也是无法弥补的。但历史没有重新选择性,它只把才华和条件赋予了曹禺,而没有给予同时代任何另外一人!

马克思主义文艺理论指出创作中经常会发生作家主观认识与作品客观效果不统一的现象,这种不统一发生在巴尔扎克、托尔斯泰身上,也发生在曹禺身上。问题是,或许恰恰因为这种不统一,文学才有了它的丰富性、深刻性和多彩性,中国也才有了曹禺!甚至可以说,世上没有完全纯净的东西,也没有绝对真理,任何美都是有缺陷的,断臂的维纳斯才有了更耐人回味的永恒魅力。另外,指出这种不统一现象以增加理解,与试图消除这种不

---

① 张庚:《悲剧的发展——评〈雷雨〉》,《光明》创刊号,1936年6月。

统一是两码事。如果硬要巴尔扎克、托尔斯泰克服自己的弱点之后重新创作,他们或许会失去现在的博大、复杂与深奥。今天我们可以清醒地看到,人们抨击曹禺早期的神秘性、宿命论、唯心主义,这些难道不是他作品的凭依?而曹禺前期作品中一以贯之的神秘色彩,使其超越了单纯的写实主义,具备了后现代符码,成为曹禺作品与其他人不同而逼近欧美高度的重要因素。如果失去了神秘感和命运感,有了"大我"的气度,曹禺也就不成其为曹禺了。"小我"也让曹禺能够"当众孤独",他才具备了独特性,因而成就了"这一个"戏剧大家。

但"小我"却使曹禺内心感到羞愧,感到自己的不如人与不合时代要求,"仿佛是个拙笨的工徒"[1],"正直的人们对我表示惊奇"[2],"我的脸热辣辣的,我觉出它(指作品——笔者)在嘲笑我,并且责难我说谎话,用动听的名词来欺骗人。"[3]曹禺人生的悲剧性在于:他不像巴尔扎克、托尔斯泰那样,是在创作生命结束之后遭遇马克思主义文艺理论的检验和评判的。对于曹禺来说,这个过程还在他创作之始就发生了,而这种理论已经孕为时代的强音。他因而必须面对、判断、审视和应付,做出自己创作道路的抉择。他希望能够改变自己来迎合时代。下面,我们就要接近曹禺深层次的苦闷了。

六

强大的社会背景和时代责难最终改变了曹禺。当然,他的改变又遇到了一个更为强有力的事件契机——抗战爆发。

曹禺最初对于文学和戏剧的功能有明确看法,还在学生演剧时他就发表见解,提倡尊重艺术规律和遵循客观的写实主义,强调戏剧不能用来"宣传政见"[4],坚持"我是我自己"的创作个性,坚持作品用形象说话,追求作品

---

[1] 曹禺:《雷雨·序》。
[2] 曹禺:《雷雨·序》,日译本。
[3] 曹禺:《日出·跋》。
[4] 曹禺:《争强·序》,原载1930年南开新剧团油印《争强》剧本。

的"一团原始的生命之感"①。他这些看法未始不是站在以张彭春为旗帜的南开艺术演剧立场上,对于当时社会新剧流行病的针砭和否定。但到了抗战时期,国难当头,面对全民动员的火热情绪,血管里流的也是华夏子孙之血的曹禺再也不能作壁上观,蜷缩在角落里搞他的艺术至上。他的认识彻底改变了,再无法容忍自己"不能认清国家与小我的关系"。1938年7月25日曹禺为重庆"战时戏剧讲座"开讲《编剧术》时响亮地宣称:"一切剧本全都可以说有着宣传性的,不单是抗战剧。"如果说,听他讲"我们的文艺作品要有意义,不是公子哥儿嘴里哼哼的玩意儿"时,人们会联想到有人批评曹禺前期作品只适合"太太小姐、公子少爷"看的议论,觉得他有些假撇清,那么,当听到他宣布"现在整个民族为了抗战,流血牺牲,文艺作品更要有时代意义,反映时代,增加抗战的力量"②,"动员全民服役抗战,成为我们写作的主题"③时,我们不能不承认他发自内心的真诚。他甚至接受了自己最反对的"主题先行"论:"在这样伟大前提之下,写戏之前,我们应决定剧本在抗战时期中的意义。具体地讲,它的主题跟抗战有什么关联……"④读着如此激烈甚至狂热的言辞,你简直不能相信它们出自曹禺之口!曹禺已经与前期判若两人,从一个超然于时事政治之外、沉迷于宇宙臆想之中的艺术家,变成了一个时代的宣传家和战士。

耐人寻味的是,正当曹禺迎合社会思潮进行创作转向的时候,长他10岁的左翼戏剧家夏衍,却因为受到曹禺艺术成功的启示,开始向消除宣传品痕迹而追求作品的艺术品位转向。夏衍说:"从1935年到1936年这一段时间是我创作欲最旺盛的一年。"而此时曹禺《雷雨》《日出》的演出正如日中天,正如后来曹聚仁的回忆,1935年"从戏剧史上看,应该说是进入《雷雨》时代"⑤。它给了夏衍极大的刺激与启示。夏衍后来坦承"因为读了曹禺同志的《雷雨》和《原野》""我开始了现实主义创作方法的摸索",而"在这之

---

① 曹禺:《雷雨·序》。
② 以上引自曹禺《编剧术》,原载《战时戏剧讲座》,重庆:重庆中正书局,1940年。
③ 曹禺:《黑字二十八·序》,原载上海杂志公司1938年出版《全民总动员》(《黑字二十八》)卷首。
④ 曹禺:《编剧术》,原载《战时戏剧讲座》,重庆:重庆中正书局,1940年。
⑤ 曹聚仁:《文坛五十年》,上海:东方出版中心,1997年,第292页。

前,我很简单地把艺术看作宣传手段"①。是曹禺让他改变了借作品来"表达一点时局的看法",那种观念支配下的创作,"兴之所至,就不免有将反面人物漫画化,和借古人之口来抒今人之情的地方"②。他开始追求对"典型环境中的典型性格"③的塑造,这成就了他1937年的代表性剧作《上海屋檐下》。

但当曹禺试图从"小我"里跳出来,转而去适应社会需求写大题材时,他的创作才华却开始梗阻了。1938年10月曹禺接受社会关于抗战戏剧的创作要求,参与了和宋之的一起在《总动员》基础上重新创作《全民总动员》(后更名为《黑字二十八》)的任务,演出虽取得了"政治上的成功"④,却留下"匆忙草率"的诟病⑤。1939年暑期曹禺开始写作《蜕变》,在一个月的时间里,他边写导演张骏祥边排,写完也就排演出来,这是他写得也是排得最快的一个戏⑥。尽管有评论家热情欢呼其转向,称赞《蜕变》是曹禺创作路程上的一块新的纪程碑⑦,但一般认为他没能坚持原有的写实主义方法,留下了创作上的遗憾。如说其中有"一种浅薄的乐观主义"⑧;"留着'概念化'的痕迹"⑨;"作者没有把握住典型的环境,以致所创作的新人物,也成为不真实的了"⑩;"在别的作品里,作者在现实人生里面展望理想,但在这里,他却由现实人生理想跃进。但据我看,他过于兴奋,终于滑倒了"⑪;"观众

---

① 夏衍:《上海屋檐下・后记》,北京:中国戏剧出版社,1957年。
② 夏衍:《谈〈上海屋檐下〉的创作》,《剧本》1957年第4期。
③ 夏衍:《谈〈上海屋檐下〉的创作》,《剧本》1957年第4期。
④ 惠元:《评〈全民总动员〉》,转引自张耀杰《戏剧大师曹禺——呕心沥血的悲喜人生》,太原:山西教育出版社,2003年,第153页。
⑤ 曹禺在《黑字二十八・序》中说:"上演以后,我们发觉了其中有些地方,由于写作的匆忙,并不能如我们所拟想的那么满人意。特别是在《全民总动员》这一点题工作上,还遗留着一些弱点。"[原载《全民总动员》(《黑字二十八》)卷首,上海杂志公司,1938年版]
⑥ 曹禺在《〈蜕变〉写作的前后》文中说:"它是我写得最快的一个戏,总共只用了三十多天……写一幕,交演出队排一幕。"(《华东师范大学学报》1984年第4期)
⑦ 谷虹:《曹禺的〈蜕变〉》,《现代文艺》第4卷第3期,1941年。
⑧ 杨晦:《曹禺论》,《青年文艺》第1卷第4期,1944年。
⑨ 菊人:《"反'现实主义'"的〈蜕变〉?》,《文艺先锋》第2卷第4期,1943年。
⑩ 谷虹:《曹禺的〈蜕变〉》,《现代文艺》第4卷第3期,1941年。
⑪ 胡风:《〈蜕变〉一解》,《文学创作》第1卷第6期,1943年。

有这样一种感觉:作者在说谎,想一手蒙住我们的眼睛,去相信他想象中的奇景"①。这些作品都不再是从家庭结构与两性关系入手去探讨个人命运的私密题材,而是关乎民族、国家命运和前途的宏大题材。曹禺在试图跳出个人化的写作路径,进行着拓展自我的艰难尝试。然而他开局不顺。

但以往的观察与积累仍在孕胎,使他还有如芒在背、如鲠在喉的刺激与冲动,曹禺紧接着又沿袭旧有感觉写出了《北京人》,却显露了创作高峰。犀利而又熟稔创作规律的左翼批评家茅盾立即对之表示赞赏,认为"作者又回到从来的一贯作风,这是可喜的"②。这位著名文学家显然是希望曹禺不要再接着往前走。另外一位左翼批评家胡风甚至力排众议,强调《北京人》有着深刻的社会意义:"恰恰和一些批评家所说的相反,它不但不是'复古'的,而且是反封建的作品,有力的反封建的作品。只不过他把现实的历史内容把握得单纯了一点,因而在艺术上也就没有能够获得应有的更巨大的力量,他的创造才能受到了限制罢了。"③这是在明确告诉曹禺,只要坚持原有的创作道路,他就能够追踪时代。不过,曹禺已经在向前走了,不可能再回到原来的立场。但沿袭的成功,探路的受挫,却让曹禺夹在了社会杂议之中无所适从、进退失据,正如《诗经》里的描写:"狼跋其胡,载疐其尾。"④其狼狈不堪之状可以想见。

虽然受到批评家指责,但处身抗战热潮中的观众对《蜕变》的热情回应鼓舞了曹禺⑤。而1941年后郭沫若创作出映射现实的系列历史剧作《棠棣之花》《屈原》《虎符》《筑》等,掀起强大的观演热潮,更给曹禺以新的刺激,使他看到观众对于直接呼应现实的作品所给予的巨大关注与回报。那个时

---

① 司马文森:《评艺大的〈蜕变〉——门外人语之二》,《大公晚报》1944年4月21日。
② 茅盾:《读〈北京人〉》,香港《大公报》1941年12月6日。
③ 胡风:《论〈北京人〉》,《胡风评论集》,北京:人民文学出版社,1984年,中卷第379页。
④ 《诗·国风·豳风·狼跋》。
⑤ 例如柯灵、杨英梧在《回忆"苦干"》中说:1941年10月10日始,上海职业剧团在卡尔登大剧院连续演出《蜕变》一个月,"引起全场观众爱国热情的高涨,台词不断为雷动的掌声所中断。剧终以后,连续谢幕三次,很多演员和工作人员都在后台激动得流了泪……观众的爱国热情出现了新的高潮……池座里大声喊出了爱国口号,一时整个剧场都沸腾起来。闭幕以后,观众还不断鼓掌,许久都不愿离开剧场。"(《中国话剧运动五十年史料集》第2辑,北京:中国戏剧出版社,1957年)

候，曹禺绝对相信自己的才华和能力。既然写现实生活不易，转而像郭沫若那样写历史题材，也许不失为一种好的途径，而且郭沫若已经成功在前。于是，一些历史文化名人、重大题材在脑海中翻滚出来，曹禺开始构思《三人行》《李白和杜甫》。《三人行》写岳飞、宋高宗和秦桧关于和战之事，《李白和杜甫》写天宝之乱中诗人的患难之情，从它们的战乱背景都不难比附到抗日的现实。曹禺最初一定希望作品能够产生像《屈原》一样的演出效果，他甚至给自己规定了要用诗剧手法来处理《三人行》的题材，以在形式上出新，这无疑大大增加了创作难度。最终这些并非立足于生活感受和自己熟悉领域的戏，都搁浅了。曹禺又试图写一部有关钢铁厂的戏——《桥》，但只完成两幕便停笔了。他后来回忆说"我对工人不了解""《讲话》传到重庆，那时，我不能全部弄懂，但是，我觉得应该反映现实斗争，应当去写工人农民"①。曹禺已经失去了创作的内在冲动力，转而按照社会需求设计题目，从"应该"出发而不是从"我能"出发来写戏了。

中华人民共和国成立后曹禺的创作更是如此，有着明显的政策传声筒痕迹。比较成熟的《明朗的天》《胆剑篇》和《王昭君》，虽然也保留了许多他的优长与个性特征，也得到时代的欢呼，人们内心深处的话却是曹禺的天才真的枯竭了。即如他为实现周恩来总理的夙愿创作了《王昭君》，惯常说真话的老友吴祖光还写了一首诗来赞誉："巧妇能为无米炊，万家宝笔有惊雷。从今不许昭君怨，一路春风到北陲。"②但我们仔细品味诗句，是否品出了反面的意思？看来吴祖光对于作品配合政策而不顾生活真实性、改变历史背景的做法颇有不满，但他也不能违拗时代，更不能指责一个极不容易的剧作家，因为他最知道巧妇做无米炊的难度。曹禺此时已经没有了生活基础，浮在社会上层，但又要做遵命文学，又要面对新时代新人物，强撑着写作，其内心苦闷是可以想见的。曹禺后来曾道出自己的难堪："多年来，我写戏都是领导上交给我的任务，我也写了几个，有的也没写出来，像河北省的抗洪斗争，像私营工商业改造，都搜集了不少材料，没有写出来。"所以他自我总结：

---

① 曹禺 1982 年 5 月 28 日与田本相谈话记录，见田本相：《曹禺》，北京：中国戏剧出版社，2010 年，第 168 页。

② 吴祖光：《读〈王昭君〉》，《人民日报》1979 年 1 月 14 日。

"鲁迅说,他写的是'遵命文学',他是遵真理之命,而不是哪一个领导人。"①虽然知道问题的所在,曹禺不断重复自己的愿望:"我要做一个新人,忘掉过去的荒诞和疑虑,我要沉默,我要往生活的深处钻,放弃这个'嘴'的生活,用脚踩出我的生活,用手写真实的人生。"②但他无法改变自己的社会角色,他与现实生活的距离太远。1985年曹禺曾想重拾过去未完成的《桥》,但最终放弃,他解释说:"40年代的剧本,80年代再续,接不上啊!实在太难了!"③曹禺早已失去了创作的"地气"了,他因而于1980年感慨地对作家王蒙说:"你知道问题在什么地方吗?从写完《蜕变》,我已经枯竭了。"④他对此刻骨铭心,但无人述说,于是在美国剧作家阿瑟·米勒来访时,就把黄永玉的责怪信亲自读给阿瑟·米勒听。

曹禺的悲剧在于,他高个体性和心灵度的经历与写作,缺陷在局限于自我感知。他长在通过家庭看社会,用家庭关系揭示人物心灵世界,对社会与时代的辐射力却不足。曹禺一直想超越,希望超越自身,使自己成为社会所需要的人,使自己的作品听命于时代的需求。虽然一直在探索人、人生、人的灵魂和人生哲学,曹禺却不尽懂得社会,更不懂得社会政治。当尽力接受左翼理论并努力在创作中付诸实施时,他显然不具备理解的基础。他试图从人与黑暗世界抗争的意象命题里跳出来,转而响应时代的呼唤,采用较宏大叙事视角观照社会题材,自己却不具备这方面的特长。虽然追赶了时代潮流,曹禺的独特性和独具价值却消失了。加之希望在政治上追求进步的曹禺改变了自己原有的文学观和创作原则,从反对宣传到主动承担宣传任务,从遵己命到遵时代命到遵上级命,于是从独特降到了一般,天才就泯灭了。曹禺的个人悲剧还在于,时代的先进世界观已经出现,指导着作家们进行了观念更新的创作,曹禺却始终无法把握,因而总是觉得欠人一筹,想追赶而追赶不及。他一生都在谦虚谨慎甚至是唯唯喏喏地想跟上时代步伐,

---

① 1986年10月18日曹禺与田本相谈话记录,见田本相:《曹禺》,北京:中国戏剧出版社,2010年,第259页。
② 引自万方:《灵魂的石头》,《收获》1997年第3期。
③ 据李玉茹说,见田本相:《曹禺》,北京:中国戏剧出版社,2010年,第262页。
④ 王蒙:《永远的〈雷雨〉》,王蒙:《不成样子的怀念》,北京:人民文学出版社,2005年。

却总是跟不上。梅兰芳不也是同样？这是那个时期一代艺术家的共同悲剧。当然，"左"的思潮干扰更加剧了曹禺的精神危机。

七

曹禺前期的成功，成功在坚持客观的写实主义创作方法，这使他捕捉到文学和戏剧的奥秘，帮助他摘取了桂冠——这里我们再次看到写实主义创作的不以人意志为转移。曹禺因而能将自己对社会的特殊感知不受影响和干扰地表达在笔下，真正非功利而从性灵出发去创作。虽然他稍微远离当时的社会潮流，作品里缺少一些时代的氛围，也缺少理想之光和明确的前景，比较阴涩，这是他的缺点。但也正由于此，他能够沉潜于创作，从性情和情感出发，他的创作只听从内心的召唤，把自己的苦闷发抒出来，所谓"发泄着被抑压的愤懑"[1]，使作品得以正视人生和保持真诚，却是更为贴近文学的审美本质而非政治伦理功能的。曹禺说："古往今来，真正成熟的大作家，都是真诚的人。他们总是正视人生。"[2]这是他的提倡，难道不也是自白？

少年曹禺早已自觉把握住了写实主义创作方法的真谛。还在南开大学从事学生演剧时，他发表的见解里就鲜明反对把作者的倾向性强加给剧作。他说："著者高尔斯华绥（John Galsworthy）的性格素来敦厚朴实，写起剧来也严明公正。在这篇剧内他用极冷静的态度来分析劳资间的冲突，不偏袒，不夸张，不染一丝个人的色彩，老老实实把双方争点叙述出来，决没有近世所谓的'宣传剧'的气味。全篇由首至尾寻不出一点摇旗呐喊，生生地把'剧'卖给'宣传政见'的地方。我们不能拿剧中某人的议论当作著者个人的见解，也不应以全剧收尾的结构——工人复工、劳资妥协——看为作者对这个问题的答案。因为作者写的是'戏'，他在剧内尽管对现代社会制度不满，对下层阶级表深切的同情，他在观众面前并不负解答他所提出的问题的责任的。"[3]正是这种明晰的创作观念支撑了曹禺早期作品的成功。

---

[1] 曹禺：《雷雨·序》。
[2] 曹禺：《要生活，也要胆识》，《剧本》1982年第1期。
[3] 曹禺：《争强·序》，原载《争强》剧本，1930年南开新剧团油印。

在这个基点上,曹禺以写人为核心,将视角注视到人的精神深处,剖析人生的困惑、人类的挣扎,关注人的内在生命,他因而把握住了创作真谛。曹禺说:"我喜欢写人,我爱人,我写出我认为英雄的可喜的人物,我也恨人,我写过卑微、琐碎的小人。我感到人是多么需要理解,又多么难以理解。没有一个文学家敢说:我把人说清楚了。"[1]他从揭示人性的复杂性和矛盾性入手,试图发掘生活背后支配命运的力量,而"以一种悲悯的眼来俯视这群地上的人们"[2]的结果,就是无限地展延了创作内涵的广度与深度。关注人类的生存困境,使曹禺作品处处透示出博大的人文关怀;渴求进行精神探索,则使其作品具有了人性深度与哲理厚度。曹禺剧作因而能够摆脱冲突的表面性而把视角探入人的内心,其人物形象因而能够摆脱简单是非评判而呈现出复杂的生命状态,其作品因而也摆脱了功能的功利性而走向价值的永恒。曹禺曾称颂莎士比亚的戏剧诗"是宇宙与人性的歌颂,是用利刃解剖人性的奥秘,是寻常却永恒的哲理的珠玉,是阳光灿烂的人道主义的精华"[3],这也是他的创作追求。

文学的意义即在于它能够深刻揭示人性的复杂性和矛盾性,这是它不同于哲学、社会学、伦理学的地方,而属于美学范畴。所有文学大家都无一例外地将笔触探入了文学的这一堂奥而取得辉煌。为何曹禺作品中的两极人物——周朴园鲁大海、繁漪侍萍、周萍四凤、陈白露翠喜、潘月亭方达生、仇虎焦大星、曾思懿曾石清,都有丰富的审美价值,是因为他们所呈现的复杂深奥的人性状态极具欣赏性。曹禺又极善描写人的极端状态,"不是恨便是爱,不是爱便是恨;一切都走向极端,要如电如雷地轰轰地烧一场,中间不容易有一条折衷的路"[4],具象体现为繁漪、陈白露和金子几位典型女性的性格构成。曹禺说过:繁漪的性格是"最雷雨"的,"她的生命交织着最残酷的爱和最不忍的恨,她拥有行为上许多的矛盾,但没有一个矛盾不是极端

---

[1] 《北京人艺经典文库·经典人物·曹禺》内封载曹禺题词,北京:中国戏剧出版社,2010年。
[2] 曹禺:《雷雨·序》。
[3] 曹禺:《和剧作家们谈读书和写作——在中青年话剧作者读书会上的讲话》,《剧本》1982年第10期。
[4] 曹禺:《雷雨·序》。

的,'极端'和'矛盾'是《雷雨》蒸热的氛围里两种自然的基调,剧情的调整多半以它们为转移"①,蘩漪因而成为曹禺塑造出的最具典型意义的性格形象。而因为具备人性的不确定性,曹禺的作品构成了主题多义,具备多重和无限解读的可能性。

以上条件使得曹禺早期剧作不受政治文化框范,具备了浩渺的人类意识和普泛的人文价值,它因而有着超阶级、超时代性,能够穿透历史的屏障而盛演至今,中国没有任何一个现代戏剧家可以与之相比并,这一事实为我们提示着箴戒。文学史现象曾反复证明了恩格斯的论断:"作者的见解愈隐蔽,对艺术作品来说就愈好。"②倾向性越隐蔽的作品,越容易超越一时一地的观念和需求限制,保持长久的生命力和影响力。1991年美国比较艺术学者罗伯特·沃特曼指出:"(《雷雨》)这部作品和它所体现的文化价值之所以会被保存下来,是因为它超越了表面的主题和素材进而达到了更具普遍意义的层面上。""如果它值得人们继续予以关注,那是由于可以在它的表面意旨之外发现某种象征意义,以及它对于普遍意义上的宇宙人生所提供出的独到见解。"③正是由于作品中这种更富于覆盖性和代表性的普泛价值,使曹禺作品获得了强大的精神力量,成为穿越时空和国界的结晶,成为超越现实的杰作。

曹禺前期成功有着独特的条件要求,条件缺失,天才就会陨落。条件就是他的个体悲剧意识,这种意识是促发曹禺最初创作冲动和灵感的来源。曹禺选择了悲剧,是因为悲剧的风格与形式符合曹禺对时代与生活的心灵感应。曹禺悲剧的大获成功,是因为其精神与当时中国社会和民众的精神相激荡。曹禺因而成为中国独一无二的悲剧家。但他的敏感、灵魂痛苦促成了他,也耽误了他,使之无法完成后来的转型。当从暴露黑暗转向歌颂光明,悲剧改为正剧,曹禺作品就失去了灵动。尤其在中华人民共和国成立后

---

① 曹禺:《雷雨·序》。
② 恩格斯:《致玛·哈克奈斯》,《马克思恩格斯选集》第4卷,北京:人民出版社,1972年,第462页。
③ [美]罗伯特·沃特曼:《实用智慧的条件》,田本相、刘家鸣主编:《中外学者论曹禺》,天津:南开大学出版社,1992年,第280、276页。

时代的旧式悲剧性消失,曹禺更无法面对自己擅长的风格与时代要求的艺术形式之间的矛盾。中华人民共和国成立后时代变化所带来的文艺立足点、立场和创作心态的变化,要求文艺家们站在国家立场而非以往的个人立场来发言,而严峻的内外环境又要求文艺为巩固新生的国家政权服务,要求以往批判的文艺必须转身为歌颂的文艺,采用先期进入社会主义的苏联文艺的"无冲突论"方法来处理我们的社会主义文艺创作。于是习惯于站在个体立场上写出成功作品的文艺家们一下子无所适从。个人视角被批评为资产阶级、小资产阶级和个人主义的结果,是一代文艺家的整体失声或唱出假声。在这种背景下,拥有先进世界观的左翼作家如茅盾等亦没有超越自身历史高度的新作,遑论巴金,更何以苛求以戏剧为对象的曹禺!面对几乎所有作家都难以逾越的转型,曹禺或许败得最惨,因为他手中的文学工具是最难驾驭的戏剧!而老舍话剧《茶馆》的成功,是因为这是一部新型的描写黑暗中国里市民的悲剧,曹禺却无法再回过头去重复自己。至于曹禺成功在描写复杂人性,中华人民共和国成立后政治文化曾经长期不允许这种笔法存在,连"中间人物"都不能写,就更使他失去了解读人生的语码。新时期后当人性重返文学艺术视野,长期枯竭的耄耋老人曹禺已经难以用时代暖流润湿自己的笔尖了。

八

"曹禺现象"为我们今天提供的启示是什么?它首先告诉我们的当然是:我手写我心,写自己熟悉的,创作题材直接出自个体的生活阅历与感悟,是创作的不二法门,是作家成功的先决条件。尽管早已是老生常谈,实践中人们不是经常会遗忘吗?作家只能写出他自己所熟悉的,这是创作规律,作家一定要对之有敬畏之心。

"曹禺现象"也告诉我们,创作须听命于时代精神,但不能直接听命于主题,更不能追求直接图解政治,而要以形象思维为主导。主题先行和分派任务的写作是一定会失败的,因而提倡作家的非功利性写作。作品提倡写复杂人性、隐蔽倾向性,尽量不要进行直接的政治评判和道德评判,而倡导审美评价。宣传尽管必要,尤其中国话剧立基于此,但立足于一时的认识基点,隐含着许多可变性与转移性,与政策结合的东西没有生命力和感染力,更没有历史穿透力。晚年曹禺痛定思痛的总结极富启发意义:"我不大赞成戏剧的实用主义,我看毛病就出在我们根深蒂固的实用主义上。总是引导剧作家盯在一些具体的问题上,具体的目标上。这样,叫许多有生活的人,有才能的人,不能从高度看,从整个人类,从文明的历史,从人的自身去思考问题,去反映生活。我们太讲究'用'了,这个路子太狭窄。对于文学艺术来说,实用主义是害死人的……我们总是写出那些'合槽'的东西,'合'一定政治概念的'槽',一个萝卜一个坑,这是出不来好作品的。"①政治文化的急功近利对文艺创作只产生副作用,我们已经有了太多的教训。

"曹禺现象"又告诉我们,时代应该允许作家存在世界观与方法论的矛盾,不强迫其接受先进世界观,允许他保有自己的精神栖息地。作家享有掌握自己精神天地和从事自发探索的自由,有权利沉醉于自己的性情与爱好,进行静观式的写作。对于一个独特作家,时代应该为他提供充分发挥其个性才能的天地,而不是去强迫他改变自己。要允许和包容作家的缺陷。如果用马克思主义的世界观和文艺观来衡量之前的大作家,不都是有缺陷的天才吗?恩格斯在致玛·哈克奈斯的信中说巴尔扎克尽管"全部同情都在注定要灭亡的那个阶级方面",但他却是"比过去、现在和未来的一切左拉都要伟大得多的现实主义大师",因为"他给我们提供了一部法国社会特别是巴黎上流社会的卓越的现实主义历史"②。而列宁对托尔斯泰的评价,更可以直接帮助我们认识曹禺的价值,他说:"革命是一个非常复杂的现象;在直接进行革命、参加革命的群众当中,有许多社会分子也显然没有了解正在发生的事情,也避开了事变进程向他们提出的真正历史的任务。如果我们看到的是一位真正伟大的艺术家,那么他就一定会在自己的作品中至少是反

---

① 转引自田本相、刘一军:《苦闷的灵魂——曹禺访谈录》,南京:江苏教育出版社,2001年,第36页。

② 恩格斯:《致玛·哈克奈斯》,《马克思恩格斯选集》,北京:人民出版社,1972年,第4卷第463、462页。

映出革命的某些本质的方面。"①我们的创作是需要有缺陷的天才,还是完备的庸才呢?

"曹禺现象"还告诉我们,文学作品的价值不能用数据衡量、用数学公式计算。文学的判断标准是美而不是政治或其他什么。美是朦胧的。当一切都认识到位,创作意图十分清晰,主题内涵把握准确,下笔着墨轻重疾徐操纵自如,创作出来的东西反而没有内涵和纵深感了。文学是复杂的,理解是复杂的,心灵感应是复杂的,这或许就是文学为什么是文学而不是政治学、伦理学和历史学的缘故。另外,世界是多姿多彩、奇幻变化的,生活是五弦琴的交响,是七色光的变奏,混合为美丽的和弦、明媚的阳光。它因为有停顿、有暗影,才有了丰富性与层次感。如果简单地用机器来处理音高音质和色温色调,机械相加的结果,美丽世界就变成了化学元素周期表了。

"曹禺现象"更告诉我们,文学艺术大家的孕育有其特殊的环境要求。我们今天呼唤大家,应看看大家是怎样孕成的,有助于对这个问题的理解,有助于我们的企盼落到现实的土地上。我们从曹禺的成就、意义及创作生涯的峰谷现象所看到的,是戏剧和文学生命力的突显和审美价值的张扬——这才是戏剧和文学的真谛。文学艺术家是美的守护神,他如果想要成功,就只有牢牢守住美的真谛,排除一切干扰。大家就是这样成功的,也只有这样才能成功。因而,与其希望直接培育大家,不若培育大家生长的适宜环境。我以为,当下的呼唤文学艺术大家,应该转化为为其生长创造温润的土壤。

曹禺苦闷的魂灵在他百年之后终于安息了,或许也还没有安息。在纪念曹禺诞辰百年之际,我们有必要对"曹禺现象"进行文化反思,这对我们培育真正的文学艺术家、促进文艺创作的成就,是必要和绕不过去的前提。

(原载《文学评论》2011年第2期)

---

① 列宁:《列夫·托尔斯泰是俄国革命的镜子》,《列宁选集》,北京:人民出版社,1960年,第2卷第369页。

说北京人艺的风格
——北京人艺 60 年志庆

一

　　说北京人艺有着鲜明而独到的演剧风格，没有人能否认。只要是北京人艺的老观众，心里都会有一个对它的大致把握。北京人艺推出一部新戏，就会听到这样的评论：这是北京人艺风格的戏，或者说：这部戏偏离了北京人艺风格，说明人们心里有杆秤。但是，北京人艺的风格到底是什么？它的内涵又是什么？却又很难说得清楚。对我来说，似乎一下子就能触摸到它，但认真想一想，却又看不见摸不着。北京人艺的风格成了这样一种东西：人人心中有，而人人口中无。心里明明有一个影子在，可谁要想来对之总结一下，立马说出个子丑寅卯来，会顿觉无从下手——这还真成了一件为难之事。正是："此情可待成追忆，只是当时已惘然。"

　　之所以如此，一方面由于北京人艺的风格是一个模糊概念，另一方面它又是一个集丛概念。它经历了 60 年的培育、完善和积淀，涉及几代艺术家的共同创作，包含上演剧目近 300 个，观众群也不断更新和改换。60 年中，北京人艺的作品风貌彼此之间有时相去十万八千里，舞台格调有时风马牛不相及，舞台类型几乎涵盖一切话剧流派，其风格定位因而在一定程度上成为一种见仁见智、众口难调的东西，可能每个人心里都有自己的理解和归纳，但又难以用概念限定和表述，终于把它写出来，却已经不是心中对它的那份感觉了。于是对北京人艺风格的把握，就成了共识与歧异的交织并存。

　　从 20 世纪 60 年代开始，学术界已就这个议题讨论了多年，做出种种归纳,2005年纪念焦菊隐诞辰百年时又重提这一命题,但迄今似乎也没人能够总结出一个既清晰准确又得到大家一致认可的结论,总给人隔靴搔痒感。

二

让我们看看现有的一些概括。

1992年,中共中央办公厅调研室在《光明日报》上发表《构筑国家级艺术殿堂的成功之路——关于北京人民艺术剧院的调查》一文,将北京人艺风格归纳为:在20世纪50年代排演老舍、曹禺、郭沫若、田汉等杰出作家的剧作中形成,导演焦菊隐等为其创立做出了不可磨灭的贡献——坚持现实主义道路,追求话剧的民族化,强调演出的整体性,塑造鲜明深刻的舞台形象[①]。前面两句说的是北京人艺风格形成的前提和条件:有大剧作家和大导演为之奠定基础;最后一句说的是北京人艺的艺术成就:塑造出了鲜明深刻的舞台形象。这些都不是风格定义。剩下的三句,才有些接近风格表述的范畴:坚持现实主义道路,追求话剧的民族化,强调演出的整体性。但是,由于连续运用了诸如"坚持""追求""强调"等词语,就使句意转为对北京人艺艺术方向而不是既有风格的归纳。

于是,2001年又有人在此基础上进一步总结:关于北京人艺演剧风格,虽然也曾有过各种不同侧面的理论概括,但现在基本趋于一致,即"现实主义、民族化、完美的整体感,这是构成北京人艺风格的三大要素"[②]。所说的"三大要素",就是把前面概括的三句话,说得更为精练鲜明罢了。

但是,这"三大要素"就是北京人艺的风格定位吗?似乎是又似乎不是。说它似乎是,是因为在全国话剧院团中,只有北京人艺才真正当得起这几句话,才完全具备这"三大要素"。但又似乎不是,因为仔细想来,其中的似是而非处仍然不少。例如,全国坚持现实主义的剧院一定不止北京人艺一家,进行民族化尝试则一直是中国话剧的整体努力方向,而完美的整体感北京

[①] 中共中央办公厅调研室:《构筑国家级艺术殿堂的成功之路——关于北京人民艺术剧院的调查》,《光明日报》1992年1月6日。

[②] 张帆:《时代的遗憾》,《北京人民艺术剧院院刊》2001年第1期。

人艺的作品也不能垄断。结果是，这一定义由于大而化之，不具备边界清晰、范域明确的排他性，因而形同虚设，无法概括北京人艺的风格特征。

其实，这"三大要素"的归纳，更多还是建立于这样一个基础之上：北京人艺60年坚持剧场运营的正规性、正常性、连续性，坚持不断地创作演出和推出新作品、新人才，坚持建立和稳固固定的观众群，从而形成在全国独一无二的剧院效应和影响力，这些放大和强化了它的某种也为其他剧院拥有或部分拥有的内涵。

三

上述归纳的缺陷已经是显而易见的了，但我们还没有说到它的症结点，那就是：它排斥了一个极其重要的因素——北京人艺剧目里的"京味儿"。北京人艺的"京味儿"在演出老舍戏剧中形成，在李龙云、何冀平以及更后来追随者们的剧作中承传、演变和发扬光大。应该说，北京人艺风格中"京味儿"的存在是一个客观而不争的事实，我相信观众心目中的那个北京人艺风格印象与它一定息息相关。

那为什么不把它归纳进去呢？似乎是担心强调了"京味儿"会以偏概全，影响了对北京人艺整体风貌的概括。一种说法是：北京人艺除演出老舍作品外，也演曹禺、田汉、郭沫若等其他风格作家的作品，谈"京味儿"似乎就局限了北京人艺。但因噎废食并不能解决问题，反而设置了跨越障碍，让我们离目标更远。我们只要想一想这样两个问题，就会心中有数。首先，你是否承认"京味儿"是北京人艺的特征之一？如果承认，就不能够忽略它。其次，你从北京人艺60年传统中感觉到的影响，特别是新时期以来的作品，是老舍多，曹禺多，还是田汉多，郭沫若多？我们不能不承认老舍对于北京人艺新生代的特殊影响力。如此，老舍奠定的"京味儿"风格基础也不可抹煞——当然老舍传统不止"京味儿"。

尽管也有人对北京人艺的"京味儿"概念加以修正，例如觉得它还不够大气和正宗，而建议改用"京派"之类的名词，但这样修改徒增声势，却失去了清晰的畛域界线，因而采纳者寡——"京派"无疑用在京剧身上更为合适，包含了外貌、体征、气度、修养、做派、韵味等多方面的内涵。"京味儿"则专一突出了语言方面的特色,用在话剧身上更为贴切。

今天,"京味儿"无疑已经成为观众心目中衡量北京人艺作品的一颗秤星。一部作品有"京味儿",观众就承认它符合北京人艺的传统风格,反之则不承认。为什么?因为"京味儿"是北京人艺独一无二的艺术要素!

四

让我们来分析一下它的成因和构成。

北京人艺1950年建院之初,曾上演了俄国戏剧《莫斯科性格》和表现抗美援朝内容的小戏《兄弟之谊》,但剧院更急于创作出属于自己和属于时代的大戏。"京味儿"作家老舍拿出了剧本《龙须沟》,他把自己一贯坚持的现实主义写作风格与感受到的时代激情有机结合,完成了这部揭示社会巨变的作品。老舍剧作的鲜明特色:以生动鲜活的北京底层人物个性和风味化的北京胡同语言取胜,在这部戏里体现得淋漓尽致。剧院邀请了当时在北师大任教的焦菊隐当导演,焦菊隐和演员一起在排练中丰富完成了这部戏,运用完美和谐的艺术手段,深刻发掘出剧作的内涵,使该剧浓厚的生活气息、生动的人物形象、鲜明的北京特色和突出的时代精神扑面而出。1951年2月《龙须沟》上演成功,获得观众的普遍好评,焦菊隐、老舍、于是之的组合也自然形成——从此,北京人艺的历史起点正式奠定。

焦菊隐、老舍、于是之组合的更大成功是7年后上演的《茶馆》。《茶馆》把50年的北京史横向切出薄薄的三片,放在凸镜下透视,登台的三代、70多个人物,构成北京社会的芸芸众生,整体大跨度地辐射出时代变迁的轮廓。它人物众多、背景倏尔变换而又缺乏贯穿事件、贯穿情节甚至贯穿人物,它没有"悬念"和"潜台词"的支撑,也缺少"突转""高潮"和跌宕起伏的情节要素,因而不符合戏剧常规,过于"自然化"了,但它拥有浓浓的"京味儿"。《茶馆》演出取得了前所未有的成功,"京味儿"风格从此成为北京人艺的突出特征。曾听到这样的说法:其他剧团能够演出曹禺的《雷雨》,但演不了老舍的《茶馆》。为什么?因为《茶馆》的演出需要"京味儿",而"京味儿"是北京人艺的"专利"。

老舍的"京味儿"系列剧,给北京人艺确立了一个风格基础。北京人艺的导演夏淳曾经讲过这样一段话:"我们剧院演出老舍同志的剧本比较多,除《茶馆》外,还有《龙须沟》《女店员》《红大院》《骆驼祥子》(梅阡根据老舍的同名小说改编)等共7个之多。因此,我们对老舍同志的作品和他本人都比较熟悉,而且相互之间产生了创作上的默契与深厚感情。老舍同志的一些剧本都是在和我们剧院互相探讨、研究和协作之下写成的。"① 老舍与北京人艺就是这样建立起一种创作默契的。于是之更是在《老舍先生和剧院》一文里,承认老舍对北京人艺风格有着突出的影响,他说:"剧院离不开作家,但作家的作用绝不限于为剧院提供剧本。一个成熟的作家,必然会以他的剧作,他自己的文学风格影响剧院,培养演员,促使剧院逐步形成自己的演出风格。"②

成因说完了,再来说构成。北京人艺的"京味儿"风格至少有两个方面的内涵,一是运用了北京胡同语言的表达方式,二是涂染了北京民俗生活的浓郁色彩。老舍原本是典型的"京味儿"作家,他的题材表现的多是北京小民的日常生活,他的作品关注于北京民俗风情的描绘、民间文化习性的呈现,他的戏剧人物都操着京腔京调的念白语言,因而老舍戏剧中洋溢着浓郁的北京地方色彩和风味,所谓"京味儿"。而焦菊隐执导老舍作品,尤其注重对他作品中"京味儿"风格的突出和渲染。焦菊隐的认识依据在于:话剧演出一定要具有浓厚的民族味道,而能否创造出这种味道的关键因素,在于"是否用了人物自己的民族方法方式在表达他的思想感情"③。老舍之子舒乙说,当年焦菊隐导演《龙须沟》时,还嫌它不够"京味儿",将台词大部分改写,最终用了北京方言多达165处,其中70%和原著不一样,更土、更地方化。这出戏打破了当时统治中国舞台40多年的"话剧腔"④。

---

① 夏淳:《〈茶馆〉导演后记》,夏淳《剧坛漫话》,北京:中国文联出版公司,1985年,第147、148页。
② 于是之:《老舍先生和剧院》,《于是之论表演艺术》,北京:中国戏剧出版社,1987年,第44页。
③ 焦菊隐:《略论话剧的民族形式和民族风格》,《焦菊隐文集》,北京:文化艺术出版社,2005年,第3册第97页。
④ 舒乙:《北京话——北京人艺的特色》,《中国戏剧》1992年第8期。

"京味儿"对于老舍作品和北京人艺风格的重要性,可以从顾威导演举的一个例子中看出来。他说:"《茶馆》到德国演出,做的同声传译,德国观众的反映很好,但到了法国就差一些,这个跟翻译有很大关系,因为在德国演出时那个翻译用德国的土话——市民语言翻译《茶馆》,这个风格和《茶馆》的语言风格是一致的。而法国那个翻译则用了书面语言翻译,因为他不懂北京话,所以剧场效果就不明显了。"①这很生动地说明了这个问题。

北京人艺的"京味儿"基因,使之成为一种特殊的话剧舞台存在。就像地方戏曲剧种一样,运用地方方言曲调使其风格成为唯一,北京人艺风格也具备这样的唯一。

五

但是,说老舍以及北京人艺的风格只是"京味儿",那是以偏概全。"京味儿"只是一种呈现方式,其内核则是现实主义的表达方法。因为只有运用现实主义方法,才能真实生动地体现北京地域里民间生活的风味,也才能真正展现出风格的"京味儿"。对于这种与"京味儿"相表里的现实主义方法,我姑且称之为"京味儿"现实主义——这里,我们在一个辩证的立场上重新回到了现实主义。

北京人艺的"京味儿"现实主义风格又有一个逐步发展稳定和明晰的过程。焦菊隐曾经正确地指出:"一个剧院的风格不是凭空而来,它是长期形成的。"②在焦菊隐的时代,虽然人们心目中已经有了对北京人艺风格的模糊感觉,但还没有清晰和突显出来。毕竟北京人艺还拥有许多其他风格的作品,不同导演的风格也不相同,因而后人心目中的所谓北京人艺风格这一概念,在焦菊隐那里还没有呈现出轮廓。例如有一次,他评论说:"风格、流派应该有,但要有一个共同的东西。我们剧院有四位导演,假如我们没有一个共同的追求、理想,没有一种共同的精神、原则,各成一派,那么剧院的风

---

① 顾威:《谈人艺的艺术风格》,《北京人艺》2006 年第 3 期。
② 焦菊隐:《关于讨论"演员的矛盾"的报告》,《焦菊隐文集》,北京:文化艺术出版社,2005 年,第 3 册第 219 页。

格也就没有了。现在我们四人彼此各不相同,而我们之间共同的东西使我们剧院具有不同于中国青年艺术剧院的风格。共同的东西总会有的,它是自然形成的,任何强制的办法是做不到的。"①焦菊隐感觉到了北京人艺有一种自然形成的"共同的东西",它与中国青年艺术剧院的风格不同,但未能明确说出它是什么。直到1979年曹禺还说:"许多人说,北京人艺有自己的艺术风格。有人向我提出这个问题,我也说不清楚,我只能提出造就这一风格的某些原因。"②于是他提到了中外一批戏剧大家作品的影响,提到了焦菊隐和赵起扬的历史功绩。

尽管"京味儿"现实主义传统,在"文化大革命"前《龙须沟》《茶馆》《骆驼祥子》《女店员》等剧作中已经开始形成,但众多观众和学界把它看成北京人艺的一大特点,却是在老舍和焦菊隐之后数十年间逐步实现的,尤其是在与新时期多种风格流派的作品进行比较中凸显出来的。"文化大革命"前全国话剧都在强调革命的现实主义、民族化时,北京人艺的"京味儿"现实主义风格靠色于背景之中。新时期破除了僵化的戏剧观念之后,话剧风格流派的多元化局面形成,万紫千红五光十色之中,直接继承了"京味儿"现实主义风格的作品才被时代底色突现出来。例如1988年演出获得很大成功的《天下第一楼》,一方面引起人们对当时睽违已久的北京人艺"京味儿"现实主义风格的强烈怀旧,另一方面也让人们认识到无论习尚如何变化这种风格的魅力都会永存——"京味儿"现实主义戏剧在新形势下获得了价值体认。而《小井胡同》《红白喜事》《鸟人》《旮旯胡同》《北京大爷》《古玩》《万家灯火》《北街南院》《全家福》一直到最近的《窝头会馆》,则成了北京人艺沿着自身风格趋势创作的主旋律,它们连贯成了一条继往开来的涌流。"京味儿"现实主义风格的构成主要也倚重于剧作内容的平民性,由这些剧目所奠定的关注北京底层民众生活和命运的视角,也在北京人艺的长期作品链里延续着。

于是我们看到,北京人艺60年的演出,培养了一批口味相对固定的忠

---

① 焦菊隐:《关于讨论"演员的矛盾"的报告》,《焦菊隐文集》,北京:文化艺术出版社,2005年,第3册第220页。
② 曹禺:《北京人民艺术剧院建院三十周年纪念册·序》,原载《戏剧论丛》1982年第2期。

实观众,也在观众和批评家心目中有了一个相对确定的风格定位。而这些反过来又制约着北京人艺风格的延续和发展,如果出现一部风格相去较远的作品,就容易引起老观众的物议,批评界也会发出异响。

六

老舍对于中国话剧的特殊贡献在于,他还开创了一种独特的现实主义戏剧结构与创作方法。如果我没有说错的话,这是老舍《茶馆》所奠定的手法:切取历史过程中几个横剖面,连贯起来,概括比较深广的生活内容和历史蕴含。不以悬念、潜台词、情节突转抓人心,而以生活化、自然化、风味化的表演方法打动人。这是小说的手法,以往将这种手法搬上舞台是要受到指责的,《茶馆》最初就遭遇过这种命运。但是有焦菊隐、于是之等人的创造性帮助,老舍的《茶馆》在舞台上成功了,他的手法就被肯定下来,《茶馆》散点透视的奇特结构,也成为话剧史上成功的范例而进入教科书。其手法又在人们的日益接受和习惯中被逐渐巩固,慢慢变成传统,累积为更进一步延伸的起点。

《茶馆》成功上演以来,北京人艺和团结在北京人艺周围的一批剧作家已经摸索出一套成熟的创作方法:"京味儿"现实主义手法,切片串联结构,场景内的严守"三一律",场景间的大跨度过渡,运用象征、暗示等手法来交代时空的转移,表演时空的紧凑和辐射时空的无限延伸形成对立统一的辩证体,通过社会发展与观念变迁的历史来反思人生、揭示出较为广阔的社会生活面。大约观众已经逐渐习惯于这种历史跨度很大的舞台叙事结构了,大家坐在剧场里,自然而然地随着剧情的引领,注目于一个环境里几十年间所发生的故事,倾情于一群底层民众的喜怒哀乐与离合悲欢,感受不同时代氛围里人们身上所发生的个性与情感变化。于是我们看到,无限制的历史叙事已经没有障碍了,西方客厅剧和批判现实主义戏剧因受到舞台时空限制而大大缩小社会辐射面和降低价值意义的缺陷被克服掉了,一种新型现实主义戏剧结构成为中国话剧舞台上的常态。这其中一个常用手法屡试不爽,就是历史横断面连接法,直至今天,我们仍然反复见到它行之有效的舞台实践,除前述北京人艺作品外,许多京外现实主义话剧作品也采用类似结构,例如《老兵》《岁月风景》《世纪彩虹》《秦淮人家》都是如此。它们都把时间拉得较开,视野都探向历史纵深,以揭示社会心理和人物心灵发展变化的较长历程。老舍话剧的影响从而促成了这一支话剧现实主义流派在全国的形成。

受传统叙事习惯与欣赏习惯的影响,我们的话剧作家与西方有着心理和文化背景的差异。西方剧作家长于思维推理和叩问人的心理与精神趋势,于是我们看到了《哗变》《纪念碑》《哥本哈根》这类剧作。而中国剧作家的创作先天有自己的民族性,特别是又经过几十年自觉的民族性提倡,大家多是从民族审美心理和欣赏习惯出发来寻找题材、结构故事、表达意义的。长于叙述故事,把一事从起因、开头到发展变化直至结尾的过程,流水一样娓娓道来,从中领悟人生真谛,这是中国从古代正规史传到历史演义到说唱文学到戏曲普遍采用的叙事结构,被我们的剧作家创造性地运用在话剧舞台上。但是话剧尤其现实主义话剧,不像戏曲那样时空自由,可以从容不迫地敷衍剧情。于是出现了老舍的尝试。老舍最初还只是把一个时期的历史横剖面式地切出三片,现在则发展成了洋洋洒洒的历史纵向叙述方式,我们从《天下第一楼》《蛐蛐》《秦淮人家》《世纪彩虹》《北街南院》《兰州人家》里都可以看到这种手法的影子,差异只在于程度的不同,有些明显些,有些隐晦些。这种手法又成为现在电视连续剧的滥觞(也不可否认它受到电视连续剧的反影响),这类话剧与电视连续剧的不同只在于它达不到后者时间与空间的无限延伸性——仍需于空间限定中发挥想象力,一般是限定于一个或几个固定的地点。戏曲的传统手法讲究"一人一事",只要是围绕一个人为某个目的所采取行动的叙事就可以了,历史叙事话剧则在空间限定时间开放的基础上来展开多线头故事,用以折射更广阔的社会和历史面。像《全家福》这样,就是以老院里居住的几家人家为基础,扯入他们的社会关系和交往人物,折射出时代与命运,以寻求人生的况味,因此我们也可以把这类话剧概括为体验和品味社会与人生的话剧。

这类话剧一个共性是采取社会的低视角,即从社会底层着眼,通常是选取一个最普通的社会角落来构思故事,例如茶馆(《茶馆》)、饭铺(《蛐蛐》

《天下第一楼》)、书画铺(《宣和画院》)、大杂院(《秦淮人家》《北街南院》《全家福》《窝头会馆》)、家庭(《父亲》《兰州人家》)、里弄街道(《万家灯火》)等——当然,像《北京人》《立秋》那样选取上流社会或大户人家背景的也有,但不占主导地位。由于是从社会底层着眼,从社会细胞(民众)入手,其喜怒哀乐就成为社会普泛化的情感折射,从而携有更广泛的人文关怀精神,因而受到普通民众的热爱。

但是,尽管有着对中国话剧创作的普遍影响,老舍本身的现实主义却是"京味儿"的,而不是普泛化的。因而,继承老舍风格的剧作家都要在"京味儿"上下功夫,上述从《天下第一楼》到《窝头会馆》的北京人艺创作传统链才能够形成。但这一点也给中国话剧以丰富的启示并受到模仿。像地方戏使用方言演出而形成独特风格一样,北京人艺在老舍《龙须沟》《茶馆》的基础上,运用北京底层民众口头语言和习俗,形成它的"京味儿"。一般剧院则使用通用的普通话,虽更具常规性,但失去了个性。21世纪前后,甘肃省话剧团用兰州话演出《兰州人家》《老柿子树》,西安话剧院用陕西方言演出《郭双印连他乡党》,齐齐哈尔市话剧团用当地方言演出《风刮卜奎》,河南省话剧团用开封话演出《宣和画院》,它们从精神上和老舍现实主义一脉相承,戏剧结构和舞台模式也都有继承的地方,唯一显著区别就是运用方言的不同。它们在方言区内的演出效果都极佳,但超出方言区则语言效果大打折扣。这还只说了属于北方语系的方言话剧,没提到上海、福建、广东等地的方言话剧,那就更不具备流播性了。其实方言剧的特殊效果从20世纪三四十年代的四川方言话剧《抓壮丁》一直流传了几十年这件事,早已显现得很充分了。戏曲地方戏的重要区别一在声腔曲调不同,二在方言不同,而声腔曲调的差别又是在方言基础上形成的。话剧由于是语言艺术,对方言的依赖性更强,而有了方言它就具备了自己的明显独特性。北京人艺演出虽说也以普通话为基础,加入北京方言就有了"京味儿",语言特色和独特性就突显出来。近来热播的方言电视连续剧《抓壮丁》《乡村爱情》等,其抓取观众的要素之一也是它的方言和习俗特色,而一些取消了方言模仿的领袖剧则在人物神态和作品动人性方面大打折扣。尽管一直有人提出方言影视剧不利于普通话普及,不利于扩大作品的覆盖面,但事实证明运用方言确实能够给作品增添风味和提高它的特殊魅力,从而进一步增强其影响力、扩大其覆盖面,这是理论和事实的悖论。

老舍派的写实戏剧在60年的中国话剧当代史中形成明显的流派,而"复现"历史的叙事方式与"京味儿"风格相结合,就构成北京人艺的"京味儿"现实主义流派。这一流派的手法被一再重复使用,特征得到不断加强,就形成北京人艺风格的主旋律。

七

"京味儿"现实主义作为北京人艺的风格特征,还可以运用焦菊隐使用过的与其他剧院风格进行比较的方法来甄别。现在让我们拿北京人艺与它周边的中央实验话剧院、中国青年艺术剧院做一下比较。

首先,后二者更加致力于引进,各种流派、体系的作品都在舞台上尝试。但北京人艺守护一个基本的原则:以本土创作作品的上演为主。这种畛域的区分使北京人艺与它者有别。

其次,北京人艺的"京味儿"化,这种"京味儿"先天地由它运用北京方言的叙述手段加上地域文化色彩而构成。焦菊隐、老舍、于是之的组合使北京人艺抓住了这一特征并形成传统,它也就成为北京人艺的"专利"。这个特征使北京人艺区别于中国青年艺术剧院和中央实验话剧院某种程度的"西洋味儿",构成"民族化"的风格基础。

再次,北京人艺创作注目于北京普通民众的底层化倾向,带来其表演上的特殊要求,例如贴近地域环境和背景,使用特殊人群的特殊方音语调和表述方式,讲究演员表演的生活化、性格化和质地化,注重风味化生活细节的表现等,这些又构成其风格的"大众化"色彩。而不像中央实验话剧院和中国青年艺术剧院演出非地域限定性的内容为多,演外国剧为多,其戏剧人物的思维方式、表达习惯直至遣词造句或普泛化,或带一定西化倾向。

这些是北京人艺风格最具代表性和本土化的地方,也是北京人艺表演最接地气的地方。北京人艺不仅于此形成了自己的鲜明传统,就是在演其他风格流派的戏剧时也有意无意地流露出"京味儿"特征。它演外国戏有时也说北京方言,例如《哗变》。它下意识地把自己的特点也带到了其他类型的戏剧演出之中。这是北京人艺和其他话剧院团在演同一出戏时不尽相同的地方。"京味儿"文化已渗透到北京人艺演员的魂灵之中,如影随形、无处不在。

八

但是,北京人艺的风格特征还远远不能以此为限制。可能会有人说:如果把北京人艺的风格仅理解为"京味儿"现实主义,那又把人艺说"窄"了!这句话说得极对。北京人艺至少还有着多元化的大气、胸襟和包容度值得一提。

其实20世纪五六十年代,老舍派风格特征尚未突出和形成聚焦时,北京人艺以演出郭沫若、老舍、曹禺和田汉等不同大家的系列剧作闻名,其代表性剧目《虎符》《蔡文姬》《武则天》《龙须沟》《骆驼祥子》《茶馆》《雷雨》《日出》《北京人》《名优之死》《关汉卿》等,风格各异,舞台面貌也各自不同。焦菊隐曾说:"剧作家的风格是不同的,曹禺的剧本刻画细致,更接近生活;夏衍的剧本淡雅,在主要之处点几笔,形成所谓淡中有浓厚的味道;田汉的剧本有诗的磅礴,但火药气息更'冲'一些,等。"①为了更准确、更实在地把握这种风格上的不同,焦菊隐主张导演要尽量体验作家创作时的具体思想状态,尽量体验作家的创作意图:"像郭老剧作中长江大河般的浓烈情感、诗意;文言与白话的交织……体验了这些并表现出来,就有了作家的风格。"②因而我们知道,北京人艺演剧风格的形成,除受益于老舍戏剧以外,其他作家的影响也不容忽视,例如其现实主义风格基调当然也直接来自曹禺,民族化特色的形成也有郭沫若、田汉剧作的深刻影响在。北京人艺又出现过那么多个人风格不尽相同的导演,除焦菊隐外,还有欧阳山尊、夏淳、梅阡、金犁、刁光覃、苏民、顾威、蓝天野等,他们在共同受焦菊隐影响的前提

---

① 焦菊隐:《关于讨论"演员的矛盾"的报告》,《焦菊隐文集》,北京:文化艺术出版社,2005年,第3册第219页。

② 同上。

下,每个人都有自己的艺术特色和个性,而对于人艺风格的形成,都做出了自己的贡献。即使是焦菊隐本人导的戏,也并不风格雷同,有着鲜明导演个性的焦菊隐始终追求"一戏一风格"。这样多的作家风格、导演风格与作品风格熔为一炉,共铸了北京人艺的主体风格。

新时期之后,北京人艺更走出一条勇于探索和拓展之路。20世纪80年代初期北京人艺小剧场话剧《绝对信号》的演出引起极大轰动,在戏剧界起了风向标的作用,拉开新时期话剧探索的崭新序幕。观众惊叹于林兆华导演艺术的开创,无论导演观念还是舞台表现形式,都感到一种从未有过的新体验:原来话剧也可以像中国戏曲那样具备丰富的舞台假定性,演员可以在不同的表演时空灵活地跳进跳出,而与观众保持着近距离甚至直接的交流。今天看来这种舞台形式已经司空见惯,但在当年则是由北京人艺大胆推出的。更为重要的是,北京人艺创作出了由刘锦云编剧、林兆华导演的成功剧作《狗儿爷涅槃》,其中采用意识流手段来揭示主人公复杂而混乱的内心活动,通过现实场景展现与回忆和幻觉场面穿插的方法,组合成新型而完整的戏剧结构,在一个新的层次上拓展了现实主义表现手法。《狗儿爷涅槃》成为新时期中国话剧舞台的巅峰之作,而它只能产生在北京人艺。如果把这部既满溢着现实主义精神,手法上又极具现代性的作品,排除在北京人艺风格之外,那就是最大的一叶障目!后面的继来者中,既有任鸣这样北京人艺风格的正宗代表,又有李六乙这样的勇于探索派,他们共同构成了北京人艺的整体面貌。

因而我们看到,北京人艺在对其风格的培育上所持的态度是发展的、多样的、多元的。既有像《雷雨》《天下第一楼》这样传统意义上的剧目积累,也有实验戏剧《无常女吊》、网络话剧《第一次的亲密接触》这样的探索剧目在不断推出。尽管,有时探索会遭遇教训。例如《白鹿原》中林兆华想走得更远一些,要求北京人艺演员用陕西方言演出。它挑战了北京人艺的根基——"京味儿",使得表演失了"地气",濮存昕被悬在了空中,演出出现了风格尴尬。

北京人艺当然也有着演外国剧目的经验积累,它先后演出了莎士比亚、莫里哀、奥斯特洛夫斯基、契诃夫、高尔基等作家的《三姐妹》《悭吝人》《伊索》《带枪的人》《智者千虑，必有一失》《贵妇还乡》《上帝的宠儿》《推销员之死》《洋麻将》《哗变》等著名作品。1988年演出的美国戏剧《哗变》，成为北京人艺充分展现其独特表演艺术的一部外国重头剧目，人们服膺于北京人艺演员的台词功力，更惊叹于其舞台形象的塑造力。

以"京味儿"现实主义为主调的北京人艺，更有着勇于创新的精神和广博的风格包容度，其主旋律的复调有着宽广的边缘覆盖面与丰富的和弦。

九

当然，北京人艺的内涵较上述归纳仍然深远、广博得多，于是人们又提出北京人艺演剧学派的概念，它的包容度就远较风格要宽泛，视角也从对演出效果的把握转移到对创造过程甚至包括理论建树的全息观察。

说北京人艺有自己的演剧学派，当然和它拥有焦菊隐、老舍这样有着明确理论立场与著述的大家有关。他们都是受到斯坦尼斯拉夫斯基现实主义戏剧体系影响，在提倡民族化大众化过程中成长起来的戏剧家，身上打有时代的鲜明烙印，他们因而也成为时代的代表，其作品和戏剧观奠定了北京人艺的基石。学涉中西的知识准备，使焦菊隐有着成熟的戏剧思维和明确的追求方向，话剧民族化的美学定位准确而清晰，从而奠定了其现实主义创作方法的基础，使之创造出赋有诗情画意、洋溢着中国民族情调的舞台形式。焦菊隐力倡的"心象"学说，在吸收西方演剧理论特别是斯氏体系理论的基础上，融合进中国戏曲的艺术原则与艺术精神，甚至中国古典诗词书画理论的养分，形成了独到的演剧理论与方法论，强调演出的诗性、民族性和整体性，强调塑造个性鲜明而又风味独具的舞台人物形象，借助于老舍作品，他使观众感觉到了强烈的风格特征。焦菊隐与老舍的结合奠定了北京人艺"京味儿"风格的现实主义，又广为尝试了民族化和探索性道路，其高水准要求又使整一性成为北京人艺长期坚持的方向。

要说清楚北京人艺演剧学派，还要把北京人艺在中国话剧史上的位置说清楚。北京人艺是在中华人民共和国成立后的长期和平稳定局面下，全面进行民族话剧艺术建设与探索的成果。不同于话剧在初创时期的仓促、战争时期的匆迫,它能够从容不迫地进行艺术探索与交流。当时的领导者曹禺、焦菊隐、欧阳山尊、赵起扬等几位中国话剧界的宿将,在设计建院目标时,艺术上瞄着莫斯科剧院的标杆,风格上提出要建构自己的即具有中国民族特色的演剧体系的目标,确立了北京人艺的未来方向。于是,在剧院建设和艺术质量上的高端化、正规化、精致化就成为它的追求目标,这些决定了它演出的整体性或整体感。而北京人艺得以有焦菊隐这样的大家执掌牛耳,有老舍、曹禺、郭沫若这样的大家为之提供作品,有更多的剧目选择余地,这些是其他剧院都望尘莫及的,也是它得以保持高规格的一个原因。

但北京人艺艺术要素中的整体性或整体感,实际上是对剧院建设和演出质量的高标准说的,它并不能成为北京人艺的独特风格内涵。如果我们把它理解为北京人艺具有演出风格上的整体划一性,则似乎并不符合北京人艺的实际——它的风格"逸出"也是十分明显并时常发生的。但整体性却是北京人艺演剧学派的一个重要内容,或者换句话说,长久保持它的整体感,是北京人艺得以形成独特演剧学派的一个前提条件——这里我们便将风格和演剧学派区分开来,二者虽有彼此覆盖却不具同一性。

特别需要指出的是北京人艺对剧目建设高度重视的历史意义。北京人艺一方面具有强大的创作机能,能够不断创作出新剧目,使其演出风格得以复制和延伸,日益获得更大的社会影响力;另一方面长期实行剧目保留制度,让一些成功剧目常演常新,经常和观众见面。保留剧目制是继承传统的最有效方法,为剧院的艺术积累和风格延续提供了坚实的基础。其他剧院通常难以做到像北京人艺这样长期坚持剧目保留制。北京人艺正是凭了自己这种特殊的艺术生产机制,培育出日益隆盛的风格影响力。

十

一切都是约定俗成的。当我们说北京人艺风格的时候,我们心目中的主形象是《茶馆》式的舞台面貌。但当我们说北京人艺演剧学派的时候,却不能把目光仅限于此,那就过于狭窄和保守了。北京人艺演剧学派的内涵应该更为深广,既有明确的艺术主旨,又有鲜明的理论主张,既有严谨整一的作品风貌,更有沉稳大气的舞台表现。

北京人艺风格是剧目积累的结果,是导演手法和舞台手法的主流趋于一致的结果,是观众固定欣赏习惯形成的结果。既然北京人艺在60年中代表了中国本土话剧发展的中坚,又形成了自己厚实的传统,它风格的鲜明性就值得重视和提倡,这既是一个大剧院的题中应有之义,也是中国话剧发展的历史使命所赋予。

结论:什么是北京人艺风格?什么是北京人艺演剧学派?我的理解就是:前者,"京味儿"现实主义主导下的多元化开辟。后者,在斯坦尼斯拉夫斯基理论基础上,以现实主义为主旨,广纳各种风格流派,在中国审美习惯主导下,构建自己统一意志支配下的话剧舞台风格。

(原载《戏剧》2010年第2期)

艺术观念

戏剧批评：失语、痼疾与主体人格

一、范畴与对象

什么是批评？用一句话概括，批评就是从感性到理性的文艺欣赏过程。读小说、看戏都有直观的感受，好，不好，吸引人，厌倦。把自己的感受表达出来，就是最初的批评。当然，要表达，就要找到一种方式、一种途径、一种文字结构，要说出一二三来，这时，或许又会茫然，不知道怎样说。并不是每一次作品欣赏都能够形成批评文字的。这里的前提是，一要能够清晰捕捉住自己的思路并用合适的文字表述，二要借助拐杖——文艺史论知识基础。

戏剧批评的任务，简单说就是阐明对象的价值。这里分两个层次。第一个层次，阐明文本的价值及表现形式的价值。文本的立意、思想、社会批判力等，形式的结构、语言、人物塑造或表演、导演、舞台美术、灯光等。这些是具体对象的价值，我把它称作平面的价值。戏剧批评的第一步通常实现这个层面，但如果老是停留在这个层面上，容易形成千篇一律、批评八股。第二个层次，阐明对象内在蕴含的价值。准确判定对象在其所属文艺类型的发展历程中的坐标定位，发现它所提供的新的审美因素，指出它所代表的新的趋势。这些是对象所负载的历史信息的价值，我把它称作立体的价值。戏剧批评的进深层次应达到这个水平，当然这需要比较高的学养。对于批评第二个层次的追求，能够推动批评形成自身的独立价值，而不仅仅停留在对象附庸的位置上。过去我们老是羡慕俄国的别林斯基、车尔尼雪夫斯基、杜勃罗留波夫,人家为什么能够成为批评大家,使批评得以独立于对象之外,成为一种独立的价值?20世纪80年代,我们的许多批评家也朝这个方向努力,并取得了一大进步。

二、一个特点

戏剧批评是一种门类批评,与文学相比,它有较多的结构含量。我们通常说美术是空间艺术,音乐是时间艺术,戏剧则是时空艺术,也就是一种全方位的立体艺术,我们的批评是针对这种立体艺术的。它的内涵取决于对象的内涵。

但是,什么是戏剧,这个问题变得越来越说不清了。事实上,戏剧最初在各个文化圈里的定义是清晰的,但一超出文化圈之外,就不清楚了。例如古希腊亚里士多德说:"悲剧是对一个严肃、完整、有一定长度的行动的模仿。"它"借人物动作来表达,而非采用叙述法"(《诗学》)。很清晰吧?但中国戏曲,王国维的定义是:"以歌舞演故事。"(《戏曲考原》)这个定义直到今天仍为人们普遍接受。这中间又插进了歌舞。而印度婆罗多《舞论》里则说:"模仿人们的行为叫作戏剧。描绘人们的行为叫作戏剧。"描绘又被采纳为戏剧的成分了。我们知道,戏剧是代言体艺术,演员要装扮角色,运用第一人称手段,代替人物说话。而描绘是叙事艺术的手段,它与戏剧语言最明显的不同就是使用第三人称口吻说话。描绘通常是说书、小说类艺术所运用的手段。但是,在东方人的传统戏剧观念里,戏剧是可以使用一些描绘法的,中国戏曲里也常常可以看到人物跳出角色说话,交代背景。于是,在东西方不同的文化圈中,产生了对戏剧概念理解的歧义。当然,我们还是可以综合东西方的认识,把戏剧的本质属性规定为一个比较模糊的定义,比如说:人类作为高级智力生物一种自我行为的艺术复制。或者简单说:人类行为的自我模仿。但是,戏剧对象又处在(特别是近年)不断的变化当中,它的内涵和外延在不断地调整、位移、更换,这是探索戏剧、先锋戏剧等现代派现象给我们带来的麻烦。另外,戏剧的外延又借助于其他媒介实现了大幅度的延伸,例如后起的电影、电视剧艺术,还包括近来的电脑网络戏剧,可以想见的是在21世纪里戏剧的外延还将有更大的扩展。

戏剧不断变化的内涵要求批评能够不断重新认识对象,因此戏剧批评总是处于一个动态的调整、充实、转换的过程当中。这一特性,尽管其他门类批评也同样存在,但戏剧是突出的。

三、痼疾

与自身历史及它种艺术门类相比较,当前的戏剧批评显得寂寞,但同时又不排除它的相对臃肿。这是一个问题的两个方面:经典批评的寂寞和庸俗批评的臃肿。下面试着归纳出当前戏剧批评的若干痼疾以警世。

(一)缺乏烛照

戏剧现象纷纭林总、繁冗庞杂,其内在联系在哪里?规律和趋势又在哪里?凄凄暗夜里,茫茫迷雾中,人们期盼批评的理性之光的烛照。然而常见的议论却是对戏剧历史缺乏了解、对戏剧发展趋势知之甚少;评论者缺乏基本的学养和学识,缺乏理性穿透力,只做浅层分析,只见树木,不见森林,难免陷入自我迷失。

(二)本末倒置

戏剧实践是活跃的充满生命力和创造精神的存在,批评的原则是追踪实践的前沿,对无限丰富的对象做出理性把握、科学定性和趋势预测。然而面对对象的急剧变化,戏剧批评显现出理论武库的陈旧,往往胶着于审美定式和固化思维,缺乏自我调整与自我更新的机能,不是去贴近实践,而是以不变应万变,用固定的眼光和观念对应变化了的艺术实践,要求创作实践遵从既定的理论躯壳,得出诸多方枘圆凿、似是而非的议论,甚至因为代际隔膜而形成面对新鲜事物的失语。

(三)主客对立

批评应该成为创作的诤友、剧作的延长与补充,在力图贴近原创精神的过程中,寻找真正的审美发现,捕捉与发掘甚至作者自身亦尚未明晰的意义,同时指点缺失亦为题中之义。但现象中更多的却是主客体间的非平等对话,批评主体仅执行判决,缺乏对对象的人文关怀和本体的、学理的、审美的价值观照,对创作的破坏力大于创造力。

(四)滞留平庸

批评依凭于主体的审美悟性和艺术感觉,通过对舞台的观赏,情动于衷,有感而发,捕捉住独特的真知灼见,于是深刻犀利、洞察秋毫、个性突出。然而常见的却是为评论而评论,不从对对象的深刻理解和鲜活感受出发,却遵从八股模式,平庸老套,人云亦云,千篇一律,无病呻吟、无个性、无独特性,例行公事,所发议论隔靴搔痒,远离痛点,似是而非,不着边际。

(五)人情美化

科学的戏剧批评建立在主体的人格独立和学术良知上,实事求是,有一是一。现状却呈现为众多的遵命文字、人情篇幅,丧失批评原则甚至批评人格,庸俗捧场,廉价吹捧,或者对于对象的整体不闻不见,以点概面,抓住一点随意生发、无限提升,造成议论错位、美化失据,评论与对象缺乏内在联系甚至完全无关。

我这样对当前的戏剧批评痛下针砭,绝非刺刀对外,因为包括本人的文字也在被针砭之列。针砭的目的是想确立正当的批评文风、呼唤时代的批评精品、期盼戏剧批评大手笔的出现。

四、社会干扰力

这里寻找在戏剧批评的背后,影响和左右戏剧批评的社会力量是什么,也就是从主体与客体的互动来看批评,从批评的客体对批评主体的支配来看批评。

20世纪90年代以后戏剧持续走下坡路,与他种艺术门类比较状态十分糟糕,呈现出极度边缘化、寂寞化景象。现在政府各级文化部门对于戏剧的支撑，基本上是以办节为主导，以评奖为中心，这对于戏剧的生存起到一定的作用，但负面效应也不小，犹如打强心针，暂时起些作用，打多了也不好。另外，民间还有大量新兴私有剧团存在，状况十分复杂，对批评来说它们尚未进入视野。办节评奖，调动了各地主管部门行政官员的积极性，因为成果和政绩挂钩，于是近年戏剧界的风景是：官方出面的"公关行为"开展起来，有些地方甚至明里暗里成立了"某某奖公关领导小组"之类的机构。官方公关对于戏剧批评产生了直接影响。一方面，公关方和媒体联手，买断版面，用人情和关系乞请或聘请评论者。在这种行为方式下产生的戏剧批评，学术和思想独立性大打折扣。另一方面社会能够提供给真正批评的阵地则越来越小。作者们也不看重这些文字，他们视之为急就章、"印象派"作品，同时由于报纸版面限制，文字往往被删改，更是弄得大家都不高兴。

对于批评家来说，现在碰到的则是许多人情邀约、人情债，你不得不面对这张社会网。常有人说："你是搞批评的，给写篇文章吧。"把批评做成人情世故，好像批评就是随手写篇东西吹捧一下而已，对于你这文字老手还不是轻而易举、举手之劳？且不论批评是否缺乏独立人格，即使是批评家愿意为之撰文，又岂能无感而发？并非所有的戏都能写出批评文字来，即使是一台完美无缺的好戏，不一定找得到理论的切入点，硬要写，照样写不出好文章。

当下社会这样的批评运作模式，极大地扭曲了批评的本性，干扰了批评的选择。这些，当然都属于"世风"一类问题，我们没有办法干预，所以我的文章只能从抨击批评本身做起，无非只是制造一点独立声音，建立一点批评范式的舆论而已。

同时，我也想对社会呼吁：应该有批评的主流阵地与主流声音。我这里的"主流"，是针对上述批评状况和批评阵地流失的状况说的。批评如果都成了"公关"的硕果，它的存在价值也就丧失殆尽。近年一般报刊对于戏剧批评文章的操作程序有一个明显的改换。过去基本是被动等待自然来稿，从作者自动来稿中挑选文章登载。后来也主动出击，记者参加一些剧目研讨会，从会议发言中寻找目标，然后出面向作者约请。现在则是有偿发稿，由被批评方主动提供稿件，编辑就省去组稿之劳了。这样，批评的主流阵地和主流声音就只好缺失了。有独立精神的报刊,应该避免商业和地方行政运作的程式,保有自己的一方批评净土。

五、两种失语态

戏剧批评属于门类批评,它虽然是文艺批评的组成成分,但由于对象的特殊性,它拥有自己独特的内含空间。相对20世纪80年代以来的文学批评,戏剧批评画出与之叠合与交叉的轨迹。前10年它未能充分获得文学批评的独立价值和地位,后10年它又没有像文学批评那样绝对失语。然而,相对的失语状态始终存在。

戏剧批评的现实失语态主要表现在两个方面:对象化失语和环境化失语。所谓对象化失语,是因为批评依托于对象的目的、动机和任务而存在,为之阐明时代的要求与历史的趋势,当对象失去明确的方向性,批评也就失去附着物,成为散射线。举例说明。"文化大革命"前"三并举"的要求显现为时代化趋势,80年代观念更新成为戏剧舞台的普化追求,这些都成为支撑时代性批评的有力支点。然而90年代以后戏剧舞台进入新型整合期,前景显现为多样化、无一致趋势、乏固定样态的图式,批评的前瞻目标失去,批评也就失去集约性。特别是,当对象显现为先锋、探索样态时,批评往往支点迷失。

所谓环境化失语,是由于生存环境的改观引起的批评弱化和贫乏化,其中包括有生力量流失的损害,面对变化了的对象、理论武库的老化与贫血,戏剧运作模式变化和宣传媒介主体膨胀的冲击,等等。90年代以后,由于社会结构调整转型的剧烈冲击,戏剧批评队伍迅速分化瓦解,此前的活跃成分和有生力量已经消蚀得斑斑绰绰,重新集结为新的潮涌尚待时日。保留下来的成分相对老化,理论武库几十年一贯制,缺乏面对对象的急遽改观自我调整与自我更新的机能,支点固化以不变应万变,用钙化的模框衡量一切活跃不休的艺术实践,得出诸多方枘圆凿、似是而非的议论。戏剧运作模式的主流逐步被纳入办节评奖为中心的轨道,民间职业性和独立制作性演出为之辅助,前者对于批评的功利性需求扭曲了其独立轨迹。媒介根据其扩大受众面的市场需要,对于戏剧的报道时效性、宣传性、广告性压倒了批评性。因而媒介的主体膨胀,非学理性、缺乏基础史论知识支撑的报道文字取代了批评文字,成为左右现状的虚假舆论。

两种失语态共同导致时下戏剧批评的贫弱、缺乏理性烛照、自我迷失甚至庸俗化倾向。

六、三大支柱

依据我个人的理解,戏剧批评应该有三大支柱作为支撑:学识、艺术感觉和学术独立性。即批评的主体必须具备必要的学识(包括对戏剧现象的发展变化脉络及舞台和文本整体规律的把握),保有鲜活的艺术感觉(当场感觉、看戏经验、理性把握和归纳以及准确捕捉、传达、表述的能力),拥有特立独行的学术见解(不为时俗所动、不受外力影响、保持学术良知)。与戏剧理论相比,戏剧批评是一项严肃的应用理论科学,它虽不同于基础理论的精深,但却以基础理论的浑厚深邃为起点;它又更为依赖于批评主体的直观体验,依赖于临场感觉的悟性和生动性、丰富性;由于更具实践性也就更具社会性,它更加凭借主体的学术良心来发挥作用。在此基础上,建立起戏剧批评的主体人格。

七、主体人格

戏剧批评的主体人格应包括三个方面的内容。

(一)具备高学养、高维度的批评起点

戏剧批评不是一件随意性的工作,不是普通观众就看戏的感受信口雌黄,虽然这也可以视作戏剧批评的泛化内容。戏剧批评首先应该是在完整的、体系性的理论架构支撑下所开展的专业性评析工作,它须具备跨时空透视戏剧现状的科学眼光,依据对于戏剧历史规律的把握和发展趋势的科学预见立论。它重点青睐于能够代表某种倾向性或趋势的典型个案,同时也

普遍观照丰富的舞台实践。由此,它始能够避免就事论事、浅层分析,防止议论的错位。这里有一个最成功的实例就是莱辛的《汉堡剧评》。这样,面对对象的变异(戏剧观的突破、舞台结构的倾斜与重新整合、先锋性实验运动等),就不致因对规律和趋势的茫无所知而失语,以固定的眼光和观念对应变化了的实践。

(二)保持立足于艺术感觉的独到个体发现

戏剧批评是欣赏过程之中和之后、由感性到理性的一整个文艺心理发现过程,其前提是有感而发、情动于中,其目标是真知灼见、洞察秋毫,其反动则是平庸老套、人云亦云。要坚持对对象意义学理的、本体的、审美的论证与阐发,张扬批评的个性和独特性,消除庸俗社会学的评析,避免用社会批判取代艺术批评,摒除缺乏艺术感觉、为批评而批评的无病呻吟。由此,戏剧批评才能获得自身存在的实际价值,也才能获得社会的接纳与认可。

(三)坚持批评的主体独立性

戏剧批评是一项艺术性的社会活动,它的本质属性是为戏剧创作把握方向,它的社会属性则使它同时也成为牵动创造团体、创作者、观众和媒体的社会性行动。由本质属性出发,戏剧批评的主体性十分鲜明,它必须是一种外在于任何功利目的的独立理性判断。而它的社会属性则使之必须面对某些功利需求和需要,后者不断干扰其思维的科学性。为保证批评的公正、公允和犀利性,必须建立起规范性操作,确保其独立姿态。这就要求批评独立于评介之外,自觉抵制与摆脱媒体的阉割和主宰,摒除廉价的吹捧,拒绝流俗。如此,戏剧批评才能获得独立的主体人格。

我以为,戏剧批评主体人格的建立,是防止或避免批评失语的最好途径,至少能够以强力来对抗环境化失语的压力,相对缓解对象化失语的窘迫。然而,为正直的批评人格培植适宜生存的营养基,则是社会所应该担负的任务。社会所能够给批评以支撑的,就批评主体来说,是利用公众舆论对于主体人格的提倡与弘扬,对于丧失主体人格的抨击与鄙弃;就批评环境来说，则是尊重批评价值、尊重科学理性、尊重学理分析、杜绝庸俗捧场和廉价炒作的生存土壤。这是需要健康的社会机能来进行宏观调控的。

(原载《粤海风》2004年第2期)

"行为艺术"话语[①]

近年行为艺术在我国很流行,时而引起轰动,也制造出许多事端。到底是什么社会因素影响着它的发展呢?我认为可以将原因简单地归纳为"艺术的泛化加行为秀"。"艺术的泛化",是说进入现代社会以后,过去社会分工专门化的艺术逐渐走向普化的生活艺术,艺术从纯粹性、完整性、崇高性、神圣性的祭坛上掉下来,进入现代生活的方方面面。这里面当然有波普艺术兴起的推波助澜作用。随着现代社会的发展、现代生活的丰富化、现代媒体的崛起,传统艺术被揉碎后装入了现代的万花筒。现代艺术于是成为社会生活中泛化的艺术现象。"行为秀",是说人类越来越想通过自身的行为来引起社会的关注,于是要做一些行动表演。"行为秀"的产生有较深刻的社会机理在里面,它的深层有人类文明的现代性生存饥渴的内涵。人口的压力越来越重,而人类的文明程度越来越高,在这十分有序的人类社会结构里,在这过于拥挤的社会环境里,人常常会觉得在人海之中孤立无援,感到寂寞,于是想突出自己。然而,要想达到过去艺术家引人注目的程度非常难,于是想通过一些极端的行为引起社会关注。当然这里也包括标新立异、哗众取宠等心理因素。"艺术的泛化"加"行为秀",构成现代社会行为艺术的动力源。

行为艺术颇引起我疑惑的一个地方,是艺术和非艺术的边缘怎么划分?通常说的行为艺术举动里,有许多行为并不是艺术行为,而是社会行为。其

[①] 本文系根据作者 2003 年 1 月 10 日在《美术》杂志、《文艺报》召开的行为艺术座谈会上的发言整理。

中如反体制、反主流、反社会、反意识形态的因素的存在,体现了一种社会情绪,这是社会化的东西而不是艺术化的东西。所以,行为艺术和社会行为之间的边缘很模糊,很难界定,它们之间有一个很宽泛的模糊带。这就和我想到的另外一个问题相同:健康文化和非健康文化怎么区别?这中间也有很大一个模糊带。行为艺术或者社会行为中,有些确实对社会起正面作用,是健康的。比如西方有人为了保护动物,把自己赤身裸体关在笼子里,放在大街上展览。这对于人类文明发展起正面的导向作用。当然,腐朽的行为艺术也很多。我想,行为艺术本身是中性的,它可以做出属于健康文化甚至弘扬优秀文化的举动,但也会弄出许多招摇过市、鱼龙混杂的东西。那么,怎么界定健康的行为艺术呢?我想可以这样概括:健康的行为艺术是含有艺术理念并且高尚的行为。既然是艺术,就一定要有艺术理念蕴含其中,同时又要是高尚的精神而不是低级的艺术。当然,具体衡量、评判行为艺术举动的时候,由于中间模糊带很宽泛,情况比较复杂,还是要具体问题具体分析。

我国的行为艺术现在好像风起云涌、屡禁不止,这种现象的存在,总有它的社会内因。是什么社会原因在支撑着它呢?我归纳为:闲人国度里的作秀欲。"闲人国度"很容易理解,刚才讲到人口压力,那么我国的人口压力最大,这是行为艺术一个很重要的推动力。我国的老龄社会特征又日益明显,离退休阶层庞大,越来越多的人进入这个阶层。我们社会的公众心理又习惯于保险安逸情境下的坦然轻松,至少到目前为止还是这样,没有其他一些国家那种紧张的社会绷力、那种紧张的社会节奏感在后面逼命,于是许多人在大街上闲逛。我想,西方国家街头搞行为秀,围观的人数肯定比我们国家少得多,小巫见大巫。所以在中国搞行为艺术,很容易达到轰动效果。当然也要加上一些其他原因:好奇,窥阴,对新奇行为方式、生活方式、生存方式的探查等。人口众多、舒缓的生活节奏、没有很大精神压力的闲人社会,是行为艺术很好的土壤。在这种环境里,用"作秀欲"来鼓动,就容易导致行为艺术的澎湃发展。"作秀欲"的形成是由于"作秀"容易成名,再加上反社会心理、反理性意识的支撑和帮助,与之搅和在一起,构成其内在动力。

有人把中国目前的行为艺术归入后现代主义的艺术流派,我并不完全赞同。事实上,我认为在中国讲后现代,是泯灭东西方哲学、历史、文化差异,突破进而混淆后现代外延的理论错接。同样,我以为在中国土壤上出现的行为艺术,是西方后现代行为折射到中国土壤上发生畸形、变态的结果,它在社会基础、哲学理念、社会理解等诸多方面都与西方不同。我们的行为艺术家,立足于这个传统被打碎后又形成新的组合的土壤,把西方的行为艺术浮光掠影、断章取义、细枝末节地抓过来一把、舀过来一勺,在自己的土壤上做自己的饭。所以它是不是纯粹后现代的东西很难讲。

我举一个例子。比如说人体彩绘——"人体秀"总是引起围观、人山人海,这恐怕更多是中国土壤上产生的文化现象,因为中国是一个有人体禁忌传统的国度。在非禁忌国家和非禁忌文化当中,人体暴露是一种文化习惯,古希腊早就有欣赏人体美的传统,今天西方许多国家也经常见到,"人体秀"就比较难以形成社会关注热点,炒不起这么大的声势。西方的人体彩绘,确实有一些艺术理念在里头,它不是以暴露人体部位为注意点,而是更多通过对人体部位的展现来造成艺术效果。例如把乳房画成天秤座,把屁股画成乳房,利用人体曲线画出鳄鱼吞噬少女的情景等,用新奇感来吸引人,而不是人体部位本身。我国"人体秀"的吸引力则更多来自裸露人体本身。目前我国的"人体秀"主要是利用女性的美丽胴体,来吸引男性的围观,这在女性观众中引起很大的反感。其实诸位男性,如果在大街上看到男性裸体秀,展示男子的性器官,而自己的妻女在那里围观,肯定也会有反胃感。所以,许多女性站在女性主义立场上抨击"人体秀",也就可以理解了。如果改换一下角色对象,男性也会拼命抨击的。所以,中国"人体秀"的立脚点在人体暴露,而不在艺术。这与后现代何干?

由于在禁忌国度里暴露女性身体最容易引起男性的围观,"人体秀"就成为最佳的商业炒作点,因而"人体秀"往往和商业行为连在一起。所以我归纳为:"人体秀"是禁忌国度最好的商业炒点之一。商业炒作总是等而下之的,在西方行为艺术里也被嗤之以鼻,因此它去行为艺术的精神甚远。"人体秀"大约相当一部分属于非健康文化。"人体彩绘"当然只是行为艺术的一个分支,西方行为艺术恐怕更多还要寄予一些反社会、反理性、反主流的哲理性和社会思考性的东西在里面。而我们行为艺术目前的发展中,出现一些更加极端的举动——除此之外,它还反人类!例如吃死婴、自戕等。这种行为不但反文明、反理性、反审美,而且反人类的生理感官、反人类的生命需求。归纳为一个词,就是反人类。艺术是应该给人类带来快感的,首先是生理愉悦,再进一层是审美愉悦。上述极端行为连最基本的生理快感都不能带来,甚至引起反感,这种东西只能是腐朽文化。

对于相当程度上夹带非健康文化甚至腐朽文化因素,而在社会上愈演愈烈的行为艺术,文艺界、理论界一定要引起充分关注,一定要有批评的声音出现,并且要旗帜鲜明地提出批评意见。恕我在这里说一句不敬的话:要通过我们的努力来引导社会,特别是引导"娱记"(娱乐记者)这一人群,正确理解和对待行为艺术。对"娱记"这个人群不能忽视,他们支配着众多报刊的社会文化版面,引领社会趣味的力量非常大。但他们也容易捕风捉影、哗众取宠,为了提高自己报刊的商业价值,时而会忘记新闻工作者的良心,又对具体的艺术门类知之不多、知之不深。他们往往成为行为艺术盲目的媒介推广者。

(原载2003年2月13日《文艺报》)

面对正义、良知和历史的烛照

人性开掘和解构意识形态话语似乎是近 20 年文艺创作思潮中的两把利器,被众多作者成功和不成功地运用着,结撰出大量时代特征鲜明的作品。我们由中看到了观念解放所迸射出的璀璨光华,同时也感受到泯灭理性、遁入情欲洪荒的阴暗与虚无在逼近。读了小说《沙家浜》之后,我强烈地感受到了后者,官能性的反感攫取了我的肌体。我因此激烈地想充当一回耳提面命的教官,来告诫我们的写家如下道理:

第一,人性开掘不等于窥阴,更不预示着作者可以用阴暗心理去处理人性。人性有着丰富的内容,不仅仅等于"人+性"。如果把世界上的人都只看作男人和女人,而男人和女人在一起就只构成性,可以跨越一切道德、理想、目标、道义、责任、敌对关系、时代背景的疆域,仅仅来实现性的结果,这样的对象就没有人性,只有兽性,他们也就除被鞭笞外,不能成为文艺作品的对象。而文艺作品如果以此为鹄的,也就丧失了它的存在价值。

第二,解构意识形态话语,还文艺作品以生活的现实性、丰富性与生动性,不等于有权消解人类文明的标尺,不等于可以践踏和凌辱人的美好向往与精神企盼。如果解构的对象不幸选准了正义和良知,这种企图必然会被历史主潮碰得头破血流而遭到时代的唾弃。

第三,追溯历史的作品,一定要努力把握住历史的精髓。如果认为历史只是一个任由自己揉捏的皮条,可以随意为之塑形,令其为自己含污纳垢,历史也会对你发出致命的反弹,让你最终暴露于历史的烛照。

(原载 2003 年 4 月 23 日《人民日报》)

解构意识形态话语与人性开掘
——影响当前和今后创作的两种文艺思潮

近年文艺思潮中,也可说是近 20 年来文艺思潮中,起作用的有两把利器,一是解构意识形态话语,二是人性开掘。这两把利器一直被众多的作者运用着,结撰出众多时代特征鲜明的作品,它们改变了和正在继续改变时代的文风和审美的风气。这些作品,有的取得了很大的成功,使我们看到了文艺观念解放所迸射出的璀璨光华,有的则留下较大的时代败笔,陷落在道德失范和感观享受之中,令人感到了抹杀正义、泯灭理性、遁入情欲洪荒的阴暗与虚无。这些构成近年文艺作品的两面性,构成其鲜明的时代特征。这两种思潮目前处于方兴未艾之时,将继续影响我国的文艺创作前景。

解构意识形态话语,具体说就是解构"文化大革命"时期话语,进而解构中华人民共和国成立 50 年来形成的意识形态话语。它作为对极左思潮的反动而提出,作为对文艺为政治服务功能的反动而提出。解构意识形态话语的理论源与方法论来自西方解构主义思潮,它之所以能够被广泛用作分解离析我国极左政治环境的催化剂,是由于暗合了"文化大革命"以后人们对时政的强烈怀疑和叛逆精神,北岛喊出的"我不相信"这句口号,是这种精神的象征。人性开掘与解构意识形态话语相辅相成,是一个问题的两个方面。解构了意识形态话语,抛弃了概念化、"三突出"、"高大全"的表现方法之后,人性的丰富性就来填补其中的空间,创作自然向人性的深处开掘。

人性开掘和解构主义两种思潮在近年的文艺创作中起了巨大作用,可以说,它们直接推动了新时期文艺创作的历史性进步,是顺应历史潮流和民意民心的思想趋势,它们使文艺作品朝本体的纵深发展,提高了其艺术规格和档次,也提升了民众的欣赏水平与艺术感觉。应该说,新时期我国产生的诸多优秀文艺作品，都与它们的思想成果分不开。特别是，它们还促使我国的文艺创作得以朝人类智慧和国际文化的方向前进，得以在世界上产生越来越大的影响力，从而成为抵制西方强势文化的有生力量。但是，解构主义和人性开掘也有着十分明显的负面影响，体现在文艺创作中，诸如理想主义、英雄主义、权威主义、道德主义的整体沦丧，文艺作品的游戏心态、戏说倾向的泛滥，沉靡于风花雪月的情欲之风的兴盛与难以遏止等，即是其流毒所在。最近引起激烈争议的小说《沙家浜》的出笼，就是它的"杰作"。

　　我认为，对于解构主义与人性开掘这两种思潮要全面看待，要先承认它们推动新时期文艺创作的巨大作用，然后再来研究如何防止和抵制其负面。见到一些人写文章激烈抨击这两股思潮，完全不顾其对于当代文艺创作的巨大影响力和功用，把它们说得一无是处，以其负面为由来抹杀其整体，这是不可取的，也是不足以服人的，特别是不足以说服在它们影响下正处于极其活跃状态的当代文艺创作的有生力量。正确的做法应该是，通过正常的文艺批评渠道，对这两种思潮的正面和负面影响做出客观、公允的描述与评价，从而引导创作沿着正确的途径发展，而最大限度地避免和消除其负面影响。

（原载 2004 年 4 月 19 日《学习时报》）

名著的厄运时代

这是一个消解权威、消解传统、消解所有既定价值的时代,理论家们称之为"后……时代"。于是,一切崇高、神圣、纯洁、美好都被解构,放入碎纸机里切碎、混合、分割、堆剁为支离破碎的吉光片羽,建构起波普艺术广延的风景线。古典主义、历史主义、现实主义的经典作品也被放进这座销金锅里融化、杂烩,合成为现代主义。而我们今天的文学艺术家们,借此轻而易举地就与过去不免要"高山仰止,景行行止"的大师们并驾齐驱、平起平坐了,并极为自豪地失去了对之崇敬、景仰、卑屈、畏缩的感觉。于是我们便可以气壮如牛地指点江山,随意调遣古人、前人,对之颐指气使,让他们为自己执戟从役。既然我们浅陋的储备库里没有太多货色,一点一滴从生活中积累又成为脱离时代的隔世之谈,那么,就从名著的大海里舀吧。但是,我们又决不肯恭恭敬敬地做,事先沐浴焚香、顶礼膜拜的做法早已成为历史陈迹,况且那又于我有何功利?充其量只是狗尾续貂。我须借人之酒杯,浇我之块垒,窃人之荫庇,成我之功名。于是,就让"各大名著伺候我一个"吧。古人往矣,他们只能对着今天的版权法望洋兴叹,我则尽可以对之随心所欲。

然而,名著的成功皆意义的成功,意义又与文化背景、时代要求、审美态势、思维模式血肉相连,这些是无法剥离的,而远非仅仅情节本身的价值。剽窃一勺是无济于事的。解读名著尽可以有各种渠道、层次、途径,然而,如果是出于浮躁的心态(急于成名?省时省力?……),很容易就会量出自己的渺小与无知,折射出邀功求赏、急功近利、思想枯竭、意义缺失、浮光掠影、浅尝辄止、玩弄形式、放逐责任的时代劣迹,放大了给人看。

(原载 2002 年 8 月 15 日《文艺报》)

要尊重观众的审美情感积淀

尽管"红色经典"这个名词会带来一定的歧义性理解,我们仍然能够窥知它大约指称新民主主义革命题材创作的内涵。在中华人民共和国成立后的前17年,集中涌现的这批高扬革命浪漫主义精神的文艺作品,成为一代人为崇高理想和美丽明天而投身集体共同奋斗忘我牺牲的英雄主义颂歌,其中普遍洋溢的革命情怀构成了共和国大厦最初精神支撑力的一部分。它们由于曾经获得的广泛而深刻影响,已经转化为共和国观众的记忆史甚至心灵史,在一代人的内心深处形成了潜埋的深厚情感积淀。今天的改编者,如果不了解、不尊重这种特殊的审美情感构成,自己享受着共和国的荣誉和物质基础却又无视奠基者为之做出的牺牲,甚至用轻率的态度调侃和嘲弄前辈,一定会遭到人们的蔑视。如果再利用商业时代的多棱镜去折射和析解红色时代的作品,使之因感染波普流行症而灰化,就会因伤害人们心灵中的美好记忆而遭到鄙视。因此,今天的改编者心中一定要存有"敬畏"二字,先用仰视的态度来接近"红色经典",与其时代感产生心理沟通,真正理解了那个时代和它的结晶,然后才能够谈到对之动手脚。

(原载2004年5月28日《中国艺术报》)

文艺批评的标准与准则①

一、当前批评的尴尬

当前批评有一种迷失了自身独立价值的趋势。这种说法的逻辑前提是批评有其独立价值,但这种独立价值在我国文艺史上并非总能实现。

20世纪80年代以前我国的文艺批评受庸俗社会学影响很深,那时批评多是政治宣判,谈不到独立价值。我上大学时有批评为创作的附庸说,所谓一流人才搞创作,三流人才研究创作,批评自然比创作低了一等。那时有一个普遍的玩笑,说是鲁迅、曹雪芹都养活了一大批教授、研究员。因此当时真正的批评者向往俄罗斯文学批评的独立价值:别林斯基、车尔尼雪夫斯基、杜勃罗留波夫的价值。过去曾经流传别林斯基的博士论文神话:他因为导师们看不懂其论文而未能获得答辩通过,但论文出版后却得到了历史的价值肯定,召唤了俄罗斯文艺批评一个新时代的到来。这与爱因斯坦相对论最初提出时在科学界得不到认可的情形相同。

1980年后,文学评论一度引领时代风潮,所有的人张口闭口都在谈文学的主体性、人的发现、精英意识等。那个时候批评或者说文学理论膨胀到这种地步:我们的文艺批评家们误以为整个时代、整个社会和全部意识形态焦点全都对准了自己。批评家大放光芒,澎湃的自由精神促使每一个人都

---

① 本文系根据作者 2005 年 8 月 14 日在安徽合肥首届中国文联中青年文艺评论家高级研修班上的讲课内容整理。

在匆匆构建自己的独特理论体系。批评在当时确实也很起作用,我们看得到的是,批评与创作互相鼓荡,批评对创作起了推波助澜的作用。当时的批评发掘了许多新人,推出了许多新的创作流派,对它们进行价值定位、理论定性,然后召唤创作的新开掘与新趋势。然而一度辉煌过后,政治的松动收紧了发条,文化的有序(相对有序)节律被市场的无序脉搏所冲击,这就是90年代以后的现状。

1990年后,文化的最大发展和进步是多元化,我们都深受其惠。但它带给批评的问题是使批评失去了一致性,批评标准失去了统一性,批评日益落后于创作甚至缺席。我们的文艺批评家们心中不甘,进行了许多尝试,例如文学界在一波一波地鼓荡,推出新人、新人类、新新人类,大家很熟悉的文学低龄化写作现象风起云涌。这种现象也带来一些社会的困惑,因为它与当前教育的正向培养模式相背离,甚至用退学换取文学天才的产生。低龄写作这里不评价,它肯定有一定的社会支撑力,我要说的是,这里面也有很大的市场驱动——书摊上韩寒的《三重门》遍布,当然低龄文学青年的热情加盲动也促使它成型。对批评来说,则总感到这是时代给它开了一个玩笑。

我的意思是,批评标准多元化了,任何文艺现象的发生都有批评在后面支持着它,或者说它都在寻找对自己的理论支持。多元化局面的出现当然是我们盼望多年的事情了,是极大的历史进步,但一旦置身其中又发现,个人思考已经很不好定位和确认,不时会引起困惑。没有了统一的、一致性的标准,这是造成当前批评困惑的一大原因,它也造成批评对创作指导意义缺失的尴尬。我个人置身其中——当然我只从事批评中间很小的部分——集中于戏剧批评,感到在大的潮流和趋势把握上往往迷失方向。我先把问题提在这里,不知道提得是否准确,向大家讨教,希望求得答案。也许有些同道认识比较清醒,就请对我进行补课。

二、批评的标准

批评的尴尬很大原因是标准的不统一和失范。那么,批评究竟有无统一的标准?似乎有,又似乎没有。在特定大文化背景制约下的特定历史时期,尤其在社会具有一致性思考的时候,大概比较容易形成一个相对统一的批评标准。

中华人民共和国成立初期以人民性为标准来区分好戏坏戏,就是一个典型的例子。当时社会上发表了大量的文章,一致性非常明显,都围绕这个标准进行讨论。讨论其实是很简单的价值判断:作品是否有人民性。有,就是好戏。没有,就是坏戏。好戏,大力弘扬。坏戏,批判甚至禁演。在当时二元对立思维方式的支配下,非常容易形成一致性。当然,实际操作过程中,由于对象的复杂性,还是遇到很多麻烦,形成不同认识,但这些不同也都是在同一的标准之下形成的。一部作品,可能评论家甲认为它有人民性,评论家乙认为它没有人民性,评论家丙认为它有一部分人民性。或者集中在某些内容是否属于人民性,有人说属于有人说不属于。那么,差异性就在同一标准下、不同的认识基础上发生,标准却是一致的。现在看,当时说的人民性,也就是符合新的时代要求的体现为大众立场的作品的思想性,是一种由延安文艺座谈会精神延伸而来的对传统的判断坐标,它在特定历史阶段发挥了很大的作用,支撑了一个时代文艺评论的整体趋势。

欧洲文艺史上,古典主义时期形成戏剧"三一律"的标准,是另外一个例子。"三一律"是欧洲17、18世纪特定历史时段中支配戏剧实践的理论范畴,其影响持续至今——当然不断有不同的认识方式冲击着它。如果仅仅讲"三一律"的理论,它是大约100年时段里的一致性标准,但如果讲它的归纳体现了一定的戏剧舞台规律,隐藏了人类戏剧一些本质的东西,它就一直支配到今天。当然我国20世纪对于"三一律"的过度依赖,使我们误以为"三一律"是支配欧洲戏剧几百年进程的一个标准,其实不然,它只是古典时期的标准,以后的浪漫主义、写实主义到自然主义思潮都是对它的反动,更不用说现代派戏剧的兴起。但是,在欧洲古典时期的百年间,大量的戏剧争论是围绕是否执行了"三一律"的标准进行的。一方抨击说这个戏不符合"三一律",另一方反驳说它符合"三一律"——争论只在相同的基础上展开。

我现在说起来也很崇尚这样的时代,如果我们都在一个同一的标准下讨论的话,就比较容易找到参照系、形成判断,那就省劲儿多了,困惑就会少一点。但这只是假设。表面的困惑少了,可能内在的困惑就积聚了。在中华人民共和国成立后的极左思想影响下,表面上的统一性很强,内在困惑就十分突出。尤其是善于独立思考的真正知识分子,其内心会非常压抑。这是题外话。所以我说,在一定的文化背景下,会产生相对统一的批评标准。

但是,从更长的历史时段看,批评的标准又是不断变化的。20世纪初新文化运动,胡适先生是很有成就的旗手之一,但他当时对传统戏曲的认识,所依据的理论根基,我们今天是完全没有办法接受的。他依据的是达尔文的进化论。二三十年代有一场讨伐传统戏曲的论战,胡适先生在《新青年》杂志上发表文章,提出一个很著名的观点,说西方戏剧(指话剧)是在人类文明史上发展到一个新的阶段的戏剧形态,而中国戏曲是在人类文明史上前一个阶段产生的舞台形态。处于上一个轮回的戏剧形态自然是要被淘汰的,处于新生轮回的戏剧形态则是要必然取代旧形态的。这不是有一点历史唯物主义了吗?马克思创立的社会形态论,从原始社会、奴隶社会、封建社会、资本主义社会到社会主义社会,有点像。但胡适不是从马克思那里来的,而是从达尔文那里来的。马克思主义当时吸收了西方思想的精华,是认知方式的一种递进、一种积累、一种积淀,马克思于是站在了时代的最前沿。胡适吸收了近似的理论,现在看则属于机械的认识论。因为我们很清楚,中国戏曲不仅仅是只存在于某一个社会形态中间——例如封建社会,它的前期发源早到奴隶社会甚至原始社会。再看人类各个文明,许多文明里都有戏剧,埃及、印度、中国、古希腊,如果用社会形态说来套的话,它们各自分属哪个形态阶段?胡适抨击传统戏曲,是用社会进化理论做为标准,用"进步"和"落后"的标杆来区分东西方戏剧,进步的是西方话剧,落后的是中国戏曲。他的表述里还用了一些很有意思的词语,比如说传统戏曲里面的东西有许多是封建社会的"遗形物",什么刀枪把子、挂髯口、画脸谱等,硬要把民族审美积淀物分判到历史阶段里去,明显是在牵强附会。

现在我们会到戏曲里面去寻找传统审美的积淀、寻找民族审美习惯的基因,决不会采纳胡适的标准。但在当时的新文化运动背景下,胡适的影响力极大,他在青年人中间振臂一呼、应者云集,所以传统戏曲受到很大冲击。当然也有一些人出来说话,像张厚载等人,发表文章谈出了接近于我刚才说的那种观点,可想而知,在当时的环境里就是螳臂当车,逆历史潮流而动,遭到唾弃。因为那是一个激荡的时代,一个呼唤革命的时代,当时社会需要这些东西,如果唤不起民众对于旧社会的冲击力,就形不成当时的革命,也就产生不了我们今天所继承的文化成果,新文学的文化成果。所以,那也是历史的必然。当然,我在80年代之后作为学术研究来回顾这场论战时,会因为历史的距离和冷静旁观,对当时的盲动发出会心一笑。有些在历史上起反作用——反动作用的东西,到了不同的历史时段,当时代改换了认识角度、改变了评判标准,它的价值可能会被重新发现。但在当时,新文学界对戏曲的看法却是惊人的一致,只有一些个别的异响发出来,给人的感觉是清朝的遗老遗少、那些挂辫子的人说的坟墓里的话。

不过,也确有具备真知灼见的人,支持了"遗老遗少"的声音。1931年,京剧大师程砚秋前去欧洲考察戏剧(他称之为戏曲,因为他习惯于戏曲这个概念),回来写了份报告,提出一个问题请大家讨论。他说,都说我们的传统戏曲很落后,可是他到了欧洲,接触了一些欧洲现代戏剧的大师,现代戏剧理论和批评的大师,人家的看法不一样啊。他说他碰到有影响的戏剧批评家兑勒先生,兑勒先生对他说:"你们的戏曲已经够先进了,你还到我们这里来考察什么?"兑勒先生还说,我们正向你们学习呢,你们又来学我们干吗?有意思的是,程砚秋先生在反驳对戏曲的贬低时,仍然采用了和胡适相同的标杆:"进步和落后。"我想兑勒先生当时可能并不是用的这种二元对立判断方式。因为我回过头来反观历史时,看到的并不是这么一种图景。我看到的是西方戏剧在19世纪末期开始反叛,开始改变批评视角,新的思潮兴起,从象征主义到表现主义、超现实主义、存在主义到荒诞派等,对于19世纪那种固定的、"三一律"式的、易卜生式的写实戏剧形成很大的冲击。他们要寻找戏剧新的出路,在哪里找?回归历史,复古,向欧洲的戏剧传统——古希腊、罗马戏剧里面寻找。而古希腊、罗马戏剧经过中世纪的隔断,找不到了。怎么办?另外一条途径:向东方现存的古老戏剧寻找,向印度梵剧、中国戏曲、印尼巴厘岛的原始宗教仪式表演寻找。而在这中间,找到了他们突破既定思维模式的动力。我想兑勒先生大约是在这个基点上来评价中国戏曲的,意思是你们戏曲里面有很多符合戏剧原始规律的、含有先天基因的东西,我们正在寻找这种东西。而你们反过来又来我们这里寻找 19 世纪前的写实戏剧的东西,这不是颠倒了个吗?所以兑勒先生和我们在不同的文化背景下、不同的文化体态中形成了不同的看法。这个例子生动地说明了,在当时特定的历史语境下,不管是支持还是反对,不管是胡适先生还是程砚秋先生,都是在用进步或者落后的标准来评判中国的传统戏曲。胡适说戏曲是落后的,是"遗形物",是要用扫帚把它扫出门去的。程砚秋提出困惑,也就是提出反驳——因为程先生的中庸之道掌握得比较好,他当然不敢与胡适相抗衡和交锋,他只是很温敦地、中庸地借西人之口提出反驳。但他同样说:我们中国戏曲是很进步的,并不落后。为什么不落后?因为外国人说了,西方人说了。相同的标准。今天回过头来看,我们好像具备了嘲笑前辈的资格。我们觉得他们可笑,说明我们批评的标准变化了。

刚才说到欧洲戏剧从复古中寻找当代创作的灵感。而复古是古今中外文艺史上改变既定批评标准的常用手段。中国文艺史上不断用复古为手段来更新评价标准和批评观念,以求释放文艺创造力,因此复古运动贯穿始终。当文艺走向了偏离的角度,持续了一定阶段,当大家认为需要纠正的时候,复古主义就出现了。文学史上著名的如"初唐四杰"(王勃、杨炯、卢照邻、骆宾王)和陈子昂用复古主义纠正齐梁诗坛的靡艳之风,向汉魏古诗学习,向《诗经》学习。更著名的如中唐韩愈、柳宗元的"古文运动"。宋初不太知名的宋祁反对诗歌西昆体的复古运动。明代弘治到嘉靖的"前后七子"(前七子:李梦阳、何景明、徐祯卿、边贡、康海、王九思、王廷相,后七子:李攀龙、王世贞、谢榛、宗臣、梁有誉、徐中行、吴国伦),则明确打出了文学复古运动的旗帜。也就是说,在中国文学史上,人们不断地用复古的形式来开辟前进的道路,扫清认识和眼界障碍。当然,每一个朝代集中于复古主义大旗下的运动形式,其内涵都不尽相同,所针对的对象不同,所表述的具体主张不同,似乎要实现的目的也不同。同的是,复古是一样的;不同的是,具体的理解都不相同。好像都在用古人说话,用古人压今人,似乎是厚古薄今,实质则是通过这种思维方式来开拓当代话语的渠道。

欧洲文艺史上同样,更是不断有新的理论取代旧的认识,呈现出明显的节律,如文艺复兴以后就有古典主义、浪漫主义、写实主义、自然主义、象征主义、表现主义、现代主义、后现代主义等流派交错迭起,一直来到弗洛伊德和福科的哲学思想时代,表现出一种日益进入人的精神深处的趋势,体现出否定之否定的文艺思想发展路径。什么叫否定之否定?就是标准的改变,我把以前的标准否定了,我的后人又来否定我的标准。如果从文艺思想发展的节律感看,欧洲文艺史体现得可能更清晰明显一点儿,中国文化的继承性、传承性制约着中国文化发展的否定之否定,其节律不像欧洲那么鲜明。一个突出的例子,过去讲欧洲哲学史,好像就只是唯物和唯心的二元对立,一个时期唯物主义占了上风,另一个时期唯心主义又翻过来了,不断地颠倒个。这说明欧洲思想史上的否定之否定,节律感很强。当然到了马克思主义讲的是螺旋式上升,用一条弧线把否定之否定串联起来,就加入了辩证的因素。但无论如何,欧洲与中国是很不同的。中国倒是这种螺旋式上升的弧形比较清晰。

总之,批评标准建立在特定历史时期的社会需求、审美时尚、时代认知等不同判断基准之上,都是相对的。但生活于相同大背景中的人们又无法自觉摆脱它,你生活在这种文化土壤中,就必然受到它的制约,如果想脱离它,那就像要拔着头发离开地球一样是无望的。马克思告诉我们:无数个相对真理最后形成绝对真理,但这个过程又永无止境。绝对的就是终极的,终极的则是永远达不到的,一旦达到,它就不是终极的了。这本身是一个悖论。恩格斯与杜林辩论,写了那么一大本《反杜林论》,实际上都在辩论终极真理和相对真理的问题。我套用过来:有很多相对的批评标准,但绝对批评标准是达不到的,或者说是永无止境的。这就给我们提出一个很大的问题,交付了一个很大的任务,也带来很多的困惑,即:批评标准需要批评家自己去判断和选择。

当然,有无统一批评标准的问题又引申出另外一个问题:是否一定需要一个一致性的批评标准?我一旦提出这个问题,恐怕大家都会马上来反对我,投我的反对票,因为大家好不容易把拥有一致性批评标准的时代跨越过去了。我要说的是,相对批评标准还是有的,如果完全没有,就会陷入不可知论。如果对于对象根本无法认识,无法评判,那要我们这些人干什么?我们还何谈批评的独立价值？连我们这个学科、我们这些人的存在都失去了意义和价值。既然我们坐在这里共同探讨这个话题，总还是想找出来一个相对的一致性标准。那好，下面举例说明这个问题。

三、举例历史题材创作

举这个例子，因为它是中华人民共和国成立以来一直遇到、反复遇到而且现在仍然遇到的一个文艺评价问题，就是：面对历史题材创作，我们的文艺评论老是在那里兜圈子。在哪里兜圈子？在三个标杆上：道德评价、历史评价和审美评价。这三个评价，讲的是文艺作品是否合乎道德观、符合历史进步的要求、符合美的规律，可以把它们对应为真、善、美的标准：历史评价对应真，道德评价对应善，审美评价对应美。让现在一些新锐批评家说起来，这些都是老而又老的东西，不愿意再谈它们了。但是我觉得问题既然到现在一直存在，那就还有谈的必要，有它的现实针对性。

即使到现在，大量评论的发生，还离不开这些标准。看到一幅作品，它的思想内涵是否符合我们的道德观？是否符合历史进步的要求？至于是否符合美的规律，当然更是本体的东西了。20世纪80年代以前评论界对这些问题很模糊，老是用政治宣判代替审美判断，后来才确认了文艺评论的审美基础，提出不能老是从道德评判和历史评判的层面评价文艺创作。但这三者之间怎么统一、怎么把握平衡、掌握中间度，怎么更好地结合起来形成评价坐标，那还是经常需要具体分析的。下面分开来探讨三个评价标准的内涵。

（一）道德评价

道德是公理，比较长效与恒定，可以跨越朝代和时代，它核心的部位可以一直朝后延伸。但它又有民族性、宗教性、环境性缺陷。例如忠孝节义，是我们民族的传统美德，但在现代社会却被新价值观映衬出陈旧与落后色彩，因为它有禁锢人性的一面。怎么区分它中间的合理与非理成分？具体尺度就不太容易把握。中国历史上道德评价总是放在第一位的，那时不讲什么历史评价、审美评价。《周易》说:"君子以厚德载物。"人有了德才能立身。传统的文艺批评都以德为先。韩愈说:"文以载道。"文是要宣扬"道"的,而"道"是天理,属于"德"的范畴。高明说:"不关风化体,纵好也徒然。"有关风化,也就是提倡"德"。高明的意思是说,文艺作品如果不有助于世道人心,再好也没用。一直到目前,我们对于公众人物和公职人物的评判标准里,"德"仍然占有极大比重。

但是,古代文艺作品以"德"为先的评判标准,与今人价值观不同,因而招致批评的地方众多。例如屈原的"忠"。屈原是中华民族的人格象征,但今天看他的性格里又有"愚忠"成分。我刚从网上看到一个材料,一个中国留学生毕业后留在美国教书,他想弘扬中国传统文化,美国人则由于中国崛起也增加了了解中华文化的兴趣,于是他就在美国中学课堂上给学生讲《离骚》。但是他发现,美国中学生虽然承认《离骚》的文词很美(我不知道香草美人在英语里是怎么翻译的),表现的自然景物很美,但普遍对屈原的行为动机不理解,认为他过于胆小懦弱,不足以成事,说这种人在美国社会里什么事情也干不成,我们不需要这种人。这位老师就碰到不易跨越的文化障碍了,它让我联想到传统道德观的现代化问题。

再如关羽和水浒英雄们的"义",里面不乏意气用事的成分,因而不时会贻误战机,坏掉大事,难以承担历史使命。"孝"在中国传统文化里占有很大比重,最近看到有人提倡挖掘古代二十四孝的内容。提倡孝道我同意,作为中国人,忠孝节义都应该具备一点,我们不能学美国人的完全摆脱责任。但是二十四孝故事里面有许多血淋淋的东西,让今天的人无法接受。我过去为搞研究经常钻墓葬,看到许多有关二十四孝的雕塑、壁画,知道它们的一些含义。《王祥卧冰》还不违人道主义,为了孝敬病重思鱼的老母,王祥在冬天解开自己的衣服卧在河冰上,用体温把冰融化,上天受到感动,让鲤鱼跳出来给他侍奉母亲用。《郭巨埋儿》就极端非人道了。郭巨夫妇因为家庭贫困,有点儿好吃的想孝敬父母,可是几岁的儿子也要。郭巨于是抄起铁锹,挖个坑把儿子埋掉,以便有更多的力量来奉养父母。这就太背离人性了。

"节"在传统社会里对于妇女的桎梏太残酷了,2001年我在皖南考察时曾看到许多贞节牌坊,有着血淋淋的内容。读一读明清史节孝传,里面有着大量的类似记载,众多的节妇用五花八门的自戕自残方式来挽救公婆,换取皇上允立的贞节牌坊。我们可以认为,正是朝廷的表彰,鼓励了节妇们竞相效尤,挖空心思地去作秀。这种违背人道的东西,对于节妇们的精神桎梏是极其严重的。

所以,"德"如果走向了义理的极端化和宗教的极端主义,如宋明理学的"存天理、灭人欲",宗教的禁欲主义等,就走过了头,就会引起社会的反抗,引起历史的否定之否定。中国的例子是晚明思想异动,大量风花雪月作品出现,"三言二拍"和《金瓶梅》等倡导纵欲的作品产生。欧洲的例子是经过中世纪的黑暗之后,文艺复兴形成,产生薄伽丘《十日谈》,揭露和抨击宗教的伪善,假禁欲之名而行纵欲之实。所以,历史的道德轮回表现为:当社会一段时期过于提倡秩序,就会出现严重的道学统治和禁欲主义。而人的天性无法释放,积压得久了,人们就会反抗,彻底冲决桎梏,一个纵欲的阶段又会到来。纵欲造成社会失范,无法维系其基本秩序,又一个严格控制时期再次出现。西方当代社会学家写了许多著作来描述这种图景,例如马尔库塞的《爱欲与文明》,说是社会如果不想失衡,就必须有一个制衡的东西来调节,社会发展轨迹就在这种调节中构成围绕中轴线旋转的弧形。你看,道德这个东西,本应是一种属于公理的东西,它却带有很大的局限性。

(二)历史评价

20世纪以后我们接受西方进化观,以历史主义为标准,就出现许多"翻案"之作,一直到中华人民共和国成立以后仍在延续。一个突出的例子是郭沫若为曹操翻案,把传统戏曲舞台上画大白脸的曹操写成红脸,翻了两千年的历史之案。这种以历史主义为标准的评价,对于具体人物形象的处理另当别论,用文艺作品承担评判历史人物责任的利弊也不在这里阐发,我们只说单纯以历史主义为标准,容易导致以成败论英雄的结果,进入"成者王败者贼"的荒谬历史逻辑误区。尽管历史就是这样写成的,但社会公理在人心,尤其中国传统评判又极其重视道德标准,那就必须用道德人心来衡量。你虽然做了皇帝,我难道不可以在文艺作品里批评你为掌皇权不择手段吗?

这倒是中国传统评判的好处:不以成败论英雄。谁成功就赞美谁,这一点连古代智者都不取。中国众多的古典文学作品里都体现出这种价值倾向:"滚滚长江东逝水,浪花淘尽英雄。是非成败转头空。青山依旧在,几度夕阳红。"(罗贯中《三国演义》开篇词)大家都是历史的匆匆过客,成功者又如何?这是一种深沉的历史感喟。"峰峦如聚,波涛如怒,伤心秦汉经行处,宫阙万间都作了土。兴,百姓苦。亡,百姓苦。"(张养浩《潼关怀古》)这更是人道主义的价值判断。古人的历史观都能达到超越特定社会阶段、人生时段和具体对象,进入对存在意义的追寻层次,对民生艰辛的悲悯情怀,我们难道还不如古人?

"真"当然是科学的。西方强调"真",古希腊、罗马时期即已如此,文艺复兴以后,实证哲学兴起,崇尚理性,对真的追求日益加剧,才形成了我们今天生活其中的这个科学世界。这是西方以"真"为基础的认识观对于世界的巨大贡献。但是在文艺作品中,"真"却不能强调得过分。因为文艺作品描写的是人性,是人的最柔软的部分,它不能用科学数据来表达。我们难道能用数据表格来展现一个人的精神和情感历程吗?最典型的例子是《霸王别姬》,大家都非常喜欢的古典绝唱。霸王的末路英雄形象长久在我们心底沉淀为心理情愫,一提到它,我们就会感到一种深沉的美,一种优美,这就是文学艺术。谁会因为霸王的失败而鄙弃他呢?千百年来民族血液里沉淀下来的这种审美习惯,是我们所需要的。单纯靠"真",单纯靠科学主义,没有办法准确评价文艺作品。

绝对的历史主义又与今天仍在民众心底发挥作用的传统道德观严重冲突。例如在中华民族历史上抵御外来入侵时杀身成仁、慷慨赴死的民族英雄,在历史进化论者面前竟然成了阻挡历史车轮前进的螳螂!近年关于岳飞、郑成功、袁崇焕、明末遗民的评价问题正在展开,一些很可笑的议论出现了。例如说岳飞逆历史潮流而动,阻碍了中华民族的统一,说是当时统一的力量在北方,在女真族和蒙古族,而南宋地域性的政权不应对抗历史潮流的大趋势。荒谬吧?现在倒是很多元,什么东西都出来了,给我们的历史研究带来很多麻烦。难道我们中国历史上那么多气壮山河、为国捐躯的民族英雄,他们的死都成了无谓牺牲了?这种认识太相对主义了吧?如果把他们全部扫地出门,我们的优秀民族文化里就失去了很核心的部分,给我的感觉是撕心裂肺的痛。历史主义评价不能走到这一步,走到这一步就成了历史的悖论。

西方人也在反省历史的悖论。历来的认识是:科学与社会生产力的发展,引领着人类走向进步。于是西方人走到非洲、走到澳洲,瓦解了土著,把他们从最原始的生存状态里解放出来,工厂建立了,电视看到了,电脑用上了,一应现代社会享受都有了,使他们过上了人的生活,从非人一步跨到了人。巨大的社会进步吧?但其中却又有着巨大的失落在:土著迷失了自我。西方人自己也在反思这件事,20世纪30年代西方一些文艺家已经开始在作品里表现这种反思。我看到一部作品,表现西方人乘船顺亚马孙河进入原始森林,发现原始部落日益退缩,现代工厂则铺天盖地一般向纵深延伸。于是作者发出悲天悯人的问询:这到底是文化进步还是文化侵略?思想家则想得更多,说是当一个人处于完全自给自足的状态时,是最大的价值实现。当原始部落的人在他那个社会里达到了和谐时,他是最幸福的,他并不想象着要去享受电视机。这类似于强调陶渊明的桃花源。如果在这种和谐社会里,突然引入了现代竞争,把不和谐强加于它,它就失去平衡,葬送了原有的和谐。尤其现代社会在工业文明基础上形成,你把连农业文明都没有过的原始部落一下子拉到后工业社会里来,它的失衡就太大了。这是一个巨大的文明悖论:把原始文明投入世界市场的熔炉里融化,到底是进步还是退步?

我关注过自然村寨保护工作。云贵一带的少数民族村寨在建设生态村,马上遇到的问题就是文明的悖论。因为按照西方理论,生态村必须原汁原味地保存原有生活状态,那么,电和电器不能进入,自来水不能进入,孩子不能读书,少数民族孩子更不能读汉文书。不能看电视、用电冰箱、用自来水也就算了,不让读书,遭到村里少数民族干部的强烈反对:你们反对我们进入现代社会!我们的孩子能永远没有前途吗?这样下去我们的结局是什么?我们成了笼子里的动物,你们来这里看天然动物园!历史的发展,究竟是进步还是落后,现在我都有些搞不清楚了。我看了四川三星堆遗址、金沙遗址,3000年前的文明,许多手工作品之精致、之精美,今天的人手工绝对做不出来。再联想到古代埃及金字塔,古人对于自然时序的掌握、对于天文知识的了解之深入,我们今天无法想象,不可企及。作为整体社会,人类进步了,美国发现号航天飞机刚刚返回地面,我们的神舟6号航天飞机也马上起飞,但作为个体的人,我们根本无法与古人比智慧。

(三) 审美评价

单纯从道德观、历史观出发评价文艺作品,都带来许多问题。于是80年代开始强调审美评价,强调审美剥离,把审美从庸俗社会学的控制下剥离出来,要求在审美的基础上处理历史题材。这样,文艺创作就比较自由了。比如说,无论在道德评价还是历史评价的框架中都显得形象欠佳、行为有亏的人物,仍然可以成为审美欣赏的对象而存在,只要是文艺作品生动、细腻、真实地展现了他们的精神状态。例如,写好一个叛国者的形象也是有利于审美聚焦的。这就给文艺评价带来了自由。当然,审美判断也离不开道德判断和历史判断的基础,恩格斯说过,所有文艺作品都是有倾向性的,这种倾向性就体现为道德和历史的判断。当然恩格斯强调文艺作品的倾向性越隐蔽越好。我们以往文艺作品里的倾向性总是太外露、太浅在,老想灌输什么,于是引起对象的逆反,没人看,就造成了文艺创作的衰败。我们在从事创作时,像恩格斯说的那样,倾向性隐蔽一点好不好?别老是大幕一拉开,台中竖立一座高台,英雄人物出场就站在高台上,作雄壮貌,观众马上就走光了。当然,如果完全丧失了倾向性,审美判断就陷入唯美主义,这也是不可取的。

道德判断和历史判断不再作为直接的文艺标准出现了,文艺作品也不再以完成其判断任务为最终目的了,这是历史的进步。1988年我在《文艺报》上发表《道德、历史、审美》一文,强调评价标准的"三性统一",即道德、历史、审美评价三重标准的辩证统一。但虽然讲的是"三性统一",在当时的历史背景下,还是有意倡导审美评价——在刚刚挣脱了政治功利主义羁绊的时代,惯性思维大量存在,文艺评论中只注重道德评判或历史评判的还大有人在。我那时还没想到以后90年代会出现唯美至上、唯情主义泛滥,审美思潮会走向另外一个极端。

四、也算结论

讲完了真、善、美的统一,我们把问题再次提出:究竟有无普遍的、永恒的、不变的评价标准?很难把握。道德在改变,历史在改变,审美趣味也在改变,一切都在变。单讲审美,古今中外标准相去极大极远。例如对于女性的审美,从战国到唐代,细腰变丰腴;宋代以后,大足变小脚;现代则吸收西方审美观,成了骨感加波霸。再如油画,西方从对象写实发展到了色彩的印象派,而我觉得印象派绘画的色彩展示通常不呈现为美——这当然是我缺乏现代审美眼睛的缘故。我通常在欣赏西方写实画作时能长时间停驻那里,流连忘返,而在看印象派画作时,则只能走马观花。当然我也认为印象派作品只能印象式地去欣赏,那样才能得到印象派作品的真谛。这样一想,我又找到了心理的平衡。书法界流行丑书,我不知怎么欣赏,常想找书界的专家请教,它的美怎么把握。但行家里手好像对此十分讳疾忌医,他们自己心知肚明,但不跟你说具体的,一说就是有功力、有特点、有独特的地方。评判标准很难把握。

通俗歌曲对美声是否定,这容易理解。在中国文艺史上,从诗到词、从词到曲,为什么体裁不断改变?因为"渐近人情"。诗歌的意境比较宏阔,描写景物通常是高山大河。词则进入人们的日常生活空间,进入人们的许多细腻感受中,自然时序代谢所引起的物象变化,人情感的喜怒哀乐的更迭,都可以在词里精确表现。词增加了字数,四言诗到五言诗,五言诗到七言诗,容量日益扩大,从齐整的节奏变成了开放自如的节奏。词再开放,再往里加字、加和声,就变成曲。曲的描写更加直白,更加接近人的生活,把儿女之情写得淋漓尽致。通俗歌曲就是如此,我们每个人都能唱。我的哑嗓子嚎两声也不至于被人笑话,因为比我嗓子更哑的歌星大有人在。而美声唱法则离我们老百姓太远,那需要经过特殊的训练,就像我们的传统戏曲也碰到这种尴尬一样,需要童子功,需要从小练声练嗓。美声则是在古希腊罗马剧场里培养起来的胸腔共鸣法。我去希腊参观古代剧场,当时就觉得美声唱法是在这种环境里面培养起来的。为什么呢?我有切身感受。当时我爬到巨大的剧场观众席的顶部,离表演区的圆心已经非常远了,圆心上站的人看上去都成了小点。有几个人开始唱各民族歌曲,非洲民歌、中东民歌、日本民歌都有,但声音都很小。后来有一位女士开始用意大利美声唱法唱歌,声音突然变得如此嘹亮,呈发散形地向上卷过来,在整个空间里回荡,到了我的耳朵里时,已经非常响亮。所以我想,意大利唱法为什么形成美声,因为他们那里到处都有古罗马剧场,美声唱法应该就是在这种环境里培养起来的——当然我没有科学根据。但美声唱法和世俗文化相去太远,而现在是世俗文化支配的时代,因此它不敌通俗歌曲。

又如,当下十分风靡的行为艺术如何审美还需探讨,也和行为艺术从事者的行为方式有关,因为行为艺术常常反艺术,经常用戕害生命肢体的方式来创作,它不可能完成美的创造。在欣赏时我个人经常会形成感官阻隔,难以进入审美状态。这两天网上正讨论一件事。中国艺术家萧昱的一件展品在瑞士展出时,遭到瑞士人的抗议——我感到民族自尊心受到了伤害。一件什么展品呢?一个6个月的婴儿的脑袋,连接在一个海鸥的身体上,罩在玻璃罩里,用福尔马林液泡着。这个瑞士人说这件作品是戕害人类、反人类的,而且可能隐含着谋杀,因为中国有杀婴习惯。这个问题就严重了。我们只说审美。但这种审美作品,我难以接受。回到题目上来,可能我自己也走向了相对论:很难有人出来制定一种恒定的审美标准来指导当下的文艺评论。

五、批评准则

又回到了老话题:批评究竟有没有准则?我认为,至少批评应该有一个基本点、一个立足点、一个固守点。所谓基本点,就是从艺术感觉出发。所谓立足点,就是立足于批评的大背景。所谓固守点,就是要固守批评的独立人格。

(一)一个基本点:艺术感觉

从事批评,没有感觉不要动笔,否则失之毫厘,差之千里。离题万里,那只能说是借题发挥。借题发挥当然也可以产生另外的作用,但不是文艺批评的主流,不是直接针对文艺现象的具体批评。我读到很多批评文章,完全没有艺术感觉,对于艺术对象完全没有把握或者把握得很不得当。那么,什么是艺术感觉呢?这种电光石火的东西,我说不清楚,大学文艺理论课上可能要开一个学期的讲座才讲得清楚。它可以领悟,但无法把握。不过我们每个人对之都会有直接感受。我平时到各地去,喜欢看自然和文化遗迹,看过之后,有时能写些散文,有时写不成。凡是写成的,都是突然有所感悟,突如其来,不明所以,这就是艺术感觉。抓住它,写出来的文字就一定是生动的,一定是有灵气的,否则就是憋出来的东西。看了一部作品,没什么感觉,但受人之托,求写篇评论,于是往往有憋的时候,写出来的东西肯定就是干瘪空洞的。所以,当好一个批评家,首先艺术感觉非常重要。而且你有没有艺术感觉,文章里是可以看出来的。余秋雨近年行走文学写得比较多,我不管社会对他的负面评价怎样,他的艺术感觉力之强,我是非常佩服的。当然有时他太神了,去了一趟月牙泉,就遇到了那里的老尼姑,并和她有一场超越人我界限、时空界限的对话,我去了几趟也没碰到过一个尼姑。

同样,对于实际创作对象的把握也很重要,否则写出的文字大而无当、空对空。我们经常看到以不变应万变的批评文字,与具体对象根本没有关系,什么情况下都是那一套,讲出来的道理都是放之四海而皆准,我非常反感这种批评文字。评判历史剧就讲历史,显示学者的深厚文化功底,汉代作品就穷究刘邦如何洗脚,宋代作品就细究赵匡胤是怎样在陈桥黄袍加身的,说完就完了,戏的效果如何不管了。和具体创作对象不挂钩,不涉及创作本身,这样的评论只能是隔靴搔痒。当然还有根本不顾创作对象的客观优劣,随心做出主观裁决,或是抓住一点不计其余,甚至把好的说成坏的,坏的说成好的,颠倒黑白,这对文艺创作会起到极其不利的影响。如果走到这一步,批评就走向了反面。

所以我强调艺术感觉,而艺术感觉建立在审美判断力基础之上。这里我做一个断言:没有艺术感觉的批评、缺乏审美判断力的批评是毫无价值的批评。那就不做。没有感觉的时候不写。

舞台艺术和影视多媒体艺术的批评,还要照顾到对象的综合艺术特质,不同于文学仅从文本出发,不同于绘画仅从平面形象出发。这里举一个例子。莱辛《汉堡剧评·预告》说:"戏剧评论家最可靠之处,在于能够准确无误地区分每一场演出的得失,什么或者哪些应由作者负责,什么或者哪些应由演员负责。把甲的过失推给乙,妄加指责,对两者都是有害的。这样会使乙泄气,而使甲产生盲目自信。"莱辛这段话写于1767年,当时欧洲戏剧中的导演和舞美设计等门类还没有充分独立出来,所以他只列举了剧作者和演员,但我们今天可以把它的覆盖面理解为舞台综合艺术各个门类的对象。如此,今天的戏剧批评家就要"准确无误地区分每一场演出的得失",哪些应由剧作家负责,哪些应由导演负责,哪些应由演员负责,哪些应由舞美设计负责,还有灯光、音响、服装,等等。而前提是批评家必须首先具备综合艺术感觉和审美判断力。

(二)一个立足点:大背景

这是针对就事论事的批评说的。如果要驾驭潮流、驾驭整体、驾驭前景,就一定要有一个大的坐标在后面做支撑。批评要立足于前因后果,立足于发展过程,立足于坐标定位,而不能够孤立地看对象,就事论事。要把论述对象放在尽量宏阔的背景上来进行观察,就能看清楚许多问题,就能判断出它的准确方位。当然,要做到这些,就要依赖于当代的思想研究成果,要建立起自己立体的思维坐标系,把自己史论功底加进去。别林斯基为什么能够体现出批评的独立价值,推动一个时代新文论的开创?他对背景的把握,对于整个时代的把握,是批评后面的东西。人们很推崇丹麦勃兰兑斯的《十九世纪文学主潮》,它也是在宏阔背景下来看待论述对象的。尤其对于现代派文艺创作的批评,我们首先要了解它的思想来源。现代派多半建立在哲学思潮基础上,我们就要去了解现代哲学思维。一些现代派文学批评家言必称福科,是陷入了误区,但当代批评确实从现代哲学思潮里吸收了许多东西。20世纪非理性主义哲学思潮兴起,起了基本思想源的作用,叔本华、尼采、柏格森、弗洛伊德等人研究意志、直觉、本能、下意识,开掘人的精神领域深度的思维成果,便于我们拿过来理解当代艺术,理解现代派后现代派话语。我理解不够,看现代派的一些戏,常常看得一头雾水,但我尽量避免自己因不懂而骂它。背景是一个坐标系,是一个支点,我们必须寻找这个支点。阿基米德说:"给我一个支点,我可以撬动整个地球。"我们搞批评也可以说:给我一个支点,我可以衡量整个艺术。

(三)一个固守点:批评的独立人格

这是老生常谈了。批评要坚持不为世俗人情所用、不为社会权力所掌握、不为金钱力量所冲击。受到的干扰多了,批评的人格就不能彰显。眼下枪手批评、人情批评太多,大量涌入批评领域以后,批评就被冲得七零八落。现在批评的尴尬很多体现在这些方面。批评本身是要明辨是非的,现在却不能实现这个目的,那还要批评干什么?一部很糟糕的戏,坐在剧场里的人看不下去,但到了批评家那里,却成了21世纪最大的成绩,这样的批评,让受我们批评家引导的观众怎么听从?

最后,批评还要防止民族语言的失语症,用西方文论概念范畴取代中国传统思维方式,用悬念、冲突、高潮这些术语来评价传统戏曲,南辕北辙,方枘圆凿。近年许多学者在呼吁建立民族批评的话语体系,这当然是批评一个很重要的任务。

六、当下批评的状态

当下批评在我们的文艺创作中处于一个什么样的位置?我说当下文艺创作是无大师时代,19世纪前可以举出无数个大师,20世纪后难以形成大师。两种情况阻碍了大师的出现:一是时代处于激烈的转型期,整个世界都如此,无暇形成大师;二是可能大师形成了我们也不认识,要靠后人拉开一点距离才能辨识,因为大师是历史堆积成的,是后人从我们的时代里抓出来的代表,但我们的时代不一定认可。那么,在这个时期里我们同样看不到国际的大文艺批评家,也许我孤陋寡闻,我只看到哲学界思想界一些大人物。在这种情况下,眼下的批评处于什么样的状态?

首先,陷入一个浮光掠影的,泡沫化、波普艺术化的世界。什么是波普化?商业碎片。把所有的东西打碎以后,再拼贴在一起,形成五花八门的商业广告。眼下一天产生两部长篇小说,一年产生几千集电视剧,时代很难被聚焦。又受到市场的强力冲击,现在你要想让自己的价值被社会认可,首先就必须融入这个高度商业化的社会,取得商业的成功。文艺作品取得商业成功的一个突出例子是英国女作家J.K.罗琳的《哈利·波特》,她的成功引起一个文艺创作群体的失落,因此遭到英国儿童文学作家们的群起而攻之。他们也坦诚得可爱,说是因为你的存在,我们的作品就卖不出去,收入降低。只有这种被商业社会高度认可的作品,才能引起社会的高度聚焦。

其次,坐标多元。它带来话语方式、语码的不同,代沟现象日益严重。批评者们各说各话,你们说你们的,我们说我们的,大家互相听不懂,互相不理睬。

再次,霸权轰塌。过去主流控制的局面不存在了。网评上,大量非专业化评论进入,随便一个网站,任何一个话题,三教九流一起发表评论。像歌曲《老鼠爱大米》,不知怎么在网上一夜就流行了。我觉得它首先旋律不好听,其次意象不准确,老鼠和大米的关系是吃与被吃的关系,表达的是生理需求,怎么能用来表达爱情?但它就流行了。现在又出来另外一首用吃的关系表达爱情的作品。网评的存在加剧了霸权话语的轰塌。我自己碰到了一个幽默。我颇以为自己是戏剧权威,但在网上受到了公然挑战。我一次看了法国音乐剧《巴黎圣母院》之后发表了一通批评。网上讨论开了:廖奔何许人也?不知道,没听说过,没名气。反正不懂戏,国际上都轰动的作品他也敢批评。看不懂,说明他没看过几部音乐剧,既然没看过几部,你也敢随便评头论足?网民不管你是谁,很轻易地就把你的霸权话语解构掉了。

最后,权力与市场的交战。主流渠道、主流媒体再说,市场不听你的。最近大家讨论很多的影视创作的世俗化问题,你主流媒体尽管再批评,我市场不管,能拉广告就行。

当前我们的批评就在这种夹缝中生存。想一想也悲哀,我们是泱泱文化古国,历来重视文艺理论和评论,孔子就非常重视文艺功能、亲自删诗论乐,历代留下多少像刘勰《文心雕龙》这样具有独立价值的文艺论著。而今天面对多变的世界,面对多生态的文艺环境,批评将何去何从?我最后只剩下了两个字:困惑。

(原载《福建艺术》2005年第6期)

真善美当立,恶之花当败
——全球化语境与文艺创作心态调整[①]

参加北京市文联组织的文艺理论论坛,指定我发言的题目是"全球化背景下的文艺创新"。这个题目比较大而泛,我想了一下,调整了一个角度,就转换为如下命题:如何调整我们的创作心态和创作心境,使之适应全球化的语境?这个题目一浮现,我立即感到了它的现实性与急迫性,立即悟到眼下文艺创作中的众多问题事实上都与之有着密切关系。让我来稍稍引向纵深。

经济全球化所引起的强势文化渗透力的增强和国家文化抵制力的凝聚与形成,成为全球化浪潮中日益引人关注的风景。尽管强势文化来势汹汹,美国大片的倾泻与泛滥早已引起世界各国的惊惶不安,不同地域民族的抗阻也在集聚。法国电影人的理性狙击、印度电影的反潮而上、韩国电视剧的散播东亚,激起波波文化旋涡。随着国力的增强,中国政府也在向世界播布文化,例如最近连续举办了"法国文化年""美国文化周",以后还要每年都搞类似活动。虽然政府行为可以形成比较强力的推助,但是文化的传播与渗透却更依赖自然行为和市场行为。因为前者一方面只能聚集起暂时的推力,不似后者可以是随时的、韧性的、无孔不入的流动,另一方面还容易被视为"宣传"而遭遇观念抵制。英语里的 propaganda(宣传)一词,如果再被涂抹上意识形态油彩,就构成情绪强烈的贬义词而难以让人接受。

真正成功的文化行为,其影响力的产生方式是渗透,其效果的发挥方式是情感调动。实现这种目的的一条适宜渠道是依赖于文艺作品的感染力。

[①] 本文系作者根据 2005 年 11 月 26 日在北京市文联举办的文艺理论论坛上的发言整理。

试想中国20世纪五六十年代流行的苏联文艺,影响了我们两代人的情感。最近电视剧"韩流"对日本形成的情感冲击,带动的不仅仅是相关文化产业和旅游业,更是日本民众对大韩民族的刮目相看。

文艺是潜移默化影响世界和沟通人类心灵的载体。但是我们眼下的文艺有这种渗透力吗?我不得不说十分缺乏。我们的当下创作心态、创作心境不利于创作出真正能够感动世界的作品。我从这个基点来观察中国当代文艺在全球化背景下的创新能力。

创作心态和创作心境的差异,决定了文艺作品选材、关注点、表达方式和风格的差异。我举一个例子来使这个众所周知的命题显得生动化。前不久中国文联代表团到台湾,交流中大伙明显感觉到了大陆和台湾诗歌的情调差异。台湾诗人王基隆来内蒙古参观时,诗境里充满的是孤独与乡愁:"骤雨洗亮青青草原,远方炊烟袅袅直升。绚烂彩虹婉约落下着陆草原,筑成一道半圆的七彩拱门,迎接所有的往事和过客,雾濛所有的烟雨与乡愁。"大陆诗人寇宗鄂游阿里山时,由于午饭有鱼,思考的却是钓鱼的算计:"人把钩埋伏在水里,鱼把刺隐藏在肉里。上钩和卡刺是必然的事。"①双方讨论时,我们说他们太风花雪月,他们说我们过于剑拔弩张。

是的,大陆文艺作品较易形成一种固定的形象色彩。过去是长期受阶级斗争思潮影响,近一二十年则受政治经济结构调整、一些人私欲爆发的环境影响,我们的文艺作品有较浓郁的火药味,比较集中于揭示人性恶,而远离了传统文化提倡的温柔敦厚、孔子提倡的"乐而不淫、哀而不伤"的诗教。另外,漠视芸芸大众的生活与利益,更缺少对农村与农民的人文关怀,紧盯都市酷族生活的时尚与流行,热衷于宣泄和揭秘,津津乐道于人与人的争权夺利、钩心斗角、尔虞我诈,再加上性和暴力的作料,组成一种现代东方杂烩炫示图,更加恶意诱拐了创作倾向。

一些狭隘的先锋、前卫写作中,私有表达、自我慰藉、内在满足成为目的,冷漠和残酷成为流行表情,爱、怜悯、善念遭遗弃,意义、情感、情操被忽

---

① 这里只是举出一个典型的例子来说明问题,这个例子太符合此处的情境和功利需要了。但这不等于说,大陆诗人就只陷于人心防范。寇宗鄂先生的诗以哲理见长,但他仍然有许多抒情咏物诗里充溢着丰富的情感和意象。

视,人文情怀被当作过时的价值观受到质疑。对人物的怪异的物化性描写,对情节的任性的冷漠化处理,最终使文艺由有情之物变成无情之物。但文艺从来就是心灵的事业,与人的爱、同情、恻隐等善良情感密切相关,而作家则应该通过充满道德诗意和伦理自觉的写作,对读者的心灵生活发生积极的影响。我们的文艺创作究竟失落了什么?

对内,这种作品对于社会文化素质的改造很不利,它使公众远离了文质彬彬和幽雅。对外,这种作品对于中国人的形象塑造很不利,它使人以为中国人的心地肮脏、阴暗。

近年大陆一些在西方走红的电影,多为揭示特定生存环境与特殊生活方式下人性的变态和扭曲,引起西方人的津津乐道。他们就像当年看我们的女人裹小脚、男人扎长辫一样,看我们的乱伦、野性美、变态形象。已经有许多文艺批评家抨击了这种现象背后隐藏的后殖民心态,说它是用展示原始野蛮的方法去迎合异域文化中的猎奇心态。我这里只探讨它对于受众建立价值判断的心理影响。

我们的文艺即使是想要谋求全球利益,也必须首先考虑到民族的利益,而不应该为了创作者个人的利益去损害前者。民族文艺提高对世界的影响力,既要求我们避免特定的意识形态语言与思维方式,也要求我们不能简单约束自己以适应西方口味。如果非要去适应西方的"场",就会像东方学家萨义德说的那样被人家的磁场所吸附,就始终无法摆脱西方霸权话语的笼罩,也就丧失了自我。

常听到中国留学生抱怨,说是西方人看了中国这些电影,和西方传统的对中国的扭曲印象吻合了,于是认为中国人野蛮、不文明、人性丑恶、只喜欢权术倾轧与人际争斗、缺乏基本的人格尊严与诚信、缺乏对人的关爱,于是看中国人低一等,甚至看作劣等民族,弄得他们很难受,不好做人。这应该是中国文艺作品推向世界的极大问题。

文艺作品表现人性不等于仅仅揭示人性恶。人性也有善的一面,至少有求善的一面,一直都被经常性忽视了。事实上,推向极致的恶好写,推向极致的善反而不好写。我们一些人走火入魔般地热衷于写爱的变形,却不会写爱的纯洁与高尚。仅仅用一句"我不相信",就推翻了一切的善,并不能掩盖自己的表达无能。钩心斗角的政治文化坏人心术,古来民谚"老不看三国"即表达了这种意思。不能总把人看成坏的,处处强调以牙还牙,就背离了"以德报怨"的古训。

以为揭示恶才深刻,韩剧做了反面回答。大家都知道电视剧抓取观众注意力的有效办法是加快节奏,而韩剧节奏之慢人所共知,根本无法与美国产品相比肩,但它却依然获得成功。"韩流"征服中国、日本的众多观众,靠的是什么?是它的人性美,是它表达的深受儒文化影响下的家庭伦理观和传统美德。这是值得我们思考的。

或说韩剧在中国流行是国人对于国剧的审美疲劳造成。我们应该再深入追问一步:对于国剧什么东西的审美疲劳?回答是显而易见的:对于人性恶的暴露癖、真善美力量缺失症的审美疲劳。韩剧的走红,体现的应该是中国观众对于真、善、美呼唤的心声。

人性之美使人向往与亲近,人性之丑令人厌恶和畏避。儒文化、中国传统文化里有着丰厚的内涵积淀,善良、淳朴、宽厚、诚实、忍让、克己都曾经是我们性格中的美德,我们的文艺作品为什么丧失了在生活中对之发现的能力?

结论:当今世界的文艺创作,真善美当立,恶之花当败。这本是文艺创作千年不变的规律,是文艺之所以为文艺的立身之本,而又为我们的实践所再次证实。

我们的作品里要有东方美德与人类关爱,要有大爱、终极的爱,要用悲悯情怀来关注人生。只有这样文艺创作才能平抑浮躁,走向神闲气定。自然,这种气质不是外在的强加和附贴,而应该是内里精神的自然流露。

当然,大环境左右着创作生态。从反映论的视角我们明白:任何创作潮流和趋势都是时代心理的映射,人不能拔着头发离开地球。盛唐就产生李白《朝发白帝城》、王维绝句和岑参边塞诗,晚清就产生《官场现形记》《二十年目睹之怪现状》。动荡和转型的社会就会大浪淘沙、泥沙俱下。像外力搅动了湖底的沉滓泛起,想寻求一池秋水的平静境界,须待社会再次恢复平静时。我不是说创作要脱离社会实际而进入空中楼阁,而是说在真实映射社会现实的基础上,我们的创作要自觉向往光明,真、善、美则应该成为文艺表达的终极目的。

　　抛弃掉政治功利主义,我仍然认为文艺是有使命的。从世纪所赋予中国文艺的功能看:鲁迅时期是警醒民众,哀其不幸、怒其不争;80年代是反思历史,开创未来。那么,全球化背景下21世纪中国文艺的任务就是:赢得全球形象,让中国人干净、纯洁、高大、文雅地站立起来。

(原载《粤海风》2006年第1期)

文艺人的精神担载

当文艺"进化"到私人写作、个体时代以后,泛化的立场折射出万花筒般的价值效果:不规则、无序、细微、琐碎。它虽然色彩斑斓、有更宽广的包容度、给时代增添了柔和的光线,但也因过于随意、缺乏导引性而炫人眼目,甚至时而迷失在规则失范当中。于是我们只得重提文艺的终极目的性,重新讨论文艺人的担载精神、责任感和道德良心。

虽然我们不再以"文以载道"的强制性框范来约束文艺创作,而是以审美愉悦作为创作和欣赏中轴的社会鉴赏约定,但是这不等于文艺人可以放弃他对社会精神担载的责任。尤其社会正处于激烈的转型期,人们被卷进商业和消费社会沸沸扬扬的物质旋涡,旧有的和外来的价值观互相激荡,正常稳定社会里被压抑的不良恶习沉滓泛起,人们一时无所适从。这时的文艺人明显责任重大,因为他必须用作品去和人们讨论如何辨识真、善、美与假、恶、丑,去创建使人们心态复归于和谐美好的精神氛围,去呼唤人们建立起生活的信心和对未来的美好理念,而不是简单听凭个人兴趣和爱好的牵引,信马由缰地随意发抒个体情怀,甚至于由着自己心底欲望的膨胀,把创作当成自我发泄的通道。

文艺可以是个人抒怀遣兴的对象,但绝对不是个人随心所欲的工具。首先,文艺的效果和影响力有客观性,它既能够引导一个时代的风气朝向高尚、纯净和美升华,也能诱导社会朝向卑劣、藐小和丑陋发展,其决定全在于作品的倾向性,要靠创作者来理性把握。我们不是听到有关电影《天下无贼》是否引导了小偷的谈论吗?平心而论,《天下无贼》的主观导向还是好的:一对小偷对人类纯真情感的关爱和怜惜,促成了他们保护心底一片净土的行动。人们也说，一部文艺作品不能选择它的观赏者的好坏，好人看了自然还是好人，坏人看了做坏事我也没有办法，所谓"清者自清，浊者自浊"。这有它一定的道理，但并不全面，即：创作者事先必须考虑作品效果的客观性，主观上要尽量把它导向好的方面。这就是文艺人的责任。既然文艺作品是可以从不同角度来欣赏甚至模仿的，文艺人就有责任在作品中自觉提倡美而遏制丑，努力把握文艺作品的良好社会效果，来实现自己对文艺的精神担载和作品的正确价值导向。

其次，文艺作品的创作者可以有选择表现对象的自由，但如果他对于某些恶的现象心怀企羡甚至情有独钟，例如滥性滥情、暴力、恶性权力、阴私心理，对之不加节制地渲染，则会诱导读者心理的倾斜。我很佩服众多有"绿色精神"、敢于担载的文艺人，他们倾情于对建设者的礼赞、对文明的追寻、对崇高精神境界的顶礼，他们支撑起了健康文艺的大厦。尽管，钟情于个人化的叙述而宁愿放弃社会担当精神，源于文艺界对"宏大叙事"模式的反拨，但反拨失当的结果却要引起我们的充分警惕。文艺人要做的，一定要是跟提高人的精神纯洁性、创造美的事物相关联的事业。

再次，文艺人须有高于社会一般文明程度的素质基础，不能相信一个道德水准低于一般水平的人，能够创作出高尚的作品来，以其昏昏而能够使人昭昭。最近因一些影视剧组缺乏基本的环保意识和良心意识而引发的社会批评，表明了我们文艺队伍的缺陷。作为精神文明的创造者，文艺人首先应在心中设立较高的道德底线，要求别人做到的事，自己要先做到。古人曰：己所不欲，勿施于人。反之亦然。文艺人尤其需要知耻，要做不使我们的环境遭受侵害的事，不使我们的民族汗颜气短的事，不使我们的祖国被辱蒙羞的事。龚自珍说："士皆知有耻，则国家永无耻矣。"要求古代的士做到的事，今天的文艺人更应该做到。

总之，文艺不是个人发抒梦呓的手段。文艺作品一旦生产出来，迟早会进入社会流通，从而产生精神影响。真、善、美的东西会发挥正面导向作用，反之亦有反效果。文艺人的作品，乃至文艺人的一言一行，都体现出其个体形象和水准，把创造者印在了历史的画布上，使你成为没有隐私的公众对象。人们常说文艺人是人类灵魂的工程师，当你创作出作品来的时候，你就在精神层面上与观众搭建起了一座沟通的平台,任由历史来评判。难道文艺人可以掉以轻心吗？我们当然不是说文艺人必须成为道学家,用创作来压抑人的天性,恰恰相反,文艺要激发人们的想象力,唤起生活和劳动热情,用美的眼光欣赏大自然和环境,激励为理想的目标而奋斗。文艺不是要粉饰太平,而是用理想鼓舞人们去克服现实困难,摆脱阴冷晦涩,排除社会毒素,创造一个适宜人的自由发展的和谐环境。

(原载 2006 年 5 月 26 日《人民日报》)

多元图景中的文艺批评

21世纪的中国文艺开场多姿多彩,我们多年期盼来的文艺多元化局面正在平稳而沉实地发展着,与之相适应的是,面对批评观念、批评对象、批评内容、批评载体也包括批评主体的多元化延伸,文艺批评自身的多元化征候也在逐步显现,我们日渐听得到更多各种不同的声音,一个真正"百花齐放,百家争鸣"的态势正在确立,这是当下文艺繁荣的标志之一,说明我们的时代已经取得了巨大的进步。

与以往不同的是,当下批评处身于文艺由体制化向市场化转轨过程中的二元并立环境,其功能、任务、立场与出发点也都有了多元基点,这一方面形成文艺批评的崭新特色,另一方面也引出过去未曾遇到的矛盾和问题。特色需要发扬光大,问题也应有清醒的认识与对策。

今天的文艺批评生态已经发生了深刻变化,市场因素开始在社会中发挥越来越重要的导向作用。市场尊重经济规律,有着强烈的自我扩张、自我宣传与自我表述意愿,当文艺与市场日益发生不可分割的联系时,这种市场意愿就越来越强烈地反映在对文艺作品乃至对文艺批评功能的规定性中。例如市场的经济利益最大化原则,要求和制约着进入市场的文艺产品必须流行。"流行"是商品的本质,是商业社会的基本程序,它要求和制约着文艺朝向通俗化、低俗化乃至媚俗化发展,在带来流行音乐、通俗舞蹈、贺岁大片、搞笑闹剧畸形繁荣的同时,也把社会文化整体纳入娱乐和销售渠道,去追求热点炒作、眼球效应、轰动感觉、聚焦效果,去作秀、去争当超星、去展览艳照、去谑讲中国文化。同样,它也要求和制约着文艺批评必须符合与支持这种趋势——它会动用强大的经济力量,采取各种商业手段来吸引、诱导和迫使批评转向有利于这种趋势的方向,于是就有可能干扰、阻滞和减弱批评主体性的发挥,诱拐批评的良心。

　　市场为文艺也为其批评提供了更为广阔的用武界域,文艺批评的手段得到了极大的扩充,市场同时也就为批评设置了陷阱。批评分出了多重层次,出现了主流批评与民间批评、学者批评与大众批评、严肃批评与媒体爆料、价值评判与商业炒作的对峙与并立(其中一些当然不属于批评的范畴,但实践中时时鱼目混珠)。批评被视为专门化范域的局面不存在了,批评门槛被降至了最低——网络上充满了非专业化的评论,随便一个网站,任何一个文艺话题,社会大众都可以随意发表言论。网评的存在导致权威话语的轰塌——网民不管你是谁,很轻易地就把你的权威话语解构掉了——它可以是公众意志的体现,也可以是社会集体无意识的流露。多元批评带来坐标的多元,引起话语方式、语码的不同,圈子和代沟现象严重,人们各说各话,大家互相听不懂、彼此不理睬。多元批评又势必实行多元标准,对批评对象的价值判断因而失去一致性,其正面意义是折射出自然无序的柔和光线,人们的文化生活与文化观念变得更加丰富而温馨,负面则导致价值相对论与判断的无所适从。上述种种,折射了当代批评的繁荣与困境,其状况又因下面的补充事实而加剧。批评与商业追捧、广告宣传、政绩张扬相互激荡;公关方和媒体联手,买断频道和版面,利用人情和实力网罗评论者——在这种行为方式下产生的批评,学术和思想独立性大打折扣。批评与炒作相混合:两者实行的是不同的价值取向——美的判断与吸引眼球,二者掺并带来杂色。批评的时代底色和背景声音过于嘈杂:眼下一天产生一部电影、两部长篇小说、十部电视连续剧,文艺活动众象纷纭,媒体热点频繁出现,网上博客广泛随意,时代图景因而很难被聚焦,想振臂一呼应者云集是难以办到了,批评同样引不起人们的注目。

　　理想的文艺批评应该是超然的、独立的、客观的、公正的,是说理的、思辨的、审美的,受到社会道德、时代精神和公理良心的指引,站在社会公众的整体和长远文化利益基点上说话,从而真正为时代文艺概括现状、评判价值、指责时弊、把握方向。当然,任何客观都是相对的,因而古今中外的严肃批评家,都会站在自我良心的基点和时代高度,力图使自己摆脱历史和环境的局限，获得相对公正的观察与判断，从而确立自身的价值。也只有这样，他们的作品才能得到时代认可，经过历史长河的冲刷后沉淀下来，流传至今，积累为文化传统与人文经典。今天的批评家同样如此，你的自我定位当然是个人的事，是否能够克服和避免人情邀约、红包定单、吉利彩酬，挑战的只是个人的良心操守，但批评文字的客观性与公正性却要经过时代的检验，你最终要对公众完成自己的形象定位、确立人格坐标。读者自有品鉴，历史永远是大浪淘沙，总是一些人做了中流砥柱，另一些人成为过眼烟云。因而古人反复发出深沉的历史慨叹："尔曹身与名俱灭，不废江河万古流。""沉舟侧畔千帆过，病树前头万木春。"面对商业大潮的冲击，批评家能不时刻保持清醒与警惕吗？

（原载 2008 年 5 月 10 日《光明日报》）

完成好时代要求的审美转换

文艺创作的上乘状态是能够代表一个时代发声,即能够承担时代要求、反映时代心声、突现时代精神。凡实现了这种状态的文艺作品,便能在受众中产生时代性反响与回应,它也因为被涂染了该时代的鲜明特色而得以辉显于历史文苑,垂世的概率加大。因而,历来有追求的创作者,都在如何把握它的道路上苦苦追索。

然而,文艺创作的直接目的如果不是照相式反映时代发展,那么就会成为所谓的"简单传声筒"。文艺的目的是审美,是用审美的眼光去观察时代,去发现美、表现美和传达美,其作品是要给人以美的享受。因而,对于受众来说,文艺应该是非功利的,其发挥作用的方式应该是情感濡染式而不是灌输式。

一方面是文艺应该承担时代要求,另一方面文艺又不能以此为功利动机而脱离审美目的,于是,满足了二者条件的文艺作品,事实上是在创作中将时代要求成功进行了审美转换的作品。

主题性创作往往是时代要求的产物。一个时代提出了有关社会发展与人的精神提纯的要求,按照这些要求进行创作就可以有效吻合时代主题。而创作实践可以有两种不同的处理方式。一种是将创作者心中所熟悉的题材、所把握的对象,按照时代的主题性要求来处理,从而使作品打上浓郁的时代色彩,使作品得到意韵深化和精神升华,尽力摆脱浮光掠影、肤浅平面、无病呻吟与浅尝辄止,承担起更加厚重的审美负载与历史使命,这是健康的做法。另一种是直接从主题性要求出发来寻找题材、设定对象、构思谋篇、确立形象,那就必须预先设立警戒线了,因为很容易就陷入先入为主的境地，如果不能使题材与创作者的生活积累和感悟相吻合、相激荡而自然氤氲作水乳交融的作品，就会有"硬写"之嫌，炮制出的就是蹩脚的遵命作品，缺乏艺术生命力，把受众挤出观赏链——极左时代"主题先行"的失败教训我们并没有忘记。

优秀的创作者善于将时代精神凝聚为自己作品的形象内核，蹩脚的创作者拉大旗作虎皮时摆脱不了意念化、概念化，两者区别在于对文艺规律尊重与否。一个时代总会出现许多聚焦人众的社会和自然事件，也经常见到时代主题对创作提出要求，然而创作如果希望承担这种社会责任，就必须真正深入其中，真正发生审美感悟，真正捕获创作灵感，最重要的，真正构成作品的形象结构、完成形象的审美转换，否则，宁可推迟动笔。因为刻意强求，不能以形象说话，赋予作品以外在理念，而不是像恩格斯的名言说的那样"让倾向性自然而然地从情节中流露出来"，是违背艺术创作和欣赏规律的，只能得到受众的审美抵制。作家王海鸰若干年前写了一部以部队抗洪斗争为背景的话剧《洗礼》，立意与形象的结合独到而圆融，就是因为她把主题性要求与自我生活积累和感悟巧妙地融为一体，切入人物内心、人物性格、人物精神和人物关系，使之化生为作品的内在神韵，因而产生了较大的审美感染力，成为戏剧界津津乐道的成功范例。如果不能完成对时代主题的审美转换，创作就一定会遭致失败，近年看到众多的任务片、任务戏，成功者少，凑数者众，败坏了受众口味，浪费了社会资源，是值得创作高度警惕的。

（原载 2009 年 3 月 17 日《人民日报》）

在体现历史本质中实现艺术个性

跨越了古装打斗、调侃戏说阶段和私密化言说的虚幻与窄视后,近年历史题材的影视剧创作,围绕20世纪上半叶民族家国与个人族群命运的宏大视野,形成了一批新英雄主义和新浪漫主义的作品,使历史趋势和时代要求与独特的人性状态相聚合,提供了新的观察视角、审美感觉和叙事方式,崇高和温情共构,使命与儿女情长结姻,创获了传奇式的观赏效果:一连串重新审视和展现中国现代史上伟大民族战争和解放战争的作品,从《激情燃烧的岁月》、《历史的天空》、《集结号》、《亮剑》、《我在天堂等你》(话剧),一直到刚刚热播的《我的团长我的团》《潜伏》,获得了高收视率;而另一批从民间叙说温床里发掘民族、族群和个人生命轨迹的作品也引起大众聚焦,从《闯关东》《兰花花》到《走西口》《乔家大院》等。它们都不是严格意义上的历史剧——没有依附于某个真实的历史事件或人物,但它们满足了今天观众一般历史观的要求:既展现了独特的艺术想象力与虚构力,又体现出了历史的本质特征。我们高兴地看到今天的创作者把握历史真实与艺术真实的关系已经颇具内力,而在对历史的重新审视和理解中游刃有余地书写时代的意志与精神。

向历史的纵深眺望,可以看到我国史剧观的确立螺旋式走过了三个阶段:混沌期、廓清期与辩证期。

大约20世纪前的古代中国,尚未与历史唯物主义认识论结缘,由元杂剧发端的历史剧创作耽于混沌的民间传说无意识,并无具体的史实框范要求,人们懂得充分的艺术想象力和虚构是情节生动的前提,无人追究作品的历史感,尽管一些严谨的剧作家也自发地向历史真实靠拢,如孔尚任的《桃花扇》,"恐见闻未广,有乖信史",于是追求"朝政得失,文人聚散,皆确考时地,全无假借"的标准(《桃花扇·本末》)。

20世纪科学思潮与唯物史观普及,民众的历史认知程度巨幅提升,对史剧创作的真实性要求日趋严格,尤其是经历1942年和1960年两次史剧观大讨论,人们确立了历史剧必须体现历史真实的认识,不仅关公战秦琼的案例不允许出现,遵守不同朝代名物制度、服饰习俗的意识也渐趋邃密。尽管真正科学的认识已经定格为通过艺术真实来体现历史的本质真实而非史实的真实,但是"左"倾时期将恩格斯概括的"较大的思想深度和意识到的历史内容"进行片面强调和机械抽绎的结果,却是过度蒸馏后的失真和虚假,使历史剧在失去人性的真诚后走向神坛,"为了观念的东西而忘掉现实主义的东西,为了席勒而忘掉莎士比亚"①,带来观众欣赏心理的逆反。

"文化大革命"宏大叙事的虚幻化与严重变形失真,使新时期伊始的私人言说得到反叛性膨胀,史剧戏说亦趁商业消费与娱乐填充的精神虚空而起而滥,把历史元素随意拆解为游戏的零部件,导致史剧在另一个层面上的扭曲和失范,这里还未涉及其皇权至上、女性祸水、权势崇拜、专制欣赏等历史倾向的仆伏和时代精神的缺失。然而颠簸期也就是辩证思治期。当经历了时代困扰的史剧创作重返轨道,我们看到了解构后的崇高:上述史剧创作都能够在宏大的历史背景和真实的历史趋势下,灵动地发挥艺术想象力和升华力,传神地处理情节结构和人物性格,在保持人性丰富性的基础上,追寻历史人生的价值与意义,表明了当今史剧观的成熟。

今天我们更加明晰了史剧创作的本质:建立在历史真实之上,但又不是对历史的照相和扫描,而是用艺术的手段——概括、提炼、想象、虚构、夸张、描写,通过创作实现作品的艺术真实,从而实现对历史本质内涵的概括,给人以审美愉悦和思想启迪,但并非还原历史事件。尤其历史真实也并不等同于史著的文字记录,对一件史实的确凿描述许多依靠的是集体记忆,即如近期声誉甚高的电视连续剧《北风那个吹》写逝去的知青生活,经历过的人

---

① 马克思:《马克思恩格斯选集》,北京:人民出版社,1973年,第4卷第343、345页。

或曰像或曰不像——个体感受和记忆千差万别，大家对它的普遍认可度建立在它实现了艺术真实的基础之上。

（原载 2009 年 4 月 28 日《人民日报》）

文艺的变与不变

毛泽东《在延安文艺座谈会上的讲话》(以下简称"讲话")70年前判明了中国现代文艺的正确方向,其论断由于切合了文艺的本质属性,因而构成不变的真理性,该文遂成为中国现代文艺理论的经典文献。

70年过去了,今天的中国社会已经发生了翻天覆地的变化,从半殖民地半封建社会迈进人民民主主义进而达到了初步社会主义小康阶段,我们的社会生活和所面对的外部世界都已经与以前截然不同,"讲话"在今天还有意义吗?我们今天的文艺批评能否摆脱"讲话"的笼括?

带着这个假设,我重温了"讲话"的理论精髓,惊讶地发现其中确立的文艺立场问题,也正是今天的文艺所面对的核心问题:为什么人的问题和如何为的问题。尽管今天的社会基本任务已经从民族战争转移为持续性的经济建设、基本目标已经从反帝反封建转移为民族复兴,文艺的基本任务也已经从动员和鼓舞最广大民众进行抗战转移为满足人民群众日益增长的文化需求,然而,毛泽东当年提出的文艺要站在人民大众的立场、要以占全人口90%以上的最广大群众的利益为出发点,文艺家的思想感情要和工农兵打成一片,要把自己当作群众的忠实代言人,这些论断,难道不正阐明了我们今天的文艺所面对的核心问题吗?而当下文艺所一再遭遇的社会诟病也正来自它的立场问题:文艺在为谁发声?文艺体现了谁的审美情趣?文艺遵循谁的道德准则与行为宗旨?

今天的文艺批评,也自然面临着与70年前截然不同的文艺新环境与创作新状态:信息爆炸、文化多元、传媒壅塞、受众分化,它因而需要解决潮流、趋势、趣味、风格等文艺的时代性、现实性、当下性问题,这是它"变"的一面,不变的却仍然是要坚持文艺的根本方向。

当然,今天的文艺主潮事实上一直在沿着70年前确立的正确渠道良性奔涌,因而我们高兴地看到广大的文艺家和批评家们始终坚持着为民生、为大众的理想,坚守着为最广大人民群众代言的立场,坚持深广的人文关怀为受欺侮、受侵害的普通民众呼吁发声,关爱弱势群体、关爱贫困人口、关爱农民工、关爱留守儿童、关爱空巢老人、关爱灾区民众、关爱库区迁徙百姓、关爱动物、关爱生态环境……不齿于成为资本的走狗,不齿于为权势吹喇叭抬轿子,不齿于泯灭道德良心的一切行为方式,我们的文艺因而还是有价值有作为有良知有底线的文艺,我们的批评也在坚持上述立场方面坚定不移始终不渝。

这是文艺绝对的不变——为什么人的方向永远不会改变。

(原载2012年5月16日《文艺报》)

文艺评论的"战国时代"①

今天是中国共产党成立89周年。我很荣幸能在这个值得纪念的日子里,在中宣部主办的文艺骨干培训班上和大家见面。

这次办讲座,通知发到中国文联,要求是一位副部级领导来讲文艺评论——不知何时讲座又和行政级别挂起钩来了?这不符合时代精神,现在大学正在讨论"去行政化"。孔子曰:"三人行,必有我师焉。"和行政级别无关。我其实不胜任讲这个题目,文联给我分配任务,我只好勉为其难。

说我是戏剧评论家我毫无赧颜,但对文艺评论,我和多数在座的一样只是一个参与者,在当代批评家里数不着。如果全国有一个排名,可能数一百位也轮不着我。你们中间却有许多著名的评论者。

特别是,你们许多是媒体的文艺部主任,那是何许人也?平时经常审核批阅我稿子的人!对发不发我的文章,拥有生杀予夺之权。什么是"生杀予夺"?让你死你死,让你活你活,说给你就给你,说不给你就不给,给了你后悔了就再要回来。所以,你们长期以来是我搞文艺评论所不敢得罪的人。

因此,我今天来,不敢跟大家侈谈文艺评论的内涵、作用和价值——这方面,在座可能有人已经出版了专著,只敢来和大家聊聊天,聊什么呢?聊聊今天文艺评论的生态环境,做些分析。我想,这个问题可能也是大家关心的话题。

我的题目是《文艺评论的"战国时代"》。何谓"战国时代"?孔子所谓

---

① 本文系2010年7月1日作者在北京怀柔中宣部培训中心文艺骨干培训班的演讲,这次培训的对象多为媒体工作者。

"礼崩乐坏"、李白所谓"大雅久不作"①的时代。"大雅",大家很熟悉,《诗经》里面所收录的诗歌,分为"风、雅、颂"三部分,"雅"又分"大雅"和"小雅"。大雅是西周王室贵族的作品,为宫廷宴飨或朝会时的乐歌,主要歌颂周朝祖先乃至武王、宣王等人的功绩,也就是主流意识形态。我们都知道"孔子闻《韶》,三月不知肉味"②的事。《韶》就是雅乐,传说是舜时候的作品③,用来歌颂尧的功德,夏、商、周三代成为庙堂音乐,但到了春秋战国时期,因为诸侯纷争、礼崩乐坏而失传了。鲁昭公二十五年(前517年)孔子到齐国去,在一个叫作高昭子的人家里,竟然听到了《韶》的演奏,当然已经有所变异,掺杂了时代流行音乐的成分,但主旋律没变,他就三个月都不想吃肉了,从中受到的心灵震撼可想而知。今天在山东省淄博市齐都镇韶院村里,还立有"孔子闻韶处"的石碑。

"战国时代"是"礼崩乐坏""大雅久不作"的时代,但也是先秦诸子著书立说、各派思想家蜂起的时代,中国文化史上儒、墨、道、农、法、兵各种治世方法,都在此时确立下来。我们也因为有了先秦诸子各学派,可以与古希腊思想界相匹敌,以我们的孔子、老子、庄子、荀子、墨子来对抗柏拉图、亚里士多德,东西方思想才获得了均等地位。

那么,对于当下文艺评论的总体态势应该怎么看?我做出如下归纳,看同志们是否同意:"我们多年期盼来的文艺多元化局面正在平稳而沉实地发展,与之相适应的是,面对批评观念、批评对象、批评内容、批评载体也包括批评主体的多元化延伸,文艺批评自身的多元化征候也在逐步显现,我们日渐听得到更多各种不同的声音,一个真正"百花齐放,百家争鸣"的态势正在确立,这是当下文艺繁荣的标志之一,说明我们的时代已经取得了巨大的进步。"④这是从正面进行总体概括,当然今天我主要想谈问题。

说我们今天的文艺评论是"战国时代",是说过去主流意识形态一统天

---

① 李白:《古风》之一:"大雅久不作,吾衰竟谁陈?"
② 《论语·述而》:"子在齐闻《韶》,三月不知肉味。"
③ 《竹书纪年》:"有虞氏舜作《大韶》之乐。"《吕氏春秋·古乐篇》:"帝舜乃命质修《九韶》《六列》《六英》以明帝德。"
④ 廖奔:《多元图景中的文艺批评》,《光明日报》2008年5月10日。

下的时代过去了,现在思想活跃,各种论说蜂起,声音五花八门,不再那么统一和一致了。当然,我们今天与"战国时代"有着本质的不同,文艺评论的总趋势还是在马列主义主导下的"百花齐放,百家争鸣",取"战国时代"的名字,只具有象征意义,说明现在的思潮多元化,不一定准确。

为什么会形成这种状况?下面讲三个方面的内容。

一、文艺评论的时代环境变迁

上面说到,今天文艺评论的时代不同了,进入了"战国时代",人人都可以对文艺发言。那么过去是什么样呢?过去文艺评论只有专门家才能搞。我们看古代留下来的曹丕的《典论·论文》、钟嵘的《诗品》、司空图的《二十四诗品》,那都不是一般人所能为的。

魏文帝曹丕是曹操与卞皇后的长子,大家都知道他逼迫弟弟曹植写《七步诗》"煮豆燃豆萁"的故事,七步吟不出诗来就要残杀自己的同胞,因而对他印象不好。但他其实也是个文学名家,八岁能文,他的诗歌《燕歌行》是今存最早的一首完整七言诗("秋风萧瑟天气凉,草木摇落露为霜。群燕辞归雁南翔,念君客游思断肠")。他因为文学成就而与曹操、曹植并称"三曹"。和其父曹操一样,曹丕当然首先是政治家,大家知道曹操一世奸雄,他自己没敢称帝,是他儿子曹丕当了魏国的首任君主。曹丕迫害弟弟和政治有关,因为两人争夺世子位,是权臣司马懿全力支持曹丕他才登了基。曹丕所著《典论》一书失传,其中的《论文》这一篇因被后来梁朝的昭明太子选入《昭明文选》而得以保存下来。《典论·论文》是一篇非常重要的文论著作,在中国文学批评史上具有划时代的意义,在它之前还没有严格意义上的文学理论专著,它的产生是中国古代文论开始步入自觉期的一个标志。《典论·论文》对当时"建安七子"的创作个性及风格给予了分析,是系统的文学批评著作。其中提出的"文章乃经国之大业,不朽之盛事"的文学价值观,是惊世骇俗的观点。因为中国古人的人生价值实现,讲"立德、立功、立言",首先是"立德"(人的德操),"立德"不行讲"立功"(政治和军事功业),"立功"再不行才转而去"立言"(撰述、写作)。也就是说,先要做人,然后建功立业,最后才去写文章。曹丕把它整个颠倒过来了：文章本身就是经国致世的,不朽的。看来曹丕尽管做了世子,也还是很看重自己的文学贡献的。那么,他从事文学批评,指点江山、品评优劣的那种驾驭力和气度,谁人能及？

再看司空图。司空图是河中虞乡（今山西永济）人,生活在唐末大动荡的时代,唐懿宗咸通中登进士第,有着多次出世入世的经历和痛苦。例如他在唐僖宗时任礼部郎中,遇上黄巢起义,扈从不及,流落于乱兵之中,后逃归他在中条山王官谷的祖传别墅隐居起来。等唐僖宗返回凤翔,把司空图召回,可是很快又遭乱,他就重回王官谷隐居。唐昭宗继位后,多次召他为官,他这时有了教训,每次都称病辞谢。因为这时他已经看到唐朝的"朝廷微弱,纪纲大坏",颓势不可挽回,所以从此隐居避祸,以诗酒自娱。后来朱全忠篡位,又要召他做礼部尚书,他更是加以拒绝。最后当他知道唐哀帝被害,不食而死。司空图的隐居生活,过的是"一局棋,一炉药,黄金难买堪骑鹤"的日子,他寄情佛老,由悲观绝望而转向置身物外、任其自然,过冲淡恬静的生活。他生前就给自己建了一座坟,有人来访,就在坟道里和人赋诗对酌,人或有难色,他就笑对方不达观。司空图的《二十四诗品》,就是在这种背景下写出来的,所以根本没有功利之心。该书探讨诗歌美学问题,形象描绘出诗歌的各种风格,分为 24 种类型：雄浑、冲淡、高古、典雅、洗练、劲健、自然、含蓄等。什么是"雄浑"？叫作"具备万物,横绝太空"。什么叫作"典雅"？叫作"落花无言,人淡如菊"。司空图对于意境、境界等范畴的美学命定,在中国古代文论体系中产生深远影响,例如他推崇诗歌意境的"象外之象、韵外之致",可以用于一切传统艺术品评。他也非常看重自己这方面的建树,说是"侬家自有麒麟阁,第一功名只赏诗"。麒麟阁是汉代表彰功臣的地方,他说我的功名啊,就在赏诗方面,这方面我可以进入麒麟阁了。司空图可说是中国历史上以评诗为生命的第一人。

西方据说第一个职业批评家是法国的圣·佩韦（1804—1869）,已经到了 19 世纪,此前都是兼职的。过去我们最熟悉的西方评论家是俄国 19 世纪的别林斯基、车尔尼雪夫斯基、杜勃罗留波夫。中国新时期大量介绍了弗洛伊德、福柯、勃兰兑斯等人的文艺评论,他们中许多都是思想史上开宗立派的人物,但并不一定是专搞文艺评论的,弗洛伊德是精神分析学家,福柯也是研究疯癫史的哲学家和心理学家,只有勃兰兑斯是真正的文艺史和文艺批评家,他的《十九世纪文学主流》,被誉为"欧洲年轻知识分子的《圣经》"。

中国近代随着新文化运动的开展,职业文艺评论家站在了时代的潮头,鲁迅、茅盾、周扬、冯雪峰等都是。中华人民共和国成立以后文艺评论由于和党对文艺的方针政策结合起来,成为指导社会主义文艺创作的有力武器,因而一直受到重视,也长期占据了身份制高点和话语权。

这其中当然有政权支持的因素,例如大家熟悉李希凡、蓝翎两个小人物批评红学权威俞平伯的故事,他们的文艺评论就从毛泽东处获得了绝对支持。这里我们不去分析此事的政治和社会背景,李希凡、蓝翎两位也都是我尊敬的长者,和我都有忘年友谊,只举这个例子说明当文艺评论与意识形态力量扭结在一起时,是非常强大的。这种扭结一直到80年代末还发挥着特殊作用。

但是,现在的情况不同了。下面我从四个方面进行一点分析。

第一,资讯已经进入网络时代,文艺评论成为社会公器。

现代资讯使得文艺评论成为公众手中人人可用的公器,再无人可以垄断了。例如,博客评论把门槛降到了最低,谁都可以任意发言。而过去的权威话语已经遭到"封杀"。这个"封杀"是打引号的,但确实有着象征性的例子,那就是博客的"白寒论战"。

白烨是我的一个朋友,在座的可能有不少人认识他,中国社科院文学所评论家,专门搞当代文学评论,有相当影响力。他最早关注"80后""90后"写作,是体制内或行内最早的"80后""90后"创作的正视者、承认者和评价者。他对于"80后""90后"文学现象的扶助和推掖之功,就犹如谢冕20世纪80年代初期对于朦胧诗一样。说实话,现在最有创造力的写作者,也就是这批人了。但近年中国作协发展了"80后"的郭敬明、宋祖德、张悦然等人入会,社会上还有指责之声,说是作协降低门槛。如果不是白烨的推波助澜,这些文学新人就更不见天日了。就是这个白烨,前两年赶时髦,也在网上开了博客。他为什么开博客呢?他又不缺乏阵地来发表声音。他是主流评论家,各种文章经常见报,每年写一篇整体论述当年全国长篇小说创作的大文章发表。

成名人物为什么还要开博客？我是这么理解的：一是他再有阵地，也达不到随心所欲的地步，也不能随时随地发出自己的声音，另外媒体发声也不及时。二是他也可以把发表过的文章拿到这里来扩大读者面，因为现在的报刊读者群实在是太小了（这个问题我下面还会回过头来讲）。三是现在博客成为纸质媒体选稿的一个途径，许多作者的文章就是被纸媒编辑从博文中选去的，他也想利用这个途径。

刚看到评论家雷达的文章，说作家开博客还有一个好处，就是它的共时性：你刚刚发表了博客文章，过一会儿就有读者评论来了，赞扬也罢，批评也罢，嘲讽也罢，你的文章就有了时效性。不像报刊文章发表后，久久没有反应，甚至都没有人提及，从此石沉大海①。

有这样的好处，所以我也曾经动心想开博客，但一想，开了博客你就得不断给人回帖子，否则没有点击率，你的博客仍然引不起人关注，而我根本没有那个时间，于是未敢贸然行动，但是看到白烨下面的遭遇后，我就死了这个心了。

白烨在博客里批评了"80后"的作品，引起韩寒的反驳——这本来是好事，活跃理论空气嘛，谁知韩寒根本不按你的规矩出牌，调笑、嘲讽、谩骂一起来了——他本来是"80后"嘛，思维方式和你不同，弄得白烨哭笑不得、进退失据。保持缄默？人说你没理了没胆了。和他说理？人不跟你玩。和他对骂？又有失身份。白烨最后只好把博客一关了事。你看，文学江湖上的成名人物白烨，一贯居高临下、指点江山的权威，就这样被网络"封杀"了。

我自己也在网络上遇到过哭笑不得的情况。2002年我曾批评在北京人民大会堂演出的法国音乐剧《巴黎圣母院》的演出效果，后来看到网上博客文章，说是"廖奔何许人也？不知道，没听说过，竟然也敢、也配批评世界著名音乐剧？"

看，网络时代的言论自由和民主之风，已经十分兴盛了，批评已经不再是批评家的专利。资料显示，现在网络写作者超过10万人，写博客的人数

---

① 雷达：《作家群体的分化与重组》，《文艺报》2010年6月14日。

据说过亿。批评也更不是传统纸质媒体的单一样态了,现在已经进入数字化的3G(第三代通信技术)时代,传导渠道多种多样、五花八门,许多我们还没有来得及熟悉,就被Pass(淘汰)掉了。

所以我在一篇文章里说:"批评被视为专门化范域的局面不存在了,批评门槛被降至了最低——网络上充满了非专业化的评论,随便一个网站,任何一个文艺话题,社会大众都可以随意发表言论。网评的存在导致权威话语的轰塌——网民不管你是谁,很轻易地就把你的权威话语解构掉了——它可以是公众意志的体现,也可以是社会集体无意识的流露。"①

第二,报刊数量浩繁、汗牛充栋,而又大多读者面十分狭窄,评论引不起重视。

大家许多是搞报刊的,比我有着更直接的体会。新时期前"两报一刊"、省报外,其他报纸很少,行业报纸还没起来,刊物也大多是各专业一两种。现在全国报纸2000多种、杂志近万种,一个行当里的报刊早已挤得人满为患,过去没有的行当现在也都出了专刊,你随便去北京一个公共图书馆看期刊部,林林总总、琳琅满目,例如体育,过去只有《新体育》等寥寥数种,现在各个行当都有,乒乓球、足球、高尔夫球、网球、游泳、跆拳道、象棋、钓鱼……这么多的报刊,分散了读者的目光,于是单种报刊的读者群就被极大地缩小了。《大众电影》20世纪80年代最高发行达到960万份,现在只有几万份,最低的时候只有5000份,弄得大众投票评电影"百花奖"都丧失了代表性,票数太少反映不了民意。为什么?过去只有为数极少的几本电影杂志,现在呢?说不清楚有多少种了!

所以,过去只要在"两报一刊"上发表一篇评论文章,一下子就会成为社会事件,成为全国人民关注的事态。现在在哪一种报刊上发表文章,也都像雨天投入水中的石子一样,引不出别样的涟漪。

说个笑话:80年代我在《人民日报》《光明日报》上发表一篇小文章,立即会有朋友打电话来,发表几篇后,人们就说你现在是名人了。现在我在《光明日报》上发表一篇两版篇幅的大文章,在别人办公室看到《光明日报》

---

① 廖奔:《多元图景中的文艺批评》,《光明日报》2008年5月10日。

压在人家的桌子上,人家就是不看,我想方设法把他的注意力引到报纸上,他终于翻到了我的文章,说一声:"哦,原来你在上面发了篇文章。"说完就把报纸合上了。就这些?我心里真是遗憾。

第三,日益浩繁的文艺现象和数量让人目不暇接,难以从中发掘出代表作。

不像"文化大革命"八个样板戏时代那样,动辄全党共举之、全民共仰之。现在的文艺生产,全国每年创作长篇小说约2000部,电影约400部,电视连续剧万集以上,评论家谁也看不过来,谈何从中进行选择、概括和推荐!

常有小说评论家和电视评论家对我说:还是你们搞戏剧的容易,看一晚上戏,轻轻松松两三个小时,回去就能写篇评论,几天就见报了。我们呢?看一本长篇小说至少得三天,看一部电视连续剧动辄40集、60集!要是碰上评奖,一下子看几十本长篇小说、几十部电视连续剧,那得多大的劳动量啊?

当然,我在这里揭他们老底:你读长篇小说只是一目十行,看电视剧只是用遥控器按住"快进",其实离"认真"二字差远了。不过话又说回来,事情都得有可操作性才能进行。就说评奖,如果认真,三天读一部长篇小说,10部小说也得读一个月,人都读晕了。电视连续剧如果正常速度播放,一集30分钟,每部30集,20部一共600集,18000分钟,300个小时,不吃不喝也得看12天半,怎么评?都说现在的时代浮躁,你不浮躁又能如何?

加上前面说的,你费尽了劲终于从众多的作品中选择、举荐出了代表,你的声音也没人注意,在这时代的大合唱中,任何人的声音都显得微乎其微。

第四,社会热点被网络控制,人们可以对一切社会现象发言,而不再相信权威评定。

例如现在公安审案也成了群众运动,考古学的结论也成了群众投票。如果说把公安审案置于阳光之下,还有群众监督公正执法的意义在——例如舆论关注"躲猫猫""喝水水"事件最终引发了对公安审案逼供信手段的彻底封杀,是一种社会进步,那么,对考古学这门特殊行当的大众化参与,则根本帮不了忙,于事无补。

网上热炒河南安阳西高穴"曹操墓"发掘,对曹操墓的认定,就恨不得发动大家都来表态投票,作为科学的考古学成了口水仗的战场。里面的人,你没拿到足够的证据,凭推论怎么就能断定结果？就敢向外界宣布发现了曹操墓？科学的发布方式应该是"疑"为曹操墓。外面的人,你又没在现场,没见到完整的材料,怎么就有资格发言！人们也都热心得可以,包括一些专家,仅凭从媒体得到的一星半点材料,就敢于发表结论,反正我不敢。考古结论是需要综合考察现场所有材料,结合历史文献和其他辅证,才能审慎提出结论,没有确证的,还要经过长期的历史检验。像曹操墓这样仓促发布,草率定论,不乏炒作因素,现在弄得是骑虎难下。国家文物局已经宣布了把它列为2009年十大考古发现之一,著名考古学家徐苹芳先生仍在质疑它的真伪。

令人可笑的是,刚刚看到网上报道,《燕赵都市报》说,"一直关注'曹操墓'事件的河北籍文化学者×××致电记者",说是从2号墓出土一把铁剑,可以"确证安阳西高穴墓绝非曹操高陵"。且不说仅凭报道中的一把铁剑并不能"确证"什么,引人发笑的是这位学者发表结论的方式:致电《燕赵都市报》记者。这只能让我理解为炒作自己。还有媒体报道称,曹操墓出土的一颗晶莹剔透、像水晶一样没有丝毫杂质的翡翠明珠是曹操的口含之物,世上绝无第二个,价值上千万元。可是曹操高陵考古队队长潘伟斌说,珠子的质地、功用和价值还没有请权威部门鉴定,是不是口含,还要等有关专家认定。还有,墓里出土了一个陶猪圈,有网友就质疑说:"曹操生前还养猪？"于是引发网上热烈讨论,不少人认为,陶猪圈是反映地主庄园生活的随葬明器,帝王陵里不应该有这种东西。但是潘伟斌举例说,东汉时期和曹操墓时代相近、级别相似的大墓中,曾经出土过不少这种东西。如果考古都变成了推理小说,那还要考古学家干什么？

考古是最依赖证据的学科,举世认定的结论,若干年甚至若干世纪之后一个新的证据出现,遭到推翻的例子举不胜举。这不是全国大选,你搞一个全民公决也没有用,最后还得靠事实说话。像考古学这样的"冷"学科现在"热"成了这样——过去干考古要耐得住寂寞,一年到头在乡下挖墓掘坟,辛苦不说,更无人理睬——而文艺评论这样的"热"学科却待在了灯火阑珊处,到一边寂寞去了,这也是时代气象的转移吧?

总结一下:现在网上可以随意发表评论,主流纸质媒体已经没有多少人关注和重视,在上面发表了评论也引不起注意,文艺样式和作品数量又多得让人无法全面观照,而社会热点则被网络所左右,这些,就是今天文艺评论所面临的时代环境。

所以,我认为应该这么看:"当下批评处身于文艺由体制化向市场化转轨过程中的二元并立环境,其功能、任务、立场与出发点也都有了多元基点,这一方面形成文艺批评的崭新特色,另一方面也引出过去未曾遇到的矛盾和问题。特色需要发扬光大,问题也应有清醒的认识与对策。"①

二、文艺评论的社会环境变迁

社会环境变迁与前面讲的时代环境变迁,是一个问题的两个侧面,时代变了,社会也就改变了。主要的社会环境变化是从计划经济过渡到市场经济,文艺评论的立足根基变了,从依赖主流意识形态到日益受市场的利益鼓惑与影响。这表现在以下五个方面。

(一)市场条件下,作品成败牵涉到许多人的饭碗,甚至演出团体的前途,于是被批评者变得十分脆弱,经不起批评

我搞戏剧评论,20世纪90年代以后,发现情形成了这样:你一句好评,可能使对方获奖、得奖金、涨工资、升级别。一句恶评,可能使对方剧团解散、业务人员转业、下岗、失业。当年大连话剧团正处在被取消前夜,推出一部戏《三月桃花水》,中国剧协认为不错,推荐它参加日本实验戏剧节获了奖,回来后大连领导人一看,哦,你还有这个价值啊,留着吧。取消剧团的决议就被撤消了(现在什么样我就不知道了)。

它的背后是什么?是院团改革,市场转轨,文化产业转企。这是国家战略,是绝对正确的,文艺作品不和市场结合,已经走进死胡同出不来了。前

---

① 廖奔:《多元图景中的文艺批评》,《光明日报》2008年5月10日。

几年李长春同志曾归纳我们的创作现象：政府是投资主体，领导是基本观众，评奖是最终目的，仓库是最后归宿。这种现象早就不能再继续下去了，可是至今依然未能改变。我们看前几年电影评奖，一些电影、导演、演员得了奖，大家都不知道他们是谁，因为电影根本没上院线，没和观众见面，大家没看过这部电影，至于导演和演员在其中表现得如何，不知道，就成了圈里自己玩。

当然中国特色又有另外一个方面：政绩工程。许多作品是地方党委和政府"抓"的，获奖就肯定了它的政绩，各地因此还成立了各种奖项公关领导机构，你批评它不就捅了马蜂窝？那年我批评上海大制作的越剧《红楼梦》，就差一点捅娄子。徐进编剧的越剧《红楼梦》曾经是20世纪60年代的经典作品，还拍成了电影，在座的可能许多人看过。上海重新制作，时代不同了，舞台条件好了，包装一下也无可厚非，但制作得有些本末倒置，所以我对它单纯追求外在包装进行了批评。例如开场，徐进的设计是林黛玉初进大观园，宝玉、宝钗、老祖宗及凤姐等所有的人物都上了场，而且人物性格、各人身份地位、彼此关系都表现得惟妙惟肖，尤其凤姐未见其人先闻其声的处理，人还没上场，一串笑声已经飞了进来，绝了！现在换成了元妃省亲，场面倒是大了、气派了，王妃娘娘回来，当然隆重啦，但是失去了刻画人物的一个好场景，因为连老祖宗都得下跪，其他人谁还敢造次！那就光剩下了场面。大制作失去了意义。又如黛玉葬花，现在舞台上处理得很真实：一树一树的桃花，还不断往下掉花瓣，真有落英缤纷的味道，在舞台色光的照耀下，真是美极了！但随即带来了问题：黛玉把落花扫到一起后，该葬花了，可是怎么葬啊？她只好用锄头照着花堆墩了墩——舞台台板上没法埋呀！我批评这是制作造成的风格错位。上海方面原来是准备组织应战的，后来上海一些专家研究了我的文章后说，人家不是在进行攻击，而是艺术分析，而且认为我分析得有道理，于是作罢。还好，没出岔子。

于是批评的人情邀约产生。你可以抵制政绩工程，但抵制不了人情。违背人情，就遭恨遭嫉。我就受到过遭白眼的待遇，我曾经在一篇文章里描述过：

"作为戏剧批评家，我通常是很刻薄的，刻薄到几乎从不完全说人好话，再好的戏也要骂两句,来个一分为二、三七开。更有时不谙世情、不计后果,还专门说人坏话。你认为他的戏不好,就不要发言,或者专拣好的说,再不好的戏,也总有好的方面嘛,不是一分为二吗?不见时下有些戏剧专家、理论家的褒贬,总讲那么几条原理,升发得洋洋洒洒让人摸不着头脑,甚至让人不知道他说的究竟是哪个戏,放在哪个戏上都合宜,多么圆转光润,让听者皆大欢喜,那多舒坦。可我却时时较死理、非得有坏说坏,因此得罪人、吃苦头的时候常常有之,可是又不明察,经常把人得罪了自己还不知道。在某场合偶然碰到某省一位相识者,连忙堆起笑脸、意欲开始客套,对方却眼一低、眉一顺,擦肩而过,弄我个不尴不尬、不明所以。以后又见到仍然这样,冷不丁地打个照面,马上脸就扭到别处,好像从来都不曾相识。我百思不得其解,后来偶然才发现,原来他就是我批评过的一个戏的参与创作者。可是我竟然一直都没想到要把一个戏和它的创作人的姓名联系上,把我批评一个戏和它的创作人员对我的反应联系上!做了这样的蠢事,又不知道悔过。俗话说'一年被蛇咬,十年怕井绳',我可没过多久就把这事儿忘了,又故技重演,于是在我对面又增添了一位永远见不着青眼、时见其怒目相向的'仇人'。这还了得,用不了多久就把全国人民都得罪了。"①

结论:我们的被批评者十分脆弱。

可是同样是市场条件,而且是典型的资本主义市场条件,美国人却不怕批评。说一个插曲。1999年,我受母校美国伯克利加州大学中国研究中心邀请,前去观看美国先锋派歌剧导演彼得·塞勒斯(Petter Sellars)执导的实验剧《牡丹亭》,并要求我在研讨会上发言。伯克利加州大学在美国也是数一数二的好学校,北大是中国五四运动的发祥地,伯克利也是美国史上众多学生运动的起源地,崇尚西部自由精神。这场演出是一次用美国前卫手法处理中国古典名剧的尝试,由著名昆曲演员华文漪和一批美籍华裔以及欧裔话剧、歌剧、舞蹈演员联袂主演,在舞台上大胆展示性爱,一改汤显祖《牡丹亭》里的曲折含蓄,有着极其浓厚的探索意义。1998年它曾在维也纳和巴黎演出,得到截然相反的剧场反响——奥地利人普遍反应冷淡,法国人普

---

① 廖奔:《玩一把编剧——被批评心态体验》,载《剧本》1999年第6期。

遍反应强烈,评论界对它的评价也大相径庭并争论不休,由此而使得这一剧目在西方舞台上备受关注。看完戏,我对它持猛烈抨击的立场,但一直犹豫自己在讨论会上怎么发言。人家不远万里请了我来,看了戏,想听我的评论,我能不给人家人情？可是给人情又怎么说呢？想得一夜睡不着觉,当然也因为时差。恰好第二天一位美国教授问我看戏的感受,我说感觉很奇怪,正在发愁到会上怎么说。他说,怎么想就怎么说。我一下好像有所醒悟。是啊,怎么感觉就怎么说,这是美国人的性格。我好像心里一下踏实了,那天晚上睡了个好觉,第二天在会上噼噼啪啪地放炮,把会议气氛带到了高潮。发完言,美国人给以热烈的鼓掌,许多人挤过来跟我握手。然后导演彼得·塞勒斯要求发言,说是听了我的评价,很受触动和启发,向我表示真诚的感谢。这一点是我没有想到的,我原以为他会生气的。美国人就是美国人,他们习惯于倾听不同的声音。

从这个角度说,老牌市场经济的美国,不像我们新市场经济的心理那么脆弱。就像承受危机的坚韧度,他们也比我们强许多一样。当然,成熟的市场经济,什么都成了炒作,骂比沉默强一百倍,应了东晋桓温的话:"不能流芳百世,宁可遗臭万年。"市场经济经常是香臭不分的,唯钱是举。

(二)评论价格划定,评论开始唯资本马首是瞻

你们谁知道批评的价格是多少？20世纪80年代初我开始写评论时,千字10元,后涨到15元,我在《北京青年报》上发表一个200字的豆腐块,得了5块钱稿费,我当工人的大舅哥就羡慕得不得了,说我能挣工资外的油水了。现在稿费是多少？1999年4月国家版权局最新颁布的《出版文字作品报酬规定》,原创作品是每千字30元至100元。现在在报刊上发表一篇文章,稿酬几十块到几百块不等,但没有上千的。而美术评论早在90年代初期已经是按篇论价,千元起价,现在要用"万"来作秤星了。

在批评领域由实力支配、资本主导的现象,系由美术界发轫。过去属闲情逸致的书画,"文化大革命"中还成了霉头,谁沾了谁倒霉,经常一堆堆"点天灯",现在成了文化市场的大头,拍卖场上的新锐作品以几千万来计价了。贾平凹说:我写一年小说才拿几千块钱稿费,几秒钟写张字也拿那么多。既然现在书画这么值钱,你想要我为你写评论,你想通过我的评论为你抬价,对不起,刘邦他老人家的说法,"则幸分吾一杯羹"吧。尤其是那些"著名"评论家,作品一经他品题立即身价百倍的主,评论就更是要"按质论价"了。当然人家还不一定开价,君子不言钱,但你的价码不够,人家可以不写,"我实在忙不过来",就把你打发了。我在网上看到网民评论,说是现在的美术批评家们,接了人家的活儿,花上半个小时,弄上一千字,换上万把块,然后就喝咖啡去了。这是不是市场行情?

(三)媒体为生存而出售版面,评论沦为吹鼓手

对不起,现在批评到你们了,有冒犯处,请同志们原谅。看到报道,说是现在学术期刊出售版面,产生巨大产值,你们知道年产值有多少吗?我看到统计,吓一大跳。全国每年期刊的版面费大约有几十个亿,形成了巨大的文化产业。商业广告性的宣传方式被文艺作品借用后,宣传费就成了创作名正言顺的开支,评论就在这个平台上寄生。过去是被评论者求媒体,好让媒体给自己宣传啊,现在变成了媒体求被评论者,我喜欢弄点书法,每天不知道收到多少来自报刊的电话,求我交多少钱在他的报刊上开宣传页——媒体和被评论者在袖子里用指头讨价还价。

有权有势者,给媒体一些好处,媒体就给他做专版,岂不知行内看到这样的版面,都会对媒体嗤之以鼻。凡是组织的整版文章,大体没人看。有时看那文章,说的是那个作者吗?怎么说的和他的作品根本不一回事儿!甚至风马牛不相及,吹到天上去了。媒体上的书法最滥,丑字、臭字充斥版面,会画个道道的都敢发表"书法"作品,而吹捧文章也最多,因为这一领域里面无范式,无学院制约,不像美术有学院派,有标准和权威在。一些写字的,请名家到名胜之地吃饭、休闲、消费,好好伺候几天,让他过上上流生活,名家就肯出面为他写篇文章吹捧,权势者花费一点公款,名家就失去了贞操。这样的事,在金庸小说里江湖成名人物都不肯做。

公关方和媒体联手,买断频道和版面,利用人情和实力网罗评论者——批评与商业追捧、广告宣传、政绩张扬相互激荡,在这种行为方式下产生的评论,学术和思想独立性都会大打折扣。评论与炒作怎么能混合呢?两者

实行的是不同的价值取向呀——一个强调美的判断,一个追求吸引眼球。所以,二者的掺并,为时代带来杂色。

(四)唯市场论,收视率第一,评论失去统领权

我至今不知道收视率是怎么统计出来的,据说是按照概率理论抽样调查的结果。

大家一定注意到了,阅读和观赏,在新时期中发生了截然变化。20世纪80年代阅读盛极一时,90年代以后文学旁落了,观赏兴起,影视剧独霸天下。影视剧甚至以为可以独立于文学之外,对文学盛气凌人,引起文学人不满,所以《文艺报》开专栏讨论影视剧的文学性,专栏题目就叫作"剧作就是文学"。主编阎晶明同志还专门申明:讨论不是要为文学从戏剧里分一杯羹,不是要把被边缘化的文学借影视之力拉回中心来。我感觉这种说法,是否有点"此地无银三百两"?

所以从20世纪90年代出现了"观赏性"的概念,变过去常说的思想性、艺术性"两性"为"三性"。一位副部级的文艺批评家、我的老友仲呈祥不解,到处"攻击"它。"攻击"是绝对有道理的,因为从范畴区分,"三性"不在一个层面上,的确不伦不类,确如仲先生所说,"艺术性"里面就包含了"观赏性"。"观赏性"重在"观",主要指欣赏影视和舞台艺术,用眼睛来"赏"。那我们能不能说欣赏文字作品,就应该增添一个"阅读性"?它和"观赏性"倒是并列的,都处于"艺术性"的统领之下。再扩而大之、推而广之,人的感官感知外部世界有五种渠道——视觉、听觉、嗅觉、味觉、触觉,那是不是听音乐、听说书,还应该加一个"美听性"?那大厨、品酒员、鸡尾酒调酒员的对象,是否还有"美味性"?那诉诸嗅觉的对象,应该加什么性?触觉呢?盲人摸象,"造型性"?所以,"艺术性"下面,可以根据人的感官和感知方式,区分出许多种"性"来。但是话又说回来了,"观赏性"又确实能够直接针对眼下的观赏艺术做出褒贬,能够及时反映人们现场观看所获取的效果,而这些"思想性"和"艺术性"未能明言。

所以说,"思想性、艺术性、观赏性"文艺评论标准的确立,是读书时代向视听时代过渡的产物。都说现在人们不读书,阅读量持续走低。2004年,中国出版科学研究所搞了一个"全国国民阅读与购买倾向抽样调查",发现2003年国民读书率比1998年下降了8.7个百分点①,引起舆论大哗。也有人统计,说中国人的年平均阅读量为0.7本书,而日本是30本书,我不知道有没有根据。网上有一则中国人阅读量少的笑话:在地铁上,日本人读报纸,法国人读浪漫小说,德国人最酷,竟然抱着厚厚的哲学书在啃,而中国人"为革命保护视力",什么也不读。我们知道,中国人的读书时代早已变成读图时代——这个"读图"与当年的读连环画不可同日而语。现在,读图又进一步演变为全方位的视听盛宴。众多的多媒体、LED(发光二极管)屏、3G空间所提供的流动的、改换迅速的、五颜六色的"图",给人们的视听感官带来极大冲击,人们目眩五色,怎还能静心读书!过去提倡的凿壁偷光、囊萤聚光读书早已被五光十色的激光展示所遮掩,就像到北欧、俄罗斯去看北极晚上的极光,能使人心中隐隐激动,胸中热血奔腾。读与思是冷的,观看3D大片《阿凡达》是热的,一冷一热,谁更有吸引力?

  由于强调"观赏性",所以就要强调场次和收视率。这是没有问题的,没人看谈何影响力?但是现在电视弄成了收视率第一,就带来许多社会问题。例如现在的电视讲坛,为了收视,只重说书,《百家讲坛》成了说书场。人们说:演艺界一脱成名,知识界一讲成名。谁都知道,大学时期,哪个老师会讲故事就受欢迎,如果再一表人才、风度翩翩,就易引发师生恋,暗恋潮。为何?对象崇拜也。我大学的张老师当年就是女生偶像,20年后再见,深深感叹造化弄人。为何?又老又丑,光彩不再。感到他老,那是自然规律。感到他丑,则是我的审美心态转换了。因为现在的世界之大、电视之快捷,让我见到的俊男靓女无限增多了,过去以为美的现在觉得不美了。加之现代化妆术、电脑修复术的美化功能,效果神奇,曾有人成立专揭老底战斗队,把一些亮丽演员化妆前后的照片晒在网上,真是一丑一美,对比鲜明。时下社会养生形成热潮,刚刚出了悟本堂张悟本事件,其实他开的营养药也不伤人,你要信嘛,人家也没骗你。我就发现人们特别相信媒体推介,上了媒体的就一定是好的,20世纪80年代我写本书叫《爱的困惑》,那时就发现一种

---

① 《环球时报》2004年12月17日刊载新华社2004年12月11日报道。

爱情趋势,只要上了媒体的,就一定成为大众情人,人们很容易爱上公众形象,平时在身边擦不出火花,媒体一报道就爱上了。

收视率只能作为一个参考数据,刚看到仲主席文章,题目叫作"收视率不等于收视效果",很对。如果收视率成了最高目的,就是媚俗、向金钱投降、纵容大众的隐私心理,网上裸聊的点击率是最高的,古今中外都会反对,西方也并不如此。

(五)评论的受众面大大萎缩,声音弱化

这一点上面已经涉及。文艺批评发表在报刊上,而报刊本身又能发行几份?有几个人读?现在大报发行不过小报,小报不用正统的批评文章,喜欢花边新闻,诸位都有直接感触甚至痛感。

一次到外地出差,听说当天《光明日报》发了我的文章,连忙上街去找报纸,报亭一座接一座,可是我把整个城市转过来也没有卖《光明日报》的,被问的人还奇怪:"找《光明日报》?从来没卖过。"(《光明日报》的同志抱歉啊!)所以,现在写了评论文章也基本没人关注,搞评论的人都成了顾影自怜者。

归纳一下,看大家是否同意:"今天的文艺批评生态已经发生了深刻变化,市场因素开始在社会中发挥越来越重要的导向作用。市场尊重经济规律,有着强烈的自我扩张、自我宣传与自我表述意愿,当文艺与市场日益发生不可分割的联系时,这种市场意愿就越来越强烈地反映在对文艺作品乃至对文艺批评功能的规定性中。例如市场的经济利益最大化原则,要求和制约着进入市场的文艺产品必须流行。'流行'是商品的本质,是商业社会的基本程序,它要求和制约着文艺朝向通俗化、低俗化乃至媚俗化发展,在带来流行音乐、通俗舞蹈、贺岁大片、搞笑闹剧畸形繁荣的同时,也把社会文化整体纳入娱乐和销售渠道,去追求热点炒作、眼球效应、轰动感觉、聚焦效果,去作秀、去争当超星、去展览艳照、去谑讲中国文化。同样,它也要求和制约着文艺批评必须符合与支持这种趋势——它会动用强大的经济力量、采取各种商业手段来吸引、诱导和迫使批评转向有利于这种趋势的方向,于是就有可能干扰、阻滞和减弱批评主体性的发挥,诱拐批评的良心。"①

三、给评论带来的影响和改变

要想弄清楚时代对文艺评论的影响和对之造成的改变,先要弄清楚文艺评论是什么。

先说以往人们是怎么看它的。普希金说:"批评是揭示文学艺术作品的美和缺点的科学。"②指出作品的成功点和欠缺,当然是批评最基本的功能,而美是文艺最本质的定性。

郭沫若说:"文艺是发明的事业。批评是发现的事业。文艺是在无之中创出有。批评是在沙之中寻出金。"③这是从批评对于作品的筛选角度说的。

文艺概论之类的著作说,文艺评论有4种作用:一是对文艺创作进行价值判断和评价,二是对作品进行鉴定和筛选,三是从而制约和影响文艺创造的发展趋势,四是也形成对文艺创作的反馈。

美国学者艾布拉姆斯(Meyer Howard Abrams,1912—　)"批评四要素"的范式理论,是现在文艺概论一类著作里都要提到的。艾布拉姆斯在他的《镜与灯:浪漫主义文论及批评传统》(*The Mirror and the Lamp: Romantic Theory and the Critical Tradition*,1953年出版)中提出总结西方文论发展史的四要素:世界、作品、艺术家和欣赏者。艾布拉姆斯1940年以《镜与灯:浪漫主义文论及批评传统》的博士论文毕业于哈佛大学后,一生在康乃尔大学任教(康乃尔大学是美国常春藤名校),对当代欧美文学理论产生重大影响,这本书自1953年出版以来就被翻译成多种文字在全世界范围内不断地重印。《镜与灯:浪漫主义文论及批评传统》的名字有隐喻意义,镜子和灯,通常都被用来形容人的心灵,不同之处在于:把心灵比喻为镜子,是把心灵看作外界事物的反映,是被动的;而把心灵比喻为灯,是把心灵看作一个自主的发

---

① 廖奔:《多元图景中的文艺批评》,《光明日报》2008年5月10日。
② 普希金:《论批评》,《古典文艺理论译丛》,北京:人民文学出版社,1961年,第2册第153页。
③ 郭沫若:《郭沫若论创作》,上海:上海文艺出版社,1983年,第538页。

光体,认为心灵也是它所感知的事物的一部分。

我们来看看他的批评四要素:世界、作品、艺术家和欣赏者。世界:客观事物,作品所反映的对象。作品:我们的欣赏和批评对象。艺术家:作品的创造者。欣赏者:阅读作品的人。四要素实际上是四个环节,它们构成文艺作品的整体流程。什么流程?艺术家用创作来反映客观生活,提供给人们欣赏。那么,批评就应该从流程的各个环节来进行审视,看文艺作品是否完成了它的任务。这样看来,批评不是茶余饭后的消遣,而是一个专门的学问,需要花费耕耘功夫的。

那么,我们说的上述变化,给文艺评论带来的影响和改变是什么呢?先看看网上的反应。

有人说:"很多年前我对批评家的理解就应该是如鲁迅那样一类人,铁肩担道义,妙手著文章。反观今日中国艺术界,不但这样的人没有,如许的精神气也是荡然无存。"

也有人说:"评论家这个职务是哪里定的?以前只有苗子等经历半个多世纪,且具有相当阅历、知识的德才之人才能兼任!现在是个啥萝卜都上来搞咧!真×××!"他说的"苗子"不知道是谁,我只知道黄苗子,是书画家和作家。

还有人说:"现在是小人物忽然接管大人物的评判权力,引起无数社会人士不满的时代!"

看来,大众对于文艺评论现状多有不满。我挂一漏万地归纳出下面几个方面的变化:

(一)引导作用大大减弱

传统评论的导引作用有时是巨大的,经常是开时代风气,或扭转时代思潮。别林斯基对果戈理批评的佳话,是历来常讲的。我们都知道,他的著名论文《论俄国中篇小说和果戈理君的中篇小说》,鼓舞了果戈理沿着现实主义道路前进,从而产生了《钦差大臣》《死魂灵》等现实主义杰作。别林斯基曾经自豪地说:"这说明了批评为什么这样重要,这样普遍;说明了它为什么引起广泛的注意,博得这样大的声望、这样大的威力。"①别林斯基经常是反叛的,他在莫斯科大学语文系学习期间,就因写了具有反农奴制倾向的剧本《德米特里·卡里宁》,被校方以"身体虚弱,智能低下"为借口开除。果戈理现实主义小说的对象经常是小公务员,如《狂人日记》《外套》等,笔锋辛辣,当时人攻击他"丑化政府官吏"。别林斯基《论俄国中篇小说和果戈理君的中篇小说》一文,高度地评价了果戈理是一位"高于时代精神"的作家,给予果戈理的创作以极大的支持。别林斯基则扭转了时代文风。他的理论贡献还有很多,例如他首次提出了"艺术是形象思维"的著名论断,在欧洲文学史上首次提出关于"典型性"的论述②。1848年6月因病去世时,他才37岁。

现在评论的作用什么样呢？我归纳一下：礼崩乐坏,群龙无首,谁的评论也基本不起作用。现在评论的时代底色和背景声音过于嘈杂了：一天产生一部电影、两部长篇小说、十部电视连续剧,文艺活动众象纷纭,媒体热点频繁出现,网上博客广泛随意,时代图景因而很难被聚焦。想振臂一呼应者云集,根本做不到。我读了你的文章就听你的了？你就主导文艺方向了？越是主流报刊发表的文章,越是没人看,人们形成了心理抵制。而且,多元批评带来坐标的多元,引起话语方式、语码的不同,圈子和代沟现象严重,人们各说各话,大家互相听不懂、彼此不理睬。多元批评又势必实行多元标准,对评论对象的价值判断因而失去一致性,它的正面意义是折射出自然无序的柔和光线,人们的文化生活与文化观念变得更加丰富而温馨,负面则导致价值相对论与判断的无所适从。上述种种,折射了当代评论的繁荣与困境。

(二)无思潮性论争,只有酷评

文艺思潮的冲突与斗争在历史上常常是很激烈的。大家熟悉的法国文

---

① 《别林斯基选集》,北京：人民文学出版社,1958年,第1卷第324页。
② 别林斯基认为典型性是"创作的基本法则之一,没有典型性,就没有创作",提出典型是"一个人物,同时又是许多人物,也就是说,把一个个人描写成这样,使他在自身中包括表达同一概念的许多人,整类的人",然而他又必须是"一个人物,完整的,个别的人物"。

艺史上著名的"欧那尼之战",是古典派和浪漫派冲突的最生动的例子。19世纪法国作家雨果创作了浪漫主义戏剧《欧那尼》,上演那天,引发了激烈的剧场冲突。法国古典派作家把《欧那尼》的公演看作是大逆不道,是对法国传统戏剧美学原则的篡改,联合起来反对它,雇了一批帮闲来捣乱。而浪漫派同人——一批年青诗人、画家、建筑师,包括巴尔扎克等人,希望《欧那尼》演出成功,自告奋勇集结在一起,为雨果捧场。古典派从楼上包厢里往下扔垃圾,雨果夫人回忆说"巴尔扎克首先吃了一根烂白菜"。浪漫派的年青人聚在下面,一看见包厢里古典派老头们的秃脑袋,就大喊:"打倒光头!送他们上天堂!"开演后,主角刚念两句台词,古典派就狂呼乱叫喝倒彩,浪漫派则一片叫好声。但是演到第二幕之后,多数观众被剧情感染,剧场逐渐安静下来。演出完毕,全场爆发出热烈的掌声。人们一片欢呼:"雨果胜利了!""浪漫派胜利了!"以后,欧洲浪漫主义文学思潮就取代了古典主义,成为文坛霸主。

思潮性论争在整个中国20世纪新文艺史上也是持续不断的,中华人民共和国成立后一直到80年代也是很激烈的。例如80年代清算了庸俗社会学,引进各种西方批评方法、后现代思潮,文艺批评发展为心理批评、原型批评、社会批评、语义学派、结构主义、现象学批评、阐释学等,先后提出了各种批评流派:新启蒙批评、美学历史批评、圆形批评、学院派批评、文体批评、理论的批评化、批评的理论化、文化诗学批评、生态批评等。其中文化批评似乎较为适合中国国情,一时盛行。现在则没有一致的思潮和流派了,进入多元化时期,追求社会和谐,市场主导,思潮性论争减弱了。原来反映意识形态斗争的有左派、自由派,这些牵涉到政治方向,是需要防范的,现在却看不见了,看见的只是职业区分:学院批评、业界批评、媒体批评(媒体批评又分为严肃批评、综述式批评、采访式批评、炒作式批评、广告式批评——电视隐形广告),出现了主流批评与民间批评、学者批评与大众批评、严肃批评与媒体爆料、价值评判与商业炒作的对峙与并立。

批评已经没有了思潮分歧,有的只是个人出奇冒泡,这就制造出文坛黑马现象。先是通过酷评、骂评,一骂成名后,媒体就认了他,喜欢发他的文章了,他也就成了名人,有的还再回归,逐渐进入主流,开始评职称、担任国家级专家,来享受主流的好处。

所谓"酷评",是针对社会公认的权威价值来发表激烈评价,轰塌或动摇其思想根基,把传统价值命定说成是皇帝的新衣,从而骇世惊俗,引发"轰动"效果。所以现在流行恒温人格:只要能吸引眼球,你捧我也行,你骂我也行,总比无人理睬好,从中换取名声,获得个人的可持续发展动力。

(三)对于新的文艺现象失语

例如传统批评对于"80后"颇有微词,最近郭敬明作品继去年登上《人民文学》后,又登上《收获》,这些都是"纯文学"刊物的代表,有人讥讽为"纯文学向市场弯腰曲膝""纯文学第一刊向商业写手低头",叫作"市场法则的张扬和文学精神的隐退"。为什么呢?因为郭敬明作品有着浓重的市场化倾向,有着媚俗趋势。但是,他的作品在十四五岁少年那里受到极大欢迎,导致作品一沾上郭敬明的名字,就能卖出很大的市场份额。他主编的《最小说》杂志,动不动就发售几十万份,这帮助他年纪轻轻就坐上了中国作家富豪榜的榜首,而眼下全国近千种文学期刊中,发行量过万的不超过10种,这也遭我们嫉恨。郭敬明的作品被《人民文学》刊登,当月杂志发行量就有了很大拉升,等到下个月没了他的作品,发行量就又下来了。所以有人又说:《人民文学》和郭敬明,究竟谁更需要谁?

上面说的是现象,我们这里要强调的是:如何看待文学的郭敬明现象?难道仅仅是他市场运作的成功吗?绝不如此简单。我刚刚看到《文学报》上一篇文章,分析得很有道理。它说:"为什么青少年对于传统文学、圈子里的文学大多不感兴趣?"而"几乎所有的成人作家,都无法写出年轻人喜欢的东西?""1985年以后出生的年轻人,在成长时期就接触了网络,能够获得整个世界的信息。这个时代在由意识形态转变为物质主义。""当现实不能满足他们的阅读渴求时,他们就开始自己写自己卖自己买自己读。""这就形成了新的文化力量。这股力量越来越不可忽视,甚至使成人世界感到无奈。"[①]前面提到"白寒论战",葛红兵就站在韩寒一边,说得倒是很有道理,他说:

---

① 金莹:《金字招牌为何沾上烫手山芋》引江冰语,《文学报》2010年6月3日。

"他们（"80后"）的作品只有同龄人看得懂，未得到更多读者的喜欢。只有当'80后'群体中出现了文学理论家，对'80后'作品做出理论上的探索研究，'80后'才能真正被广大读者认可。这种作家早熟、理论家跟上的现象，全世界都一样。作家与理论家间隔的时间，大约是5到10年。"①你看，"60后"的葛红兵对于"80后"，就能够有比"50后"的白烨有贴近感和理解度。

例如理论界对先锋戏剧的失语。现在经常有先锋戏剧让人看得一头雾水。有先锋导演说：你看不懂就对了，就说明我的戏成功了。这叫什么话？那样的话，你弄个精神病人上台去胡言乱语一阵，不比你还先锋？先锋戏剧究竟应该如何理解？一种是形式上的探索和创新，目的是探索戏剧的可能性，也反叛以往的既定戏剧模式。另一种是符合时代哲学思潮的需要，例如对物质世界荒诞性的探索确立了荒诞派戏剧。《等待戈多》表现人所处身的外在世界的荒诞性，说明人永远不可能对之解读。《椅子》表现物对人的压榨。20世纪西方现代派、后现代派戏剧的兴起，都是有其社会的、精神的、哲学的、心理的原因的，现实主义戏剧无法揭示后工业社会人的精神压抑，于是需要在舞台上寻求突破。因而，这些探索都是有着明确的思潮主导性的，都为了某一具体的目的而行动。但我们的所谓先锋戏剧，则是在商业化大潮中，抱着吸引眼球的目的，漫无边际地从形式上模仿西方，以为把舞台上弄得越花里胡哨就越先锋。但脱离了社会思潮和哲学的支撑，先锋就成了胡闹。

评论对于先锋戏剧的失语，影响到剧作家的方向选择。过士行或许一些人熟悉，留大胡子的，他本来也是媒体记者，80年代前期在文艺部跑文艺口，也写戏剧批评文章。慢慢他觉得用批评干预戏剧太不过瘾，说半天创作也不听，干脆我自己来得了。于是他改行到国家话剧院当了编剧，一炮打响，搞出了"闲人三部曲"《鸟人》《鱼人》《棋人》系列，为中国后现实主义戏剧推出了范本。但是20世纪90年代中期以后，面对先锋戏剧的"猖獗"，他迷失了方向。一次很迷惘地对我说：什么才是先锋呢？难道我的创作落后

---

① 《葛红兵：读懂鲁迅再去论战》，http://ent.sina.com.cn/x/2006-04-03/09341036725.html，2006年4月3日。

了吗?我应该怎么走?你们看,批评对于先锋戏剧的失语,造成剧作家对"先锋"的误解。于是我对他说:你没有落后,就按照你自己的路子走。当然,他后来还是尽力去追求"先锋",搞出了"尊严三部曲"《厕所》《火葬场》等作品。写厕所,写火葬场,题材倒是都很"先锋",因为从来没有人碰过,但我认为内涵都没有达到他"闲人"系列的深度。

日本人同样如此,对先锋戏剧一知半解。忘了是谁说过一个例子:他去访日,看现代派戏剧,一点儿没看懂。对方问观感,他只好天花乱坠地胡诌了一通:反叛主流意识形态呀,错讹呀,怪诞呀,反形态呀,荒谬的形式外表掩藏着强烈的内在精神呀,对黑暗社会的强烈不满,对人的压抑情绪的喷发式发泄呀……对方听得喜形于色、目瞪口呆,说:哦,我的戏原来还有这么深奥的道理哪!真谢谢你帮我指出来!

(四)一些评论家丧失独立人格

这个问题不须细说了,因为没有理论含量,只是常识和道德准则。评论家如果连价值评判和无原则吹捧的界限都分不清,那就不用再跟他费口舌了。我只想举例谈谈评论家的人格坚守。中国古人坚守人的信念、人的尊严,不向权贵低头,有着长期的传统、众多的故事。宋代文天祥《正气歌》说:"在齐太史简,在晋董狐笔。"战国时代齐国出了一个太史简的故事,晋国出了一个董狐笔的故事,都是不阿权贵,以生命换取尊严的例子。

太史简:事情起自齐国的一件美色丑闻。京剧《海潮珠》演的就是这个故事:齐国大夫崔杼妻子棠姜系美女,与齐庄公有染,赠其海潮珠。崔杼听说后,装病诱齐庄公前来探病,趁他们私会时杀之。这当然是京剧的加工,但实际情形也相差不远,我们这里不去说它。只说历史上崔杼连带发动了宫廷大屠杀,很多人死于非命。然而就在此时,齐国的太史却在简牍上如实记录曰:"某年月日,崔杼弑其君。"崔杼大怒,立即杀了太史。太史的弟弟继任(那时行业多为世袭),还这么写,又杀掉。再一个弟弟,又写,又杀。到第四位,还这么写。崔杼实在没办法了,只好由他去了。可是故事还没完,又有一个南史氏,也是写史的人,本来没他什么事,但他听说宫廷里的太史都被崔杼杀了,没人干这个事了,就"执简以往",自己带着竹简进宫,准备接着还这么写,那就是为了信念去赴死。走到半道上,听说崔杼放弃了,他才转头回家去了①。

董狐笔:晋灵公昏庸无道,残暴荒淫。相国赵盾多次进谏劝阻,晋灵公怀恨在心,派大力士前去刺杀赵盾,大力士来到赵盾府上,看他还没有到上朝时间,就早早穿戴整齐,恭恭敬敬等候上朝,认为他是忠臣,不愿杀他,就自杀身亡。晋灵公又设鸿门宴,想在酒宴时杀赵盾,赵盾的卫士提弥明保护赵盾逃脱。赵盾逃往国外途中,遇见晋灵公的姐夫赵穿。赵穿听说此事,非常生气,去找晋灵公论理,晋灵公不听,赵穿有力量,命令卫士杀死了晋灵公。赵盾听说后,返回国都,拥立晋灵公的儿子为晋成公,自己还担任相国。事情过后,赵盾想知道史官对这件事的评价,把太史令董狐找来。董狐把大事记拿给赵盾,让他自己看,上面写着:"秋七月,赵盾弑其君。"赵盾说:"先君不是我杀的,你怎么让我承担罪名呢?"董狐说:"你身居相位,逃跑而没有走出国境,回来又不惩办凶手,不是你的责任,又是谁的责任呢?"赵盾没有办法,只好叹息。孔子评论这件事说,董狐没有错,他是一位好史官,秉笔直书而不加隐讳。赵盾也没有错,他是个贤明的大臣,为了法度而蒙受恶语,真是可惜。如果他逃出了国境,就可以免除弑君之名了②。

还有一个强项令的故事,这个大家更熟悉:董宣,河南陈留人,任洛阳令。汉光武帝刘秀时,他姐姐湖阳公主家奴光天化日之下在洛阳城内仗势杀人,事后躲入湖阳公主府邸,谁也没有办法。后来湖阳公主出门,家奴随同驾车,董宣闻讯,在洛阳厦门亭挡住车马,厉声指责湖阳公主管教不严,让人把家奴拉下车,就地斩首。湖阳公主跑进宫向刘秀哭诉,刘秀大怒,立即召董宣进宫,要用锤打死他。董宣说:让我说一句话再死。刘秀说:"说。"董宣说:"陛下圣德,中兴汉室,却纵容家奴枉杀平民,如此下去,不知陛下将怎样治理天下?"说完,一头撞向柱子,刘秀赶紧让左右拦住。刘秀让董宣向湖阳公主叩头认罪,想就此了事,谁知董宣就是不肯服从,左右用手压着他的头想让他把头低下,董宣双手撑地,死不低头③。

---

① 参见《左传·襄公二十五年》。
② 参见《左传·宣公二年》。
③ 参见《后汉书·酷吏传》。

这些故事可歌可泣,被千古传颂,说明我们中华民族有着自己坚守信念、坚守独立人格的准则。从这种文化传统出发,历来中国真正的文人,都有自己的做人底线,为了"道"而坚守。子曰:"朝闻道,夕死可矣。"这当然是一种崇高的境界,即使做不到,至少做到说真话,说自己想说的话。这种精神是可贵的,值得我们今天的批评家们学习和继承。俄罗斯也有同样的人生准则,别林斯基说:"说你所不想说的话,用自己的信念投机,这不仅不如沉默和忍受贫穷,甚至不如干干净净死掉。"①这就是批评家应该坚守的"道"。

那么,理想的文艺批评应该是什么样的呢? 我曾经充满憧憬地描述过对它的理解:它应该是"超然的、独立的、客观的、公正的,是说理的、思辨的、审美的,受到社会道德、时代精神和公理良心的指引,站在社会公众的整体和长远文化利益基点上说话,从而真正为时代文艺概括现状、评判价值、指责时弊、把握方向。当然,任何客观都是相对的,因而古今中外的严肃批评家,都会站在自我良心的基点和时代高度,力图使自己摆脱历史和环境的局限,获得相对公正的观察与判断,从而确立自身的价值。也只有这样,他们的作品才能得到时代认可,经过历史长河的冲刷后沉淀下来,流传至今,积累为文化传统与人文经典。今天的批评家同样如此,你的自我定位当然是个人的事,是否能够克服和避免人情邀约、红包定单、吉利彩酬,挑战的只是个人的良心操守,但批评文字的客观性与公正性却要经过时代的检验,你最终要对公众完成自己的形象定位、确立人格坐标。读者自有品鉴,历史永远是大浪淘沙,总是一些人做了中流砥柱,另一些人成为过眼烟云。因而古人反复发出深沉的历史慨叹:'尔曹身与名俱灭,不废江河万古流。''沉舟侧畔千帆过,病树前头万木春。'面对商业大潮的冲击,批评家能不时刻保持清醒与警惕吗?"②是不是有点太浪漫、脱离实际了? 总之这是一种值得追求的理想境界吧。

今天我只从分析的角度,指出文艺评论生态环境所发生的变化及其带

---

① 《别林斯基论文学》,上海:新文艺出版社,1958年,第255页。
② 廖奔:《多元图景中的文艺批评》,《光明日报》2008年5月10日。

来的问题,但我开不出解决问题的方案。我想,指明事实本身,也能起到警醒作用,特别是你们是媒体执掌者,能够引起一些反思,我的目的也就达到了。至于我今天有意对你们进行一些言语冲撞,是为了激发你们的关注,关注我的讲课,也关注我所说的社会现象。

(原载《中国书法》2010年第8期)

时代正呼唤史诗

甲午又至,站在世纪国门瞻望,我们所处的是一个什么样的时代？从闭关锁国到投身世界潮流,从保障自身存在到关心人类未来前景,从冷眼向洋看世界到热情融入全球和平发展,社会由温饱型转向小康型,民众由生存挣扎转向人的全面发展——蓦然回首,中国已经走过了昨天。

今天,渴念自立于世界民族之林的中国经过百年革命已经挺立于国际大舞台,回望睡狮由觉醒到抗争到奋起的一整个过程,我们已经能够拉开距离作历史性纵观:从抵抗列强瓜分,到反抗日寇灭国,到寻求正确发展路径——决定我们今天命运的中华民族百年轨迹可歌可泣。

于是,史诗的土壤出现了。今天的中国文坛,已经显现了史诗萌发的征兆。拉开历史纵深、逼视民族进程、在大范围大跨度大展幅大聚焦中进行概括提炼的作品正在出现,许多背景庞大、人物众多、历史覆盖面广、时间跨度大的作品已经具备一定的史诗基础,而写出国运兴亡、民族盛衰、家国奋争、族群浴血、命运的艰辛磨难、人心的砥砺成长,已经成为众多文艺门类、众多文艺作品的终极追求。我们在殷切地等待着中国的《战争与和平》《百年孤独》的诞生。

史诗是一种庄严的文学体裁,携带着厚重的历史和民族母题。它是特定历史时代的产物,是一定历史阶段重大历史事件和社会生活的全景式反映,揭示出复杂丰富的历史、民族和文化内涵。原始时代产生创世性的英雄史诗,文明时代产生铁血性的历史史诗。一部民族史诗,往往就是该民族在特定时期的一部形象化历史。它因而是民族精神的结晶,是人类在特定时代创造的高不可及的艺术范本。

今日之中国，历史巨变、社会转型、精神高昂、人性复苏，正是出文艺巨制的时候。史诗把历史、民族、宗教、人性话题全部统一于深刻的史诗精神之中，因而，我们创作的起点，应该是唤醒中华民族的诗史精神和史诗品格，寻求到一种能够提升和强化民族精神与国家认同的合宜叙事方式。我们如果能够克服偏狭、狷急、片面的视角，而站在时代的立场、人性的立场、文学的立场，剩下的就是冷静、客观、平和地观察与写作了。

眼下的时代写作从单一宏大叙事到丰富的个体情感张扬是一大进步，然而漫天飞舞的小时代、小情感飞絮，在满足了部分审美需求的同时，也令人追忆黄钟大吕的时代强音。私人写作、个体情感要汇入社会主潮，才能共同描画出波澜壮阔的时代画卷，而其立场、视角、经验、技巧可以融入史诗创作之中，增加其血肉、真实感、新鲜性和丰富性。

我们的时代，史诗正在呼之欲出。

（原载2014年10月31日《人民日报》）

繁荣发展新疆文艺　确保西域文化主权[①]

新疆是全国陆地面积最大的省区,远离内地,是多民族、多宗教地区,又与8个国家接壤:蒙古、俄罗斯、哈萨克斯坦、吉尔吉斯斯坦、塔吉克斯坦、阿富汗、巴基斯坦、印度。近年世界不太平,极端宗教主义十分活跃,又与恐怖主义和民族分裂主义连在一起,这些在新疆也有反映。因此在这里从事文联工作,有其特殊性和复杂性,一定要坚持正确的祖国观、历史观、民族观、宗教观、文艺观。今天就讲讲我对于这几个"观"的理解,和大家交流认识。

一、地理上的新疆概念

这一部分讲有关历史观的问题。先说"西域"的概念,有"狭义"和"广义"之分。"狭义"按东汉班固《汉书·西域传》中之记载,"东则接汉,扼以玉关、阳关,西则限以葱岭",大致范围也就是今天的敦煌以西,包括新疆在内的巴尔喀什湖以东以南地方和葱岭地区,其南部限以喀喇昆仑山北麓,北达准噶尔盆地北缘一带地区。"广义"指凡通过狭义西域所能到达的地区,包括亚洲中西部、印度半岛、欧洲东部和非洲北部在内。晋、南北朝、隋、唐、元、清统一新疆之初,"西域"范围较汉代大得多,例如唐代著名高僧玄奘《大唐西域记》中的西域,就包括了新疆、中亚和西亚。我们这里只说狭义的西域——大约为新疆地区。

关于西域,要提出一个理念:它是一片各民族共同生活过和生活着的土

[①] 本文系根据作者2010年9月12日在新疆文联系统干部培训班上的授课内容整理。

地。我们先来看看中国秦朝以后西域疆域图的变化……大家看到，中国的西部版图，历朝历代不断发生变化，在西域先后生活过的民族或国家有匈奴、月氏、楼兰、乌孙、于阗、疏勒、龟兹、大宛、车师、鲜卑、柔然、突厥、回纥、蒙古、汉族，等等。这还是比较晚近的印象，上古时期无法处理地图，知道的是当时的人们有着远较今天理解广阔得多的视野和足迹。一直到夏、商、周，中华原始部族还都处于迁徙的阶段。一说商的始祖即来自新疆的罗布泊地区①，古代又有周穆王驰骛八极与西王母会于昆仑山瑶池的传说②，说明中华始祖活跃于今天的广大地区，我们远远没有认识到古人的迁徙和文化交往能力（这方面的例子之甚，可见印第安人的起源说。印第安人属于蒙古人种，一种说法是当年中华人越过白令海峡到达美洲，其龙凤图腾、象形文字、祭祀习俗许多与中国相通）。所以中华民族是在包括西域在内的广大疆域里孕育和发展成形的。过去我们常说中华民族是炎黄子孙，说黄河是中华民族的母亲河，以黄河流域的地理文化为限定，这是极不全面的。长江下游浙江余姚的河姆渡文化，已经让学者们把中华文明修正为"两河文明"，

---

① 帝喾的次妃简狄生子契，是商的祖先。简狄又称简翟，传说她吞了玄鸟（燕子）的卵而生契，所谓"天命玄鸟，降而生商"（《诗经·商颂》）。简狄属少昊部落，为有娀氏女，"有娀在不周之北，长女简翟"（《淮南子·坠形训》）。不周山的位置诸说纷纭，根据《山海经》的记载，可能是在泑泽（罗布泊）以西、昆仑山以北。这里是女性氏族的女人王国，崇拜鸟图腾。今天在楼兰遗址中发现了距今4000年的木雕简狄女祖角，在吐鲁番阿斯塔那墓地出土了唐代绢画简狄像，简狄像的左肩上方有一只鸟，而楼兰古尸都佩饰护耳尖帽、草篓和羽翎（杜培华《去楼兰》，光明日报出版社2001年版），羽翎正是鸟图腾的遗迹。

② 周朝第五代王周穆王曾至昆仑山会西王母于瑶池的传说，见于古籍记载。《山海经·大荒西经》载："昆仑之丘……有人戴胜，虎齿，有豹尾，穴处，名曰西王母。"《山海经·西山经》载："玉山，是西王母所居也。西王母其状如人，豹尾虎齿而善啸，蓬发戴胜，是司天之厉及五残。"《史记·赵世家》载："缪王（即周穆王）使造父御，西巡狩，见西王母，乐之忘归。"《穆天子传》说，周穆王"癸亥，至于西王母之邦。吉日甲子，天子宾于西王母。乃执白圭玄璧以见西王母，好献锦组百纯，□组三百纯，西王母再拜受之□。乙丑，天子觞西王母于瑶池之上。"史家认为，周穆王时期，面对殷商遗民不稳、周边民族内侵的压力，御者造父因而建议向西越过犬戎之地，和"西王母之邦"建立同盟，以便震慑和牵制犬戎，并利用"西王母之邦"的先祖简狄是商朝先祖的关系，从情感上笼络殷商遗民。周穆王于是派造父作为信使向西王母部族联络，然后周穆王出发到昆仑山，和西王母在瑶池会盟。所谓"西王母之邦"，应该是女性氏族王国，国王即王母，地处西边，因称西王母。"西王母之邦"一直和中原诸族保持着往来，《焦氏易林》载："稷为尧使，西见王母。"今本《竹书纪年》载："（舜）九年，西王母来朝……献白环、玉玦。"汉武帝时还有关于西王母的记载。另据调查，直到民国时期，昆仑山南北仍存在着女性部落。

长江上游四川三星堆和金沙遗址的发现,更坚定地支持了中华文化散点孕育、共同发展的观点。

需要说明的是,其中的汉族不是一个单纯意义上的民族概念,而是一个集丛概念,是一个多民族融合的概念。最早黄帝、炎帝是黄河流域的两个酋长国,炎黄大战后融合为最初的华夏部族。黄帝又在河北涿鹿战败九黎部落蚩尤,把九黎的一部分融入炎黄部族,形成今天中华民族的最早主体,但九黎的另外一部分却跑到西南成为苗族等。又,古人习惯说的东夷西戎南蛮北狄,当然有着立足中原的歧视因素,但这些民族许多后来都融入了华夏部族。古人还有舜是东夷、周文王是西夷的说法①。而过去"不与秦塞通人烟"的巴蜀文化之地,到秦朝时也被并入中央版图。今天所说的汉族名称来源于统一而强盛的汉朝,"汉"原指天河、银河,《诗经·小雅》云:"维天有汉,鉴亦有光。"但当时还未成为民族名称,唐代以后华人又被称为唐人,清代日本书籍上还称中国为"唐土",清末以后华人在海外建的街道称"唐人街"而不称"汉人街"。古时居住在中原一带的人自称居住在"中国",对周边居民自称"中国人"。而位处湖南、湖北的楚国人就不能这么说,所以楚王熊渠干脆反其道而行之,说:"我蛮夷也,不与中国之号谥。"(《史记·楚世家》)于是不遵从中原礼法,不经过周王庭而把三个儿子自封为王。汉人的称谓是在外族入主中原后,作为统治者的外来民族为了与原住民区别开来,用"汉"或"汉人"来专称原居民,才逐渐定型的。例如元蒙把人分成四等:蒙古人、色目人、汉人、南人。其中的"汉人"指当时的中国北方人,"南人"指中国南方人,两者都应该是后来的汉族,可见那时还没有形成明确的汉族概念。

汉族又很难说是一个血统纯粹的民族。汉代以后中原迭经战乱,例如东晋时期匈奴、鲜卑、羯、羌、氐五个游牧部落联盟,百余年间在华北地区先后建立起数十个国家,开启了历史上的十六国时期,史籍的歧视语为"五胡乱华",以后金(女真)、辽(契丹)、西夏(党项)、元(蒙)、清(满)的入主,都

---

① 《孟子·离娄下》:"舜生于诸冯,迁于负夏,卒于鸣条,东夷之人也。文王生于岐周,卒于毕郢,西夷之人也。"

与汉人发生了融合。今天北方人个子大,呈现出人种上明显的杂交优势。汉姓81个复姓里,一些是少数民族的遗迹,如长孙、贺兰、呼延、鲜于等。但更多的少数民族改了汉姓,例如北魏孝文帝拓跋焘大力提倡汉化,将很多原属鲜卑族的复姓改为汉姓,像"拓跋"改成"元","独孤"改成"刘","拔略"改为"苏","莫胡卢"改为"杨","贺兰、贺拔、贺狄、贺赖、贺敦"改成"贺","多罗、叱罗"改成"罗","吐伏卢、伏卢、卢浦、莫芦"改为"卢",等等。

可以得出一个结论:新疆版图历史上并不固定归属于哪一个民族,它是不同民族生活过和生活着的土地。所以,正确的历史观和民族观,应该是尊重新疆的历史形成,尊重在这里生活过和生活着的一切民族成员。

二、现代国家主权观念的形成

这一部分讲祖国观和民族观的问题。站在古代立场看,西域或独立为一些民族小国,或被中央政府所统辖,或被一些大的民族国家所拥有,但那还都不完全具备现代意义上的国家主权概念。本来国家主权概念是很简单的,我们看百度百科的词条解释:"指国家在其领土范围内掌管土地和人口的权力。"或者:"国家是一定范围内的人群所形成的共同体形式。"很简单吧?但历史上国土和政权是经常发生变动的,它的主权就需要确认,这就需要引入一个十分重要的因素:国际认可。"在国际关系的理论上,只要一个国家的独立地位被其他国家所承认,这个国家便能踏入国际的领域,而这也是证明其自身主权的重要关键。"这是因为,现代国际社会是在彼此斗争和妥协中形成的,国家疆域也是在其中确定的。

一般来说,国家疆域的确定与农耕有关,因为游牧民族不定居,而农耕民族定居。而华夏部族定居早,欧洲民族定居晚。中国是东方古国,立国至少五千年,是最早进入农耕和定居的国家之一,古埃及、古巴比伦、古印度亦是。欧洲现代国家概念的确立却要晚到15世纪,当时许多公国不断征战,逐渐出现了"国际公约"和相互承认主权的概念。这样,欧洲各国在斗争中先期形成了今天国家主权这样的概念,它们彼此也形成国际社会的协约关系,强调国际间的相互认可,这就先期形成了国际社会。

未进入它们的国际社会的,就被它们视作野蛮民族,可以任意侵占和屠宰,例如美洲、澳洲甚至印度。哥伦布发现美洲大陆,就把没有主权观念也得不到国际承认的美洲划在了西班牙名下。印第安人因为没有主权意识,就被占去了祖祖辈辈安身立命的国土,毛利族也有着相似的命运。欧洲人在美洲射杀印第安人,还说是捍卫自己的权利。印度有几百个民族,没有统一主权意识,没有统一的语言,只好以英语为国语,所以沦为殖民地。16、17世纪荷兰人来到中国南方沿海,也想采用同样的办法进行占领,却遭遇了抵抗,他们发现这个国家有着明确的主权意识和中央政府严格的管辖体制,硬性进不来,只好采用租借等办法来耍赖。抵抗保证了东方这个最后的文明古国没有被彻底殖民掉,但也带来国民长期血与火的磨难。荷兰人占领了台湾,郑成功收复台湾,尽管郑成功只是为了复明抗清,后来清朝大将施琅又攻下台湾,但这已经是中国内部的纠葛了,客观上导致台湾的回归。《诗经·小雅·棠棣》说:"兄弟阋于墙,外御其务(侮)。"兄弟打架是内部的事,国土却是国家的事,那就要一致对外。否则荷兰人占久了,来个"国际公认",台湾就不姓"中"了。

近代中国在国际争端中逐渐学会争取国际社会的承认,这用了很长时间,其间洋务派立下很大功劳,也费尽心血、承担骂名。容闳是开辟者,至今人们还纪念他。李鸿章做了一些事,有他的不得已,后人如何评价他,一直在争论。但我们看当时的形势,西方在中国碰壁后,不敢在国际社会再提出对中国的直接领土要求,于是要求通商和倾销烟土,但遭到马克思等社会主义人士的强烈谴责。如果中方懂得这一点,不去争面子,而是早点儿像日本那样进入国际社会,运用国际法则和国际公约来进行灵活斗争,调动起西方民意的舆论工具来帮助自己(西方有着像雨果那样指责强盗闯进圆明园的民间舆论基础),恐怕结果就不至如此。日本当年"脱亚入欧"的目的即在于此,一想融入国际社会,二想借西方力量来扭转东亚长期控制在中华阴影中的局面,他们成功了,甚至膨胀到了二战的疯狂。

所以,现代国家主权是晚近才逐渐形成的政治概念,并非一直就有的,古代社会里并没有这些概念。于是我们看到了古今的不同:古代是强权政治,国土谁占了就是谁的,今天则强调国际认可。联合国的主要任务就是协调这方面关系,促进国与国间按照国际法则行事,而杜绝非正义的争抢和占领。

中国的现代版图就是在这个过程中逐步确定的,尽管有着许多的屈辱,所谓"落后就要挨打"。其中对外国割让土地最多的是和俄国签署的条约,如1858年《瑷珲条约》规定,沙皇俄国获得黑龙江以北、外兴安岭以南60多万平方千米土地,1864年和1881年的《中俄勘分西北界约记》《中俄伊犁条约》,使俄国侵吞中国西北地区约50万平方千米的领土。但签订了条约你就得遵守,否则就违背了国际法,中国香港、澳门为什么迟迟不能收回,就是这个原因。

对于现代国家来说,"国际公认"很重要。你说疆土是你的,我说是我的,得有一个国际仲裁,这就是国际公认。过去许多传统国家不知道这一点,光知道用武力解决:"过去这里就是我的,你占去了,我不干!"谁知一来二去就被人家"国际公认"去了。事实上"国际公认"就是以大国为主的仲裁,二战结束,英、美、俄三大国首脑议定,就把蒙古划出去了。现在的联合国也还是大国政治,所谓"常任理事国",也就是美、俄、英、法、中。①

所以我们说,国家主权和民族权利是不一样的。国家是具有国际公认而又有相对明确政治边界的某一国土区域,恩格斯说国家"不是按血缘关系,而是按地区划分和组织它的国民",民族则不具备这个现代条件。什么是民族?斯大林说:"民族是人们在历史上形成的一个有共同语言、共同地域、共同经济生活以及表现于共同文化上的共同心理素质的稳定的共同体。"②但"共同地域"这一点已经被现代国家主权概念覆盖,许多民族已经不具备"共同地域"的条件,因此不享有疆域主权。所以,国家和民族相比,国家更重要。

---

① 《联合国宪章》第二十三条第一款中明文规定:"中华民国、法兰西、苏维埃社会主义共和国联盟、大不列颠及北爱尔兰联合王国及美利坚合众国应为安全理事会常任理事国。"联合国安全理事会常任理事国是联合国安全理事会中的五位创始成员国,是二战期间反法西斯同盟国中的四个大国再加上法国。法国在1940年战败,被德国占领,故没参加反法西斯同盟。1971年,中华民国的席次为中华人民共和国所代替。1991年,苏维埃社会主义共和国联盟的席次为俄罗斯联邦所代替。

② 《马克思主义和民族问题》,《斯大林全集》,北京:人民出版社,1955年,第2卷第294页。

古代迁徙,常常是以民族为本,现代定居,则以国家为本,注重共同生活于一个疆域之中的所有人民的和谐共荣。没有定居的民族就吃亏。犹太人曾定居于巴勒斯坦,后被罗马人驱逐,流亡到全世界,中间吃了希特勒的大亏,现代犹太复国主义兴起,回到地中海东岸建立以色列国,又遭遇抵抗,于是发生无休无止的战争。① 而西域,历史上曾经是许多民族游来游去的地方,说不清楚它应该归哪一个民族了。唐代大诗人李白出生在碎叶城②,现在是新疆以西、吉尔吉斯斯坦的北部。

历史地看,现代民族没有形成之前很久,我们的祖先们就在西域这块土地上开垦和生活,经历了许多民族的轮替和来往,逐渐形成今天的定居格局。如果硬要去争一个谁早谁晚、谁是谁非,许多历史讲不清楚了,美国必须还给印第安人,埃及必须还给古埃及人,印度必须还给雅利安人,新疆应该还给谁?匈奴人?西王母?今天以色列和巴勒斯坦争夺地中海东岸祖居地的战争,许多地方的民族纠纷,都源于不能接受和平共处理念,但谁也消灭不了谁,剩下的只是无休无止的战争、杀戮、死亡和仇恨。所以,在一块土地上共居的各民族和睦相处,才是真正的发展之基。

现代国家的主权概念里,既包含有历史的、传统的因素,更包含有现代国际关系的因素,它的确定需要得到国际认可才能算数。结论是:国家主权

---

① 犹太人的远祖是古代闪族的支脉希伯来人,最早的记载出现在前1211年。犹太人曾在埃及旅居430年之久,约在前1450年出埃及,过红海,迁到巴勒斯坦,建立以色列王国。前586年被巴比伦攻占,举族掳往巴比伦,后复国,135年又毁于罗马人之手。绝大部分犹太人被罗马帝国赶出,流散到欧洲各地。数个世纪中,流亡海外的犹太人一直试图返回巴勒斯坦,1896年维也纳记者和剧作家西奥多·赫茨尔发起犹太复国主义运动,约有4万名犹太人返回定居。1917年英国外长贝尔福发表《贝尔福宣言》,赞成在巴勒斯坦建立一个犹太人的民族国家。1920年国际联盟委托英国管辖巴勒斯坦,英国将托管地划分为两部分:东部(现约旦)为阿拉伯人居住地,西部为犹太居民区。两次世界大战期间,犹太人掀起更大回归浪潮,第二次世界大战结束后,巴勒斯坦地区已经有60万犹太居民。1947年11月联合国大会表决通过决议:将巴勒斯坦地区分为两个国家,犹太人和阿拉伯人分别拥有大约55%和45%的领土。阿拉伯国家联盟断然拒绝,下令对以色列的犹太平民展开为期三天的暴力袭击,引发了1948年的以色列独立战争。1948年5月14日,以色列国正式宣布成立。
② 李白生于中亚碎叶城,5岁随父入川,25岁出蜀,62岁卒于南京。碎叶城位于今天吉尔吉斯斯坦北部的千年古镇托克马克,唐代安西大都护府一度驻此。李白九世祖武昭王李暠建国西凉,定都安西,后迁都酒泉,不久被北凉攻灭。其五代祖时,李白一支废为庶人。李白的父亲去碎叶经商,李白在那里出生。

大于民族权益。现代社会里的现代人,他的祖国观,就应该服从于这一主权观,即他的祖国,必须是得到了国际认可的主权国家的概念,而不是历史上的"曾经"概念。他的民族观,则应该服从于祖国观,因为祖国体现主权,民族不体现主权,一个相同的民族可能被划分到不同的国家里去,可能拥有不同的祖国。

三、提倡各种民族与不同宗教的和谐共处

这一部分讲宗教观及中国传统的领土观问题。各民族要和睦相处,就要尊重彼此的生活方式和宗教文化。中华民族在多民族长期共同发展的过程中确立了文化的和合特征,《论语·学而》说:"礼之用,和为贵,先王之道斯为美。"其特点是宗教排抑性弱,文化包容性强。在原始占卜巫术基础上形成的《易》文化,通过对自然与社会规律观察总结而孕育的太极、八卦思维和阴阳五行观念,都是讲矛盾辩证统一关系的,其阴阳调和、相辅相成的认识基础,长期支配了中国文化的走向,归纳为原理就是"和实生物,同则不继"(《国语·郑语》)。统治中国思想文化的儒学只停留在学术层面而未转化为真正的宗教形态,能够容纳其他思想体系,所以形成历史上的儒、释、道三教合一,中国因而未发生世界其他地区宗教事件中消灭异己文化的决绝行为。当然中国历史上偶有禁佛事件,更多出自经济原因[①],也毕竟只是历史长河中的瞬间,常态还是包容。封建的中华帝国的统治,虽然主要部分为汉族执掌,但经常也由少数民族入主,这些入主的民族也反过来采纳汉文化,入主者自身也迅速汉化,而将自己的始原文化掺并进去,形成文化混同,这就决定了华夏民族的宗教观是包容性的。东汉时期中原即吸收印度佛教,唐代以后又容纳了众多西来宗教,如祆教、景教、摩尼教、伊斯兰教、基督教等,各种宗教同生共存,体现了中华文明地负海涵的文化性格。在今天的

[①] 中国历史上出现过"三武一宗"4次由国家出面进行的禁佛事件,即444年北魏太武帝拓跋焘、574年北周武帝宇文邕、841年唐武宗李炎、955年后周周世宗柴荣的禁佛。4次禁佛皆非涉信仰而为世俗原因,多因佛寺占地避税耽搁劳力减弱国力而起,禁佛做法主要也只是压缩寺院的规模和数量,并不以禁绝之为目的。

社会里，我们要强调的是多元化，多元化包括民族宗教信仰和风俗习惯的多元。人类文明不能采取单元排斥的方式，美国哈佛大学政治学教授亨廷顿提出的文化冲突论，虽然反映了当今基督教世界与伊斯兰世界的一种冲突现实，但这种归纳本身却造成人类行为的心理期待，发挥了不好的暗示作用。

事实上，中国古代人的观念，对内总是强调民族融合，对外总是非攻非占的。对内如汉人、唐人都不搞民族压迫，只有元朝和清朝政府把人分成几等。对外则从来认为向四外"不毛之地"开边拓土没有任何实际的意义。朱元璋就曾告诫子孙少做这样的傻事。① 郑和下西洋船队遭到土著酋长国的袭击，郑和俘虏了酋长带回北京，明朝皇帝朱棣好吃好喝地招待他几年，然后备了丰盛的礼物送他回去，还扶持他当酋长。这说明中华对外没有开边拓土的企图，和地理大发现时期的欧洲人到处侵占土地完全不一样。

为何中国人对外不感兴趣？中国人的世界观取决于其眼界。长期以来，以安居和农耕为主要生产和生活方式的中国人，其认识力极大地受制于地缘文化圈的拘束。早在先秦时期，中华原始部族的长足迁徙阶段结束，农耕定居后，黄河与长江中下游文明的根基业已深厚，中华先民在界域上的九州观念被中土意识所取代（虽然仍保留了内壤九州的区域划分），逐渐形成"中原"概念。由是中华思想定型，此时的中国学术思想家留下的影响后世几千年的著作，从未涉及域外，后人对侈谈域外之事的《山海经》已经失去了解读的钥匙，视之为荒诞不经的虚妄之作。域外之地在民间心理中的荒凉可怖影像深刻反映在战国时代的《楚辞·招魂》的歌词里。历朝历代的史传外纪对于域外的描述只给人以边鄙毛荒的印象。因而，当生活于明清之间的中国士大夫初次见到西方传教士带来的展现整个欧非亚大陆的世界地图时，无不惊讶甚至愤恨竟然把中国画在了世界的边缘处；而粗略勾画域外地

---

① 《皇明祖训·箴戒章》："四方诸夷皆限山隔海，僻在一隅，得其地不足以供给，得其民不足以使令。若其不自揣量，来扰我边，则彼为不祥。彼既不为中国患，而我兴兵轻犯，亦不祥也。吾恐后世子孙倚中国富强，贪一时战功，无故兴兵，杀伤人命，切记不可。但胡戎与中国边境密迩，累世战争，必选将练兵，时警备之。今将不征诸国名列于后：东北朝鲜国，正东偏北日本国（原注：虽朝实诈，暗通奸臣胡惟庸谋为不轨，故绝之），正南偏东大琉球国、小琉球国、西南安南国、真腊国、暹罗国、占城国、苏门答剌国、西洋国、爪哇国、湓亨国、白花国、三弗齐国、渤尼国。"

理的艾儒略《职方外纪》、魏源《海国图志》出现在中华文献中,也由于人们缺乏亲历,无以开展想象,只能以《山海经》目之。

特殊的地缘文化背景及其惯力制约了古代中国人认识世界的视角。上天把中华民族的生存基地摆放在了欧亚大陆板块的一个尽头,中间用绵延无际的戈壁、耸入云际的山脉以及人力所难以跨越的距离分割开来,而在东方用黄河与长江两大水系早早浇灌出稳定自足的先进农业文明,于是,在这个文明基础上所孕育出来的自然就是华夏中心、天子制下、天朝上国的环宇观念。这个文明的边缘则都是向化地区,那里的国家历朝历代都是中原文明的朝圣者和顶礼膜拜者。这种先决的历史限制及其观念阻碍人们去正确地认识更外部的世界,他们永远只能用一种态度,即君临的态度去面对世界,去处理中国与世界的关系。中华文明繁衍的几千年间,长期保持了这种认识结构和观念格局,时间的积累又使之形成思维定式,进入习惯无意识,成为认识的不可突破的固定范式。所以,中国人对外没有侵略基因,对内则在几千年中培养了民族融合的禀性,习惯于尊重各种宗教,因此,文化上一直是不同宗教、不同民族和平共处的国家。

四、新疆特殊的文化和文艺资源

这一部分我不从正面讲了,因为你们比我更熟悉。我因为探究中国戏曲、音乐、舞蹈史,对新疆在东西方文化交往史上所发挥的作用比较熟悉,就专门讲讲这方面的情况。新疆是中西陆上丝绸之路和东西方文化交流的大陆桥,没有这条路或这座桥,东西方历史和文化史都要改写。

首先是西域把罗马表演传到了汉朝。西汉时曾有罗马杂技艺人东来。当时的中亚大国安息(今伊朗)曾派使者跟随汉使来长安,带来了两位罗马魔术师,所谓"善眩人"[1],表演吞刀吐火、屠人截马等节目,丰富了汉代的百戏技艺,因而受到普遍的欢迎和模仿。东汉安帝时又有罗马"幻人"跟随缅

---

[1] 参见《史记·大宛列传》。

甸使者来华,能变化吐火,自己肢解身体,错接马牛头,跳丸等①。可见当时罗马杂技魔术表演技术比较发达,因而流传各地,并进入亚洲各国。另外,斗兽和格斗,是罗马一项极其风行的活动。而据《史记·大宛列传》记载,西域有"大角抵",《汉书·张骞传》也说西域流行"角抵奇戏"。以理推之,西域盛行的角抵戏应该和罗马的角力斗兽有某种关系。中国在秦以前就有角抵表演②,说明这种活动不是源自西域,但西域角抵可能会与之有所交流。中国的百戏表演到隋代实现了全盛,而《通典·乐六》说:"大抵散乐杂戏多幻术,皆出西域。"可见中国百戏确实受到了西域甚至是罗马的影响。今天西域可能还存在着当年东征的罗马军团后裔的事实③,说明了古代东西方交通所达到的程度。

其次是汉魏六朝到唐代西域音乐舞蹈大量流入。张骞通西域以前就已经有西域乐舞通过民间渠道流入长安,例如东晋葛洪《西京杂记》记载,汉初宫廷里曾演出过《于阗乐》。汉武帝时张骞通西域,带回【摩诃】【兜勒】两个印度曲子,教坊乐工李延年在其基础上重新创造了28种乐曲,在宫廷里演

---

① 参见《后汉书·西南夷列传》。
② 参见《史记·李斯列传》及东汉应劭《集解》。
③ 历史记载,前53年的卡莱尔战争中罗马第一军团神秘失踪。1955年牛津大学教授德效骞披露,约前36年中国汉朝建有罗马古城。近年中国西北民族学院历史系教授关意权在读《汉书·陈汤传》时发现,距卡莱尔战争17年后的前36年,西汉王朝的西域都护甘延寿和副校尉陈汤,率4万将士西征匈奴郅支城(今哈萨克斯坦南部江布尔市),注意到单于手下有一支奇特的雇佣军,步兵百余人用圆形盾牌组成鱼鳞阵,土城外设置"重木城",这种进攻阵式和防御手段,是罗马军队独有的作战手段。郅支城之战汉军大获全胜,斩首1518人,活捉145人,受降1000余人。他还注意到,与此同时,西汉河西地区的版图上突然出现了一个名为"骊"的县,同时还修建了骊靬城堡。《后汉书》记载:"汉初设骊靬县,取国名为县。"而"骊"是一个带有军事色彩的词语,指的就是"罗马军团"的意思。这两个事件之间似乎有着某种关联。于是人们猜测:罗马第一军团在东移过程中被匈奴击溃和收留,汉匈郅支城之战时被汉军俘虏,最后由西汉政府安置在骊城定居。2007年4月10日《北京晨报》发文《甘肃永昌的古罗马军团后裔疑似者》称:甘肃永昌县骊千村和者来寨村,居民个子高硕,眼窝深陷,头发呈棕色,汗毛较长,皮肤为深红色。者来寨共有300多人,其中有欧洲相貌特征的100多人。杏树庄、河滩村、焦家庄等村寨也有。专家研究他们的DNA,发现至少有46%意大利人血统,有可能是2000年前罗马人的后裔。这里的村民至今还保留罗马人斗牛遗风。最近考古学者在这里发现一群汉代古墓,更证实这种说法:"骨骼长184厘米,生前身高达2米,埋葬头朝西,说明来自西方。"

唱。① 东晋时候,天竺乐经过凉州(今甘肃武威)传入中国宫廷。568 年北周武帝宇文邕聘娶突厥木杆可汗俟斤的女儿阿史那为皇后,可汗以其所获得的西域各国乐舞作为陪嫁,因而带来龟兹、疏勒、安国、康国等国的乐舞。②隋文帝时七部教坊乐舞中,四部是西域乐舞:国伎(西凉乐)、天竺伎、安国伎、龟兹伎。到隋炀帝时又增加了两部西域乐舞——康国伎、疏勒伎,使之成为九部乐。以后唐太宗贞观十六年(642)平高昌(今新疆吐鲁番地区),得其乐舞,因而又增添了一部高昌乐,也是西域乐舞。上述十部乐中,西域乐舞占了绝大部分。魏晋后中原雅乐遗失,隋代宫商七声竟然不能通,不得不假借周突厥皇后携来之龟兹乐人苏祇婆的琵琶七调,而后七声始得其正。③唐宋宴乐二十八调,以及后来宋元戏曲音乐里所用的九宫十三调,实际上都是从这里演变而来。唐朝对于西域乐舞的汲引达到了最为强劲的程度。唐玄宗李隆基酷爱胡乐,西域各国常来献乐,如开元初康国献侏儒和胡旋女,开元中米国献胡旋女,开元十五年(727)史国献舞女,十七年(729)骨咄献女乐等。④ 唐玄宗又酷爱来自佛曲的法曲,因而堂上坐部伎多奏法曲,如《凉州》《伊州》《甘州》之类。天宝十三载(754)唐玄宗下诏将新来的胡乐并入法曲之内,各各缀以华名,在太常寺刻石示众,以垂永远,就使一部分佛曲(共 8 首)实现了名目上的华化。其中如唐朝著名大曲《霓裳羽衣曲》就是这次由《婆罗门》改来的。⑤ 西域说唱表演艺术也传入长安,例如合生,曾流行长安,上自王公大臣下至妓女儿童都能演唱。⑥ 唐代宫廷教坊健舞里的拂林、胡腾、胡旋、柘枝,软舞里的苏合香等,都出自西域乐舞。健舞里的拂林舞源出罗马,其他几种都是中亚一带的乐舞。其中胡腾、柘枝出自石国,胡旋出自康国。软舞里的苏合香则为天竺乐舞,经西域传入。⑦

---

① 参见〔汉〕崔豹:《古今注》。
② 参见《新唐书·礼乐志》。
③ 苏祇婆的琵琶七调,向达说与印度音乐北宗的斯坦尼派(Hindostani School)相似。参见向达《唐代长安与西域文明》,北京:生活·读书·新知三联书店,1979 年,第 254 页。
④ 《新唐书·西域传》。
⑤ 参见《唐会要》卷三十三。
⑥ 参见《新唐书》卷一一九《武平一传》。
⑦ 向达:《唐代长安与西域文明》,北京:生活·读书·新知三联书店,1979 年,第 64—69 页。

再次是沟通了印度梵剧与中国戏曲的关系。20世纪在新疆发现三种文字的佛教剧本,它们是印度梵剧东渐的历史见证人。一是1911年德国梵文学者亨利希·吕德斯(Heinrich Luders)从吐鲁番得到的贝叶梵文卷子里找出了九幕剧本《舍利弗传》,二是20世纪初欧洲人在新疆古文书里发现了吐火罗文剧本《弥勒会见记》,三是后来新疆又发现了回鹘文的《弥勒会见记》。从这些佛教剧本在新疆地区的流传,我们隐约看到一条印度梵剧东渐的轨迹:梵文→吐火罗文→回鹘文。在新疆发现的梵剧残卷是用中亚婆罗谜字母写成的,这就是说,这些剧本是在新疆本土抄写的,而不是从印度直接传来的①。新疆的本地僧人开始传抄印度梵剧剧本,这是梵剧东渐的第一步。梵剧东渐的第二步则是新疆人用当地流行的吐火罗语和其他语言传译。接着的第三步则是从吐火罗文再译为回鹘(突厥)文。这是根据史实考察梵剧东渐的迹象。由新疆诸国向东再进一步,就到达了佛教在汉语区域的第一个大据点——甘肃敦煌。当汉人从各种西域文字里将佛经、剧本翻译成汉文时,其中的剧本就被翻译成了说唱俗讲文字。虽然印度梵剧对于中国戏曲的发展没有产生直接影响,但中古以前西域乐舞和佛教宣讲文学的大量涌入中原,使汉族戏曲的兴起和成熟受到强烈的刺激,则是不争的事实。

新疆的历史文化和文艺资源之丰富是任何他处所不能比拟的,文联干部在这里工作,有着得天独厚的传统资源,应该珍惜和值得骄傲。

五、确保西域的文化主权

文化主权是以文化为主体的权力。文化主权是国家整体主权的一部分,表现在文化上,是国家所行使的文化权力。

在中华人民共和国成立之前,中国是半殖民地半封建社会,主权并不完整,文化主权更是遭到严重破坏。例如敦煌卷子的被掳史、吐鲁番克孜尔千佛洞壁画的被切割史、20世界初新疆众多文物的被盗史,都说明文化主权

---

① 季羡林:《谈新疆博物馆藏吐火罗文A〈弥勒会见记剧本〉》,《文物》1983年第1期。

的重要性。当时全世界的探险队和探险家,欧洲的、美国的、日本的、俄罗斯的,都在大清帝国疆土上肆无忌惮地横行,把中华文物一驼一驼地搬到外国的博物馆去。今天世界各个民族国家伸张文化主权的声浪高涨,希腊雅典娜神庙文物讨索回归的成功,拉开了世界范围内被侵略和被掠夺民族捍卫文化主权、追讨文化财富的大潮。

中华人民共和国的成立,终于使我们恢复了完整的主权,但极左思潮的影响使许多优秀的传统文化在历次政治运动中饱受冲击,造成自毁文化长城、自毁文化主权的严重恶果。改革开放以来,由于拜金主义思想影响及旧城改造、农村都市化、文化旅游进程所包含的负面影响,文物流失与非物质文化遗产流失一直存在。一些敌对势力也试图使用各种方式改变中国人的思想观念,从而达到颠覆中国人的文化价值观、分裂中国的目的。对这种现象,我们一定要保持警觉,不被经济利益冲昏了头脑,不让所谓的"国际合作"消解与动摇我们的文化主权,而是通过种种努力确保我们的文化安全。文化丧失了,国家存在的根基就丧失了;文化守住了,民族兴盛的基础就巩固了。确保文化主权是为国家的政治安全、军事安全、领土安全提供文化支持,为之注入文化力量,在构筑我们军事的、政治的万里长城的同时构筑我们的文化长城。文化因而不只是文化,它是比一般意义上的政治、经济还要深刻的"政治""经济"。

更重要的是各民族人民和平共处共同享有文化资源的权利。我们首先要维护国家的统一,分裂只能挨打,只能使改革开放所取得的成果被侵蚀、被扼杀。其次要坚守住我们的文化阵地。维护文化主权,就是在维护国家安全,就是在维护人民的文化共享权利。

让我们大家一起来保证这个多民族国家的统一与世世代代和平共处,和睦共存。

(原载 2011 年 11 月 7 日《中国艺术报》)